高等院校小学教育专业教材

i 教育 · 融合创新一体化教材

U0652135

小学音乐教学技能

（第二版）

邰 方 田 甜 王艺潼 ◎ 编著

华东师范大学出版社
· 上海 ·

图书在版编目(CIP)数据

小学音乐教学技能/邰方,田甜,王艺潼编著.
2版. —上海:华东师范大学出版社,2025. —ISBN
978 - 7 - 5760 - 5243 - 5

Ⅰ. G623.712
中国国家版本馆 CIP 数据核字第 2025XA1299 号

小学音乐教学技能(第二版)

编　著	邰　方　田　甜　王艺潼
责任编辑	师　文
责任校对	芳律嘉　时东明
装帧设计	俞　越

出版发行　华东师范大学出版社
社　　址　上海市中山北路 3663 号　邮编 200062
网　　址　www.ecnupress.com.cn
电　　话　021 - 60821666　行政传真 021 - 62572105
客服电话　021 - 62865537　门市(邮购)电话 021 - 62869887
地　　址　上海市中山北路 3663 号华东师范大学校内先锋路口
网　　店　http://hdsdcbs.tmall.com

印 刷 者　上海龙腾印务有限公司
开　　本　787 毫米×1092 毫米　1/16
印　　张　21.5
字　　数　455 千字
版　　次　2025 年 6 月第 2 版
印　　次　2025 年 6 月第 1 次
书　　号　ISBN 978 - 7 - 5760 - 5243 - 5
定　　价　56.00 元

出 版 人　王　焰

序

音乐教育是学校美育的重要组成部分,也是培养学生审美能力、人文素养和创造力的关键途径。在新时代背景下,党和国家对学校美育工作提出了更高的要求,一方面强调通过包括音乐课程在内的艺术教育这一实施美育的主渠道,促进学生全面发展与个性成长;另一方面提出以美育浸润教师,不断提升教师的美育意识、美育素养和教学能力。《小学音乐教学技能(第二版)》一书的出版,恰逢其时地回应了这一时代要求,为未来的和在职的小学音乐教师提供了一本系统、实用且富有创新性的教学指导用书。

一、 紧扣时代脉搏:美育背景下的音乐教育新使命

近年来,随着《关于全面加强和改进新时代学校美育工作的意见》和《关于全面实施学校美育浸润行动的通知》等政策文件的出台,美育在学校教育中的地位日益凸显。音乐作为美育的核心载体,不仅能够陶冶学生的情操,还能激发学生的想象力与创造力,培养其团队协作能力和文化认同感。然而,当前小学音乐教学仍面临诸多挑战:一方面,部分教师对音乐教学的育人功能认识不足,教学方法单一,难以激发学生的兴趣;另一方面,随着信息技术的快速发展和课程改革的深入推进,教师需要不断更新教学理念,掌握多样化的教学技能,以适应新时代的教育需求。

《小学音乐教学技能(第二版)》正是在这样的背景下应运而生的。它不仅关注传统教学技能的规范性,还融入了项目化学习活动设计、校本课程开发等创新内容,体现了音乐教育从传授单一技能向培养学生综合素养的转型。这种转型不仅符合国家美育政策的要求,也为小学音乐教师的专业成长提供了切实可行的路径。教师的美育素养包括美育情怀、美育意识、美育规律、创新能力、复合知识等方面,本书的出版,正是为了帮助未来的和在职的小学音乐教师提升这些关键素养,以更好地适应新时代美育改革发展的要求。

二、 助力专业发展:为未来的和在职的小学音乐教师提供专业支持

这是一本写给未来的小学音乐教师的"职业启航书"。

对于即将成为小学音乐教师的学习者而言,这是一本难得的职业入门指导书。它不仅能帮助学习者了解小学音乐教学的基本规范,还通过"进阶改进"等板块引导学习者从新手

向能手过渡。例如,在"教学目标设计技能"一章中不仅讲解了如何设定教学目标,还强调了育人目标与教学目标的内在关联,能够帮助学习者在未来的教学中更好地落实艺术核心素养。

同时,书中提供的教学反思技能,能够帮助学习者养成良好的教学反思习惯。通过记录教学反思、总结经验并形成案例或论文,学习者可以逐步提升自己的教学研究能力,为未来的职业发展打下坚实基础。

这是一本写给一线小学音乐教师的"教学宝典"。

对于小学音乐教师而言,本书是一本极具实用性的教学指南。全书内容涵盖了教学准备、课堂实施、整合创新和评价反思四个关键环节,既提供了系统的理论指导,又通过大量案例帮助教师将理论转化为实践。例如,"欣赏型实践活动实施技能"一章不仅讲解了如何设计聆听任务,还提供了帮助学生多维度体验音乐的关键策略,能够辅助教师更好地引导学生在欣赏中感受音乐的情感、理解音乐的内涵。

此外,书中对校本课程开发和项目化学习活动设计的探讨,为教师提供了创新教学的思路。通过结合自身优势和学校资源开发校本课程,教师可以为学生提供更多元化的音乐学习体验;而项目化学习活动的设计则强调以学生为中心,通过驱动问题的解决培养其综合能力。这些内容不仅拓宽了教师的教学视野,也为解决实际教学中的重难点问题提供了操作性强的解决方案。

三、 提升学习效果:如何读才能学透这本书

本书的最大特点是实践本位和问题导向。学习者可以从自身教学或学习中的实际问题出发,选择性地阅读相关内容。如果学习者对教学过程设计感到困惑,可以先从"教学环节的主要内容"部分入手。通过带着问题学习,学习者能够更快地掌握书中的技能,并将其应用到实际教学中。

书中的案例和学习探索包是一大设计亮点。每个章节都配有真实案例,还提供了课堂实录、微课视频、教学课件以及推荐书目等资源。学习者在学习时,可以结合这些资源进行模拟教学或实际操作。建议学习者在学习过程中养成及时记录反思的习惯。通过反思教学中的得失,并结合书中提供的理论和工具,学习者可以逐步提升自己的教学水平。

四、 实现价值跨越:从技能到素养的提升

《小学音乐教学技能(第二版)》不仅是一本技能手册,更是一本帮助未来的和在职的小学音乐教师实现从传授技能到培育素养跨越的指导书。它通过系统的理论讲解、丰富的案例呈现和实用的工具支持,帮助学习者在教学实践中不断提升专业能力。

首先,这本书帮助学习者重新认识音乐教学的育人功能。通过强调育人目标与教学目标的融合,引导教师从"教音乐"转向"通过音乐教人",使音乐课堂成为培养学生审美能力、人文素养和创造力的重要阵地。其次,本书为学习者提供了多样化的教学创新路径。无论是校本课程开发还是项目化学习活动设计,书中都提供了具体的操作方法和实践案例,能够帮助学习者在教学中实现从传统到创新的转型。最后,这本书强调了教学反思和研究的重要性。通过引导学习者记录教学反思、总结经验并形成案例或论文,能够帮助学习者逐步养成研究型教学的习惯,从而进一步促进自己的专业发展。

总之,《小学音乐教学技能(第二版)》是一本兼具理论深度与实践价值的优秀教材。它不仅为一线小学音乐教师提供了实用的教学指导,也为即将成为小学音乐教师的学习者指明了职业发展的方向。期待广大学习者能够通过这本书,不断提升自己的教学能力,在音乐教育的广阔天地中实现自己的教育理想,成为美育意识、美育素养、人格魅力与教育情怀兼备的新时代优秀音乐教师。

郭声健

湖南师范大学音乐学院二级教授,博士生导师

教育部首届全国高校美育教学指导委员会副主任

教育部艺术教育委员会委员兼副秘书长

2025 年 5 月

前　言

　　党的二十大报告指出,要坚持以人民为中心发展教育,加快建设高质量教育体系,发展素质教育,促进教育公平。美育是纯洁道德、丰富精神的重要源泉,对于立德树人来说具有不可替代的作用。加强青少年美育,是推进高质量教育体系建设的必然要求。小学音乐教育是美育中不可或缺的一部分,是对学生进行审美教育、情操教育、心灵教育,培养其想象力和创新思维等的重要课程,具有审美性、情感性、实践性、创造性、人文性等特点。

　　小学音乐课堂是学校实施美育的主要阵地之一。在《义务教育艺术课程标准(2022版)》实行的背景下,小学音乐教师应该如何在音乐教育中回应艺术课程的基本理念——坚持以美育人,重视艺术体验,突出课程综合;又该如何具体实施以美育人,聚焦艺术核心素养,即审美感知、艺术表现、创意实践、文化理解,有效设计并组织课堂教学。《小学音乐教学技能(第二版)》旨在回答这些问题,并结合了本人三十多年的小学音乐教育研究与课堂教学实践成果进行编写。学习本书有助于高等院校小学教育专业音乐方向的学生或音乐专业的师范生较为全面地掌握小学音乐教学的各项技能;同时,也可为在职小学音乐教师的专业成长提供可迁移和借鉴的示例与资源,以提升教师的学科研究与教学反思能力。

　　下面我将围绕以下三个问题,较为清晰且详细地向大家介绍本书的编写理念与阅读方法,以更好地帮助学习者了解和使用本书。

♪ 1. 这本书有什么新意? ♪

　　内容新意:本书顺应新时代教育改革的要求,将素养导向贯穿始终,以体现"教—学—评"一致性的要求。在"整合创新技能"的学习中,涉及校本课程开发、跨学科主题学习活动及项目化学习活动的设计、数字化转型赋能教学等内容。以小学音乐学科为切入口,探索根据课程改革要求应运而生的新型教育教学活动,同时注重培养小学音乐教师必须掌握的相关育人能力。其中,校本课程的开发一直是小学音乐教师进行课程校本化实施的依托与载体,本书中例举学校音乐类多元校本课程构设方式,并通过实践案例、课例进行分析说明,不断寻求音乐教学迭代升级的突围方式和创新模式。

　　体例新意:本书在每一章学习内容的呈现中,首先通过"学习导引"帮助学习者对本章的学习内容有一个初步的认识,并呈现"学习脉络"的思维导图,帮助学习者厘清学习要点;同时,纵向逐步深入,呈现掌握该教学技能要解决的"核心问题",并在"学习线索"中提炼核心问题的解决逻辑与方法,以及技能习练的要点,进而通过呈现"关键策略"和提升效能的"进阶改进"的相关内容,使学习者能更为高效地理解学习内容的核心要义,从而清晰地内化理解并能将其运用在教学实践中。本书还在每一章末尾的"本章小结"中对章节学习内容进行了概括,旨在激发学习者的进一步思考。

此外,本书在每一章中还精心编制了"互动角""技能操练"等栏目,旨在引导学习者针对学习问题进行共享式的互动交流和实践。在"相关资源"栏目中,学习者可以通过扫描二维码观看与章节内容匹配的课堂实录、微课等,深入理解学习内容,链接课堂实践;同时,如果学习者想要进一步学习章节内容,还可通过"推荐书目"中提供的书目进行深入的学习。

♪♪ 2. 怎样阅读学习本书更有效? ♪♪

如果你是即将成为音乐教师的学习者:建议你重点阅读本书的第一篇和第二篇,因为在教师资格证考试的笔试和面试过程中,将会着重应用到其中的教学技能。在入职考核的笔试与面试中,你也可能面临规范撰写教学设计,展现说课、演课、上课等教学技能的挑战性任务。请你参考这两个篇章中的学习文本和微课教学资源,反复演练,掌握成为一名合格的音乐教师的基本要领。

如果你是音乐学科职初期教师:建议你阅读全书。在职初期,你会参加一系列的师徒带教、规培项目等。在这一阶段,需要新手音乐教师能较为快速地"站稳讲台",并在掌握音乐教学基本技能的同时,对自己的职业发展有所规划。请你阅读全书,结合对新课程标准的学习理解,较为全面并融会贯通地思考音乐教学技能的关键要点,尽快打通自己对音乐教学认知理解的"任督二脉",这将有助于你不断向成熟型教师迈进。

如果你是音乐学科成熟型教师:建议你重点阅读本书的第三篇和第四篇。也许,此时的你正渴望在更高阶的教学思维碰撞中,凝结典型案例,萃取亮点精华。本书第三篇的内容将有助于你拓宽审视教学新样态的视野,第四篇的内容将启示你如何成为一名反思型教学能手。这对于你突破成长瓶颈,如竹般拔节生长,有着积极的推动效应。

♪♪ 3. 如何在实践中运用本书内容? ♪♪

教师个体教学反思:教师可以通过阅读学习,比对自己现行使用的教学方法和本书中呈现的方式,迁移在本书中所学内容,进行适切合理的运用。在教学实践中,选择并使用你认为能够提升你经验价值的有效途径,并尝试总结提炼自身教学特色与风格,提升教学反思和学术研究能力。

教师群体研修活动:教研组长或学科研修课程负责人可以选择以一篇学习内容作为一个学期重点研修的主题,并分时段推进,通过设计对这一篇里每一章内容不断深入的学习研修活动,加深教师群体对音乐教学中关键问题的认识与思考,并对其中的微课视频等内容展开听评课活动或者同课异构教学设计,记录教师研修的过程,同步积累相关研修资源,如研修方案、教学设计、相关视频、专题文献、活动记录等,形成总结改进音乐教学技能的具体方法和策略。

作为授课教材使用:高等院校的教师可以使用本书的主干结构作为音乐教学法教授的课程内容,除了书中提及的教学准备技能、课堂实施技能、整合创新技能、评价反思技能,还应根据学情更为细致地构建教学内容,更为立体地预设学生学习成果表现形式,建立能体现学生掌握教学技能效度的教学资源库,明晰音乐教学技能的各项分支问题,切实提高教材使用和授课效能。

教学技能的提升是一项"没有最好,只有更好"的专业实践与追求,亦是教师专业发展的常态要求,期待本书能让学习者搭乘上音乐学科教学能力快速萌发生长的"直通车",能结合自己的教学特色且灵活地探索和运用本书。让我们一起学有所获、教有所长!

邰方

2025 年 5 月

目 录

视频索引

第一篇

规范撰写,追求理解——教学准备技能

一堂优质的音乐课离不开教师精心的准备。这里的准备,不是教师简单地按照时间和流程,将所需的教学素材罗列下来,而是要对多元的教学素材进行整合,并对其反复琢磨和修改。教师需要了解一篇好的音乐教学设计包括哪些元素,结合艺术核心素养确立教学目标与教学重难点,厘清每个环节之间的逻辑思路,层层突破,并在其中体现自己的教育智慧。教学设计体现了教师的教学理念、教学思路和教学方法。教师资格证考试和入编考试,甚至入职之后的职称考试、教学评比都需要提供一份规范且有质量的教学设计。让我们从规范撰写开始,结合新课程理念,开启本篇的学习吧!希望它能够为你正式进入课程实践提供有效帮助。

第一章 教材分析技能

❓ 学习导引

　　教材是教师在备课过程中的第一份资料,包括学生课本以及教学参考用书。灵活运用手中"有限"的材料,整合多种教学资源,分析清楚教师"教什么"、学生"学什么",是教师需要掌握的基本教学准备技能。

　　那么,教材分析需要我们研读哪些材料呢?如何撰写一份规范的教材分析,以促进后续教学目标设计和教学过程设计呢?我们需要具备整体的教材观,研读相关政策文件,研究课程内容,了解教材编写的特点和规律,只有这样才能够有针对性地将教材分析到位。

⛓ 学习脉络

教材分析技能

- 核心问题:如何准确分析教材
  - 建立整体的教材观
  - 聚焦单元整体进行分析
  - 建立本课教学内容与本单元其他教学内容的关联

- 学习线索:撰写教材分析的角度
  - 《小雨沙沙》教材分析
  - 《庆丰收》教材分析
  - 教材分析的角度

- 关键策略:基于学情,让教材分析更有侧重点
  - 《可爱的家》教材分析
  - 教材分析的侧重点

- 进阶改进:单元视角,整合教材内容
  - 确定单元学习主题
  - 用思维工具厘清关联
  - 呈现立体的分析结果

本章聚焦"如何准确分析教材"这一核心问题,结合规范的音乐教材分析案例和有效的方法,旨在帮助教师做好教材分析,为撰写一份优质的教学设计奠定基础。在方法上,本章结合案例,从不同的分析角度出发,帮助教师厘清教材中的重点和难点。在教材分析能力提升方面,还需要教师树立单元观念,将教材分析写得更加立体。

🎼 核心问题:如何准确分析教材

你觉得在教材分析时需要关注什么?

♪ 互动角

请你与同伴进行头脑风暴,将教材分析需要用到的资源罗列在下面的横线上。

_____

_____

一、建立整体的教材观

在分析教材之前,如果你是一名师范生或者是刚踏入工作岗位的新教师,你应该认真通读《义务教育艺术课程标准(2022 年版)》,整体了解新课程标准提出的背景、理念和目标,对艺术课程的育人导向与艺术核心素养进行了解;如果你是一名有一定教学经验的教师,可以对照自己之前的教学设计,结合新课程标准的育人理念再次对教材内容进行深入分析和进阶提升。只有不断了解、学习并应用新知,才能够更好地提升课堂教学效果,从而发展学生的艺术核心素养。

为什么要建立整体的教材观呢? 教材是教材编写者根据课程标准理念、目标、内容与要求,经整体设计、科学规划编写而成的;同时,教材编写者根据学生的年龄特征及认知发展特点,对学科知识进行了科学编排,设计了与之相匹配的教学内容。系统地了解小学阶段的音乐教材有助于教师更好地规划教学进度和课程安排,确保教学内容的连贯性和完整性,也能够帮助教师提升资源整合能力,为单元教学打下基础。我们建议教师根据自己的情况,大致通读小学阶段的音乐教材,重点结合自己所教年级的教学内容,反复学习、聆听,多遍弹唱,收集多种教学资源和备课资源,通过自己的实践熟悉教材,这是分析教材的基础。

二、聚焦单元整体进行分析

单元指的是按照一定的主题或者内容,将相关的知识要素与实践活动整合在一起形成的教学整体,学生可以在单元的学习中系统地理解相关知识。小学音乐教材通常都是按照单元来排列的,每个单元都有一个主题,例如人民教育出版社版《艺术·唱游·音乐》一年级上册就将一学期的内容分成了"奇妙的声音世界""麒麟的节奏密码""小九的旋律密码""打击乐大赛""弹拨乐彩排""管乐音乐会""弓弦乐试听会"和"唤醒春天",单元的名称往往会根据学生的年龄特点,较为概括地体现学习主题。这种教材中划分的单元,我们称之为自然单元。

在实践过程中,教师的教学设计也可以体现自身的主观能动性。教师可以在把握好教学理念与目标的基础上,尝试进行大单元教学[①]。随着核心素养的提出,大单元教学的意义在于将学习的单元知识进行迁移和应用,用更为系统的课程观念立体地展示学习内容,体现教师的整合思维、跨学科思维。为了更好地提升小学音乐教师的大单元设计能力,教师可以先聚焦某类音乐作品的关键特征进行教学设计,例如:"旋律的断连在音乐形象塑造方面的作用""民族音乐合奏下的节庆音乐特点"等,打破自然单元的教材限制,在深入理解教材的基础上,整合运用教材,实现从"教教材"到"用教材'教'"的观念的转变,从而助力自己的专业发展。

三、建立本课教学内容与本单元其他教学内容的关联

在基本了解整套教材内容和单元教材内容的基础上,教师就可以将重点放在某一节课的教材分析上。此时,教师需要思考以下几个问题。

♪ **互动角**

1. 本课教学内容与本单元其他教学内容有什么关联?

2. 本课教学内容在本单元教学内容中的作用是什么?

3. 学生对本课教学内容有没有相关的学习经验,"我"能够提升他们的艺术核心素养的哪些方面?

前两个问题需要教师立足单元整体,对本课教学内容进行细致、全面的分析。包括:本课教学内容在单元中的作用是什么? 与单元其他教学内容之间有什么样的逻辑关系? "我"需要解决的关键概念是什么? 等等。在明确本课教学内容在单元中的作用之后,再结合第三个问题并用学生能够理解的方式进行表述。

在开展具体教学活动时,教师可以采取以下几个步骤:(1)详细分析单元教材,明确本课内容在单元中的位置和作用;(2)了解学生已有的知识基础和学习经验,设计有针对性的教学活动;(3)在教学过程中,不断强调本课内容与单元其他教学内容的联系,帮助学生建立知

---

① 崔允漷,王少非,杨澄宇等.新课程关键词[M].北京:教育科学出版社,2023:154—159.

识网络;(4)通过讨论、练习等多种形式,让学生在实践中理解和掌握知识之间的关联。

通过建立本课教学内容与本单元其他教学内容的关联,有助于学生形成系统的知识结构,促进学生的深度学习、批判性思维和问题解决能力的发展,还能提升学生的学习兴趣和主动性,从而为学生的终身学习奠定基础。

🎼 学习线索:撰写教材分析的角度

以下是人民音乐出版社版《艺术·唱游·音乐》一年级下册第一单元"春天"《小雨沙沙》的教材分析,请阅读后思考:应该从哪些角度撰写教材分析。

小雨沙沙

1=D 2/4

天真地

许　竞　词
王天荣　曲

5 3 | 5 3 | 1 1 1 | 1 1 1 | 5 3 | 5 3 | 2 2 2 |

1.2. 小 雨　小 雨　沙沙沙,　沙沙沙,　种 子　种 子　在 说话,

2 2 2 | 5 3 3 | 5 3 5 6 | 5 — | 5 3 3 | 2 1 2 3 | 1 — ‖

在 说 话: 哎 呀 呀 1.雨 水 真　甜,　哎 哟 哟　我 要 发　芽。
2.我 要 出　土,　哎 哟 哟　我 要 长　大。

【教材分析】①《小雨沙沙》这首歌曲由四个乐句组成,二四拍。②整首歌曲展现了春天万物生长的蓬勃朝气。前两个乐句表现了"种子"和"小雨"对话的生动情景,后两个乐句表现了种子生长的过程。③歌曲的引子和尾声部分用相同的节奏和旋律模仿了雨声,生动地描绘了春雨蒙蒙的自然景象。④学生可以从浅显生动、拟人化的歌词中了解科学知识,萌生热爱大自然的情感。

♪ 互动角

请你思考,以上四句教材分析分别是从什么角度撰写的?

_____

_____

_____

_____

以上教材分析的第一部分是曲式分析。我们可以看到,教师并没有将曲式分析写得面面俱到,而是用一句简短的语句进行概括。第二部分体现的是歌词的特点和内容及表达的音乐形象。第三部分聚焦歌曲中具有代表性的节奏,阐述其在整首歌曲中的表达效果。第四部分聚焦歌曲的表达内容,体现歌曲的育人立意。

我们再来看上海音乐出版社版《音乐》五年级上册第四单元"丰收之夜"《庆丰收》一课的教材分析。

庆丰收
（唢呐独奏）

任同祥 曲

【**教材分析**】①《庆丰收》这部作品创作于 1964 年,作者是任同祥。②其音乐主体以唢呐为核心,运用传统多段式结构与核心音调的贯穿手法,生动描绘了农民欢庆丰收的热烈场景。③乐曲起始部分,锣鼓喧天的前奏为唢呐的长音铺设背景,其中独特的花舌音为整首乐曲定下了基调。随后,唢呐以活跃明快的核心音调与乐队形成呼应,瞬间勾勒出一幅欢腾红火、热闹非凡的丰收画面。④随着乐曲的深入,旋律变得婉转如歌,音调欢乐跳跃,华彩乐段的激情四溢,如同人们在欢庆的舞蹈中尽情释放丰收带来的喜悦。⑤当核心音调的再次出现时,唢呐以弱奏的方式,在乐队八分音符的动荡音型衬托下,呈现出一种独特的吟唱风格。⑥演奏者精湛的技艺,将人们内心的激动与喜悦展现得淋漓尽致,深深打动着每一位听众。⑦乐曲的尾声部分,十六分音符的快速连奏与结尾前的快速双吐,都展示了出色的音乐效果,为整首作品画上了完美的句号。

我们可以看到,《庆丰收》的教材分析篇幅较长:第一部分简单地表述了乐曲的创作背景;第二部分概括地说明了乐曲的曲式结构、创作手法和表达的生活场景;第三至第七部分根据曲式段落,比较详细地分析了乐曲的音乐要素和情绪情感。

综合以上的教材分析案例,可以看出,教材分析可以从以下几个角度展开(如图1-1所示)。

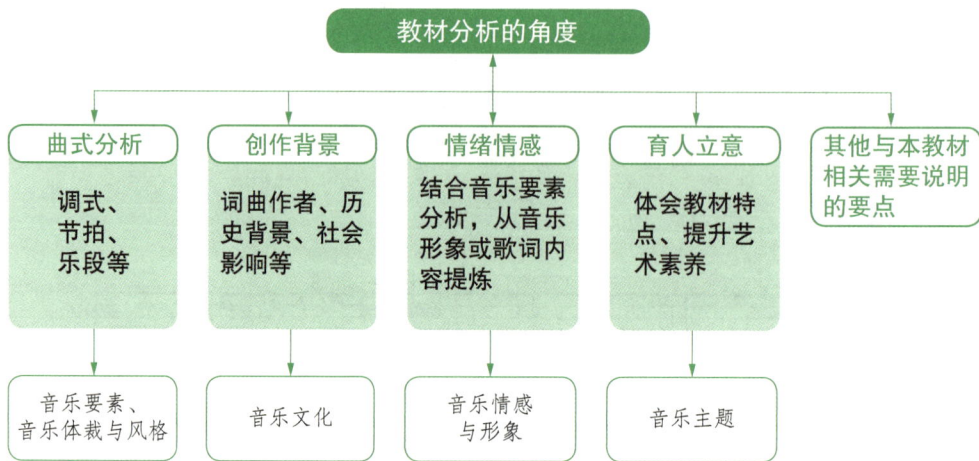

图1-1　教材分析的角度

教材分析可以从音乐要素、音乐体裁与风格、音乐文化、音乐情感与形象、音乐主题等几个方面展开。分析的语句顺序没有固定的格式,教师可以根据自己的理解,说清楚教材的重要内容,为确定和突破教学重难点提供依据。

🎼 关键策略:基于学情,让教材分析更有侧重点

分析教材的目的是厘清某节课要教授的关键概念。因此,教师不能忽略教学对象的学习特点和规律,只有体现学情的教材分析才更加科学。《可爱的家》这首经典歌曲在不同的教材版本中均有出现。以下是对于这首歌曲的两个不同版本的教材分析。

【教材分析1】《可爱的家》是英国著名歌剧指挥家和作曲家比肖普为歌剧《米兰的少女克拉丽》精心创作的主题曲。这首歌曲以其独特的艺术魅力和深沉的情感,赢得了广大听众的喜爱和赞誉。歌曲为降E大调,四四拍。《可爱的家》取材于西西里尼民歌,由于在歌剧中反复出现,取得了很好的艺术效果。如今歌剧已被人遗忘,而这首使人感到亲切、温暖的主题歌却被人们世代相传,流行至今。这首歌曲洋溢出对亲人深深的怀念,对故乡无尽的忧思,使人眷恋那份浓浓的、难以割舍的亲情,给人留下了刻骨铭心的记忆。

【教材分析2】《可爱的家》是英国歌剧《米兰的少女克拉丽》中的一首插曲,歌曲采用英国西西里尼民歌的音调创作而成。歌曲由英国作曲家比肖普作曲、培恩作词。歌

曲由两个乐段组成,第一乐段及第二乐段各包含两个平行的乐句。第一乐段安详宁静,第二乐段的旋律音域上移,抒发了强烈的思念之情,但后半句音调仍趋下落,使听众沉浸在温馨的回忆之中。随后通过四小节的感叹似的音调,再现了最后一个乐句,突出了对"家"的爱恋。整首歌曲表达了浪迹天涯的游子对亲人、对家乡的怀念和眷恋之情,这也正是远离故乡和亲人的词作者培恩的心声。歌曲的旋律优美动人,情感朴实真挚,具有令人感动的魅力。

♪ **互动角**

请你思考,这两个教材分析版本的不同之处,它们分别是怎么结合学情进行分析的?请写在下面的横线上。

_____

_____

我们可以先看看教材分析 2 中加点部分的表述,它比教材分析 1 更加具体,乐段分析也更加详细。这是因为教材分析 2 的教学对象是五年级的学生,高年级的学生已具有一定的审美能力,因此,教师可以引导学生对旋律和乐曲形象有更加深入的感知。而教材分析 1 的教学对象是低年级的学生,他们的学习更加侧重对歌曲整体内容和情感的把握。由此可见,教材分析并不需要面面俱到,而是要立足学情,为教学目标、教学重难点的设计提供基础。

🎼 进阶改进:单元视角,整合教材内容

前文我们提到教材分析不是孤立的,而是需要教师在了解课程标准、纵观教材整体、横观单元内容的基础上进行分析。而要求教师将教材分析上升到单元教材分析,这对于教师的教学准备工作又提出了新的挑战。那么,立足单元视角的教材分析应该如何撰写呢?我们总结了一些撰写单元教材分析的关键步骤。

一、确定单元学习主题

如果是对于教材中自然单元的分析,教师可以将单元名称作为本单元的学习主题。这样做首先可以帮助教师清晰地识别学生的学习目标,确保教学活动与单元核心内容保持一

致。其次,它为教学提供了一个中心点,使得课程内容更加连贯、集中,有助于学生构建系统的知识结构。此外,这种做法还能激发学生的学习兴趣,因为单元学习的主题通常与学生的生活经验或兴趣点相关联,使得学习过程更具吸引力。例如,人民音乐出版社版《音乐》三年级上册共有八个单元主题(如图1-2所示)。

图1-2　人民音乐出版社版《音乐》三年级上册单元主题

教师可以将"童年""草原""好伙伴""放牧""妈妈的歌""四季的歌""钟声""丰收歌舞"分别作为单元学习主题;也可以将主题进行细化,例如,第一单元"童年"共有以下四个板块的教学内容(如图1-3所示)。"聆听"歌曲《捉迷藏》《我们多么幸福》;"演唱"歌曲《摇啊摇》《小酒窝》;"知识与技能"了解钢琴、五线谱、高音谱号,发声练习、掌握音名 CDEFGAB;同时,每个乐(歌)曲配有相应的编创与活动。

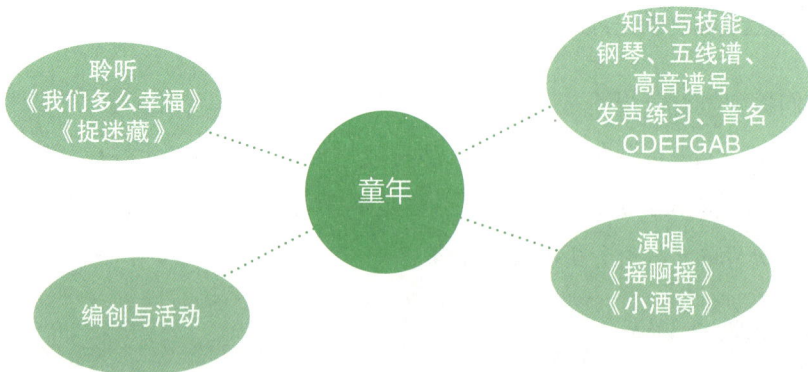

图1-3　"童年"单元内容

♪ 互动角

　　请你分析"童年"这个单元的教学内容,它们之间有什么共同的特点,你可以从哪几个角度进行分析?

_____

_____

　　针对这个问题,你可能会产生以下想法:(1)在作品内容上,多与童年生活、童年游戏紧密相关,从而反映儿童时期的纯真与快乐。(2)在音乐表现要素上,包括钢琴独奏、合唱、齐唱等多种表现形式,节拍上有二四拍、四四拍、六八拍等,展现音乐的多样性。(3)在情感表达上,教材内容呈现出多样化的特点:既有如《摇啊摇》般优美的旋律,又有如《我们多么幸福》般活泼欢快的节奏;既有如《小酒窝》这样甜美可爱的歌曲,也有如《捉迷藏》这样情绪变化明显的歌曲。

　　有了进一步思考之后,教师就可以根据教材内容的特点,将单元主题进一步设计为"丰富多彩的童年旋律""多种形式表现的童年赞歌"等。

二、用思维工具厘清关联

　　确定单元主题之后,教师需要借助一些思维工具帮助自己更好地厘清不同作品之间,以及作品分析要素之间的关联,从而更好地进行单元教材分析。

(一)表格式思维工具

　　表格式思维工具可以帮助教师系统地梳理和分析教材内容,有利于教师对教材内容进行细致的比较和对照,还能帮助教师识别教学重难点,从而更加明确教学活动的开展方向。

表 1-1　单元教材分析表格

单元作品名称	作品分析要素				
	音乐要素	音乐体裁与风格	音乐文化	音乐情感与形象	音乐主题
作品 1					
作品 2					
……					

续　表

单元作品名称	作品分析要素				
	音乐 要素	音乐 体裁与风格	音乐 文化	音乐 情感与形象	音乐 主题
单元作品关联性 特征分析					
单元核心内容	需要学生掌握的核心经验和关键能力是什么				
理解线索					

(二)思维导图式思维工具

如果教师进行的是自然单元的教材分析,那么表格式的思维工具有助于教师在明确单元教学内容的基础上建立单一教材内容间的相关性;如果教师还没有明确单元内容,想通过思维导图的方式寻找适合的教材内容重组单元,那么思维导图式的思维工具则可以对教师提供有效帮助。

图1-4围绕"乡音乡情:民族音乐中的家园赞歌"这一主题,对两首民族音乐作品《新疆是个好地方》和《美丽的草原我的家》进行了关键特征分析和关联性分析。首先,教师分别列

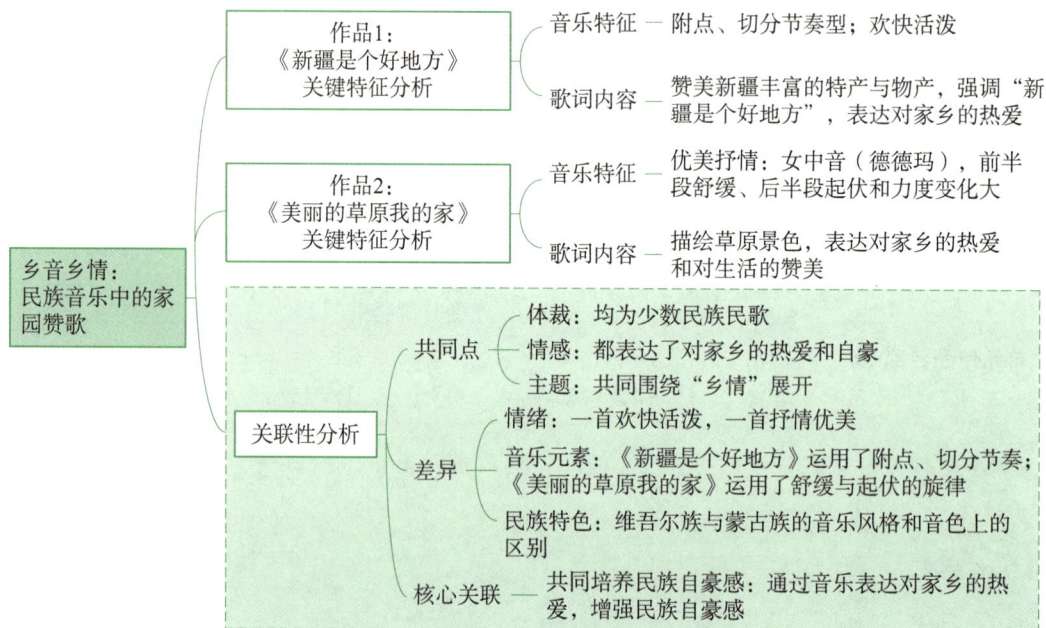

图1-4　单元教材分析思维导图举例

出了两首歌曲的音乐特征和歌词内容;然后,对比了它们的共同点和差异,如体裁、情感、主题、情绪、音乐元素和民族特色等;最后,指出了两首歌曲的核心关联,即通过音乐表达对家乡的热爱和增强民族自豪感。这种思维导图式的思维工具分析有助于教师深入理解教材内容,发现不同作品之间的内在联系,从而更有效地进行教学设计和实施。

三、呈现立体的分析结果

我们建议教师可以从单元概述、单元重点学习内容、单元教材分析等几个方面较为立体地呈现单元教材分析的结果,这样有助于厘清单元整体教学的逻辑。以下是上海音乐出版社版《音乐》四年级上册第四单元"可爱的童年"的单元教材分析①。

一、单元概述

本单元选自上海音乐出版社版《音乐》四年级上册第四单元"可爱的童年"。本单元四首作品均与"童年"有关联,单元欣赏曲作品均用西洋乐器表现有中国特色的"童年",围绕着对童年的趣味以及对中国作品的理解,帮助学生体会童年的快乐并对中国作品产生认同感,建立文化自信。欢快的歌曲向大家述说着童年的美好情景。

二、单元重点学习内容

表 1－2 "可爱的童年"单元核心内容提炼

学习内容	学 习 要 求		
	音乐感受与欣赏	音乐表现	音乐创造
《宜兰童谣》	● 感受乐曲的情绪、想象音乐所描绘的情景 ● 感知各种乐器组演奏的音色以及所模拟的情景	● 模唱、记忆两个童谣的主题 ● 可与同伴一起伴随音乐唱童谣	● 根据两个主题,设计不同的打击乐伴奏音形进行伴奏
《童年多美好》	● 感知乐曲欢快、活泼的音乐情绪,结合歌词内容与老师、伙伴交流童年生活的感受 ● 根据歌曲情绪的表达,添加合适的力度记号并演唱	● 与老师分工合作视唱部分曲谱 ● 能用流动的气息,断连对比的方法正确演唱歌曲	

---

① 该案例由上海市徐汇区建襄小学李超老师提供。

续 表

学习内容	学 习 要 求		
	音乐感受与欣赏	音乐表现	音乐创造
《牧童短笛》	• 感知乐曲欢快、活泼的音乐情绪 • 感受两个音乐主题的变化,与老师、伙伴交流对音乐形象的联想与想象(结合活动与创造) • 引导学生通过网络等途径,了解乐曲作者贺绿汀的生平及代表作(活动与创造)	• 在钢琴的提示下记忆或哼唱 2—4 小节两个主题的旋律	• 根据音乐情绪的对比,选择不同的乐器为乐曲即兴伴奏
《旋转的童年》	• 感受歌曲愉快而甜美的情绪 • 与老师、伙伴交流父母儿时的游戏和童谣,分享各自对童年的美好回忆	• 采用听唱、视唱相结合的方式,或者师生分工视唱的方式熟悉曲调 • 运用愉快的情绪、甜美的声音演唱歌曲	• 使用拍手、跺脚等肢体动作编创 1—2 小节四四拍的节奏,为歌曲伴奏

三、单元教材分析

表 1-3 单元作品及关联性分析

单元作品名称	作品分析要素				
	音乐要素	音乐体裁与风格	音乐主题	音乐情感与形象	音乐文化
《宜兰童谣》	• 管弦乐编曲,音色丰富 • 以两首脍炙人口的童谣《天乌乌》《丢丢铜》作为素材进行编曲	• 交响组曲	• 我国台湾地区风情与童谣文化	• 欢快活泼中蕴含乡愁,展现台湾的乡音乡情	• 选自作曲家鲍元恺于 1995 年创作的《台湾音画》 • 体现台湾民间音乐与西方管弦乐的融合
《童年多美好》	• 二四拍,二段体结构 • 节奏疏密多变,旋律起伏明显 • 中段悠扬委婉,自然过渡	• 儿童歌曲 • 活泼欢快的民谣风格	• 童年生活的美好回忆与田园场景	• 前半段:欢快活泼,拟人化描绘童年趣事 • 后半段:甜蜜赞美,流露对童年的眷恋	• 由熊益美作词,刘莎、孙顺忠作曲 • 以欢快的语调向人们述说童年美好情景

续　表

单元作品名称	作品分析要素				
	音乐要素	音乐体裁与风格	音乐主题	音乐情感与形象	音乐相关文化
《牧童短笛》	• 二声部复调旋律，模仿笛子音色 • 五声调式，清新流畅的线条与对答结构	• 钢琴独奏 • 中西融合风格（五声调式＋西方复调）	• 江南水乡牧童与自然和谐共处的田园画面	• 恬静悠然，充满水墨画般的诗意美感	• 由贺绿汀创作 • 具有中国风味的钢琴曲
《旋转的童年》	• 二四拍，重复节奏型营造旋转感 • 句尾下滑音俏皮灵动	• 儿童歌曲 • 现代流行风格	• 童年游戏与动态场景（如旋转木马）	• 俏皮幽默，充满动感与童趣	• 由徐沛东创作 • 反映当代儿童歌曲的创作趋势
单元作品关联性特征分析	• 单元主题为"可爱的童年"，本单元四首作品也均与"童年"有关联。因此，在本单元的学习活动中可围绕"童年"和"趣味"进行体验性活动的设计				
单元核心内容	• 能用活泼欢快的情绪、明亮愉悦的声音演唱歌曲 • 在欣赏作品中进行审美感知，知晓作品的人文背景，并能哼唱和记忆乐曲的旋律				
理解线索	• 单元欣赏曲作品均以西洋乐器表现有中国特色的"童年"，围绕着对童年的趣味以及对中国作品的理解，体会童年的快乐，并对中国作品产生认同感，建立文化自信 • 围绕单元主题"可爱的童年"，寻找身边童年的"趣味"和童年的元素				

　　这样立体、完整地体现单元教材分析的主题、基本问题、教材内容之间的关联，能够帮助教师厘清教学思路，同时能够让教师的教材分析的表述更有针对性。

本章小结

章节小结

　　本章主要介绍了音乐教学准备中的教材分析技能，包括建立整体的教材观、聚焦单元整体进行分析、建立本课教学内容与本单元其他教学内容的关联，以及撰写教材分析的方法等。教材分析可以从曲式分析、创作背景、音乐要素、情绪情感、育人立意等方面进行。教材分析的目的是了解学生要学习的关键概念。因此,只有心中有学情的教材分析才更加科学有效。教师在开展单元教材分析时,可以根据学生的学习情况,从单元概述、单元重点学习内容、单元教材分析等几个方面进行思考,不断提升自己的教材分析能力,为教学设计奠定基础。

✂ 技能操练

　　请你根据所学内容,撰写人民音乐出版社版《艺术·唱游·音乐》一年级上册第一单元"好朋友"《快乐进行曲》一课的教材分析。

🔲 推荐书目

　　1. 王晓蓉主编:《中小学音乐课程标准与教材分析》,科学出版社 2014 年版。

　　2. 王家祥编著:《音乐教学名词简析》,上海音乐出版社 2023 年版。

第二章 教学目标设计技能

? **学习导引**

在上一章,我们初步了解了教材分析的要点与方法,并且知道了应如何规范撰写教材分析,对单元教材分析也有了更加深入的思考。接下来,教师需要进一步结合教材分析的要点,确定教学目标,为后续设计与教学目标相匹配的教学活动做好准备。本章内容聚焦教学目标的设计和撰写技能,结合《义务教育艺术课程标准(2022 年版)》的指导思想,将育人理念落实在教学目标上,体现音乐学科的课程性质,旨在进一步落实艺术核心素养的要求。

学习脉络

```
                    核心问题:如何理解单元目标与课时目标的关系 ── 单元目标
                                                              课时目标

          教
          学     学习线索:教学目标设计的内容与撰写 ── 素养导向的教学目标设计
          目                                           教学目标的表述
          标
          设
          计     关键策略:以生为本,明确教学目标要义 ── 教学目标的行为主体是学生
          技                                           教学目标指向教学评价
          能

                 进阶改进:素养融合,落实育人立意 ── 从"三维目标"到"艺术核心素养"
                                                    素养导向的教学目标撰写要点
```

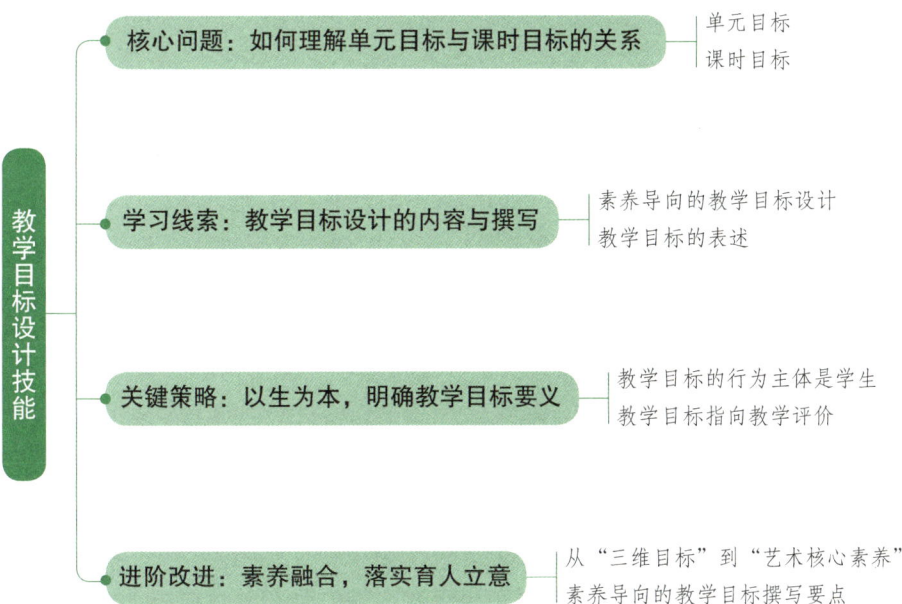

教学目标设计涉及单元目标与课时目标、教学目标设计的内容与撰写、教学目标技能设计的关键策略、教学目标技能设计的进阶改进等关键过程。教学目标设计技能的掌握需要

教师厘清单元目标与课时目标的关系，在撰写教学目标时应结合艺术核心素养的具体要求，注意目标的表述方式。另外，教师需要明确教学目标的行为主体是学生且指向教学评价，将学生的艺术核心素养发展融合在教学目标的设计中。

🎼 核心问题：如何理解单元目标与课时目标的关系

> ♪ **互动角**
>
> 　　你觉得单元目标与课时目标的关系是什么样的？请在你认为正确的观点旁的括号中画"√"。
> 　　1. 单元目标统领课时目标。（　　）
> 　　2. 课时目标以单元目标为方向。（　　）
> 　　3. 课时目标应与单元目标匹配。（　　）

　　小学音乐的教学目标设计要基于艺术课程总目标，围绕审美感知、艺术表现、创意实践、文化理解核心素养的四个方面进行确立。教师在总体了解艺术核心素养的内涵以及课程总目标、学段目标之后，必须将艺术核心素养的相关要求融入单元目标、课时目标之中。

一、单元目标

　　单元目标是在课程总目标的引领下，明确指出本单元所要达成的教学目标。单元目标既是课程总目标的具体落实，又统领着课时目标。这里体现了两种思维过程：第一，教师需要了解课程总目标、学段目标，将基于艺术核心素养发展的目标具体到单元目标设计中，这是一种从一般到个别的"演绎"推理过程；第二，对各课时的教材进行系统分析，将最核心的、最需要解决的问题进行提炼，是从个别到一般的"归纳"推理过程。

二、课时目标

　　课时目标是音乐课堂学习活动的指引和方向，所有的教学环节与评价都围绕课时目标的落实而展开，是教师根据教材内容和学生学情而制定的音乐课堂教学应该达到的基本标准。课时目标需要有针对性，即教师需要制定符合本课时且在其他课中无法直接套用的目标。这就需要教师根据教材分析、学情分析结果仔细研究，避免将目标写得空泛。

　　我们可以用一张图来表示课程总目标、学段目标、单元目标、课时目标之间的关系。

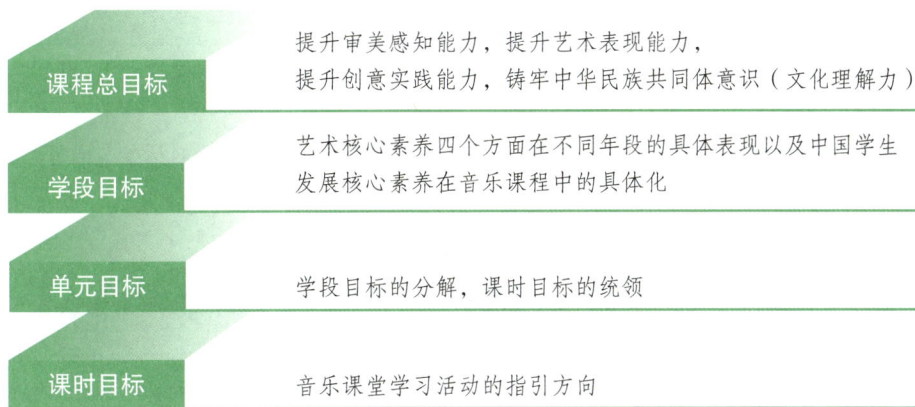

图 2-1 不同层次目标之间的关系

图 2-1展示了音乐课程目标的四个层级及其相互关系,为教学活动提供了清晰的方向。课程总目标位于最高层级,旨在全面提升学生的审美感知能力、艺术表现能力、创意实践能力,并铸牢学生中华民族共同体意识,体现了文化理解的重要性;学段目标细化了艺术核心素养在不同年级的具体表现,指导教师根据学生的发展阶段调整教学内容和方法;单元目标进一步分解学段目标,为每个单元的教学提供具体指引,确保课时目标与整体课程目标的一致性;课时目标则直接关联音乐课堂学习活动,明确了教学活动应达成的具体成果。

🎼 学习线索:教学目标设计的内容与撰写

一、素养导向的教学目标设计

在音乐课程总目标的统领下,根据课程特点和育人理念,我们先来了解一下《义务教育艺术课程标准(2022版)》中提出的音乐课程总目标以及不同学段目标的侧重点。

表 2-1 艺术核心素养导向下的目标体系与内容

艺术核心素养	审美感知、艺术表现、创意实践、文化理解
课程总目标[①]	• 感知、发现、体验和欣赏艺术美、自然美、生活美、社会美,提升审美感知能力 • 丰富想象力,运用媒介、技术和独特的艺术语言进行表达与交流,运用形象思维创作情景生动、意蕴健康的艺术作品,提高艺术表现能力 • 发展创新思维,积极参与创作、表演、展示、制作等艺术实践活动,学会发现并解决问题,提升创意实践能力 • 感受和理解我国深厚的文化底蕴和党的百年奋斗重大成就,传承和弘扬中华优秀传统文化、革命文化、社会主义先进文化,坚定文化自信,铸牢中华民族共同体意识

① 中华人民共和国教育部. 义务教育艺术课程标准(2022年版)[M].北京:北京师范大学出版社,2022:6—7.

续　表

	● 了解不同地区、民族和国家的历史与文化传统,理解文化与构建人类命运共同体的关系,学会尊重、理解和包容
内容要求	● 包括"欣赏""表现""创造"和"联系"4 类艺术实践,涵盖 14 项具体学习内容

表 2-2　分学段目标设计要点

学段	目标表述的侧重点	指向的核心素养
第一学段 (1—2 年级)	突出审美感知和音乐学习兴趣的具体要求	审美感知
	突出艺术表现和创意实践的具体要求	艺术表现、创意实践
	突出创意实践的具体要求	创意实践
	突出文化理解的具体要求	文化理解
	突出学习态度与兴趣、人际交往、合作交流的具体要求	中国学生发展核心素养在音乐课程中的具体化
第二学段 (3—5 年级)	侧重指向审美感知的具体表现	审美感知
	侧重指向艺术表现和创意实践的具体表现	艺术表现、创意实践
	侧重创意实践的具体表现	创意实践
	侧重文化理解的具体表现	文化理解

从表 2-1 和表 2-2 可知:各学段的目标设计需要聚焦审美感知、艺术表现、创意实践、文化理解核心素养四个方面的具体要求和具体表现,它们之间并不是孤立的,而是突出、侧重表现某一个或者某几个方面。此外,小学阶段为六学制的地区还需要参考第三学段(6—7年级)的目标要求。

二、教学目标的表述

教学目标的表述应该清晰、具体、可测,并体现关键的学习任务。它需要明确指出学生通过学习应该达到的具体能力和理解水平,采用恰当的行为动词,反映不同层次的学习要求,从基础知识的识记到更深层次的理解和应用,确保学生能够逐步构建和深化知识与技能。具体表述方法如下。

(一)体现关键的学习任务

学生的学习活动是围绕教学目标展开的。这就需要教师所设计的教学目标能够对本课的教学形式、教学内容、学习方法有清晰的表达。单元目标需要体现本单元的关键学习内容,而不是简单地罗列课时目标;课时目标需要聚焦学生要学习的具体乐(歌)曲的关键要素。

以下是上海音乐出版社版《音乐》四年级上册第四单元"可爱的童年"的单元目标。

> 1. 欣赏根据两首中国台湾童谣改编的管弦乐曲《宜兰童谣》,感受其中所用到的乐器分别表现的音乐形象,了解乐曲中两首童谣的主题,体验台湾的乡情乡音。(侧重审美感知、文化理解)
>
> 2. 感受歌曲《童年多美好》欢快、活泼的情绪,能用明亮的声音、饱满的情绪演唱歌曲,能根据自己的感受,为歌曲加上力度记号并演唱。(侧重审美感知、艺术表现)
>
> 3. 欣赏乐曲《牧童短笛》,了解作曲家贺绿汀的生平,感受乐曲两个乐段不同的速度与情绪,能哼唱乐曲的主题旋律,体验优美流畅的旋律所描绘的如诗如画般的童年情景。(侧重文化理解、审美感知、艺术表现)
>
> 4. 能用明亮的声音、愉快的情绪演唱歌曲《旋转的童年》,感受歌曲表达的快乐童年生活,能根据歌曲情绪编配打击乐伴奏,并进行表演。(侧重审美感知、创意实践)
>
> 5. 根据歌曲的情绪,为歌曲标注合适的力度记号,按速度与节拍韵律演唱歌曲。(侧重审美感知,艺术表现)
>
> 6. 以童年为主题,根据谱例提示,编创音乐情景小故事,与伙伴交流分享。(侧重审美感知、艺术表现、创意实践)

单元目标是在单元教材分析的基础上将教材内容进行分类整理,用较为概括的语言将相同的学习内容与方法进行整合,同时用较为"上位"的概念将课时目标的内涵进行提升。以下是该单元第一课时《宜兰童谣》的课时目标。

> 1. 聆听乐曲《宜兰童谣》,感受乐曲的情绪,认知作品的人文背景以及乐曲中的主奏乐器;感受宜兰人怡然自得的生活画面,欣赏表现生活的童谣。(单元目标1)
>
> 2. 在聆听、跟唱、律动等多元聆听模式下聆听管弦乐曲《宜兰童谣》,了解乐曲的主题。(单元目标1、单元目标6)

从案例中可以看出该课时目标聚焦具体歌曲的特点,用从一般到特殊的逻辑将单元目标具体化,体现了本课的教学任务。

(二) 使用恰当的行为动词

在制定教学目标的过程中,使用恰当的行为动词,可以使设计的目标更加明确。

表 2 - 3　教学目标表述的行为动词举例

学习水平	基本内涵	小学阶段学习行为动词举例
识记	对重要的音乐符号、主题、要素、音乐文化等知识进行认知、记忆与回忆;对音乐唱、奏、舞等技能进行模仿、学习	了解、知道、认识;感受、感知;背记、背唱;辨认;初步学会
理解	能正确把握音乐符号、要素、音乐文化的含义以及唱、奏、舞等音乐表演技能的要义	听辨;联想、想象;区分、描述;识读;学会
运用	能运用所学音乐知识与技能,理解、表现音乐形象、音乐情感;区分、鉴别音乐风格、音乐表现形式与相关音乐文化;开展音乐编创、表演活动	使用;辨别;编创;掌握

(三) 指向结果的学习层次

在使用恰当行为动词的基础上,教师教学目标的表述还要指向教学内容的难易程度和学习程度与水平,例如"初步了解""进一步认识""熟练使用"等。

以下是人民音乐出版社版《音乐》五年级下册第六课"百花园"《编花篮》的教学目标。

1. 以轻快灵动的情绪、悦耳动听的声音,**准确**地演唱歌曲《编花篮》,借歌声表达对美好未来的渴望与向往。

2. 在演唱《编花篮》的过程中,**基本**掌握前倚音和下滑音的演唱方法,**初步**了解民歌创作的基本特点。

3. 认真聆听不同版本的《编花篮》,**进一步**感受河南民歌的风格和特点,进而对河南民歌产生**初步**的兴趣与热爱。

♩ 关键策略:以生为本,明确教学目标要义

一、教学目标的行为主体是学生

♪ 互动角

请你比较以下教学目标的表述方法,在括号里填写主语。

1.(　　)**通过**学唱歌曲《夜晚多美好》,(　　)**使学生**在音乐中感受夜晚的美好,(　　)**培养**他们亲近大自然、热爱生活的情感。

2.(　　)**初步**学唱歌曲《夜晚多美好》,(　　)**在**音乐中感受夜晚的美好,(　　)**感受**大自然的美好和生活的快乐。

教学目标表述的是学生达成的学习效果,因此行为主体应为学生。教师不妨用以上补充行为主体的方式,以检查撰写的教学目标的行为主体是否符合要求,避免所设计的教学目标出现"通过""使""培养""激发"这些有歧义的文字,从而让教学目标的主体真正指向学生。

二、教学目标指向教学评价

教学目标是一个单元或者一节课学生能够达到的学习效果,判断学习效果最根本的依据是学生在课堂上是否获得了音乐情感的体验并提高了自己的音乐能力。教师可以通过学生的回答、表演等方式来观察学生目标的达成度。因此,教学目标是需要通过教学评价来检测教学质量的,所以教师所撰写的教学目标要"可测、可评",切忌宽泛概括。

♪ **互动角**

请你判断以下教学目标的表述方法,哪种是"可测、可评"的,并在括号里画"√"。

1. 能够演唱歌曲《顽皮的小杜鹃》。(　　　)

2. 认识并初步掌握顿音记号,能用活泼的情绪、轻快整齐明亮的声音演唱歌曲《顽皮的小杜鹃》,唱出相关乐句的断连对比。(　　　)

教学目标 1 表述比较宽泛,对于学生怎么唱、唱到什么程度、用什么方法唱等都没有详细说明,这会给教师的教学评价带来一定的困难;教学目标 2 能够使教师从演唱的情绪(活泼)、演唱的音色(轻快整齐明亮)、演唱的方法(断连对比)等角度来评价学生的学习表现,表述清晰,可测、可评。

🎼 进阶改进:素养融合,落实育人立意

《义务教育音乐课程标准(2011 年版)》将音乐教学目标分为三个不同的维度:知识与技能、过程与方法、情感态度与价值观。《义务教育艺术课程标准(2022 年版)》将音乐、美术、舞蹈、戏剧、影视的教学目标以艺术核心素养的发展贯穿始终。《义务教育艺术课程标准(2022 年版)》以审美感知、艺术表现、创意实践、文化理解为主导,统整艺术课程与教学的目标,并且针对艺术课程在每个学段的特点制定了学段目标。教师本着"以美育人""以美化人""立德树人"的主要目标,在课堂教学中将育人理念和艺术核心素养进行结合,体现课程的育人价值,最终促进学生的全面发展。

一、从"三维目标"到"艺术核心素养"

我们可以通过图 2-2 来理解三维目标与艺术核心素养的迭代发展。

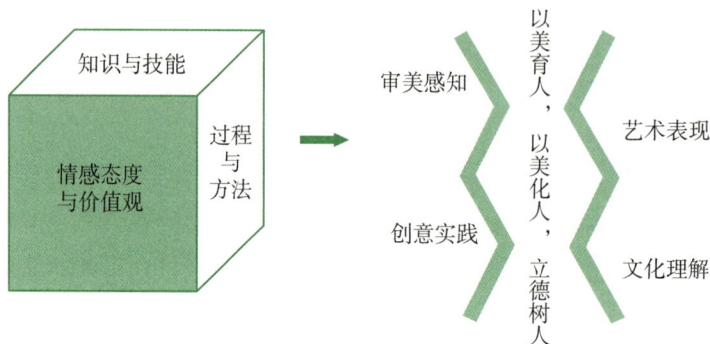

图 2-2　"三维目标"和艺术核心素养的迭代发展

由图 2-2 可见,"三维目标"不是三类目标,而是一体三面的整合;艺术核心素养也不是独立的,而是紧密融合在一起,犹如一条条支流汇入大海,达到以美育人、以美化人和立德树人的目标。从某种层面来说,以艺术核心素养为导向的目标是三维目标的反思和升级,将学生的未来发展放在首位,重视学科育人,落实立德树人根本任务。因此,艺术核心素养既有学科属性,也有教育属性。

二、素养导向的教学目标撰写要点

教师在撰写教学目标时应关注两个核心要点:(1)要确保音乐教学与育人目标相结合,这有助于在传授音乐知识的同时,培养学生的情感态度和审美能力,促进其全面发展;(2)教学目标应聚焦艺术核心素养,明确这些素养能指导教师更有效地设计教学活动,使学生相应的艺术能力得到实质性的提升。

(一)树立音乐学科教学与学科育人目标的统一性

就音乐学科而言,素养导向的教学目标就是如何在音乐课堂教学中实现课程育人的问题。为充分发挥课堂教学在德育工作中的主渠道作用,教师应将小学德育内容具体融入音乐学科课程的教学目标之中,并贯穿于教育教学的各个环节。教师需要积极挖掘和利用音乐学科蕴含的德育元素,精心设计教学内容,优化教学方法,以促进学生道德认知的发展,并注重培养学生的情感体验和道德实践能力。

对于音乐学科而言,就是基于学生艺术核心素养"审美感知、艺术表现、文化理解、创意实践"的发展,加强对学生审美情趣、意志品质、人文素养和生活方式的培养。学科德育必须与学生的认知发展和学科知识水平统一,寻找德育的切入点,将学科教学的进度与学科的实施紧密地结合在一起。这就需要教师在音乐课程设计时细化课程育人目标,让学生在掌握音乐核心知识的同时,拥有良好的思想道德水平和学习品质,自然而然地实现学科育人。

(二)素养导向的教学目标撰写形式

素养导向的教学目标是在对学生进行分析的基础上确立的,行为主体必须是学生,并且是可测、可评价的。前文中我们提到,教学目标的表述需要体现关键的学习任务、使用恰当的行为动词、指向结果的学习层次。在实际撰写的过程中,教师可以采用**"教学内容(包括教学情境)＋学习任务＋效果评价＋核心素养"**的形式来使教学目标的表述更加贴合艺术核心素养的发展要求。以上海音乐出版社版《音乐》三年级上册第四单元"夜色美"《彩云追月》为例。

1. 欣赏民乐合奏《彩云追月》(教学内容),感受乐曲悠扬舒展的旋律(学习任务),想象云朵逐月的美好意境(效果评价),初步感受民乐的魅力(艺术核心素养)。

2. 能在不同形式的聆听、电子琴辅助、肢体动作体验(教学情境)和同伴反馈交流(学习任务)中,描述对乐曲的想象和感受(效果评价),加深对民族音乐的认识(艺术核心素养)。

本章小结

章节小结

本章主要探讨了小学音乐课程教学目标的撰写方法和要求。在设计与撰写教学目标时:首先,教师需要确定单元目标和课时目标,通过分析教材,将相同的学习内容与方法进行整合,同时用较为"上位"的概念将课时目标的内涵进行提升。在具体课时目标的设计中,要关注教材内容的特点,用从一般到特殊的逻辑将单元目标具体化。其次,在制定目标的过程中要使用恰当的行为动词,以便更加明确地表述学习水平。同时,还需要在使用恰当行为动词的基础上指向教学内容的难易程度和学习程度与水平,例如"初步了解""进一步认识""熟练使用"等。此外,教学目标的行为主体应为学生,要确保"可测、可评",避免宽泛概括。最后,音乐教学目标应融合艺术核心素养,落实育人立意。教师在本着"以美育人""以美化人""立德树人"的主要目标的基础上,要将育人理念和艺术核心素养结合起来,体现课程的育人价值,最终促进学生的全面发展。通过以上探讨,我们能基本掌握音乐教学目标的撰写原则和方法。在实际教学过程中,教师应根据这些原则和方法,设计具有针对性和实效性的教学目标,以提高音乐教学质量,培养学生的艺术核心素养。

✖ 技能操练

请你选择一课时的教学内容,用"教学内容(包括教学情境)＋学习任务＋效果评价＋核心素养"的形式设计并撰写教学目标。

📖 推荐书目

1. 钟启泉编著:《教学设计》,华东师范大学出版社 2022 年版。

2. 卢明主编:《教案的革命 2.0》,华东师范大学出版社 2021 年版。

3. 崔佳著:《以学习为中心:教学设计新思维》,华东师范大学出版社 2024 年版。

第三章 教学过程设计技能

❓ 学习导引

在前两章中,我们学习了如何分析教材、如何撰写素养导向的教学目标。现在我们可以思考:如何落实教学目标? 我们需要用什么方法和策略? 表述明确、环节清晰的教学过程可以解决我们在教学中产生的许多困惑。

在本章中,你会学习如何撰写完整的教学过程设计,并学会用不同的方式展现教学思路。作为教师,我们需要尽可能地把教学过程设计得完美一些,尽量不留遗憾。本章提及的设计教学过程的方法具有一定的可操作性,希望能够帮助到你。

⊞ 学习脉络

教学过程的设计基于有逻辑的教学思路,注重整体的架构和各环节的内在逻辑。在必要的地方,辅助教学说明能够让别人更加清晰地了解你的教学目的。当然,由于教学对象的不同,教师还需要用更加丰富的教学方式体现个性化教学的特点。本章主要介绍了教学过程设计的思路形成、教学环节的主要内容、教学过程设计技能的关键策略,指导教师创新活动形式,设计更有针对性的教学设计。

核心问题:如何形成教学过程设计的思路

在进行具体的教学过程撰写之前,我们需要厘清教学思路。比如,教学重难点是什么、用什么方法层层突破、怎样展现教学思路等。

一、提炼教学重难点

在教学过程中,需要重点达成的任务目标会成为教师在课堂中的关键教学点,即教学重点;需要学生完成一些"障碍"才能"跨越"的目标就成为教师的教学难点。那么教师可以将某个教学目标直接变成教学重难点吗? 答案是否定的,教学重点和教学难点应是教学目标的提炼与深化。

♪ **互动角**

> 你觉得哪个是教学重点,哪个是教学难点?
>
> 以下是一位教师根据人民音乐出版社版《音乐》二年级下册第八课"新疆好"《新疆是个好地方》撰写的教学重难点。
>
> 1. 感受新疆歌曲的风格特点,学唱歌曲《新疆是个好地方》。
> 2. 掌握歌曲中切分节奏和附点节奏以及为歌曲编创舞蹈动作。

经过前面的学习我们不难发现:教学目标 1 是本节课需要重点解决的关键任务,教学目标 2 是教师需要花心思、用方法解决的具体问题。教学重点指向学唱歌曲的整体,而教学难点指向所学唱歌曲的具体内容。教学目标与教学重点、教学难点存在紧密的联系,那么,教师在教学过程中应该怎样来提炼本课的教学重点与教学难点呢?

首先,我们要明确教学重点与教学难点是两个不同的概念。教学重点往往是教学内容中本身就存在的,而教学难点则是在教学实践中生成的,不建议将教学重点与教学难点合并在一起来表述。其次,教学重点与教学难点在教师理解教材、了解学情、不断积累经验的过程中,是可以根据课堂实施情况进行修改完善的。它们虽然是教师提前预设的,但是在教学过程的突破策略上是有所不同的。另外,教学重点和教学难点还会因学生的学情而有所不同。相同的教学重难点,可能对于某一个班级的学生掌握起来比较轻松,而对于另一个班级的学生学起来会有一定的困难。因此,教师需要从教学中积累和归纳一些常见的教学重点与教学难点。

表 3-1　常见的教学难点举例

实践活动	一些常见的教学难点
欣赏型	● 乐段听辨、跟随音乐特点进行模唱或律动体验、用喜欢的方式表现乐曲等
表现型	● 歌唱:一字多音、弱起、合唱、轮唱、气息运用、情感表现等 ● 器乐:演奏方式、演奏技巧、演奏姿势等 ● 综合:唱跳结合、小组合作、表演方式等 ● 识谱:大跳音程、分节奏、附点节奏、装饰音、变换拍子等
创造型	● 编创素材的运用、编创方式、分工合作、评价方式等

通过以上学习,我们还可以归纳一些教学重点与教学难点预设的要点。

表 3-2　教学重点与教学难点预设的要点

教学重难点预设	教学重点预设	● 切合主要教学内容,能够较准确地找到教学内容需要解决的最重要、最核心的知识与能力点 ● 体现基本性、核心性
	教学难点预设	● 符合学生学习实际(能较客观地反映知识能力要求和学生实际之间的差距) ● 符合具体教材内容(反映教材学习中客观存在的知识能力难点)
	核心知识把握 (对应重点)	● 正确把握对表现音乐情感、描绘音乐形象起重要作用的音乐要素及音乐文化、风格流派、曲式、体裁等相关知识
	核心能力聚焦 (对应难点)	● 对教材难点预设准确,符合学生实际学习基础;有明确地培养某一方面能力的目的与要求

教学重点与教学难点是教学过程设计的关键解决要素,它们是在分析教材和学情的基础上,为教学目标的实现而形成的;同时它们也为教学环节的设计提供了主要突破点,直至达成教学目标。

二、撰写教学设计思路

在确定本课的教学重难点之后,教师就可以设计教学活动了。为了避免教学环节逻辑不清晰、教学活动主线不明确,教师可以通过撰写教学设计思路(或者教学设计意图)有效地规划和组织教学活动,确保教学内容的连贯性与系统性,提高教学效果。在开展教研活动时,教研员或执教教师也可以分享自己的教学设计思路,以促进学习共同体的专业发展。

以下案例既展现了撰写教学重点与教学难点的方法,又呈现了详细的教学设计思路。

【课题】《我是一粒米》

【教材版本】上海音乐出版社版《唱游》二年级下册第二单元"音乐童话"

【课时】第一课时

【教学内容】

(1) 游戏：有趣的米粒。

(2) 学唱《我是一粒米》。

(3) 歌表演：一粒米的故事。

【教材分析】

歌曲《我是一粒米》中描绘了一粒米成长过程中的不易和渴望得到小朋友爱惜的情感。歌曲朗朗上口，歌词设定一粒米为第一人称"我"，是一首三段体的叙事性儿童歌曲，每段结尾的旋律都根据内容情节变化而变化，用拟人的手法告诉小朋友"要亲近大自然，爱护人类赖以生存的自然环境，热爱生命"的生命教育内涵。

【学情分析】

本课为二年级第二学期内容。此前学生已经习得了一定的歌唱方法和习惯。学生在一年级及二年级第一学期的歌曲学习中，已经掌握了反复跳跃记号、渐慢、一字多音、一音多字等歌唱识谱的基本常识，对于富有童话意味的歌曲有较为浓厚的喜爱感、认同感和学习积极性。

【教学目标】

(1) 学唱歌曲《我是一粒米》，感受音乐欢快活泼的情绪，体验"一粒米"成长过程中的不易与渴望被人爱惜的心境；感知歌曲中的音乐形象，并产生热爱自然、珍惜生命的积极情感。（侧重审美感知、文化理解）

(2) 能听辨歌曲三个乐段不同的结束句，并演唱出乐句所要表达的不同情绪。（侧重艺术表现）

(3) 在歌曲学唱过程中，通过游戏听辨、拟人体验、表演律动等方法，学会歌曲《我是一粒米》。（侧重艺术表现、创意实践）

【教学重难点】

1. 教学重点

学唱歌曲《我是一粒米》，能体验歌曲中"我"——米粒的情感，并能用歌声表现。

2. 教学难点

能唱好歌曲中三个乐段不同的结束句，识记力度记号、一音多字等识谱常识，并能进行歌表演。

【设计思路】

在音乐教学中,我们希望将学科德育功能融入教学过程,最终实现教学效果与育人目标的双重提升。为更有效地实现以上所预设的育人目标,在本课中,教师首先通过游戏"有趣的米粒"激发学生的学习兴趣,创设"音乐形象拟人化"的教学情境,使学生在听听、玩玩、唱唱的过程中,对歌曲的三个乐段的结束句有初步的认知,并产生进一步探究的意愿;其次,在学唱歌曲《我是一粒米》中,教师契合单元主题——音乐童话,引导学生将自己设想成"米粒",采用聆听感知、情感体验、演唱练习等教学策略,使学生内化感受"一粒米"的心境,并运用歌声加以表现;然后,通过教师范唱,生生、师生互评等方法学习歌曲,并进一步激发学生热爱自然、珍惜生命的情感;最后,在歌表演的编创过程中,进一步巩固学生对歌词的记忆,并提升其对歌曲情感的表现力。

本课意图使学生在游戏、聆听、歌唱、表演、点评等活动中体验热爱自然与生命的情感,并在"激发学趣—拟人体验—情感表达—表演外显"的过程中,实现激发学生兴趣、感知音乐形象、生成积极情感的教学效能。

♪ **互动角**

请你简单归纳《我是一粒米》教学设计思路中每个段落的主要内容:

第一自然段:_____

第二自然段:_____

通过仔细研读以上教学设计思路可以看到:第一自然段前半段表达了教师对教材内容中渗透的生命教育与学科育德功能的认识,并进一步细化表述了为了达到育人目标所采用的步骤、模块和方法,以及学生因此而获得的学习能力或成效。第二自然段清楚简要地呈现了教学主线。

接下来,我们再来对比分析另一种教学设计思路的表述方式,请你试着找出二者表述方式的不同。

以下上海音乐出版社版《唱游》二年级上册第三单元"欢歌声声"《路边童谣》的教学设计思路。

组歌《路边童谣》歌词内容取材于老上海儿童玩耍时念的游戏童谣。歌曲表现了老上海的市井生活情景,具有浓郁的上海特色。教师在教学活动中应充分运用感受、体验的教学模式,以音乐审美为核心,让学生在歌谣《路边童谣》中感受游戏给儿童带来的乐趣,激发学生快乐的情绪。

一、情感呼唤,激发学生主动参与音乐教学活动的兴趣

音乐是情感的艺术。为了能更好地发挥情感的作用。本课通过视觉、音响和与学生互动的策略,在师生共同玩耍"猜冬猜"的游戏过程中激起学生的兴趣,使学生积极主动地参与到音乐教学活动中。

二、情感体验,在音乐实践活动中体验音乐所表达的情感

音乐是人文艺术。这是音乐审美的又一体现。《路边童谣》中的游戏内容对于低年级学生而言是陌生的,却又是易于接受和能够引起学生兴趣的。本课教学活动是通过音乐听赏的形式向学生介绍几首富有上海地方色彩的童谣,让学生初步了解上海童谣的特点。

为使教学符合学生的身心特点,听赏以游戏"卖糖粥"作为开始,使学生在轻松、快乐的氛围中感知童谣的魅力。随着教学的逐步递进、层层深入,最终让学生在童谣组曲《路边童谣》中体会音乐与游戏给人们生活带来的快乐,激发学生快乐生活的情绪。其间,聆听、观看视频、游戏、模仿、创作等音乐实践活动,丰富了学生的学习形式。帮助学生初步了解其音乐背后的人文故事,感受音乐学习的快乐。

三、情感外化,在"游玩"式的情感体验中习得音乐技能

本课教学活动以游戏贯穿,学生"学"的方式变得主动,能够在轻松的氛围中初步学习音乐的基本技能。例如,游戏童谣《卖糖粥》,主要是通过师生游戏、生生游戏的方式,让学生在自主学习中初步掌握该童谣的节奏难点,了解上海童谣的方言韵律。又如,复习童谣《猜冬猜》,教师在学生会唱的基础上,引导学生用"邀请舞"游戏的形式玩一玩,并提示学生在跳舞游戏时要用好听的歌声表达自己快乐的心情,这也是歌唱技能与舞蹈技能的结合练习。

通过对比分析,我们可以看出《我是一粒米》的教学设计思路采用的是具体的、层层深入的方法来进行表述的,而《路边童谣》教学设计思路的撰写方法则是通过提炼标题的形式,传递出教师对于审美感知素养中音乐情感如何渗透的教育理念。

教学设计思路的写法因人而异,着重体现的是如何由浅入深地突破教学难点、完成教学重点内容以及预设教学目标的过程。通过制定清晰的教学思路,可以帮助教师更好地把握教学目标和教学内容之间的关系,合理安排教学步骤和教学方法,从而提升课堂教学效果。

三、设计教学流程图

有了清晰的教学设计思路之后,教师可以借助教学流程图清晰、明了地呈现教学设计思路和方法策略。我们不妨先来看一个案例,再来讨论教学流程图的构成和写法。

图3-1展示了一个关于"米"主题的音乐教学活动的教学流程图,主要分为三个部分:游戏"有趣的米粒",学唱《我是一粒米》,表演"一粒米的故事"。每个部分都包含了具体的教学活动和目标,旨在通过不同的教学方法和活动来激发学生的学习兴趣和参与度。具体而言,该活动的教学流程图主要包括以下内容。

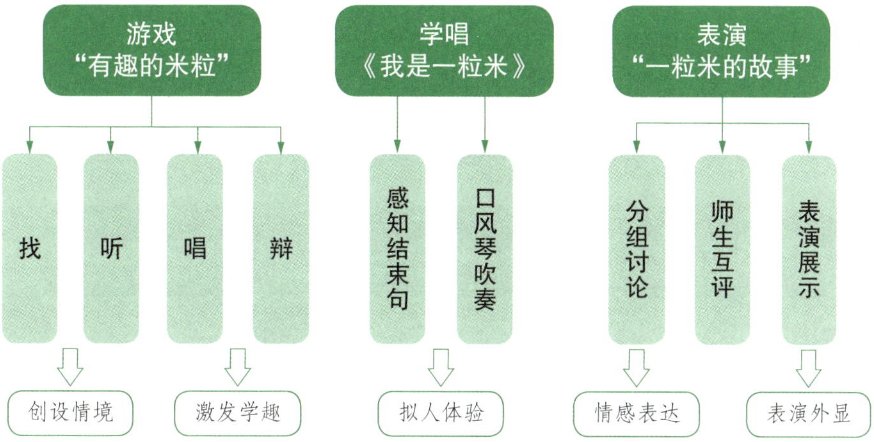

图3-1 《我是一粒米》教学流程图

(一)第一层:主要模块

教学流程图的横向第一层一般需要写清楚教学的主要模块,也就是教学分为哪几步来完成,前面的模块作为后面模块的铺垫,层层推进。它概述了教学流程的主要组成部分,即教学活动分为哪几个关键步骤,为整个教学流程提供框架,确保教学内容的系统性和完整性。以人民音乐出版社版《音乐》四年级下册第二课"少年的歌"《我是少年阿凡提》第二课时为例,可以主要分为以下三个模块。

图3-2 《我是少年阿凡提》部分教学流程图1

这三个模块内容展现了教学的主要步骤,模块间呈横向递进关系。

(二)第二层:具体策略

在横向的第二层,可以将教学模块中采用的具体方法罗列出来,表明教师是怎样一步步完成这一模块的教学任务的。

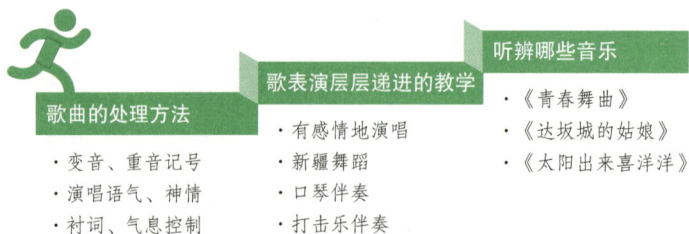

图3-3 《我是少年阿凡提》部分教学流程图2

第二层表述对应了第一层的"歌曲处理""歌表演""听辨游戏"三个模块。在表述方法上步骤清晰、内容明确。

(三)第三层:教学效能

横向的第三层就是教师预期将达到的教学效果,也就是教学中的育人主线。图3-4展现的是《我是少年阿凡提》的完整教学流程图。

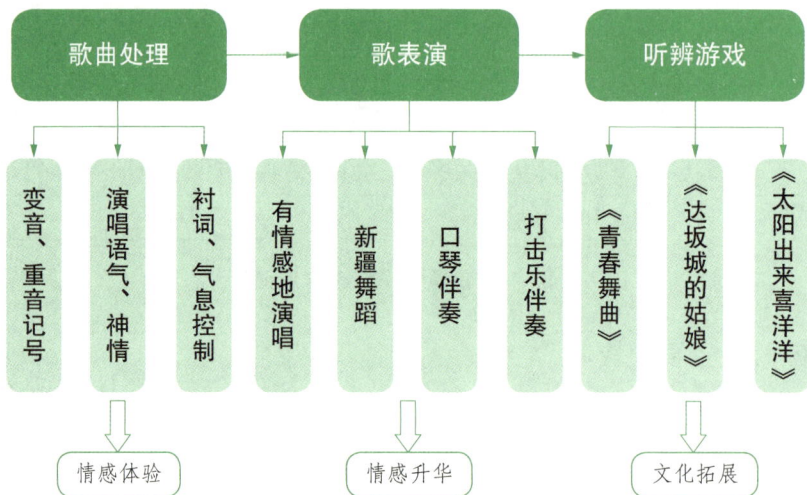

图3-4 《我是少年阿凡提》完整教学流程图

在审美感知的基础上,教师运用多种方式让学生产生情感共鸣,最后在听辨游戏中提升学生的文化理解素养。

综上,教学流程图主要展现了教学的主要模块、具体策略和教学效能。我们还可以用多种方式表达教学主线。

图3-5"丰收之夜"教学流程图通过将教学活动分解为"复习与巩固""感受与体验"和"乐器学习"三个模块,展示了如何逐步引导学生深入理解和表现音乐作品的方法。这种设计有助于学生在复习已知内容的基础上,进一步探索音乐的情感和表现层面,最终提升自己的音乐感知和情感表达能力。

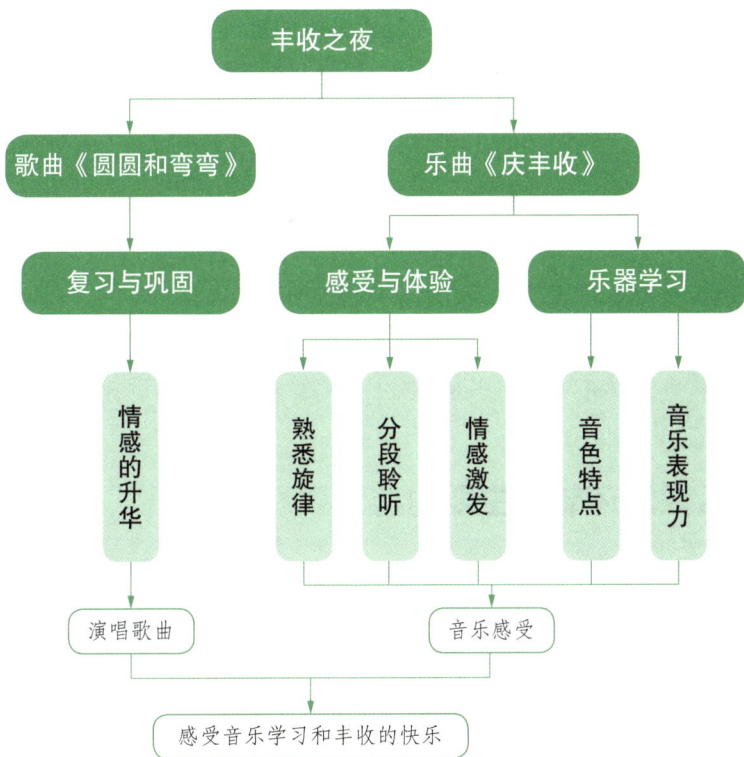

图 3-5　"丰收之夜"教学流程图

　　图 3-6《淘金令》教学流程图则采用了一种更为细化的教学策略,通过"导入部分""吹奏乐段 A"和"吹奏乐段 B"等具体环节,展示了通过分步骤的教学活动来实现教学目标的方法。这种设计不仅有助于学生掌握音乐知识和技能,还能够培养学生的合作能力和创新思维。

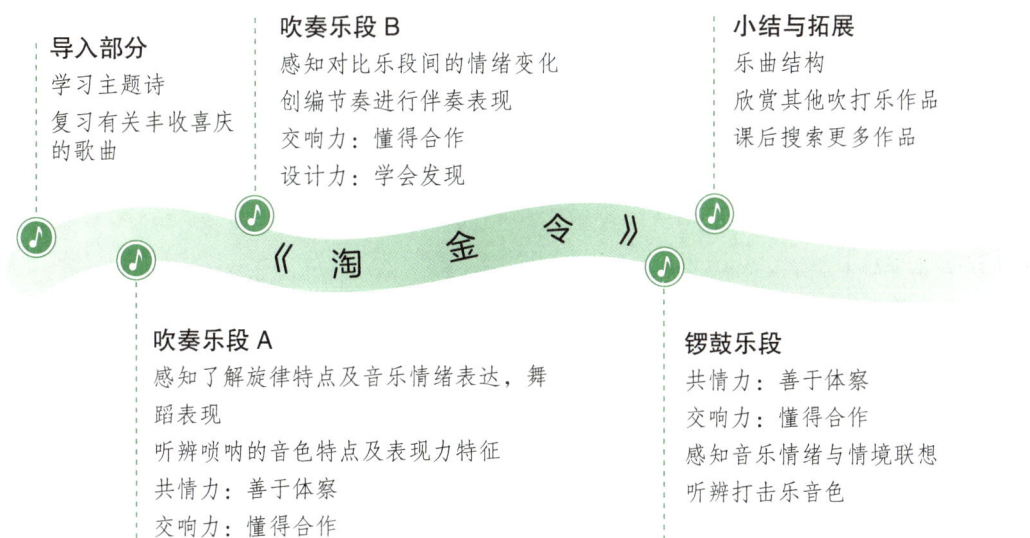

图 3-6　《淘金令》教学流程图

通过观察以上的教学流程图，即使没有教学目标的表述，你还是可以一目了然地了解到课堂教学实施的主要脉络和途径，以及最终要达到的育人目标。

♪ 互动角

请你也设计一个教学流程图。在图中清楚明了地表达你的教学思路。

_____

_____

🎼 学习线索：教学环节的主要内容

一、教学环节的整体架构

我们把整个音乐教学过程中的师生活动以及课堂教学的各要素，通过文字表述的方式呈现出来，能够帮助教师自己以及想要了解该堂课程教学设计的人，更为细致地明晰教学过程中所采用的步骤、方法等。记录教学环节内容的格式主要可以分为表格式、文本式、混格式三种，但无论采取哪种方式，基本包括以下几项教学环节。

【课题】

【教材版本】

【课时】

【教学内容】

【教材分析】

【学情分析】

【教学目标】

【教学重难点】

1. 教学重点

2. 教学难点

【设计思路】

教学说明(具体的撰写方法见下文的"关键策略")：

(1) 学习要点

　　　　(2) 设计意图

　　【教学过程】
　　【教学流程图】
　　【教学反思】

二、教学各环节的内在联系

　　在教学设计时,教师需要对以上各教学环节进行整体思考,并在设计时考虑课堂教学的实际情况,每个环节都需要教师仔细推敲,把握各环节之间的内在联系。教学活动应按照逻辑顺序层层递进,同时应与教学内容和学生的音乐学习规律相适应,形成一个相互衔接、连贯的教学流程,主要体现为以下两点。

(一) 逻辑清晰

　　教学过程应具有内在的逻辑性。教师在教学过程中应该注意:(1)教学环节要集中体现、解决教学重难点。(2)教学过程的各个环节是层层递进的关系,不可倒置。(3)教学过程的设计要符合对教学内容本体的分析,同时要适应学生音乐学习的规律和学段特征。(4)教学主线要贯穿始终。

(二) 环环紧扣

　　教学环节不仅需要有纵向的逻辑,还需要有横向的层次。教师要始终围绕教学目标和教学重难点,将学习任务的每个环节紧紧相扣,形成教学链,逐步实现教学目标。通过这样的设计,教学过程更加系统化,有助于学生更好地理解和掌握学习内容,同时也使得教学目标的完成更为自然和高效。

关键策略:细化策略,表述教学说明

　　根据教学环节的架构可知,教学说明一般放置在教学模块后面的方框内,以区别于教学的一般流程,也可以放在教学环节的开头,说明这个教学环节的主要目的。在撰写学习要点和设计意图时,要明确教学策略运用的指向。让我们通过几个案例来学习教学说明的具体写法。

　　以下是人民音乐出版社版《艺术·唱游·音乐》一年级下册第四单元"游戏"《火车波尔卡》A、B乐段欣赏环节。

1．A 乐段"向前进"

（1）听一听。聆听前半部分,思考:你们觉得小火车是在什么样的地方行驶的,为什么?

（2）画一画。引导学生根据音乐画一画旋律线条。到达第一站:奥地利小镇。

（3）听一听。聆听后半部分,思考:这时的小火车心情又是如何的呢? 你是从哪种声音中发现的?

（4）动一动。律动表演 A 乐段后半部分。完整表演"引子部分＋A 乐段"。

2．B 乐段"大冒险"

（1）听一听。感受乐句的特点,画一画旋律线,思考:火车可能钻过了几个山洞、几个山坡?

（2）演一演。合作演一演小火车钻山洞、跨山坡的情景。到达第二站:欣赏奥地利城市风光。

> 教学说明:
>
> （1）学习要点。能够正确判断旋律的大致走向和节拍特点,能够根据图谱随着音乐进行律动表演。
>
> （2）设计意图。前半部分运用图谱的形式引导学生感受音乐旋律和节奏变化。后半部分让学生用小组合作的方式感受乐曲表达的具体形象。教师需要观察学生是否能够跟随音乐和图谱进行律动表演。

我们能够通过以上教学说明案例,了解教师设计这一教学环节旨在提高学生什么样的学习能力,并且能够知道这个环节在这堂课中的作用是什么。下面,我们再来看一个教学说明案例,看看它的表述方式有什么不同。

以下是《我是少年阿凡提》的教学说明。

> 关键设问:这首歌曲中变音记号有什么特殊的作用?
>
> > 教学说明:
> >
> > （1）学习要点。① 唱准变化音"♯do";② 表现出这首歌曲独特的新疆民歌风格。
> >
> > （2）设计意图。指导学生在教师范唱、集体学唱,以及小组和个人演唱反馈与纠错的过程中(方法策略),在唱准变化音"♯do"(能力)的过程中,通过教师提示、指

导(方法策略),使学生能借助"得意"的神情,运用"提眉"的方式,唱好歌曲前两个乐句(能力),并初步感受变化音在表现新疆民歌中的重要作用(侧重审美感知、文化理解)。

请仔细阅读教学说明所呈现的内容,思考教学说明是否能对应这一环节的关键设问。显然,它们二者之间应该存在着需要解决(关键设问)和如何解决(教学说明)的紧密关系。教学思路和教学说明有着紧密的关系,不能为了提升教学设计的完整性而刻意地去写教学说明,从而让有的教学说明没有体现出它应有的价值,没有体现出连贯性和相互之间的联系,更没有反映出每个教学环节中预设的教学效能。

以下是人民音乐出版社版《音乐》四年级下册第一课"跳起来"《我们大家跳起来》的教学说明。

教学说明1

(1)学习要点。

① 感受《G大调小步舞曲》旋律轻盈典雅的韵律感。

② 能说出歌曲旋律是三拍子的。

③ 能模仿教师的动作跟着歌曲旋律做简单律动。

(2)设计意图。

在欣赏、律动的音乐实践活动中初步感受乐曲的情绪、节拍,体验《G大调小步舞曲》旋律轻盈典雅的韵律感。

根据教学说明1,导入环节的教学流程设计可以如图3-7所示。

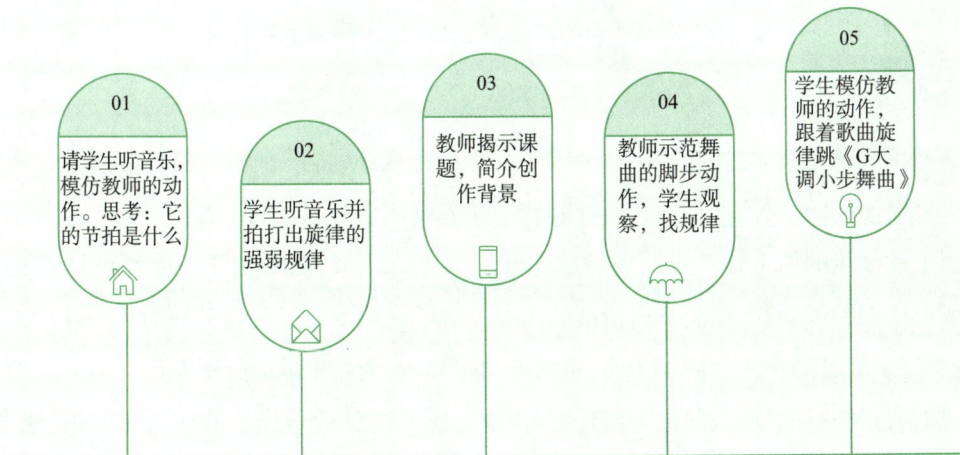

图3-7　《我们大家跳起来》导入环节方案1

教学说明2

(1) 学习要点。

① 能准确地讲出《加沃特舞曲》在情绪、节拍、速度上的特点。

② 能分辨四四拍和三四拍的旋律。

③ 能在音乐活动中感受《G大调小步舞曲》的节拍、速度与情绪。

(2) 设计意图。

在复习、聆听、对比、律动的音乐活动中熟悉歌曲的旋律,感知其拍号与速度,感受不同舞曲的美妙旋律,引发学生学唱歌曲的愿望。

根据教学说明2,导入环节设计流程可以如图3-8所示。

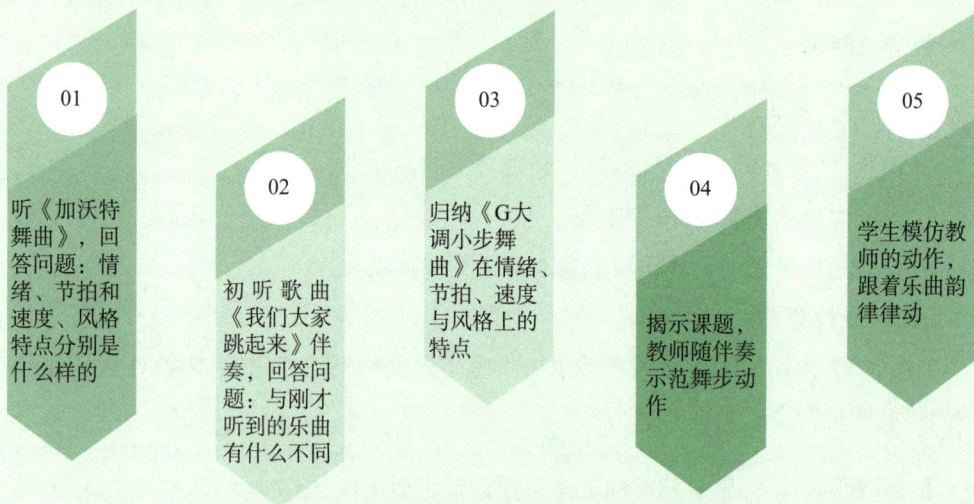

图3-8 《我们大家跳起来》导入环节方案2

教师可以基于教学思路,先撰写学习要点和设计意图,再进行相应的环节设计。让我们来看看针对不同的学习要点与设计意图,教学环节设计会有怎样的改变。

以上所展示的两个教学说明均是歌曲学习的导入环节,两个教学说明都设计了让学生感受歌曲三四拍的韵律、体验歌曲情绪的内容。教学说明1通过观看教师的舞蹈动作直接导入,让学生从听觉和视觉上同步感受,再加上动觉切入,为新授歌曲打下基础。教学说明2结合对《加沃特舞曲》的复习,通过听辨环节,让学生感受两种音乐体裁的作品在节拍、速度、情绪及风格特点上的不同。让学生在辨别、思考的过程中加深对《G大调小步舞曲》特点的认知。再通过教师的示范、学生的模仿,激发学生学习的欲望。在每个教学环节中,教师都有要解决的关键性问题,这些关键性问题往往会影响整个课堂的流畅度和实效性。教师在教学说明中可以尝试解答在每一个教学环节中,自己是如何围绕这一教学关键问题实现突破的。

综上,教师在进行教学说明表述时首先需要做到的是说明这一环节与上一环节或下一环节之间的关系,特别是有的教学环节会起到承上启下的关键作用,但其在教学环节陈述时无法体现,这时可以在教学说明中加以补充、明确。这是一个能够很好地串联起整个教学环节的表达空间,可以把教学策略的一切隐性的理念展现出来。有的教师没有认识到教学说明的整体性,认为教学说明就是针对一个个独立的教学环节来写的,这其实是不正确的。

在教学说明中,教师还应明确指出音乐学习的核心要点,包括审美感知、艺术表现、创意实践和文化理解等艺术核心素养的关键方面。这要求教师不仅要关注学生对艺术作品的感知和欣赏能力,还要注重培养他们通过艺术形式表达自我、进行创意创作以及理解和尊重多元文化的能力。此外,教师应深入剖析教学策略,以更好地引导学生掌握有效的艺术学习方法,从而在情感态度上培养他们对艺术的兴趣,使其能够体验作品情感、感悟思想内涵,并认同作品所反映的艺术价值观。

简而言之,教学说明需要全面而详尽地涵盖艺术核心素养的各个方面,同时关注学生在情感态度上的积极生成。这样的教学设计有助于学生形成对艺术的深刻理解和持久热爱,从而为他们的艺术成长打下坚实的基础。

🎼 进阶改进:变更方式,体现个性化教学

在素养导向和学科育人的教学理念下,教师需要关注学生的能力培养和个性化发展。因此,教学过程设计也需要更加精细化、个性化,体现因材施教的教学理念。那么,在这样的背景下,我们的课堂又会发生怎样的转变呢? 教师的教学过程设计怎样才能让每个学生都有所收获呢? 在教学过程设计中,教师可以尝试以下策略。

一、形式创新——让每个学生都有参与课堂实践的经历

由于教学任务的需要,音乐教师在学校中会同时教授一个年级中的几个平行班。因学生数量较多,音乐教师可能只对一些有"特殊表现"的学生有比较深的印象,而对一些"默默无闻",或者羞于表达的学生关注不够。那么,教师应怎样通过课堂活动观察到每位学生对学习任务的理解并促使其积极地参与到实践活动中去? 除了集体表演环节和师生交流环节,还可以设计什么教学活动来观察所有学生的学习情况? 这就需要教师善于捕捉教学灵感,巧用多种形式,让学生的学习"看得见"。

在上海音乐出版社版《艺术·音乐·唱游》一年级下册第三单元"种葫芦"《金孔雀轻轻

跳》一课中,教师运用了一些比较有创意的方法,达到了良好的教学效果。

课堂导入——游戏"孔雀开屏"

1. 教学准备

游戏要求:一人一张小纸片(彩色),并要求学生按照制作扇子的方法将小纸片折好,制作成他们自己的"孔雀"。

2. 听音模唱

教师在钢琴上弹奏 do、re、mi、sol、la,学生将听到的音依次写在"孔雀"的尾巴上,然后按照顺序唱一唱。

3. 互相交流

将 do、re、mi、sol、la 自由排列在小纸片上,互相交流一下,听听效果如何。

教学说明:

(1)学习要点。

① 能准确地听辨 do、re、mi、sol、la 这几个音。

② 能够按照顺序在"孔雀"的尾巴上写一写音名,唱一唱 do、re、mi、sol、la。

③ 能将自由排列的音符唱一唱,并交流。

(2)设计意图。

为帮助学生过渡并顺利进入到旋律编创阶段,这是本学期每课必做的常规训练。教师能够通过学生的完成情况了解每个学生的学习态度和学习成果。本课为凸显教学主题,与孔雀的音乐形象结合起来,以激发学生模仿"孔雀"姿态的兴趣。即兴编创旋律需要素材和经验上的积累,在教学中经常开展这样的练习,可以帮助学生不断积累编创经验,而教师就是要做好编创方法的指导。

该案例通过制作"孔雀"的游戏激发学生兴趣,为音乐学习预热。然后,设计听音模唱活动,结合视觉和听觉,加强学生对音乐元素的理解。最后,通过互相交流,让学生分享和讨论各自的创作,增强学生的合作和沟通能力。这些活动展示了通过创新的教学形式,如动手操作、多感官结合和互动交流,提高学生的课堂参与度和学习效果的方法。这种方法不仅适用于音乐课,也可以推广到其他学科,以促进学生的全面发展。

教无定法,贵在得法。教师运用既符合课程内容又能够激发全体学生学习兴趣的方法,可有效地实现教学目标,让每位学生都参与其中;同时,该教学说明符合音乐教学的审美特质,体现了教师的教学智慧。

二、发展支持——设计个性化活动，开展分层教学

素养导向下的音乐课堂对"因材施教"提出了更高的要求。教师在进行教学过程设计的时候需要关注学生的个性化特点。例如，在教授《金孔雀轻轻跳》这节课时，教师需要学生用舞蹈动作来展现孔雀的美丽，但是班级中只有一小部分学生擅长舞蹈，甚至还有少数学生缺乏舞蹈律动感，在表现时束手束脚，没有美感，久而久之，这部分学生就会对舞蹈部分的学习内容失去表演的兴趣。教师在反思自己教学方法的同时，要适当调整一下教学过程的设计，充分考虑学生之间的差异性。

♪ 互动角

如果请你来设计《金孔雀轻轻跳》的表演展示环节，你会运用什么样的方式？要求既能够展现学生的编创成果，又能够体现分层教学的理念。

_____

_____

如果你是教师，你可以在第一课时把这个编创"任务"布置给学生，引导学生用团队合作的方式在课后交流并讨论小组的展示方案。要求每个学生都有任务，都要参与最后的表演，组长可以记录下每个人的角色和表演任务。教师根据学生提交的成果进行反思，从而完善自己的教学过程设计。教师在这个过程中应注意面对不同层次差别的学生，要采用灵活多样的音乐教学手段和教学方法，为学生的个性化发展提供支持。本书的第三篇会着重介绍提升教师整合创新能力、聚焦学生艺术核心素养的教学技能。

🎼 本章小结

📑 章节小结

本章主要讨论了教学过程设计的撰写方法。教学重难点是教学过程设计的关键解决要素，它们是在分析教材和学情的基础上，为教学目标的实现而形成的；同时它们也为教学环节的设计提供了主要突破点，直至达成教学目标。在确定了教学重难点之后，教师就可以设计教学活动了。本章介绍了撰写教学设计思路的方法，包括教学环节的整体架构、教学流程图的设计以及各流程之间的联系，强调了教学过程具有内在的逻辑性，教学环节既要集中体现、围绕解决教学重点与教学难点，也要体现教学过程中各个环节层层递进的关系。此外，

在设计教学过程时，既要有对教学内容本体的分析，也要有适应学生音乐学习的规律和学段特征的分析，且要有教学主线贯穿始终。在进阶改进板块中，我们希望教师能够依据新课程理念和要求，关注学生的个性发展，设计更加富有创意的个性化学习活动。

技能操练

请根据本章学习的教学设计要求和范例，完成一课时教学设计的撰写。

表格式教学设计模板

课程基本信息					
学科		年级		学期	（春季/秋季）
课题		课时		执教者	
教材	教材名： 出版社： 出版日期：　　年　　月				
教学任务分析					
教材分析： 学情分析：					
教学目标					
教学重难点					
教学重点： 教学难点：					
教学思路					

续 表

教学过程
教学反思

📖 **推荐书目**

郜方、耿坚编著:《小学音乐教学设计与课例》,复旦大学出版社 2021 年版。

第二篇

开展活动,丰富实践——课堂实施技能

在上一篇章中,我们对如何进行教材分析、规范撰写教学设计进行了介绍,旨在帮助教师为音乐教学工作做好充分的准备。此外,我们还介绍了如何通过教学课堂过程的预设来检验和优化教学设计,以提升课堂实施效果的方法。

义务教育音乐学科课程内容主要包括"欣赏""表现""创造"和"联系"四类艺术实践活动。其中"联系"强调的是要突破学科界限,建立音乐与其他学科的综合性艺术实践活动(我们会在本书第三篇进行详细介绍)。本篇主要从三种不同类型的艺术实践活动的设计要点出发,以学生的艺术核心素养发展为导向,介绍如何用不同的方法和策略提升教师设计相应活动的技能。

第四章 欣赏型实践活动实施技能

❓ **学习导引**

音乐教学以听觉为切入点,遵循"以听为中心"的原则。那么,学生听什么、怎么听、听到什么程度,需要教师通过实践活动培养学生良好的听觉感知,从而发展学生的审美感知素养。

本章以"如何提升学生的聆听效能"为主线,以培养学生良好的听觉习惯、形成较好的听觉能力为主要目标,以欣赏的内容与方法为学习线索,同时联系其他学科和生活经验,旨在促进学生的审美感知和文化理解素养,让学生产生情感共鸣,形成独立的感受与见解,为音乐审美能力的提升打下良好的基础。

🔲 **学习脉络**

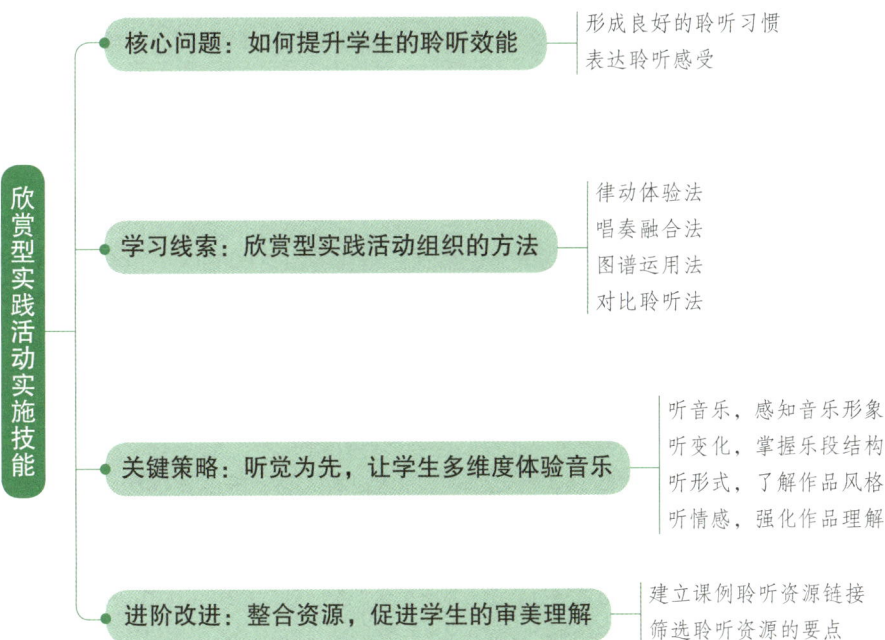

欣赏型实践活动实施技能	核心问题:如何提升学生的聆听效能	形成良好的聆听习惯 表达聆听感受
	学习线索:欣赏实践活动组织的方法	律动体验法 唱奏融合法 图谱运用法 对比聆听法
	关键策略:听觉为先,让学生多维度体验音乐	听音乐,感知音乐形象 听变化,掌握乐段结构 听形式,了解作品风格 听情感,强化作品理解
	进阶改进:整合资源,促进学生的审美理解	建立课例聆听资源链接 筛选聆听资源的要点

实施欣赏型实践活动的第一步是要让学生形成良好的聆听习惯;其次,要让学生掌握乐(歌)曲的音乐要素和情感,引导学生正确、积极地用音乐术语来表达自己的聆听感受。在欣赏型实践活动中,听觉是关键,教师需要注重培养学生的听觉思维,本章主要介绍了开展欣赏型实践活动的方法和策略。在进阶改进板块中,还介绍了教师给予学生多元的聆听资源,以提升其审美感知素养的途径。

🎼 核心问题:如何提升学生的聆听效能

一、形成良好的聆听习惯

♪ **互动角**

你觉得要培养学生形成怎样的聆听习惯?可结合例子进行表述。

_____

_____

培养学生形成良好的聆听习惯是开展欣赏型实践活动的基础和前提。学生在聆听音乐时需要捕捉多种元素,如音乐的情绪情感、要素、演唱(奏)形式、体裁风格等,还要联系自己的生活实际,从而进行音乐联想和想象。在这一过程中,学生安静、专注地聆听是非常重要的。如果学生在课堂上聆听音乐时随意地表达自己,可能会干扰其他同学的聆听效果。

因此,教师需要在课堂上立好"规矩",明确聆听音乐的要求,同时让学生用平静、轻松的心态去静心聆听。在课堂常规方面,教师可以针对学生的年龄特点,设计音乐指令歌曲,将聆听的要求编写成短小的儿歌,如《我会听》,提示学生做到安静、专注;还可以用小组评价的方式,对"安静、专注聆听"这一要求进行及时评价,帮助学生形成良好的聆听习惯。

我会听

1=D 3/4

5 5 3 1	5 5 3 1	1 2 3 4	5 — —
叮 叮 咚 咚,	叮 叮 咚 咚,	音 乐 响 起	来。

6 6 4 2	6 6 4 2	5 4 3 2	1 — —
身 体 放 松,	安 静 聆 听,	耳 朵 竖 起	来。

♪ **互动角**

请你也编创一首关于聆听习惯的儿歌,并在下面的横线上写下歌谱。

_____

_____

此外,良好的聆听习惯还需要教师在音乐课堂中指导学生掌握基于感受体验和想象联想的聆听方法。预设正确、合理的聆听任务,更有助于培养学生的音乐思维。以下是人民音乐出版社版《音乐》五年级上册第七课"冬雪"《乘雪橇》的教学片段。

【**教学片段 1**】完整初听乐曲《乘雪橇》,体验音乐的情绪和节拍特点。

提问:请同学们带着以下问题来欣赏:乐曲是几拍子的? 表述了怎样的心情或情感? 你从中仿佛看到了什么情景?

【**教学片段 2**】听乐曲片段,认识小乐器双响筒、串铃、响板及其音色。

提问:听听这首乐曲里有哪几种小乐器的声音? 它们在乐曲中分别模仿了什么声音?

【**教学片段 3**】听第一主题,体验乐器音色与节奏。

提问:这首乐曲一共有三个不同的主题,下面来听听第一主题是哪种小乐器? 节奏是怎样的? 你听后能不能模仿呢?

【**教学片段 4**】听第二主题,律动感受乐曲情感。

提问:在大雪纷飞的天气里你们想做些什么有趣的活动? 可以伴随着音乐的韵律表现一下吗?

【**教学片段 5**】听第三主题,探索力度变化与表现手法。

提问:第三主题的力度是如何变化的? 你想用什么方式表现?

从这个教学片段中我们可以清楚地看到,教师采用提问的形式引导学生感知乐曲。这些问题既包含音乐要素(节拍、力度、音色、节奏等),也包含音乐的情绪情感,以及让学生表述聆听音乐后的感受。那么,教师应该怎么设计聆听的问题呢?

(一)问题设计对标学习目标

在设计聆听问题时,教师应在教材分析的基础上,明确乐曲的结构特点,在整体欣赏和分段欣赏的过程中,可以根据不同乐段需要学生掌握的学习目标进行问题设计。例如,教学片段 1 中教师的目标是引导学生通过初听掌握乐曲整体的情绪和节拍特点,对整首乐曲进行整体感知;而教学片段 2—5 则聚焦作品的音色、情绪和力度变化,从不同侧重点提出有针对性的问题,引导学生用不同的方式感知音乐。

(二)问题设计体现学习方法

学生的听觉体验是联动的过程,并不是仅仅通过安静、专注就能够捕捉到音乐要素的。在欣赏型实践活动中,有的学生关注自己能够辨别的音色特点,有的学生会将自己的生活经验与听到的音乐相联系,有的学生能够即兴地根据音乐的变化用肢体表现出来。为了使教学更有针对性,教师的问题也需要给予学生相应的学习方法。例如:在教学片段 3 中教师引导学生关注第一主题的乐器演奏方式和音色特点,学生就能够明确这一段音乐可以用乐器伴奏的方式感受音乐的特点,所以要了解演奏的方法;教学片段 4 引导学生联想音乐场景,学生在思考的过程中通过想象、表达将音乐情境具体化后,就能够在教师的指导下用肢体动作的表现方法来感受乐曲的韵律感。

二、表达聆听感受

不同学生对同一乐曲聆听的感受和体验是不同的。教师设计聆听问题的同时还要引导学生正确、积极地使用音乐术语,并结合生活经验表达自己的聆听感受。在此过程中,教师不仅要能够从学生的回答中了解他们的已有经验,还要通过提炼、总结提升学生的学习水平。

例如,有教师在教授人民音乐出版社版《音乐》二年级下册第四课"美丽家园"《吉祥三宝》一课时,意图引导学生感受音乐表达对家的依恋和父母对孩子无限的关爱。通过听辨人声音色的变化、乐曲节奏的变化,运用想象、联想等方法,感受歌曲情绪的对比,在引导学生理解歌词的基础上,激发他们对音乐作品的情感内涵产生共鸣。以下为教师上课时主要的聆听交流环节举例。

表 4-1 《吉祥三宝》交流环节举例

环节	交流内容	交流目的	交流方式
初听歌曲(范唱)	从他们的歌声中你感受到这是个怎样的家? 你能听出这一家人来自哪里吗	体验歌曲抒情优美的旋律,感受歌曲抒发的亲人间的真挚情感	师生交流
复听歌曲(观看表演视频《吉祥三宝》)	思考:除了语言,你还从哪些地方感受到这是一首蒙古族歌曲?了解歌曲中出现的民族元素:(语言、民族服饰、舞蹈等)	引导学生了解歌曲中所蕴含的蒙古族民歌的风格特点;通过学生相互交流,了解学生的知识经验,提高学生的分析能力	师生交流,生生交流
学唱歌曲	在演唱过程中学生相互点评演唱效果	判断学生是否掌握了正确的评价方法,是否对其他同学的表演具有一定的审美判断能力	师生交流,生生交流

通过以上内容可以看出,教师通过师生交流、生生交流的方式引导学生逐步感受音乐情感、音乐要素和音乐风格。教师还需要在交流过程中通过追问等方式引导学生用音乐语汇进行表达。例如学生说:"我觉得这是一个温馨的家。"教师可以追问:"你是怎么听出来的?这段音乐有什么特点让你感受到这是一个温馨的家?"教师通过让学生结合音乐特点用语言完整地表达自己的思维过程,可以培养学生的音乐审美能力和表达能力。

在与学生交流聆听体验的过程中,教师不仅能够帮助学生掌握学习内容,还可以通过与学生的交流,了解学生的学习经验,从而掌握哪些问题是学生比较容易回答的,哪些问题是学生需要思考后才能够捕捉到的,进而改进自己对聆听问题的设计。

学习线索:欣赏型实践活动组织的方法

一、律动体验法

律动体验法是一种通过感受和体验乐曲的节奏韵律来欣赏的方法,强调的是学生切身的参与,用身体去感知音乐的韵律。律动体验法能够帮助学生理解乐曲的音乐表现要素,尤其是对旋律、节奏、节拍的感知。在学生有了一定的律动体验基础之后,教师可以让学生对音乐进行即兴律动表演,并根据学生的表演情况,了解其对音乐情绪情感、音乐要素的理解。值得一提的是,律动教学不同于舞蹈教学,律动的表演直观形象、生动活泼,将抽象的音乐与学生的肢体有机地联系在一起;而舞蹈教学作为一门艺术学科,有其特定的课程框架与内容。

教师在进行律动教学时,一方面要加强自己的形体塑造,如向有舞蹈特长的教师学习律动编创方法,提升自己的律动编创能力,同时,在教学过程中也要注意提升学生律动的美感。另一方面需要在解读音乐作品的基础上,将教学重点放在如何用律动的方式促进学生对某些音乐要素的掌握上。让我们来看下面这个教学案例。

【课题】《花的圆舞曲》

【教材版本】上海音乐出版社版《音乐》五年级上册第三单元"美好的回忆"

【教学目标】

(1) 在欣赏《花的圆舞曲》的过程中,感受乐曲优美抒情的情绪,以及糖果仙子与众仙女翩翩起舞时动人的情景,勾起对童年生活的无限依恋。(侧重审美感知)

(2) 在听、唱、舞、演的过程中,通过师生互动、生生互动等活动,感受乐曲欢快热烈的情绪,了解圆舞曲流畅、强弱分明的风格特点。(侧重审美感知、艺术表现)

(3) 能用简单的舞步表现圆舞曲荡漾的节拍韵律,初步认识西方管弦乐器——圆号和竖琴。(侧重艺术表现、创意实践、文化理解)

【教学重难点】

(1) 教学重点:通过聆听想象、律动体验,感受《花的圆舞曲》欢快热烈的情绪、优美荡漾的节拍韵律,感受糖果仙子与众仙女翩翩起舞时动人的情景。

(2) 教学难点:通过感受与想象,用合适的舞步表现不同风格的音乐。

【律动欣赏教学片段】

1. 静听全曲

(1) 初听乐曲。感受乐曲情绪,想象乐曲描绘的情景。

关键设问:乐曲的情绪是怎样的? 请你想象一下它描绘了什么样情景?

(2) 师生讨论,揭示课题。

① 揭示课题,简单介绍柴可夫斯基。

② 简要介绍《胡桃夹子》的故事。

2. 视听结合,感受圆舞曲节拍韵律

(1) 复听乐曲第一乐段,感受乐曲的速度、节拍。

① 静听乐曲第一乐段。

关键设问:乐曲是几拍子的?

② 用基本节拍图示为乐曲片段伴奏。

(2) 师生讨论,再听乐曲,打强拍。

引导学生用自己喜欢的方式跟着音乐打强拍。

教学说明:

(1) 学习要点。在为乐曲伴奏的过程中,感受乐曲的节拍特点。

(2) 设计意图。学生在探究的过程中感受乐曲的节拍韵律,为后续的舞蹈学习奠定基础。

(3) 欣赏华尔兹舞蹈视频,了解圆舞曲的风格特点。

① 教师简单介绍:圆舞曲是一种快速的以三拍子为主的舞蹈音乐,常用来跳华尔兹舞蹈。

② 欣赏舞蹈视频:欣赏华尔兹舞蹈视频,了解圆舞曲的风格特点。

关键设问:华尔兹舞蹈有什么特点?

③ 教师简单介绍圆舞曲的特点:滑步、旋转。

教学说明：

（1）学习要点。视听结合,感受圆舞曲的舞步特点。

（2）设计意图。通过观看华尔兹舞蹈视频,让学生了解舞蹈旋转、摆荡的动作,更好地感受圆舞曲音乐荡漾的节拍韵律。

（4）学跳摆荡舞步,进一步体验圆舞曲荡漾的韵律特点。

① 教师舞蹈表演。

② 学习基本舞步。

③ 与同伴合作,跟着音乐表演摆荡舞步。

关键设问:请你找合适的同学,三个人或四个人为一组设计队形,选择你们喜欢的摆荡舞步,跟着音乐跳一跳。

三人三角形队形示意图　　四人正方形示意图　　四人菱形示意图

教学说明：

（1）学习要点。学习摆荡的身体律动,能正确把握音乐的节拍韵律。

（2）设计意图。在师生互动、生生互动的过程中,学习圆舞曲基本舞步。学生可以根据自己的程度选择合适的舞步,把握音乐的节拍韵律即可。

（5）哼唱主题旋律,感受乐曲旋律特点。

① 用"lu"哼唱主题旋律。

② 师生讨论。

关键设问:你觉得怎样才能把旋律唱得更有圆舞曲的风格特点?

教学说明：

（1）学习要点。熟记主题旋律,并能唱出荡漾的节拍韵律。

（2）设计意图。在哼唱熟记主题旋律的基础上,把之前用身体律动感受到的乐曲的节拍韵律运用到演唱中。

③ 再唱主旋律。

　　教师需要思考律动如何与欣赏型实践活动的学习内容紧密地结合在一起,从而让律动更好地为掌握教学内容、实现教学目标服务。律动教学是一种注重实践体验的音乐教学方法。它倡导学生紧密结合自身的生活经验,从乐曲的节奏出发,通过动作、舞蹈和游戏等多种手段,激发学生的学习兴趣,增强课堂的互动性,从而有效地培养和提升学生的音乐节奏感。在教学过程中,教师应引导学生运用自己的身体语言和动作表达,深入理解和生动展现音乐的内涵。例如,在粤教花城版《音乐》三年级上册第十一课"听音乐,看舞蹈"《四小天鹅舞曲》教学中,教师就可以在学生聆听乐曲的过程中引导学生把自己想象成"小天鹅",并带领学生用简单律动的舞蹈来模仿"小天鹅"的动作,提升学生欣赏作品的积极性和感受力。同时,在让学生动起来的这个过程中,也可以间接地培养学生的协调能力和节奏感,激发学生的学习兴趣。

二、唱奏融合法

　　为了加强学生对乐曲主题旋律的记忆,教师可以经常用哼唱、编配符合乐曲意境的歌词演唱,或者用有固定音高的乐器尝试演奏主题旋律、用小乐器为乐曲伴奏等方式,加深学生对音乐特征的相关记忆。

　　以上海音乐出版社版《音乐》四年级上册第一单元"快乐的活动"《乒乓变奏曲》为例,其主题旋律活泼跳跃,用八分音符与四分音符的组合节奏表现了乒乓球轻巧跳跃的情景。教师就可以根据乒乓球运动的特点,编创歌词,帮助学生记忆主题旋律。

乒乓变奏曲

（钢琴独奏）

王志刚 曲

　　教师还可以通过指导学生演奏主题旋律的方式帮助学生感知主题旋律。例如,在教授上海音乐出版社版《音乐》三年级上册第四单元"夜色美"《彩云追月》一课时,教师尝试运用电子琴音色功能,指导学生听辨二胡、高胡的音色,并在电子琴伴奏中尝试演奏部分主题旋律,记忆感知旋律特点。以下是该教学内容的部分教学片段。

　　一、学生的学习基础

　　学生在一、二年级结合教材内容学习口风琴演奏时,对识谱、简单的旋律演奏已有一定的学习基础。在三年级进行电子琴技能学习的同时,能够通过电子琴的基本功能辅助学习乐曲的聆听,但对乐曲不同主题旋律的记忆和听辨仍须加强。

二、聆听第一主题旋律

1. 听辨主奏乐器音色

关键设问:在这首乐曲中,你们会听到很多种乐器的声音,但有一个乐器始终贯穿始终,它是什么乐器呢? 你能形容它的音色吗?

用电子琴听一听胡琴家族二胡、高胡的音色。教师分别用电子琴模拟二胡、高胡音色演奏第一主题旋律,请学生说一说二胡、高胡的音色的区别(高胡更加清亮、高昂,好像高高挂起的月亮)。

2. 记忆、哼唱第一主题旋律

演奏组学生用高胡音色演奏一部分旋律,教师接奏,演唱组学生哼唱旋律。

关键设问:演奏、哼唱旋律后你有什么发现?

教师介绍五声调式:只用了五个不同的音,我们按低音到高音的顺序排列,叫中国民族五声调式,他们每个音都有自己的名字:宫、商、角、徵、羽。请大家来唱一唱,并和C大调音阶做一个比较,看看少了哪两个音?

作曲家这就是用中国民族五声调式创作了乐曲《彩云追月》。

再次哼唱演奏。

关键设问:你能形容一下第一主题的旋律起伏吗? 你又想象到了什么?

教师小结:第一主题的旋律高低起伏,有时彩云追着月亮一路向上,有时又紧追不舍,让我们一起来继续聆听第二主题。

教师利用电子琴音色丰富的优势,引导学生切身演奏、感受乐曲的主奏乐器音色,同时通过师生接奏、演唱的方式加强主旋律的记忆,学生不仅可以演奏并哼唱主题旋律,还能听辨出二胡和高胡的音色特点,提升综合审美感知的能力。主题旋律的记忆是音乐听赏实践活动中十分重要的一环。教师可以根据乐曲特点和学生的经验水平丰富学生的学习体验,同时为学生的艺术表现能力打下良好的基础。

三、图谱运用法

图谱是教师运用图形、图像、标记、符号等来表现音乐的一种特殊记谱方式。尤其是对于小学低年级的学生来说,他们的思维处在前运算阶段到具体运算阶段的过渡时期,对于比较抽象的音乐,图谱教学可以将抽象的音乐转化为具象、直观的形式,从而能够更好地引导学生进行聆听感受。

♪ 互动角

图谱能够表现哪些音乐要素呢？让我们一起来一场头脑风暴吧！

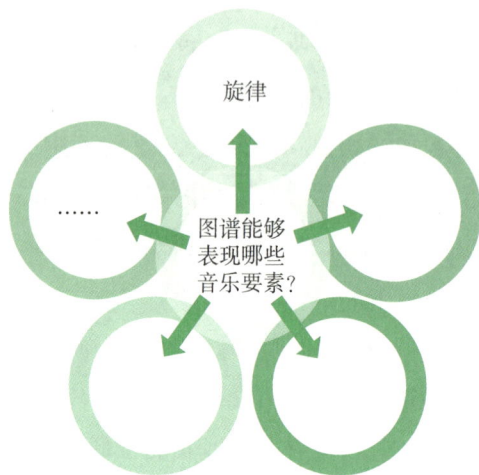

旋律

图谱能够
表现哪些
音乐要素?

……

图谱能够表现音乐综合课堂实践中的旋律、节奏、音乐形象、音乐结构等。通常，我们将图谱运用分为以下几种类型。

（一）点线结合型

点线结合的图谱能够展示乐曲的节奏疏密变化、音高变化和旋律变化。这种图谱设计不仅有助于学生直观地理解音乐的结构，还能帮助他们把握乐曲的情感表达。以下是人民音乐出版社版《音乐》四年级下册第一课"跳起来"《那不勒斯舞曲》A 主题的图谱设计。教师用线条表现旋律的起伏变化，用点表示八分音符，用较粗的线条表示重音，以体现主题旋律的变化。

（二）具体形象型

教师可以根据音乐表现的形象,选取能够代表音乐形象特点的元素作为图谱设计的方向,例如在人民音乐出版社版《音乐》二年级下册第六课"兽王"《狮王进行曲》中,教师运用狮子的头像和脚印的不同引导学生感受乐曲的变化。这种方法通过形象化的图谱激发学生兴趣,帮助他们更直观地理解音乐结构,提高学生的感知和记忆能力。

（三）图形组合型

色块组合型图谱通过图形和颜色的直观展示,不仅可以形象地表现乐曲的力度变化,还可以形象地表达音乐的情绪情感等元素,使得学生能够更清晰地识别和理解音乐中的不同元素。

音乐瞬间

（钢琴独奏）

教师选用三角形(蓝色)表示较为突出的顿音,用圆圈(红色)表示强音,用方框(绿色)表示较为连贯的音符。形状结合颜色的方式,能够让学生对乐曲的情绪和节奏特点有更加直观的了解。

(四)综合表现型

教师还可以综合运用点线、卡通形象、色块组合的图谱,加上自己的创意,设计出具有个人教学特色的图谱。以下是人民音乐出版社版《艺术·唱游·音乐》一年级下册第六单元"时间的歌"《在钟表店里》的图谱设计。

在钟表店里

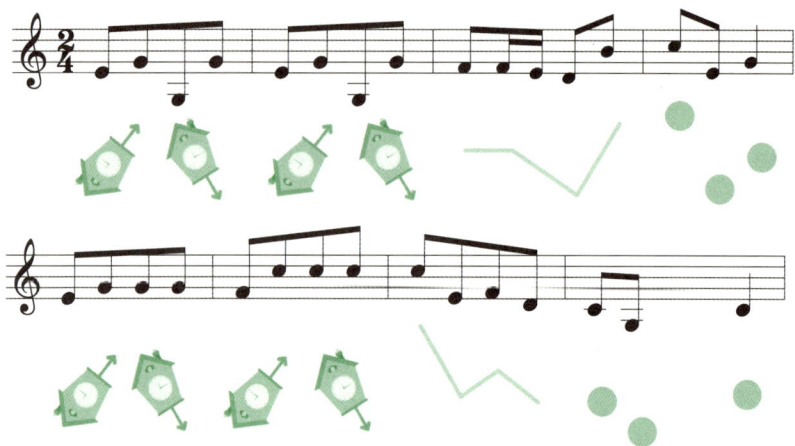

在音乐教学中,图谱教学不仅可以在欣赏型实践活动中运用,在表现型、创造型实践活动中也可以有效运用。教师应充分发挥自己的想象力,让图谱这一形式更好地助力音乐教学。

四、对比聆听法

教师在对教材内容有一定的分析之后,可以通过比较不同乐段或者跨学段教材重组教学内容,将具有一定相似特征或者有比较价值的音乐作品放在一起,用任务单等形式引导学生对比聆听,提升学生的审美感知能力。

例如,在教授人民教育出版社版《音乐》四年级下册第二单元"五十六朵花"《天山之春》一课中,教师运用了表格式任务单形式引导学生对比聆听 A 段的两个不同主题。

一、学习感受 A 段的第一主题旋律

1. 出示天山的图片,讲解天山对于维吾尔族人民的意义。(侧重文化理解)

初步感受第一主题旋律的情绪表现:庄严神圣,优雅美丽等。

2. 再听第一主题旋律,教师出示主题旋律乐谱并演唱,感受乐曲的节拍韵律。

再次感受第一主题旋律的情绪表现:庄严神圣,优雅美丽等。

3. 让学生跟琴用"la"哼唱第一主题旋律,感受宽松的节奏、缓慢的速度。注意音准。

4. 跟着音乐哼唱主题一的旋律。

5. 小结 A 段第一主题旋律的特点。

	节拍	情绪	节奏	描绘意境
A 段第一主题	三四拍	优美、舒缓	宽松	冰雪融化、大地复苏

二、学习感受 A 段的第二主题旋律,并根据情绪简单学习新疆舞蹈

1. 听 A 段第二主题旋律,听辨乐曲的节拍,初步感受乐曲情绪的变化。

提问:这段旋律与前一段旋律有何相同与不同的地方? 学生小组讨论学习任务单。

	节拍	情绪	节奏	描绘意境
A 段第一主题	三四拍	优美、舒缓	宽松	冰雪融化、大地复苏
A 段第二主题	三四拍	活泼、欢快、充满动感	密集	万物生长、春意盎然

教师以简单的舞蹈动作使学生初步感受维吾尔族人民在天山脚下欢快舞蹈、喜迎春天的画面。

2. 以春天万物勃发为情境,学生学习简单的舞蹈动作,感受本乐段欢快的情绪。

3. 师生共舞。(第二主题,结合视频资源)

♪ **互动角**

你还能想到哪些欣赏型实践活动的教学方法? 请举例说明。

方法一: 举例:

方法二: 举例:

……

🎼 关键策略:听觉为先,让学生多维度体验音乐

在教学中,听觉为先意味着教师要重视学生的听觉能力,通过听觉训练来提高学生的音

乐素养。听觉训练包括音乐听辨、节奏感和音高感的培养,这些都是音乐学习的基础。通过听觉训练,学生可以更好地理解音乐的内涵,这也是学生后续艺术表现能力发展的基础。那么:具体听什么? 听的内容又如何与学生的审美感知素养相联系呢?

一、听音色,感知音乐形象

音色作为音乐要素之一,是能够直接作用于听觉器官并产生情感反应的元素。对于相同的音色,人们的感受大体上是相似的。例如:大提琴的音色深沉浑厚,富有表现力,能够产生浑厚且富有感染力的声音;锣鼓的音色浑厚、嘹亮,能够产生强烈的节奏感和气势感,在中国传统节日和庆典中,锣鼓常常扮演着重要的角色,为活动增添喜庆和热闹的氛围。每种乐器都有自己独特的风格特点,学生在聆听过程中关注音色,不仅能够丰富自身对不同乐器特点的认知,而且能够根据音色的特点对乐曲的情感有整体的感知。

例如,人民音乐出版社版《音乐》四年级下册第四课"童年的音乐"《彼得与狼》这首作品由西洋乐器演奏,教师将"作品中出现的西洋乐器的音色特点是什么样的"这一问题作为该节课拟解决的基本问题之一,并开展了以下教学活动。

表4-2　《彼得与狼》聚焦音色聆听的教学设计要点

学习内容	学习支架设计	指导与反馈
辨析《彼得与狼》中的乐器音色特征和乐器外观,以及旋律节拍节奏特点	【关键设问】 1. 音乐中出现的单簧管与双簧管在外形和音色上有什么区别 2. 长笛高音区音色有什么特点 【情境与任务】 1. 跟音乐数一数节拍、画一画指挥图示,交流自己对节拍和速度的感受 2. 通过对比聆听,判断不同乐器的音色特点 3. 认识乐器圆号、大管以及其音色特点 【技术与资源支持】 1. 素材资源:《彼得与狼》谱例、音频 2. 学情分析:学生以往对西洋乐器的学习经验	1. 引导学生发现不同乐器的音色特点,以及演奏音区的差异 2. 通过视听结合的方式,观察不同乐器外形上的特征,思考其对音色的影响,如大管、定音鼓 3. 指导学生结合音乐速度和节奏特点,模仿演奏西洋管弦乐器

二、听变化,掌握乐段结构

乐(歌)曲的节奏、旋律、速度、力度会随着其情绪的表达发生变化。教师通过引导学生聆听乐(歌)曲的变化,可以帮助他们更好地理解其所蕴含的内涵和情感。小学生对音乐的欣赏重在"赏",还没有到"鉴赏"的层次。因此,教师要预设指向明确的聆听要求,层层深入地让学生借助动画、色彩、线条、编创舞蹈或律动等方式将乐(歌)曲段落的变化用多种形式表现出来,从而达到预设的教学效果。

图4-1是《天山之春》的乐段欣赏教学思路图。

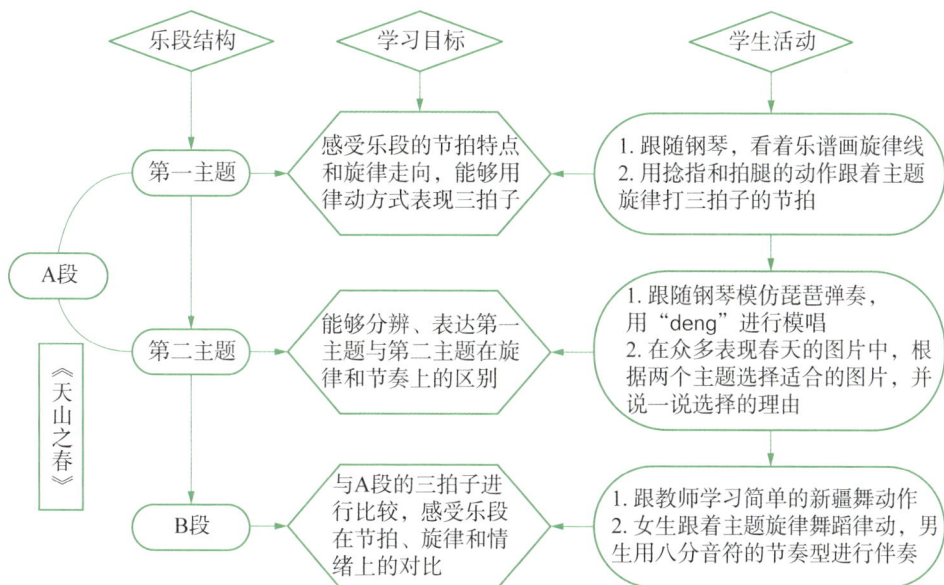

图4-1　《天山之春》教学设计脉络图

在《天山之春》的教学中,教师引导学生在聆听、比较中分辨主题乐段在速度、兴趣、节拍上的特点,在听、唱、律动等音乐实践中感知不同主题乐段的相同和不同之处,体验乐曲的意境之美。

学生能够聆听乐段的变化并用不同的方式表现出来,体现了一种综合欣赏的能力,教师在设计分段教学目标的同时也要注意引导学生进行完整的聆听,逐步形成对音乐乐段变化的感知能力。如遇到篇幅较长的音乐作品,教师在截取音乐片段的时候既要保持乐思的完整,也要选取有代表性、典型性的音乐片段。

三、听形式,了解作品风格

音乐形式对于音乐风格的表达起着重要的作用,它可以决定音乐作品的整体结构和发展,从而影响音乐风格的表现与传达。总的来说,教材中的欣赏作品可以分为器乐作品和声乐作品两类。

在器乐作品欣赏中,教师需要结合器乐的演奏形式(独奏、合奏等)与音色、节奏特点,结合民族地域特色,指导学生综合感受不同形式的音乐风格。例如,民族管弦乐、西洋管弦乐、电子音乐就有明显的不同,也代表着鲜明的文化色彩。教师需要结合作品创作背景等诸多因素,引导学生了解作品的不同形式,并对不同形式的音乐风格有一定的认知。

在声乐作品欣赏中,教师需要指导学生关注不同的人声(男高音、男中音、女高音、女中音、童声等),以及演唱形式(独唱、重唱、合唱、对唱等)、演唱的语言语调等。当然,还有一些特殊的演唱形式,如艺术歌曲、阿卡贝拉、歌剧等,需要学生在不断积累聆听经验中获得对音乐形式的一般认识,帮助理解音乐作品。

四、听情感,强化作品理解

音乐作为一种艺术形式,能够触动人的情感,激发内心的共鸣。教师通过引导学生深入体验音乐,可以帮助他们更好地理解作品情感,丰富人生体验,进而实现育人目标。那么,教师可以从什么角度加深学生对音乐作品的情感理解呢?

(一)介绍作品的创作背景

从古典的到流行的,从民族的到世界的,不同的音乐风格与音乐情感有其特定的历史背景。教师可以通过音乐作品的分析和解读,引导学生理解音乐背后的情感表达和艺术特点,培养学生对音乐的审美情感和鉴赏能力。

有教师在教授歌曲人民音乐出版社版《音乐》四年级下册第一课"跳起来"《我们大家跳起来》的新课导入环节中,通过讲故事的方式,揭示了歌曲的原曲出处(巴赫的《G大调小步舞曲》),引导学生进入歌曲的学习环节中。

我们大家跳起来

[德]巴　赫曲
吴国钧词

优美的

哎我们大家　唱起来,　哎我们大家　跳起来,优美的音

1.
乐伴着我们跳,跳得真愉快!

2.
跳,跳得真愉快!

在课堂上,教师是这样讲述的:同学们,今天我们要一起学习一首改编自著名古典音乐作品巴赫的《G大调小步舞曲》的歌曲——《我们大家跳起来》。《G大调小步舞曲》这首曲子不仅在音乐史上占有重要地位,而且在20世纪末期,随着唱片业和影视媒体的发展,该歌曲还被改编成不同版本的儿歌,受到了广泛的欢迎和传唱。你们知道吗?这首曲子最早出现在巴赫1725年制作的手抄本《为安娜·马格达莱纳·巴赫而作》中,安娜是巴

赫的第二任妻子。这一作品不仅是巴赫对安娜爱意的见证,也展现了他对美好生活热爱。现在,让我们一起来聆听这首美妙的《G 大调小步舞曲》,开启我们的音乐之旅吧!

> ♪ **互动角**
>
> 思考:案例中教师是用什么方法介绍作品的? 如果是你,你会用什么方法来介绍?
>
> _____
>
> _____

(二) 创设多样化的音乐体验

通过创设多样化的音乐体验,学生能够更深入地理解和感受音乐作品所传达的情感。前文提到的律动体验、唱奏融合、图谱运用、对比聆听等教学方法,都能够促进学生的情感体验,使其在情感上得到滋养和启发,从而加深对作品情感表达和特点的理解。例如,学生通过参与实践,感受乐曲快乐、悲伤、振奋和沉思等情绪,从而更好地理解人生的多样性和丰富性。这也有助于教师帮助学生树立正确的人生观和价值观,培养积极向上的情感态度和人格品质。

♪ 进阶改进:整合资源,促进学生的审美理解

合理应用教材中的素材并进行有机组合,是一种有效的课堂教学策略。在欣赏型实践活动中,教师要善于整合聆听资源,丰富学生的听觉体验。

一、建立课例聆听资源链接

在教材分析的基础上,教师可以根据教材分析的结果将所使用的教材中的相关资源以及不同版本的拓展欣赏资源进行梳理,建立课例聆听资源库。通过整合资源,教师能够为学生提供一个更加丰富和多元的学习环境,这不仅能够提升学生的审美理解能力,还能激发他们对音乐学习的兴趣和热情。此外,这种教学方法有助于培养学生的综合思维能力,使他们能够在不同的文化和艺术形式中找到联系,从而促进他们的全面发展。在途径上,教师可以利用如音频、视频等多媒体资源,更直观地展示音乐作品,丰富学生的视觉和听觉体验,从而提升他们对音乐的感知和理解;还可以结合跨学科思维将音乐与其他学科,如历史、文化、艺术等结合起来,通过跨学科的视角,帮助学生更全面地理解音乐作品的背景和内涵。

上海音乐出版社版《音乐》四年级下册第四单元"春天的歌谣"《采茶舞曲》，是一首江南戏曲的主题歌，图4-2呈现了与该作品相关的聆听资源。例如：该图比较详尽地罗列了乐曲的创作背景以及作品特点，可以帮助对江南戏曲音乐不太熟悉的教师结合自己的教学设计选择使用；图中还罗列了一部分教材中相关的戏曲及由戏曲改编的戏歌；此外，又罗列了一些不同版本的拓展欣赏资源，供教师选择使用。

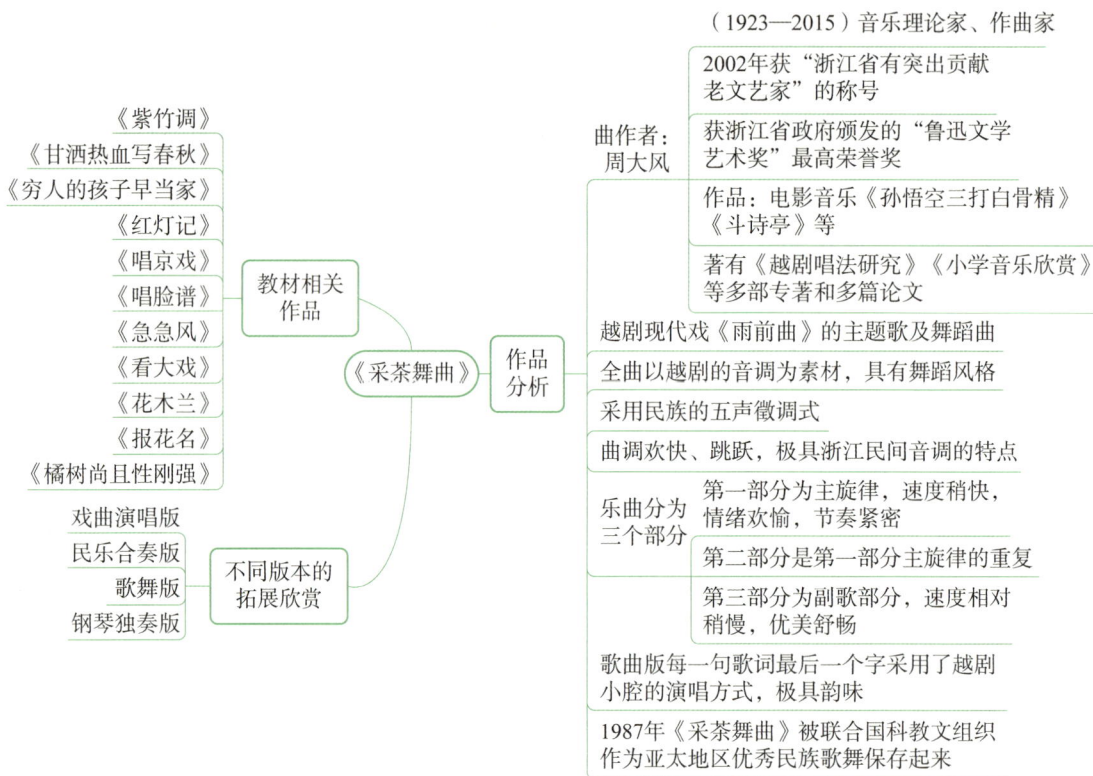

图4-2 《采茶舞曲》相关聆听资源①

二、筛选聆听资源的要点

教师能看到、收集到的聆听素材很丰富，但是在教学实际过程中不能样样都拿来用。原因有二：一是课时的限制，二是教师需要认真过滤筛选这些资源，使它们更加科学和有针对性地为教学所用。因此，筛选教学资源时一定要重点关注以下几点。

（一）辅助主教材

主教材指的是一节课中教学实施的主要教学内容，我们选择的教学资源要有辅助推进的作用，能够深化学生对核心内容的理解，激发他们的学习兴趣，拓展他们的知识视野，促

① 邬方，耿坚. 小学音乐教学设计与课例[M]. 上海：复旦大学出版社，2021：30.

进课堂互动,支持个性化学习,从而提升教师的教学效果。

例如,在江苏凤凰少年儿童出版社版《音乐》四年级下册第七单元"奇妙人声"《野蜂飞舞》一课中,教师收集到乐曲多种版本演奏的视频和音频。其中有小提琴齐奏、琵琶独奏、八台钢琴重奏、电影《钢琴师》的演奏片段、电子打击乐改编版本、二胡演奏家许可改编并由管弦乐队协奏的视频、管弦乐演奏版本等。

围绕主教材,教师讲述了王子变成野蜂盘旋急速飞舞的故事,出示了主题旋律,引导学生观看主旋律节奏的密集度和旋律的走向,帮助学生理解音乐形象;同时选择了二胡演奏家许可用我国民族乐器二胡演奏的视频,请学生跟着视频用形体动作模仿演奏,表现听到音乐后的感受,并说说王子此时的心情。这一资源的选择,对帮助学生感受理解乐曲的速度、力度和音的高低起伏等音乐要素在表现音乐形象时所承担的角色,起到了积极促进的作用。

(二)围绕教学重难点

课内外聆听资源的组合应该围绕主教材中要突破解决的教学重难点来选择。教师要明确教学重点,然后选择相关的辅助材料,如音乐作品和背景资料。在设计活动中需要引导学生深入理解这些重点并且提供反馈,帮助学生解决疑问,并根据学生表现调整教学策略。这样,学生能更好地掌握知识,同时提高学习兴趣和参与度。在《采茶舞曲》一课中,教师运用多元聆听的方式,让学生感受乐曲优美抒情的情绪和鲜明的浙江民间音调特点,让学生通过初步学习乐曲旋律,了解乐曲的创作背景,激发学习兴趣。在听赏全曲(民乐版)之后,教师进行了如下设计。

1. 观看方言演唱版本《采茶舞曲》。

思考:这首歌曲和我们平时唱的歌曲有什么不一样? 采茶姑娘是如何采茶的? 学一学她们采茶时的动作。

2. 师:嵊州是浙江省的一个地方,我国的第二大戏曲越剧就诞生于此,越剧以当地方言为基础,曲调富有浓郁的江南特色。这首浙江民歌《采茶舞曲》就是以越剧音调为基础而创作的。

3. 多媒体呈现歌词:

左采茶来右采茶,

双手两面一起下,

一手先来一手后,

好比那两只公鸡争米上又下。

请学生用普通话朗读歌词。

教学说明:

(1)学习要点。跟着视频学习简单的采茶动作;尝试用方言在教师的帮助下唱歌曲中的一、二句歌词。

(2)设计意图。根据学生的身心特点,让学生参与音乐学习的实践,帮助学生记忆和掌握乐曲《采茶舞曲》的音乐特点。

4. 学生练习采茶动作,教师在讲解动作要领时引入相关知识的介绍,帮助学生了解其创作背景。

5. 学生跟教师学习方言。

6. 教师范唱这四句歌词(方言)。

7. 学生模唱。

8. 学生边唱边做采茶动作。

9. 综合表演。

方法:学生边听边轻声哼唱乐曲的两个主旋律乐段,并以乐器进行演奏;第三乐段以歌舞形式进行。

🎼 本章小结

🗒 章节小结

在本章中,我们重点需要学习的是关于欣赏型实践活动实施技能的教学方式与方法。围绕"如何提升学生的聆听效能"这一核心问题,本书指出良好的聆听习惯和有效的表达是欣赏型实践活动开展的前提。

在组织欣赏型实践活动时,希望教师能够用多种方法增加学生聆听的时间并拓宽聆听的空间,以听为先,关注音乐本体,切勿因追求形式上的"热闹""多样"而忽略了学生的主观感受。希望教师也能够拓宽思路,寻找与课程相关的聆听资源,多渠道提升学生的审美感知和文化理解素养。

🛠 技能操练

请你根据本章所学,完成以下练习吧!

1. 教师可以采取哪些方法开展欣赏型实践活动的教学？请结合课例说明。

2. 在欣赏型实践活动中,教师需要关注音乐本体,以"听觉为先"。你觉得可以从哪些方面提升学生的聆听效果？

相关资源

| ♪ 视频内容 | 微课:欣赏活动"京韵之声" |
| ♪ 执教教师 | 上海市徐汇区汇师小学　叶雯雯 |

扫码观看视频

| ♪ 视频内容 | 课堂实录:欣赏活动《彩云追月》 |
| ♪ 执教教师 | 上海市徐汇区建襄小学　邰方 |

扫码观看视频

推荐书目

杜宏斌编著:《新版课程标准解析与教学指导·音乐》,北京师范大学出版社 2022 年版。

第五章　表现型实践活动实施技能

❓ **学习导引**

　　本书第四章主要聚焦欣赏型实践活动,引导教师注重在丰富的视听体验中提升学生的审美感知素养,这是促进学生艺术表现能力的基础。学生只有学会了听才能够正确地表现音乐。本章将活动设计重点放在如何提升学生的艺术表现素养上,并从支持学生的音乐表现效能方式入手,结合不同类型的艺术表现实践活动,如较为典型的乐谱识读、声乐表演、器乐表演、综合性艺术表演等教学的案例和策略,为教师提供一些实践经验参考。

🔗 **学习脉络**

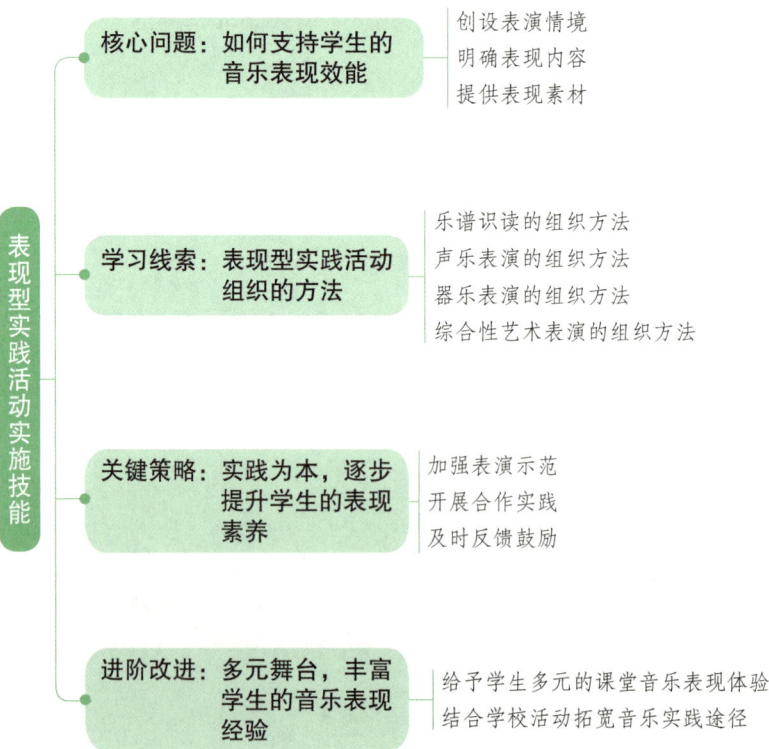

在表现型实践活动的实施过程中,本章从整体的表现效果出发,从教师角度提出提高学生音乐表现能力的方法。在组织方面,根据课程标准基于四方面的学习内容——乐谱识读、声乐表演、器乐表演和综合性艺术表演,结合案例为教师提供参考。在后两个板块中,介绍表现型实践活动的实施方式,旨在从不同角度提升学生的艺术表现能力,丰富音乐表现经验。本章通过具体的教学案例和策略,展示如何逐步提升学生的艺术表现素养,并在实践中不断优化教学方法。通过本章的学习,教师能了解支持学生音乐表现能力发展的具体工具和方法,从而为学生提供更丰富、更有意义的音乐学习体验。

🎼 核心问题:如何支持学生的音乐表现效能

教师既是课堂活动的引导者,也是学生开展实践活动的支持者。请你结合教学实践进行思考,完成以下学习单。

> ♪ **互动角**
>
> 你会为学生的音乐表现活动提供什么支持呢? 请结合案例说明支持的方式类型。
>
> _____
>
> _____

音乐表现效能指的是学生在音乐表演中展示出的技能、自信和情感表达能力。它不仅包括技术层面的熟练度,还涉及学生对音乐作品的理解和情感投入,以及他们在表演中的互动和沟通能力。音乐表现效能的提升有助于增强学生的音乐感知、审美能力和创造力,是音乐教育中非常重要的一部分。在音乐课堂教学中,支持学生的音乐表现效能可以采用以下两个途径。

一、创设表演情境

首先,我们先要了解一下什么是表演情境,它和情境表演有什么区别。表演情境指的是教师为学生创设的"看得见""听得到""摸得着"的表演场合。例如,在教学板书中显示能够体现音乐故事情节的图片,在课堂教学中使用符合音乐风格的服装、乐器和道具,抑或是用语言艺术的感染力带领学生投入音乐的情绪情感中。而"情境表演"是音乐课程中一、二年级学生的学习任务之一,指的是学生在音乐实践活动中模仿各种形象、角色,用舞蹈、律动、歌唱、表演等综合方式表现音乐形象,并能够自己设计故事情节与同伴合作完成表演,体现的是艺术课程的综合性,与我们在后文即将介绍到的"综合性艺术表演"相关。显然,这里指的是前者所表述的内容。

创设情境就是教师根据音乐的表现内容设置一定的场景,让学生在相应的氛围下产生音乐表现的兴趣,同时有利于解决音乐教学中的重难点。

例如,在《小雨沙沙》的课堂教学中,教师运用了以下方法创设表演情境,引导学生表现种子生长的过程。

1. 导入

春天到了,小种子要发芽了,小种子是怎样一步步慢慢长大的呢? 请听歌曲《小雨沙沙》,试着排列四幅图片的顺序。

教师范唱,学生选择图片排列。

2. 讨论后,出示图片顺序及歌词

要求:跟着歌曲音乐,表演小种子的生长过程。

小雨小雨沙沙沙,沙沙沙,
种子种子在说话,在说话,

《小雨沙沙》

哎呀呀 雨水真甜,　　哎哟哟 我要发芽。

小雨小雨沙沙沙,沙沙沙,
种子种子在说话,在说话,

哎呀呀 我要出土,　　哎哟哟 我要长大。

教师还可以结合歌曲的文化特点为歌曲创设表演情境。例如,在上海音乐出版社版《音乐》四年级上册第一单元“快乐的活动”《唱京戏》的教学中,教师在课件制作时运用京剧特色的背景图案,在范唱时声情并茂,带领学生进入表演情境,并且还为学生准备了戏服,激发了学生的表现欲望。

当然,教师还可以用生动的语言带领学生进入表演情境当中。比如在学唱人民音乐出版社版《音乐》二年级下册第四课"美丽家园"《草原就是我的家》时,教师可以用诗一般的语言,描述草原的美景。

> 同学们,让我们一起想象:自己正站在广袤的草原上,感受那轻柔的微风拂过脸庞,聆听那远处的牧羊人的歌声,感受那浓厚的草原文化。现在,让我们跟着歌曲《草原就是我的家》,一起唱出我们对这片土地的热爱。

学生被教师这样深情的语言感染后,其表演也自然会更加真挚和深情。

二、明确表现内容

在组织学生进行表演活动时,有时会发现学生的表演和教师预期的有一定的差距或者每次表演只有部分学生能够做到声情并茂。这时教师可以思考:是否在表现型实践活动开展之前对学生提出了明确的要求。

♪ 互动角

比较下面两位教师的表述,你觉得哪种表述更加明确?

教师甲:同学们,请你们小组合作根据乐曲的情绪表演自己喜欢的动作。

教师乙:同学们,请男生根据图片当中的动作模仿并编排表演队形,表演歌曲的第一段,女生跟着视频学习舞蹈动作表演歌曲的第二段。三分钟后我们进行合作表演(要求:动作合拍,表情到位)。

相信你会比较偏向教师乙的表达方式。教师乙对表演方式、表演分工、排练时间安排以及表演要求都进行了说明。学生能够更加清晰地知道自己接下来要做什么、怎么做、怎样才能达到要求。而教师甲的要求比较模糊,学生可能"无从下手",很难达到即兴表演的要求。

因此,教师在表演内容的设计方面,一要明确具体的表现内容,二要明确表现方式,三要明确表演要求,这样才能够提升课堂效率。

三、提供表现素材

对于表现型实践活动,教师需要为学生提供素材和资源,辅助学生,提升学生利用资源的能力。例如:在歌唱活动中,教师需要为学生提供音乐素材、歌词,以及根据歌曲的风格设计舞台情境和表演道具;在演奏活动中,教师需要为学生准备乐器,提示正确的演奏姿势与方法,提供演奏乐谱以及为学生创设表演时需要的情境;在综合性艺术表演活动中,教师应根据表演目标提供乐器、节奏谱、多媒体音乐以及排练过程中所需要的道具和学具等,做好课堂准备工作。

♪ 互动角

　　如果请你指导学生完成歌表演《中国少年先锋队队歌》,请你罗列一下教师需要为学生准备哪些表现素材,并说说这些素材的作用是什么。

_____

_____

🎼 学习线索:表现型实践活动组织的方法

　　根据《义务教育艺术课程标准(2022年版)》在"艺术表现"实践中强调的四个方面:乐谱识读、声乐表演、器乐表演以及综合性艺术表演,为了确保学生能够更好地理解和掌握这些学习内容,教师需要采取一系列有效的策略和方法。

一、乐谱识读的组织方法

　　在你的班级里,能够识读乐谱的学生有多少? 他们都能够掌握中央C小字一组c到小字二组c的五线谱位置吗? 为了降低教学难度,你是不是经常用简谱代替五线谱教学? 你了解乐谱识读在小学阶段的目标吗? 相信大多数人的答案都是模糊的。

　　在义务教育阶段的音乐课堂上,教师应重视乐谱教学,将其作为音乐学习的基础,通过结合实际演奏、创设视奏机会、运用多样化教学资源等方法,引导学生逐步掌握乐谱知识,培养他们的视奏能力和音乐理解力。同时,教师还应鼓励学生自主学习,定期评价和反馈,以提高学生的乐谱识读能力和音乐综合素养。这些有针对性的教学方法,可以弥补传统教学中对乐谱重视不足的问题,为学生的全面发展打下坚实的基础。那么在小学音乐课堂上,教师的乐谱教学该怎么有效开展呢? 可以参考以下几种方式。

(一)在模仿中练习

　　对于低年级学生来说,他们需要知道do、re、mi、fa、sol、la的基本唱名,并能跟着钢琴进行模仿演唱;认识小节、小节线、终止线;感知由单纯音符组成的节奏型,能够识读简短的节奏型。教师在教学过程中需要采用不同形式让学生进行模仿练习,比如利用字母辅助注音的方式加强学生的记忆,用"走"(通常代表四分音符)、"跑跑"(通常代表一对八分音符)等方式将音符的意义形象化,激发学生识读乐谱的兴趣,为高年级的视唱乐谱和音乐学习奠定基础。

(二)在游戏中巩固

音乐游戏是音乐教学中的一个重要部分,尤其对于低年级学生来说,符合其好玩、好动的性格特征。在识谱教学中,教师可以设计一些音乐游戏微课程,通过闯关游戏的方式创设情境,加强师生互动,激发学生的学习兴趣,并在游戏中巩固学生对乐谱的认识。同时,教师还可以将这些有趣的小课程拍摄成微视频,供学生课外学习。

表5-1　"四分音符与八分音符"微课程设计方案

微课程信息	
主题名称	四分音符与八分音符
选题意图	一年级的学生在经过几个月的学习之后初步养成了聆听音乐的习惯,并已经对音的长短有了初步的感知,对四分音符、八分音符的时值有了初步的了解,但对这两种音符的组合节奏还需要通过练习来巩固。
内容来源	上海音乐出版社版《艺术·音乐·唱游》一年级下册第一单元"闹元宵""音乐园地"内容
适用对象	一年级学生(第二学期)
教学目标	1. 复习四分音符、八分音符的名称和形状 2. 在语言节奏和律动中感知四分音符、八分音符的时值区别 3. 在游戏中巩固四分音符、八分音符,用两种音符的节奏组合创编儿歌
教学用途	□课前预习　□课中讲解或活动　☑课后辅导　□其他 课后巩固练习
知识类型	□理论讲授型　□推理演算型　☑技能训练型　□实验操作型 □答疑解惑型　□情感感悟型　□其他
制作方式(可多选)	☑拍摄　☑录屏　☑演示文稿　□动画　□其他
预计时间	(不超过10分钟)7分58秒
微课程设计	
教学过程	设计意图
一、创设情境 小黄鸭与小蓝鸭用不同的音符打招呼,让学生感受它们叫声的不同	通过创设小鸭出游的情境,让学生听小鸭子的叫声回忆四分音符与八分音符
二、复习四分音符 1. 认一认 2. 画一画 3. 读一读 4. 唱一唱	复习四分音符的形状、时值

续　表

教学过程	设计意图
三、复习八分音符 1. 认一认 2. 画一画 3. 读一读 4. 唱一唱	复习八分音符的形状、时值
四、选一选,拍一拍 1. 在图片中选择四分音符与八分音符 2. 读四分音符与八分音符的组合节奏 3. 跟音乐伴奏拍击四分音符与八分音符的组合节奏	运用多种方式比较四分音符、八分音符的时值,在读一读、拍一拍的活动中巩固
五、儿歌大比拼 1. 创设"小羊过生日"的情境 2. 分角色朗读节奏 3. 练习巩固,合作朗读	
六、玩创节奏,课堂总结 1. 选择自己想邀请的小动物 2. 编创两小节四分音符、八分音符的节奏儿歌 3. 课堂总结	激发学生节奏表演的兴趣

设计亮点:
1. 以动画情境为背景,符合一年级学生的音乐学习特点
　　本课以四分音符与八分音符为知识背景,以小鸭子的活动为情境,能够激发学生学习的兴趣,符合低年级学生的音乐学习特点。
2. 从感知、表现到创造,符合一年级学生音乐学习的规律
　　学生通过认一认、读一读、画一画、唱一唱、拍一拍、编一编,综合感受音符时值的长短,在角色体验中对比两种音符,最后在挑战性的游戏中加深对音符时值的感受。
3. 多种形式配合录制,积极创设五彩课堂
　　本课采用教师讲解、学生示范、师生互动相结合的方式,课堂形式丰富,有效激发了学生学习的兴趣与热情。

对于高年级的学生,教师也可以设计一些高阶思维的游戏,帮助学生学习简谱和五线谱,理解音符、节拍、节奏和符号的含义。例如,教师通过设计一些视唱游戏、竞选识谱小达人活动、小组评价点赞等方式,加强团队音乐学习效能。

(三) 在应用中提升

乐谱识读需要结合具体的音乐作品来认识和了解,而不是机械地进行传授。在强调艺术核心素养的背景下,教师需要避免单纯的音乐技能教学,而是要设计丰富多彩的教学活动,结合学生的年龄特点,让乐谱识读融合在教学的各个环节中,突破教学重难点。以下两个案例分别是教师围绕节奏难点和旋律难点所做的设计。

一、节奏难点的突破

通常,我们使用"听—辨—拍—奏—现"的五步法帮助学生掌握节奏。

听:初步感知歌曲节奏,可使用层层递进、逐步深入的方法来听,每听一遍,教师的要求都应更加明确并逐步提高。

辨:听辨相近的节奏,以把握所需要掌握的节奏的要领。如:在教唱上海音乐出版社版《音乐》三年级上册第四单元"夜色美"《夜晚多美好》时,歌曲的最后一个乐句中出现了本首歌曲中的两个难点——附点节奏及连音线,教师可以通过听辨以下两条节奏,帮助学生在短时间内掌握节奏难点。这种练习对学生注意力的集中,及旋律感与节奏感的结合会有所促进。

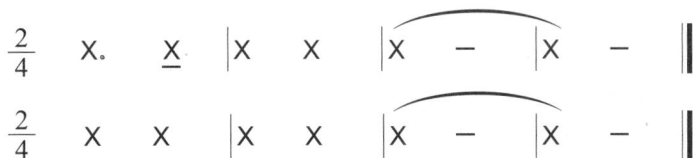

$$\frac{2}{4} \quad \underset{.}{X}. \quad \underline{X} \mid X \quad X \mid \overset{\frown}{X} \quad - \mid X \quad - \parallel$$

$$\frac{2}{4} \quad X \quad X \mid X \quad X \mid \overset{\frown}{X} \quad - \mid X \quad - \parallel$$

拍,奏:在使用课堂乐器(口琴等)的教学过程中,还可以通过教会学生演奏,来使学生耳、心、手、口、脑合一地掌握节奏。

现:是否掌握节奏,需要教师运用策略使学生显性地表现与表达,以检验、反馈是否达到预期的教学构想。同上例,在《夜晚多美好》的最后一乐句节奏听辨后,请一位学生根据夜晚的景色,按节奏读儿歌,其他学生跟着齐读等。

$$\frac{2}{4} \quad X. \quad \underline{X} \mid X \quad X \mid \overset{\frown}{X} \quad - \mid X \quad - \parallel$$
　　　　星　　星　　在　眨　　　眼

二、旋律难点的突破

通常我们使用"感—谱—抽—情"四步法引导学生掌握旋律。

感:运用各种方法初步感知旋律的走向和特点,以及如何反复、模进等。

谱:特别需要指出的是,由于新课程标准的实施,一些教师可能担心唱谱会占用过多课堂时间,从而在课堂教学中没有设计唱谱的环节。然而,唱谱实际上是帮助学生准确把握旋律的有效途径。通过师生接唱乐谱的方法,不仅可以减轻学生的学习负担,提高学习效率,还能让学生的注意力更加集中,与教师进行顺畅的互动接唱。这样的教学方式有助于学生快速熟悉歌曲的旋律,从而实现教师预设的教学目标。

抽:指先把歌曲中难唱的部分单独抽取出来用各种方法练习演唱。某些学生在练习新歌曲时,倾向于采取连续不断的重复方式,即便在听到或察觉到演唱中的不当之处时,也往往选择继续演唱,而不是停下来进行针对性的修正练习。其实,我们不难发现,如果教师能在学生第一遍演唱时,纠正其不当之处,则练习的难点往往在此后不会再成为整首歌曲演唱流畅、正确的阻力。所以,针对学生歌曲演唱的难点,教师可以集中性地对学生进行指导和纠正。

情:在实际教学中,教师通常会下意识地认为学生较难掌握的内容要通过讲解理论知识的方式,帮助学生理解。其实,很多歌曲在反复聆听后,难点会不攻自破,这也类同于"书读百遍,其义自见"的道理。可见,教师在有限的课堂教学中,用"情感"带动歌声,也会使"难点不难"。

教师还可以通过运用手势、琴声模唱、乐器辅助教学等方法,让学生的乐谱识读学习得以应用和内化,从而提升学生的艺术核心素养。

二、声乐表演的组织方法

声乐表演包括独唱、齐唱、对唱、轮唱、合唱等形式,它通过声音来传递情感,是一种学生比较容易掌握的、参与度较高的艺术表现形式。

因此,教师进行声乐表演指导是通过歌唱教学的课堂实践,根据学生的年龄特点及其声带发育程度,结合教材内容和乐谱识读教学,用示范性演唱、循序渐进的歌唱实践活动,指导学生用优美的歌声表现作品情感,做到咬字清晰、节奏正确、音准到位、情绪恰当。

(一)培养习惯,掌握正确的发声方法

《义务教育艺术课程标准(2022年版)》指出:1—2年级"趣味唱游"学业要求指向的是声乐表演学习内容,具体表现为能用正确的姿势、自然的声音,有感情地独唱或齐唱,能在演唱中加入适当的动作进行表演,1—2年级是培养学生歌唱习惯的重要时期[①];3—5年级"独唱与合作演唱"学业要求学生在态度上要做到乐于参与各种演唱活动,能用正确的姿势和方法、自然的声音演唱[②]。因此,正确的发声方法对于培养学生良好的歌唱习惯、激发学生的参与积极性具有重要的作用。

对于低年级的学生来说,教师可以组织一些有趣的练声小游戏和儿歌来培养学生的发声习惯。如教师可以将一首耳熟能详的儿歌旋律配上歌词,改编成唱歌姿势指令歌曲。

① 中华人民共和国教育部. 义务教育艺术课程标准(2022年版)[M].北京:北京师范大学出版社,2022:16—17.
② 中华人民共和国教育部. 义务教育艺术课程标准(2022年版)[M].北京:北京师范大学出版社,2022:28—29.

唱歌姿势歌

师：唱歌先要站站好　生：咿啊咿啊哟

师：站好还要放好腿　生：咿啊咿啊哟

师：挺起胸挺起胸　生：挺挺挺起胸

趣味发声练习

1 = C 4/4

| 1 1 | 5 5 | 6 6 | 5 | 4 4 | 3 3 | 2 2 | 1 | 5 5 | 4 4 | 3 3 | 2 |

轻 轻 撅 起 小 小 嘴，　嘴 里 好 像 含 口 水　嘟 嘟 嘟 嘟 轮 船 唱，

| 5 5 | 4 4 | 3 3 | 2 | 1 | 3 | 5 | — | 5 | 3 | 1 | — |

发 出 声 音 真 甜 美。　师：轮 船 唱　　生：嘟 嘟 嘟

　　学生歌唱时的坐姿、站姿、口型等习惯的养成需要教师在始终如一、坚持不懈的教学中不断加深学生的记忆，使学生形成在进入歌唱活动时的自然表现。

　　到了中高年级，学生可能不再热衷于指令儿歌等形式，这时就需要教师适当调整教学策略。如弹奏一段固定的音乐，用音乐的语言告诉学生要唱歌了，请坐端正；或是请学生双手拿书并置于胸前，提示学生往上"长一长"，看看谁长得最"茁壮"等多样化的方式，使学生不断养成正确的坐姿和站姿。教师还可以用简单的两声部练习曲帮助学生统一音色和呼吸。

　　（1）两声部练习曲 1：统一音色。

lu lu lu lu　lu

lu lu lu lu　lu

（2）两声部练习曲 2:统一呼吸。

通过这些练习,学生可以学会如何在合唱中协调音色和呼吸。对于高年级的学生来说,他们的认知水平已经上升到了一定的高度,教师可以简单地介绍正确的坐姿和站姿对歌唱的帮助,以及对其身心发展的益处,使学生能自觉地养成习惯,并促使整个教学班中的学生互相影响,达成学习共识。教师还可以结合歌曲的内涵和文化,巧妙地指导学生运用正确的发声方法进行声乐表演。

以下为人民音乐出版社版《音乐》二年级上册第七课"大海的歌"《云》的教学片段。

同学们学会歌曲后,按照我的要求,随着音乐节拍高举双臂左右摇摆,有感情地演唱歌曲。可是,歌声并没有我想象中的那么美,没有达到歌曲所要表达的那种意境,听起来就是没有"味道"。再听再琢磨,原来是同学们的发声位置不对,难怪听着那么慵懒,仅有的那一点点气息也被双手晃得"支离破碎"。作为教师的我该如何引导呢?"云,云……",我突然有了方法……

师:小朋友,云飘在哪里呀?

生:天空中。

师:你能用动作做出来吗?

（一只只小手在头顶前方举了起来,做随风飘动的律动动作。）

师:让我们把这首好听的歌唱给天空中的云听,让你的声音传到天空中去。

此时教师也用同样的动作,范唱了一句,学生的演唱状态完全和前面不一样,虽然表面上看上去动作单调了,但整首歌曲的意境却在声音中被表现得淋漓尽致[①]。

实践证明,对于学生而言,掌握科学的发声技巧并不难。教师通过采用一系列直观、富有童趣且拟人化的手势,可使学生在愉悦的学习氛围中轻松掌握歌唱技巧。这种简单的师生互动方式,将原本抽象的音高概念具象化,其效果远胜于教师反复示范演唱和学生单调的

---

① 邰方,孙菲.小学音乐课堂教学设计[M].上海:华东师范大学出版社,2018:102.

模仿练习.

（二）运用技巧,唱准歌曲的节奏与旋律

唱准节奏和旋律是我们评价学生感受、体验歌曲能力的维度之一。以下呈现的是一个比较完整的歌曲学唱教学片段,该片段选自上海音乐出版社版《音乐》四年级下册第四单元"春天的歌谣"《春雨》[①]。

春雨

① 邰方,孙菲.小学音乐课堂教学设计[M].上海:华东师范大学出版社,2018:93—95.

1. 学唱歌曲的引子和结尾部分

导入语:同学们的耳朵真灵,歌曲的开头和结尾部分有相同的旋律,这种创作手法我们称为"首尾呼应"。它能够让我们对春雨的到来充满了遐想。现在让我们先来学习充满意境的引子部分。

(1)用歌声来感受旋律;出示引子部分的旋律,用"lu"哼唱比较两个乐句的旋律的异同。

(2)提问:这两句旋律有什么特点?(春雨落在大地上,落在屋檐上。)

(3)用动作提示学生引子部分的音高。

要求:让我们把小眉毛扬起来,旋律的上扬部分,可以想象为春雨洒落在大地上,充满了希望和期待。当听到旋律的下行或平稳部分,可以想象为春雨渗透进土壤,滋养着植物的根部,为生命提供必要的水分和营养。

(4)男女生对唱引子部分。

(5)比较歌曲尾声部分的旋律,如:最后一句上扬的旋律表现了什么,如果旋律下行给你的感受会有何变化?

教学说明:

(1)学习要点。唱准引子和尾声部分的旋律与音准,能够通过气息、音量的控制和力度的变化,表现春雨来临的意境。

(2)设计意图。通过歌声的引子和尾声的演唱,激发学生对春雨的美好想象,以此发展学生对旋律的力度变化和声音音量的控制能力。

---

2. 自学歌曲主旋律部分

过渡语:让我们一起在雨中感受春天的美好,学唱这首歌曲的第一段歌词。

要求:吐字清晰,把节奏唱准。

(1)跟着钢琴用"lu"哼唱旋律。

(2)朗读歌词。

(3)分组自学歌曲。

学生反馈,教师发现问题并及时纠正。

教学说明:

(1)学习要点。自主学习主歌部分的歌词和旋律,通过教师的关键设问,体会并唱准歌曲中的附点和切分节奏,并能够体会歌曲连音线符号表现的美好意境。

（2）设计意图。通过体会歌曲中流畅的旋律以及附点、切分节奏的运用，感受旋律与歌词之间的相互承托、彼此呼应，感受歌词所描绘的春回大地、万物复苏的景象。

（4）唱准歌曲的节奏与连音线：

比较：不同连音线的作用。

指导：圆滑线唱得圆润连贯。

（5）难点句解决：

提问：这三句歌词的旋律一样吗？三句相同的歌词分别表达了怎样的心情变化过程？学生分组练习。

（6）有表情地完整演唱第一段歌词，每四小节换一口气。

（7）学习 D. S. 反复记号。

（8）学唱歌曲第二段歌词。

师生对唱第二段歌词。

教师在教唱过程中结合歌曲所表达的意境，注重学生演唱的姿态、气息和方法，通过让学生聆听音乐、模唱旋律、对比演唱等形式，引导学生在不断地练习中提升演唱效能。教师也可以用一些简单易操作的方法来帮助学生提升演唱的节奏感和韵律感。

1. 听辨拍号

当学生已学会认知某一拍号的歌曲的强弱旋律时，教师就可以要求学生用身体动作辅助判断或耳朵聆听直接判断一首歌或一首乐曲的拍号。在如此的长期练习中，学生在演唱这些歌曲时，就会不自觉地运用歌曲自然的强弱规律来演唱。

2. 有节奏地朗读歌词

有节奏地朗读歌词是一种非常有效的提升学生节奏感的方法。通过有节奏地朗读歌词，学生可以更好地理解歌曲的节奏结构，为演唱打下坚实的基础。下面这个案例是人民音乐出版社版《音乐》二年级下册第六课"兽王"《猫虎歌》的教学片段①。

$$1 = C \quad \frac{4}{4}$$

$$\underline{5} \ 3 \ \underline{5} \ 6 \ - \ | \ 6. \ \dot{1} \ 2. \ \underline{5} \ | \ 6 \ (\underline{5555} \ 6 \ 0) \ \|$$

"森 林 之 王"　　　你 服 不 服

---

① 邰方，孙菲. 小学音乐课堂教学设计［M］. 上海：华东师范大学出版社，2018：103.

由于这首歌曲的节奏较为复杂,教师在首次进行教学时可能会思考二年级的学生是否能够成功演唱。其实,如果教师能够反复地尝试、思索,读准这句歌词的节奏,那么演唱起来的难度会减小一些。于是,教师借助一组比较合理有效的手势带领学生按照歌词读节奏。

教师根据小猫自信的神态进行巧妙设计,当读到"森"字时,伸出一只手指,象征着小猫正指向老虎。随后,在读到"王"字时,教师又精准地用手指画拍三下,并伴随着三次点头,这一举动立刻激发了学生的学习热情,他们纷纷主动模仿小猫自鸣得意的样子。事实上,这三次手指的敲击,恰好准确地表达了这一长音的时值。而当读到"你"字时,教师收回手指,在前一个"服"字处,双手叉腰并跺脚,随着"不"字的出现,教师起身,再读到"服"字时,则有力地甩头,这一系列动作,既严谨又稳重,使学生在模仿中深刻理解了歌曲的内涵。

这一串手势看起来复杂,其实学生一跟就会,也非常符合学生的认知特点。从表面上看,教师忽视了节奏难点,重视了手势的引导,其实正是这种"忽视"让学生感觉不到歌曲的难点存在,反而能轻松掌握。

3. 画旋律线

通过将音乐的旋律可视化,学生能够直观地理解和感受节奏、音高和情感变化。例如:在教授上海音乐出版社版《艺术·音乐·唱游》一年级上册"音乐园地"《国旗国旗真美丽》时,第一乐句"国旗国旗真美丽,金星金星照大地"的旋律线高低交错,仿佛国旗迎风飘扬。学生可以边画边唱,前半句整体旋律较高,可以感受到国旗迎风飘扬的情境;后半句整体旋律下降,仿佛感受到国旗给予大地万物的光芒。又如:上海音乐出版社版《音乐》四年级上册第一单元"快乐的活动"《火车快跑》的旋律线的前半部分是平稳中有紧密的节奏烘托,好似一列火车疾行而过;后半部分起伏较大,有跳跃感的上行旋律较多,运用了变化重复的手法,表现出了歌曲中蕴含的思母思乡的情感。

(三)感受文化,正确表达歌曲的情绪情感

1. 结合文化语境

通过深入了解音乐作品的文化背景,学生能够认识到不同文化对音乐风格形式和表达方式的影响。在教学过程中往往存在这样的现象:学生在演唱歌曲时,往往不能表达出"渐强、渐弱、优美地、欢快地"等歌曲处理方式,这时就需要用形象化的语言帮助其理解,从音乐学习培养的角度而言,这就是初步的乐感的养成。再如,学生唱到高音时,常常出现音唱不

到位的现象,教师如果在课堂教学中使用"用气息支持一下"或"这个音再唱高点"等语言,则不易使学生理解,更谈不上按照教师的要求去做。教师可结合所教的内容给予学生形象化的语言提示,比如"小鸟站在更高的枝头在唱歌"等。这就需要教师在深入挖掘作品内涵的基础上,结合其文化内涵与音乐特征进行解读,用学生能够接受的方式唤醒其内心的情感,体会作品的情绪情感。以下案例呈现了教师在教授歌曲《春雨》时所采用的办法。

1. 完整演唱歌曲,根据力度变化演唱歌曲

要求:引子部分:中弱。

　　　　主旋律部分:中强。

　　　　尾声部分:中弱并渐弱。

教学说明:

(1)学习要点。尝试运用合适的象声词与节奏型在歌曲的二拍长音处编配伴唱,使歌曲动静结合,充满画面感。

(2)设计意图。通过用不同原声词的编创,表现春雨中的不同声响,发挥学生的创造性,感受春天的美好,感受童趣和诗意想象的意境。

2. 尝试运用合适的象声词为歌曲伴奏

出示两种象声词:$\frac{2}{4}$ X　X｜X　X｜

　　　　　　　　滴　滴　滴　滴

　　　　　　　$\frac{2}{4}$ X　X｜ X̲X̲　0｜

　　　　　　　　沙　沙　沙沙

男女生合作表现:(1)女生演唱主旋律,男生演唱象声词。

　　　　　　　　　(2)男生演唱主旋律,女生演唱象声词。

总结:我们的合作使歌曲充满了画面感。

3. 两声部表现结尾句

(1)尝试演唱第二声部。

(2)合作演唱。

4. 情景表演歌曲《春天交响曲》

师生共同进行综合表演(播放音乐视频)。

过渡语:春天是个多姿多彩的季节,让我们共同演绎一首绚丽多彩的春天交响曲,

> 请选择你擅长的方式进行表演。
>
> 要求：用演唱、衬词、二声部伴唱，共同表现歌曲。
>
> 体验师生、生生合作、互动、分享的喜悦。

2. 挖掘情感元素

为有效促进学生的学习热情，教师应深入挖掘教材中所蕴含的情感元素，以激发学生的内在动力，进而调动并培养他们的学习积极性。这一举措不仅有助于提升学生的学习效果，还能为其未来的全面发展奠定坚实的基础。如教师在《春雨》的歌曲处理环节中明确不同乐段的演唱力度要求，并且运用象声词烘托歌曲表现出的对春雨的期盼；同时，在表现过程中重视小组合作，发挥学生的创造性，在情境中激发学生的情感表现。

教师还可通过自身肢体语言、各种演唱形式及游戏等方式激发学生的学习兴趣，并通过适当的评价增强学生演唱的信心。教师要让学生看到歌唱的美、感受到歌唱的美，让学生自由地歌唱、愉快地歌唱。

以下是上海音乐出版社版《音乐》五年级上册第二单元"异国风情"《剪羊毛》的教学片段[1]。

剪羊毛

1 = C 2/4
愉快活泼地

澳大利亚民歌
杨忠杰 译词
杨忠信 配歌

```
3  3·2 | 1 1 3 5 | 1 1·7 | 6    0 | 5  5·6 | 5  3·1 | 2  2·3 | 2    0 |
1.河 那边   草原呈现   白色一  片,      好像是   白 云从   天 空飘   临,
2.绵 羊你   别发抖呀   你别害  怕,      不要担   心你的   旧 皮    袄,

3  3·2 | 1 1 3 5 | 1 1·7 | 6    0 | 2·1 7 6 | 5 4 3 2 | 1  1·7 | 1    0 |
你 看那   周围雪堆   像 冬   天,      这是我们   在剪羊   毛 剪羊   毛。
炎 热的   夏天你   用 不   到它,      秋天你又   穿上新皮   袄 新皮   袄。

2  2 1 | 7   2 1 | 1    1 | 1    0 | 6  6 7 |   7 6 | 5    1 | 2    0 |
洁 白的   羊毛   像丝  绵,      锋利的   剪子   咔 嚓   响,

3 3 3 2 | 1 1 3 5 | 1 1·7 | 6    0 | 2·1 7 6 | 5 4 3 2 | 1  1·7 | 1    0 ‖
只要我们   大家努力   来 劳   动,      幸福生活   一定来   到 来   到。
```

> 歌曲《剪羊毛》生动地描绘了人们在辽阔且风景如画的大草原上辛勤劳动时的愉悦场景。在教学过程中，教师利用多媒体教学资源，引导学生通过视觉感受草原那如诗如

---

[1] 邰方，孙菲. 小学音乐课堂教学设计[M]. 上海：华东师范大学出版社，2018：104.

画的自然景色。同时,配以相应的音乐,让学生聆听草原上丰富多彩的声音:鞭子的清脆声、马蹄的疾驰声,还有嘹亮动人的歌声……在这样的氛围中,教师亲自示范剪羊毛的动作,并与学生一同模仿"草原无垠""白雪纷飞"的手势(教师从胸前向前伸出双手,打开手掌从上至下移动),这一动作使师生仿佛身临其境,学生深受感染,并自然流露出对大草原的热爱与赞美之情。而在表现"剪子轻快剪""幸福降临"的时刻(教师伸出中指和食指模仿剪子剪羊毛的动作,随后双手击掌并指向胸前),更是将这一欢乐劳动的氛围推向了高潮。

这两个手势强调了人们快乐劳动的具体表现,使学生理解到是劳动创造了生活,是劳动创造了幸福。在这声、色、情、景的交融中,再让学生闭目遐想。

经过教师的引导,学生对劳动和生活的热爱之情自然涌现,既加强了学生对歌曲所传达出的情感感受,也深化了对主题的认识。在这种情感的驱使下,学生的歌声自然而然地达到了教师所期望的标准,充满了感染力。因此,在教学过程中,教师应当积极发掘音乐教材中的审美元素,并有效地将音乐审美体验融入教学。通过"肢体互动"的方式,教师能够有效地引导学生形成强烈而深厚的音乐审美情感。

三、器乐表演的组织方法

器乐表演相对于声乐表演而言,在推广的普遍性上存在一些限制,由于学生具有个体差异,并不是每一位学生都能够顺利掌握器乐表演的技能。因此,在音乐课堂上,教师一般选择一些学生容易上手、便于携带、演奏难度适中的简易乐器进行集体教学,比如口风琴、口琴、竖笛、葫芦丝、尤克里里、陶笛、小型打击乐器等。教师可以在教学中关注以下几个方面,从而更好地实施器乐教学。

(一)了解乐器的构造和基本的演奏方法

每一种乐器都有其独特的构造和发声原理,而这些特点会直接影响乐器的音色和演奏效果。因此,教师在器乐教学中,首先需要引导学生深入了解乐器的构造和发声原理,并尝试演奏,从而更好地选择合适的乐器为歌曲或乐曲伴奏。选择的乐器音色应与歌曲或乐曲的情绪和节奏特点相匹配,这样才能达到理想的伴奏效果。以打击乐器为例,不同类型的打击乐器具有各自独特的构造和发声特点。另外,在器乐表演学习中,掌握正确的演奏姿势也非常重要,它会直接影响演奏的效果和稳定性。

1. 碰铃

演奏者在演奏碰铃时,双手食指和拇指各执小铃一端,注意不要拿

图 5-1　碰铃

图 5-2　三角铁

捏铃体,而是要拿捏铃体尾部露出的绳线部分,敲击时手腕放松,使小铃充分振动,发出清脆的声效。

2. 三角铁

演奏者在演奏三角铁时应以左手手腕弯曲,将三角铁上的绳环稳妥地挂在食指之上,拇指则协助握持以保持稳定。与此同时,右手应持金属棒,准备演奏。

3. 鼓

图 5-3　鼓

演奏者在演奏鼓时上体应保持松弛状态,双臂在击鼓时向上弯曲,自然放置于鼓面之上。双手紧握鼓槌,右手拇指第二关节与食指第二、第三关节协同工作,紧握鼓槌柄部。拇指与食指第三关节则应当自然靠拢,中指、无名指、小指则需适度弯曲,与槌柄之间保持适宜距离,以便精准控制鼓槌的运动。左手掌心朝向内侧,拇指与食指形成虎口,夹持鼓槌柄部,同时用无名指第三关节稳固支撑鼓槌底部。其余手指则应自然弯曲,朝向掌心方向握成球状。掌握正确的持槌方式是基础,而正确的击奏技巧同样不可或缺。在练习过程中,教师应确保学生能够真实体验“击奏”的感觉,追求弹击的效果。一旦鼓槌接触到鼓面,应迅速恢复到击鼓前的预备状态。击鼓动作必须迅速完成,并保持弹性和充分的共振,使声音明亮、集中、坚实、有力。初学者在练习击奏时,还需特别注意击奏的位置,应确保击打在鼓的中心点左侧五厘米范围内。练习时,建议先从单手开始,逐渐过渡到双手,后期甚至可以尝试双手交替练习。

4. 响板

图 5-4　响板

演奏者在演奏响板时应将响板稳妥地置于虎口位置,一面用拇指稳固,另一面则用食指或中指轻扶,通过手指的巧妙夹动,激发响板的声音。在演奏技巧上,存在两种主流方法:其一,演奏者可将松紧带套于右手的中指之上,借由中指与拇指的协同捏合,使两板相互碰撞发出声响;其二,将响板平放在左手掌心中,随后用整个右手掌进行击打,以产生声音。第二种演奏方式,对于年龄较小、手部协调能力尚待提高的学生群体而言,更为适宜。

5. 铃鼓

铃鼓是在小鼓旁边加上金属片,可以在演奏者叩打或摇动时发出声效的一种节奏乐器。持鼓的方法是左手将食指、中指、无名指穿入鼓框内没有铃的位置,用大拇指和小指撑着鼓面,手呈"六"字状。敲打的方式是手指轻轻弯曲,用指尖敲打,铃鼓则会发出铃和鼓面混合起来的动听的声音。左手持鼓,右手用手腕肘部处敲打出节奏,注意手腕要放松,这样敲打出的声音才会有弹性。用左手单手手腕关节细微且迅速地上下摇动。

图 5-5　铃鼓

6. 双响筒

图 5-6　双响筒

双响筒是一种竹木体乐器,由空心的竹筒及木柄组成。演奏者在演奏双响筒时左手持乐器木柄,右手持小木棒敲击竹筒两侧。此时,双响筒会发出高低两种声音,一侧发音低,一侧发音高。演奏时注意敲击时手腕放松,声音更为清脆明亮。

7. 沙球

沙球又名沙锤,多用密封的椰子壳外加木把制成。在演奏过程中,演奏者需分别用左右手各握住一个乐器,通过双手交替上下晃动的方式,奏出各种节奏音型。沙球发音为清脆、短暂的沙沙声,所以在晃动时要运用手腕力量,使沙球内的沙粒集中于一点,而不能呈散沙状使节奏不清晰。

图 5-7　沙球

8. 木鱼

图 5-8　木鱼

木鱼的制作材料主要为木材,形状类似鱼形,中部呈空心设计,而头部则留有开口。演奏时,需使用另一根木制棒敲击鱼头部位,从而发出声音。木鱼的音色与响板相近。在演奏技巧方面,演奏者需用左手握住"鱼的尾部",右手持棒,按照特定的节奏敲打"鱼头"的顶部。

用课堂打击乐器为学唱或聆听歌曲编配多声部的伴奏,可以进一步帮助学生掌握打击乐器的演奏要领,培养学生的节奏感和合作演奏能力。在低年级,教师可以出示已编配完成的节奏谱让学生分声部练习,然后尝试在恒定的速度下合奏。在中高年级,教师可以向学生提供几组节奏,让学生分组实践,根据歌曲、乐曲以及所使用的课堂打击乐器的音色特点,选择适用的节奏来合奏,教师在活动过程中要帮助学生归纳要领和规律,使其充分感受合奏的乐趣。

9. 口风琴

口风琴的演奏姿势可分为立奏和坐奏两种。前者重心必须在两腿之间,腰挺直,胸部放松,演奏时上身不要晃动。如果是坐奏,需要注意双腿放平,凳子高度合适。演奏时将琴放置在双膝上,用左手

图 5-9　口风琴

扶吹嘴、右手按键。

10. 口琴

图 5 - 10 口琴

演奏者在演奏口琴时，应将左手的虎口处紧密夹持于琴身的中央部位，其余四指应尽可能靠拢并拢，掌心呈自然卷曲状，安稳放置于琴身后侧。右手方面，应以拇指和食指稳固夹住右琴缘，同时其他四指亦需并拢。在此过程中，左右两手的掌心应相互协调，形成良好的呼应。此外，左右两手腕关节应能够自如地进行左右横向移动，但需特别注意，不应让手臂随之移动，以确保演奏的稳定性和准确性。

11. 竖笛

演奏者在演奏竖笛时，身体应保持自然端正的姿态，竖笛与身体的夹角维持在大约 40 度，肩部需放松，上臂自然下垂。在吹奏过程中，手指和手腕都应当放松，利用第一关节的指腹来按压音孔，手指应与音孔保持平行，开放音孔时手指不宜抬得过高。此外，吹奏时要求嘴角微向内收，双唇需放松并具备适当的控制力，以含住吹口，含入的深度大约为 1 厘米。随后，可以进行按指练习，以提高吹奏技巧。

图 5 - 11 竖笛

通过对乐器构造和发声特点的深入了解，以及对基本演奏方法的系统学习，学生能够在器乐表演的学习中逐步提升演奏水平，教师也能更好地将器乐表演教学与教材内容相结合，从而在音乐实践中实现更全面的发展。

（二）重视合作能力的培养

在器乐教学中，教师要正视学生之间的学习差异，可以设计分层、合作的教学方法，以帮助能力不同的学生解决在学习、掌握器乐吹奏过程中出现的参差不齐的问题。在合奏中，不同能力的学生可以承担不同的任务，尽量保证齐奏或合奏的良好声音效果——气息均匀，音色优美，音乐情绪恰当，富有音乐表现力。教师在课堂中组织器乐合作学习，通常会采用以下三种方法。

1. 合作齐奏

合作齐奏是同一层次的学生进行的合作，也是合作中较为简单的一种方式。此种合作方式为学生设定了比独奏更高的标准：既要专注于自身的演奏技艺，亦需充分顾及搭档的演奏节奏与风格。在初始阶段，部分个性鲜明的学生可能会按照个人的情绪与力度进行演奏，导致整体演奏效果显得杂乱无章。然而，在经过一段时间的系统训练后，这些学生能够逐渐学会倾听他人的演奏,并据此调整自己的演奏状态与节奏。因此,合作齐奏这种合作教学模式在培养学生良好个性与完善性格方面,具有显著的积极影响与推动作用。

2. 合作联奏

合作联奏既适用于同一水平层次的学生,也适用于不同层次的学生。在联奏过程中,乐曲需按乐句进行自然划分,每位演奏者负责不同的乐句,共同合作以完成整首乐曲的演奏。对于同一水平层次的学生,可将一首乐曲划分为若干个乐句,通过接龙的形式进行联奏。这既有助于学生初步感受曲式结构,也有助于培养学生在演奏中对节奏的均衡把握,避免将乐曲演奏得过于琐碎。对于不同层次的学生合作,可以让较低层次的学生负责演奏简单的部分,而较高层次的学生则负责演奏难度较大的部分。

3. 合作合奏

合作合奏是一种最常见的器乐演奏形式,合奏能力也是器乐演奏技能中的一个重要组成部分。在合奏过程中,若出现节奏错乱、声部进声不齐、错音等问题,为使学生深刻认识到技术合作的重要性,可引导他们倾听两种截然不同的合奏效果:一种是正确配合产生的和谐音响,另一种是配合失误所导致的音响瑕疵。当学生对和声有了初步感知后,教师可以进一步对学生提出关于力度、速度、呼吸等更明确的要求。通过实际操作,使学生深刻体会到,在合奏中每个声部都需积极与其他声部协调合作,以追求音响的完美和谐。经过一段时间的合奏实践,学生的合作意识能够得到显著增强,不仅对合奏本身产生浓厚兴趣,还在表现各种风格乐曲的能力上有所提升;同时,他们开始关注其他大型合奏作品,进而拓宽了自己的音乐欣赏风格。

经过实际教学验证,在键盘乐器集体课的教学过程中,教师运用分层教学法,并在此基础上融入合作教学,能够实现较为显著的教学成效。这种教学策略不仅能够帮助学生扎实掌握乐器演奏技巧,更在相互协作的过程中培养了学生的团队合作精神,增强了其自信心。通过与他人的合作努力,学生不仅能够领略音乐的魅力,更能体会到合作带来的成就感与满足感。

四、综合性艺术表演的组织方法

综合性艺术表演,顾名思义,是一种打破了声乐、器乐单一的表演形式,综合演唱、演奏、舞蹈、戏剧等元素,用游戏、戏剧表演、歌表演等形式综合展现学生的艺术能力。其中,在低年级的音乐学习任务"趣味唱游"情境表演,以及高年级的音乐学习任务"小型歌舞剧表演"中,都体现了综合性艺术表演的要求。教师在进行综合性艺术表演活动设计时可以遵循以下几个要点。

（一）明确综合性艺术表演与教学目标的关联

首先,教师需要聚焦教材内容,尊重本体,围绕教学目标进行设计,避免为了表演而表演。基于《义务教育艺术课程标准(2022年版)》中音乐部分的要求,低年级学生可以结合童谣、诗词、童话故事、生活场景等,选择合适的乐器、道具或其他材料,运用演唱、演奏、声势、律动、舞蹈等表现形式进行创意表演。对于高年级的学生来说,需要结合舞蹈、戏剧的表现形式将其运用到剧情表演和角色理解当中,要具有一定的舞台表演意识。简而言之:低年级的综合性艺术表演活动需要结合情境进行多种表演方式的合作体验;而高年级则需要结合舞蹈、戏剧提升表演兴趣和表演意识。让我们来看看在下面这个教学案例中,教师是怎么围绕教学目标设计综合性艺术表演活动的,其在教学过程中又是怎么层层递进的。

大鹿

【教材分析】《大鹿》选自人民教育出版社版《音乐》二年级上册第一单元"我愿住在童话里",是一首富有童话色彩的法国民歌,二四拍,F大调。歌曲节奏明快、跳跃,旋律简洁、流畅,歌词采用了叙事性的陈述方式,生动地描绘出大鹿与小兔这一对好朋友临危不惧、团结互助的感人故事。歌曲的第一段旋律总体较为平稳,多重复而少变化的特点使歌曲带有宣叙陈述的格调。第一段属音的起句和由它构成的四度、五度跳进音程的音准,是这一段教学中应注意的问题。歌曲的第二段是情绪的高潮部分。旋律直接从高音区开始,然后采用模进方式逐句下行,最后重复第一段结尾结束。旋律带动情绪由激动逐渐趋于平稳,形象地刻画出了小兔从紧张、害怕大灰狼,到与好朋友团结战胜大灰狼后勇敢、自信的情感变化过程。这段曲谱中出现的同音反复处的音准、十六分音符处的吐字，以及乐句呼吸，需要教师重点关注和引导。

【设计思路】

一、创设情境，渲染歌曲的意境

歌曲《大鹿》是一首充满童话故事情节的歌曲，为了让学生更形象地学习歌曲，在本课的设计中，教师在设计时首先注重了情境的渲染问题。比如：在导入环节，创设森林情境，并配上鸟叫声，引导学生进入歌曲的意境中开始学习；在完整进行歌表演时，通过"森林音乐会"的情境引导，让学生在相互合作中演唱歌曲，体验合作学习的乐趣。

二、分解难点，设有梯度的学习

歌曲的旋律朗朗上口，但是最后一句歌词"前八后十六"（♪♫）的节奏很难唱准确。因此，教师在教学过程中设计了模仿大鹿奔跑的节奏，从听觉入手，用拍手的方式模仿，将教学难点进行分解，让学生在不知不觉中完成音乐知识的学习。

三、渗透两纲，拓展歌曲的内涵

歌曲不仅充满童话色彩，而且内含了要向大鹿和小兔学习互帮互助的精神。在学习中，应让学生在掌握歌曲演唱的同时，明白这一道理，从而更好地以情带声表达歌曲，真正实现歌曲的育人价值。为了达到这一目的，除了在学习中渲染情境，教师还在课程的拓展环节安排了学生互相合作进行歌表演的环节，使学生在实践体验中领悟到互帮互助、互相学习的乐趣。

【教学片段】

一、创设表演情境

（一）创设森林的情境

师：今天我们乘着音乐的翅膀来到了一片美丽的大森林。同学们，清晨的森林是那样迷人，小草伸了伸懒腰，小动物们也渐渐睡醒了，让我们一起来做做早操吧！

（二）学生模仿教师律动（《大鹿》伴奏）

关键设问：有谁仔细听了做早操的音乐，这段音乐给你怎样的感觉？

总结：很活泼，很轻松。

教学说明：

（1）学习要点。跟教师愉快地做动作；关注学生是否能表现出良好的学习状态。小组合作，要求：节奏正确、整齐；能够跟上歌曲的节奏。

　　（2）设计意图。以情境故事的形式进行律动,一方面可以让学生初步感受歌曲的情绪,另一方面也可以让学生在不知不觉中感受音乐的节奏、音高变化,在愉悦的气氛中轻松开始学习。

二、新授歌曲,完整学唱

（一）整体感受歌曲

1. 播放动画

关键设问:故事的主人公是谁? 发生了什么故事?

（1）学生概括歌曲的内容。

（2）揭示课题《大鹿》。

教师简述故事情节。

关键设问:大鹿这样做对吗? 对在哪里呢?

师生交流:做一个善良、勇敢的人。

2. 重点节奏学习

师:你们想和大鹿做朋友吗? 瞧! 大鹿看到我们很开心,飞奔过来了!

（1）教师用双响筒模仿大鹿奔跑的节奏。

$$\frac{2}{4}\quad \text{♫♫♫♩}\ |$$

（2）学生模仿大鹿跑动的节奏。

（3）教师简要介绍"前八后十六"的节奏型。

（4）小结。

师:小朋友们表现得很棒! 大鹿也非常愿意和你们交朋友! 让我们来学一学这首非常好听的歌曲《大鹿》。

3. 教师范唱

关键设问:大鹿和小兔分别演唱了什么?

（1）指导学生按节奏读大鹿、小兔的歌词。

关键设问:哪几个字和大鹿奔跑的节奏一样?

教学说明:

　　（1）学习要点。正确模仿"前八后十六"的节奏;能够分角色、跟节奏朗读大鹿和小兔的歌词。

（2）设计意图。这一环节包含情景化的肢体律动、观看动画片《大鹿》片段、教师范唱，旨在通过不同形式的聆听，帮助学生初步整体感知歌曲的旋律、情绪以及歌词大意，为下面学歌环节做铺垫。

（2）分角色朗读歌词。

（二）歌曲学唱

1. 朗读歌词

加旁白，有表情地、按节奏朗读歌词。

第一遍：教师响板伴奏。

第二遍：配合动作朗读。

2. 演唱歌词

（1）教师慢速范唱，学生对口型。

关键设问：在歌曲的哪个部分我演唱了两遍？为什么？

师生交流，小结：三四两句，乐谱中的反复记号强调了小兔非常着急的心情。

（2）学生慢速轻唱，唱准音准、节奏。

（3）难点乐句学唱、反馈。

（4）原速完整演唱。

三、歌曲处理

（一）分句处理

师：非常棒！但我们还可以唱得更加生动！

关键设问1：在一个迷人的清晨，大鹿悠闲地站在房屋里欣赏着窗外优美的风景。那么，第一旁白部分应该用什么样的心情表现呢？

师生交流，总结：悠闲。

关键设问2：突然，大鹿透过窗户看到一只小兔慌慌张张地朝自己的房子跑来，并且急促地敲着门，应该用什么样的心情表现呢？

师生交流，总结：紧张。

关键设问3：小兔紧张地敲着门，很急促，应该用什么样的心情表现呢？

师生交流，总结：慌张。

关键设问4：大鹿与小兔手挽着手，团结起来，露出了开心的微笑，应该用什么样的心情表现呢？

师生交流，总结：开心。

（二）律动表演完整演唱，要求：有感情地表现歌曲的故事性

（三）分角色完整演唱

（四）选择适合的节奏为歌曲伴唱

四、情景表演，享受合作

（一）创设"森林音乐会"情景，明确表演要求

小乐手：身体节奏伴唱。

小歌手：有表情地演唱歌曲。

小演员：表演小兔和大鹿。

教学说明：

（1）学习要点。是否在音乐活动中听从教师的要求；是否乐于和同伴合作表演，分享音乐活动的快乐。

（2）设计意图。运用身体节奏、表演、演唱等表演形式进行歌表演，不但能让学生在情境表演的过程中巩固这首歌曲的学唱成果，也能表现出小兔和大鹿团结友爱、勇敢互助的品质，还可以培养学生乐于在集体中合作表演的态度，在潜移默化中培养学生演唱的好习惯，以及对歌声、演唱态度和习惯的正确评价。

（二）在教师的指导下进行排练

（三）师生共同表演、评价

（四）正式表演

（二）提升综合性艺术表演效能的途径

在课堂实践中，教师一方面可以在平时的歌唱、器乐教学过程中使学生习得综合性艺术表演的经验，一方面也可以通过自行组合教材内容开展综合实践活动，例如音乐剧、戏剧表演、单元主题表演等，逐步提升学生的综合性艺术表演能力。然而在教学实践过程中，教师可能会对以下现象产生困惑：在表演过程中过多关注演的过程，从而使学生在演唱、演奏中出现节奏和音高不准的现象，在与同伴的合作过程中缺乏自主表演意识。针对类似现象，教师可以通过以下途径提升学生的综合性艺术表演效能。

（1）在教学过程中恰当运用肢体动作和器乐伴奏的形式，让学生学会在动中学、玩中学，为综合性艺术表演活动奠定基础。

（2）在音乐的综合演出中，歌曲演唱占据主导地位，表演则是辅助。在教学实践过程中，教师应当确保动态与静态元素的和谐交替，以维持教学秩序与效果。例如，在音乐剧表演

中,教师可以设计一段静态的合唱,让学生在演唱时保持相对静止,专注于声音的和谐与情感的表达。随后,可以加入一段动态的舞蹈,让学生在舞蹈中展现歌曲的活力和节奏。通过这样的设计,可以确保表演既有静态的情感表达,也有动态的节奏展现,从而呈现教学秩序与效果。同时,动作的设计和执行应当适度,不得干扰歌唱的流畅性和表现力,从而确保整体演出的艺术性和协调性。教学重点应聚焦于歌曲的艺术处理,以提升演出的整体质量和观众的审美体验。

（3）要根据学生的年龄层次来设计不同的表演动作。低年级学生在设计动作时,适合简单而形象、有趣的动作;中高年级学生表演的动作除了表现歌词内容之外,也可以用来表现歌曲节奏的特点、旋律的韵律感等,以帮助学生更多地体验、表现音乐本身的魅力。

（4）在综合表演环节要多鼓励学生进行合作,在提高课堂教学质量、实现教学目标和促进学生发展的前提下,还要使教学内容与该课密切相关,可以有所延伸。学生在活动过程中不仅可以灵活自由地表达情感,发展敏捷的思维及快速应变能力,同时还能开阔知识视野,丰富日常生活经验。

♪ 互动角

教师还可以通过什么途径来提升学生的综合性艺术表演效能?请你思考并补充。

🎼 关键策略:实践为本,逐步提升学生的表现素养

在艺术表现活动中,示范、实践与反馈三个环节相互衔接,形成一个循序渐进的教学闭环。通过加强表演示范,教师为学生树立清晰的学习标杆,帮助他们建立正确的表演认知框架;小组合作实践让学生在互动中运用所学知识,既能巩固示范内容,又能培养团队协作与即兴发挥能力;及时反馈鼓励不仅能帮助学生发现问题、调整表现,还能通过正向激励增强学生的学习动力。这三个环节层层递进,确保学生在理解、应用与反思中稳步提升表现水平。

一、加强表演示范

（一）范唱和范奏是音乐教学过程中的重要步骤

教师通过自己饱满的情绪、准确的演唱及演奏所表达的情感,引起学生的共鸣,使学生在听觉上保持对音乐的热情,促进学生的审美能力和音乐表现能力的提升。对于小学生来

说,音乐教师正确的范唱和范奏能进一步提升其教学魅力,将音乐美的魅力和美的灵魂传递给学生,从而让学生爱上音乐课,同时帮助学生树立正确的音乐学习观。因此,教师深情的范唱是音乐教学过程中的一个重要步骤。

(二) 范唱和范奏能帮助学生把握音乐的情感

如果说歌曲(乐曲)创作者是首任创编者的话,那么能使歌曲的情感得到再次升华的演唱者就是歌曲的第二个创编者。演唱者通过自己的理解来表现音乐,或活泼,或忧伤,或欢快,或悲壮,使人们从中受到美的熏陶和情操的陶冶。

在音乐教学中,教师的范唱和范奏对于帮助学生准确把握音乐作品的情感至关重要。教师作为演绎者,通过自己的理解和情感投入,对作品进行二次创作,无论是活泼的、忧伤的、欢快的还是悲壮的情感,都能通过教师的演绎得以生动展现,从而使学生在美的体验中得到情感的熏陶和情操的培养。实际教学经验表明,当教师亲自为学生范唱时,学生往往会表现出极高的专注度和兴趣,也会让学生产生一种现场的鲜活感和仪式感。这正印证了“乐由情起”的道理,音乐的情感表达能够深刻触动人心,实现美的传递。对于学生而言,他们更倾向于接受亲切、生动、充满生气的现场演唱,而不是欣赏已经录制好的制作精良的音频或视频版本。

所以在音乐教学过程中,教师亲自示范是启发学生正确表现歌曲情感的一种好的教学方法,能更好地引领学生进入歌曲的意境中。

(三) 范唱和范奏是多媒体无法替代的教学手段

在任何学科的教学过程中,师生互动都是非常重要的。音乐是情感的艺术,更需要注重师生之间的情感交流。教师充满感染力的范唱范奏、鼓励的眼神是多媒体永远替代不了的。有不少音乐教师在课堂教学中为了方便和更加标准化与规范化,会采用播放音频或视频的方式来替代自己的范唱。虽然多媒体的运用给我们的教学带来了许多便捷,但也存在着不少的弊端,我们不难发现音视频中的示范虽然很标准,但不及教师跟学生面对面的、有感情的、声情并茂的示范效果来得好。多媒体仅仅是为优化教学过程而采用的一种手段,教师才是教学活动的指导者、组织者,而学生则是知识的主动探索者。教师在教学中必须发挥自己的主导作用。

二、开展合作实践

《义务教育艺术课程标准(2022 年版)》强调要以培养学生的审美为核心,让学生主动参与,发展他们的个性和创造能力,养成其共同参与的集体意识和相互合作意识。自主、合作、探究是现代教学改革的重要学习方式,在小学音乐课堂中进行合作学习是教学的一个重要方面。

合作学习是指学生在小组或团队中为了完成共同的任务,有明确的责任分工的互助性学习活动。小学阶段的合作学习主要以小组合作的方式为主。

通过实施小组合作学习,能更好地培养学生间的团队协作意识和相互尊重的合作精神。在此过程中,学生将深刻理解个体在小组学习中的关键角色,学会对讨论过程和结果进行合理的评判,掌握科学高效的学习方法,进而探索出最优的问题解决策略和路径。尤其对于音乐学科的学习来说,小组合作学习的运用将有效拓宽学生的思维方式,培养学生的集体荣誉感和互助精神。此外,合作学习还能够在一定程度上补偿教学中难以兼顾学生个体差异的问题,确保每位学生都能够在学习过程中得到充分的成长和发展。

合作学习的主体是学生。虽然是学生的舞台,教师看似只是起一个引导者的角色,但其实,教师在合作教学中的作用是非常重要的。教师在学生学习的过程中,要根据教学的具体要求转换自身的角色,可以是学生学习的促进者,也可以是合作者或帮助者。学生在思维方式的养成、知识的掌握与运用,以及沟通交流的方式等方面的培养,均与教师在合作性学习活动中所起的作用有关。以下的合作性实践活动的案例是选自上海音乐出版社版《音乐》四年级下册第一单元"快乐的活动"《唱京戏》的教学片段。

1. 学习歌词

【学练要点】

(1) 教师打板念歌词。

(2) 学生尝试打板默读歌词。

(3) 知道过板开唱,学生打板朗读歌词。要求:高位置朗读、打准拍点。

(4) 解决节奏难点(根据学生情况预设解决方法)。

(5) 完整跟伴奏朗读。要求:高位置朗读、节奏正确、打准拍点。

2. 学习歌曲旋律

【学练要点】

(1) 用"yi"哼唱旋律,体会发声位置。

(2) 找出装饰音,唱出京剧韵味。

(3) 学会在休止处换气。

(4) 完整哼唱旋律。要求:高位置发声、节奏正确、打准拍点。

教学说明:

(1) 学习要点。用"yi"哼唱旋律,体会发声位置以及装饰音所表现的京剧韵味,学会在休止符偷气的换气技巧。

(2) 设计意图。在学习旋律的过程中,运用观察歌谱、调整呼吸、模仿演唱等方法,解决旋律中难点,一边打板一边体会西皮流水的旋律,进一步体会京剧韵味,为学唱歌曲做好铺垫。

3. 自主巩固歌曲

【实施方法】

(1) 小组自学。要求:词曲正确;打板准确;高位置演唱。

(2) 小组反馈评价。

(3) 解决难点句。

(4) 再次分组反馈。

【评价标准】

(1) 词曲正确。

(2) 打板有节奏。

(3) 高位置演唱。

教学说明:

(1) 学习要点。分组学习歌曲,用高位置的发声把词曲唱正确,并打准拍点,唱准歌曲一字多音的难点句,以及解决三四句紧凑的节奏难点。

(2) 设计意图。自学歌曲,既能让学生再次熟悉歌曲旋律,又可以提高学生的自主学习能力。每组学生在组长有节奏的打板下,体会歌曲节奏特点,唱准歌曲旋律。再通过生生互助以及教师对于难点句的有效指导,帮助学生更好地把握歌曲节奏,从而表现京歌的韵味。

4. "唱""做"表演京剧

【学练要点】

(1) 听范唱回忆动作。

(2) 动作指导。要求:站姿挺拔、动作到位。

(3) 跟音乐完整表演。

(4) 学生领舞,共同表演。要求:词曲正确;打板有节奏;自信地进行表演。

教学说明:

(1) 学习要点。能够自信地在表演中融入京剧元素,做出京剧中特有的动作。

(2) 设计意图。在师生互动、生生互动的演唱表演中,体会京剧的表演形式,感受表演京剧的乐趣。

5. 分组进行"唱""念""做""打"的练习

【学练要点】

(1) 体验学习"圆场步"。

(2) 分组练习。

6. 综合表演

(1) 教师介绍要求。活动要求：表演投入，自信大方，能够表现出京剧韵味。

(2) 综合展示表演。

教学说明：

(1) 学习要点。拓展了解京剧的出场基本步"圆场步"，自主选择"唱""念""做""打"中自己喜欢的方式来合作表演。

(2) 设计意图。此环节让学生通过开放式的学习与交流方式，选择一个在本节课中学到的京剧表演形式，通过自己与同伴的合作，自信地表现出来，激发对京剧学习的热情。

(3) 反馈评价。

通过小组合作实践活动的实施，进一步扩大活动的参与面，学生的参与度也会得到显著提升。这种活动方式特别有助于引导学生运用多元化的方式去探究和展现音乐，进而培养学生的参与意识、合作意识、创造意识，同时也能有效促进他们创新性思维的发展。为了达成这些目标，教师在活动中需要营造出一个积极、和谐的合作学习氛围，给予学生心理上的鼓励和支持，并在教育过程中展现出更多的理解和宽容。在这样的环境下，学生能够在积极的自我认知基础上，更加活跃地参与思考，展现出更高的参与热情，从而激发更强的合作意愿，使教学过程焕发出勃勃生机。

三、及时反馈鼓励

在学生参与音乐表现型实践活动过程中，教师不仅是活动的设计者和促进者，如用亲身的范唱和范奏激发学生的表现欲望，引导学生在合作中增强实践机会，提升实践能力，同时需要对学生的表现和合作情况进行及时的反馈与鼓励，提升学生的音乐表现经验，增强其自信心。让我们来结合以下案例[①]，看看教师是如何对学生的表现进行及时反馈的。

---

① 该案例由上海市徐汇区东二小学李璐倩老师提供。

【课题】《我的小宝宝》

【教材版本】上海音乐出版社版《唱游》二年级下册第三单元"外国小曲"

【作品分析】

《我的小宝宝》是一首简单的儿童歌曲，四四拍，共八小节，音域只有五度。在用口风琴吹奏时手位没有变化，前四小节旋律平稳模进，后四小节以二分音符的节奏型和下行五度的旋律进行，使得音乐在平稳中富有荡漾之感，形象地刻画了妈妈摇着摇篮，小宝宝甜美入睡的生动形象。

【学习内容】

（1）口风琴吹奏《我的小宝宝》。

（2）变奏手法的初步感受与体验。

【教学目标】

（1）用唱奏结合的方式，尝试用徐缓的速度、轻柔的力度，借助歌声和乐声表现歌曲《我的小宝宝》，想象妈妈温暖亲切的音乐形象，表现歌曲宁静安详的意境。（侧重审美感知、艺术表现）

（2）通过变化音区、改变节拍、添加声部等变奏手法，尝试用口风琴对《我的小宝宝》进行创意表现，感受变奏所带来的情绪变化，并联想不同的音乐画面。（侧重艺术表现、创意实践）

【教学重难点】

（1）教学重点：根据音区、节拍、声部的变化，想象音乐所描绘的场景。

（2）教学难点：口风琴两声部合奏以及律动编创。

【评价环节与要求】

表5-2 "我的小宝宝"表演评价表

评价环节与内容	评价要点	评价形式	目标指向
评价环节1：唱奏复习	用连贯的气息表现妈妈摇着摇篮，小宝宝甜美入睡的生动画面	教师评价	教学目标1
评价环节2：同指移位	正确采用同指移位的方法对乐曲进行转调处理，能尝试与同伴进行两声部合奏	教师评价	教学目标2
评价环节3：节拍变奏	通过模仿学习，乐于尝试运用改变节拍的方式对乐曲进行节拍变奏	生生互评	教学目标2
评价环节4：综合表演	乐于参加，与小伙伴合作完成唱、奏、演的综合表演活动	师生互评	教学目标1和2

【教学过程】

1. 复习导入,丰富音乐表现力

(1) 复习吹奏《我的小宝宝》。

(2) 思考:在这首乐曲的吹奏过程中,有什么需要注意的地方?

(3) 师生交流:气息饱满流畅,保持手位不变。

(4) 口风琴齐奏。

(5) 师钢琴伴奏,生齐唱《我的小宝宝》。

(6) 男女生合作表演。

> **活动类型说明:**此环节既有体验性活动,又有表现性活动。
>
> **难点指导与反馈(评价)要点说明:**
>
> 在复习吹奏中回忆上一节课所学的知识,共同交流已知的吹奏要求和注意事项。将用连贯、轻柔的气息吹奏口风琴时积累的经验,进一步带入并迁移到歌曲演唱中,感受摇篮曲宁静、安详的风格。

2. 歌曲处理,加深音乐理解

(1) 教师范唱(G 调)。关键设问:老师的歌声有何不同?

(2) 师生交流:音调变高,声音更温柔。

关键设问:听了老师的歌声,让你想起了谁?

(3) 根据音高提示,在口风琴上找到起始音(sol)。

(4) 在手位儿歌中找到 G 的手位并形成规范手型。

(5) 采用同指移位的方法练习。

(6) 小组互评。

(7) 唱奏结合,完整表现歌曲。

> **活动类型说明:**此环节既有体验性活动,又有表现性活动。
>
> **难点指导与反馈(评价)要点说明:**
>
> ① 教学环节 1、2 初听教师演唱歌曲转调后的版本,听辨音高变化,结合对摇篮曲形象的认知,初步交流对音区高低变化的理解,能结合轻声高位置的演唱,体会歌曲中传递的浓浓母爱。
>
> ② 教学环节 3、4 尝试借助听一听、辩一辩、找一找的方法根据音高的提示,在口风琴上确定歌曲的起始音高,在手位儿歌中审视并形成新的规范手位。

③ 教学环节 5、6、7通过观察和模仿,学会运用同指移位的方法用 G 调吹奏乐曲,在互评中反思自己的吹奏行为,用唱奏结合的方式和小伙伴合作表现歌曲。

3. 抓住音乐形象,合作吹奏二声部

(1) 邀请一名学生与教师共奏一曲。

关键设问:老师弹奏的旋律有什么特点? 让你想到在这宁静、璀璨的夜空中,是谁在陪伴着宝宝入睡?

(2) 自学吹奏第二声部旋律。

(3) 师生合作,二声部齐奏《我的小宝宝》。

我的小宝宝

(二声部版本)

4. 改变节拍韵律,持续积累经验

(1) 教师弹奏舒伯特四四拍和莫扎特六八拍的《摇篮曲》主旋律。比较:哪首摇篮曲的音乐韵律与《我的小宝宝》相似?

(2) 再听教师演奏莫扎特六八拍的《摇篮曲》。

关键设问:你能模仿老师编创的第一乐句,尝试编一编第二、第三和第四乐句,把它变成一首三拍子的歌曲吗?

(3) 小组讨论编创。

(4) 小组展示。设问:睡梦中的宝宝做了些什么美梦?

(5) 邀请学生跟着音乐自由律动,交流动作设计要点。

(6) 小乐队分组练习,交流评价(口风琴组、打击乐组、演唱组、舞蹈组)。

活动类型说明:此活动板块既有体验性活动,又有表现性活动和创造性活动。

难点指导与反馈(评价)要点说明:

① 教学环节 1、2、3、4 通过欣赏教师的演奏,引导学生关注两首摇篮曲不同的节拍韵律,结合对《我的小宝宝》旋律特点的了解,模仿教师编创的第一乐句,尝试小组讨论并改编成一首三拍子的乐曲。

② 教学环节 5、6 能和教师、同伴交流聆听的感受,通过肢体动作的学习与编创,进一步感受三拍子乐曲荡漾的感觉,能够联系音乐形象并跟随音乐即兴舞蹈;与小伙伴有序分工,在唱一唱、奏一奏、跳一跳、敲一敲的过程中表达对乐曲的理解。

♪ **互动角**

请你选择一个案例,思考案例中的教师是如何进行反馈与指导的? 如果是你,你会采取什么有效的方法对学生的表现及时进行反馈?

_____

_____

🎼 进阶改进:多元舞台,丰富学生的音乐表现经验

要全面提升学生的音乐表现能力,需要构建一个从课堂到舞台、从个体到集体的系统性培养框架。在课堂教学中,通过多元化的艺术表现形式奠定专业基础;在校园活动中,借助丰富的展示平台将所学转化为实际能力。

一、给予学生多元的课堂音乐表现体验

教师在进行充分的教学准备之后,要合理地运用歌唱、器乐、舞蹈这几种音乐表现的形式进行教学活动,通过向学生呈现丰富多元的音乐表现方式,从而提升学生的艺术表现素养。教师可以结合自己的特长,创新教学内容,给予学生多样化的艺术体验,提升学生的艺术表现自信。以下是一位教师设计的一个主题的系列音乐活动,让我们来看看该教师的设计记录和组织过程。

一年级音乐活动——新年音乐厅

元旦快到了,教师为所教的一年级各班设计了一系列课内外相呼应的音乐活动,将它们总体取名为:新年音乐厅活动。

一、活动步骤一——准备

(1)准备音乐:在元旦前一个月内,让学生在课外收集有关新年的音乐,并能简单介绍。

(2)准备饰物:在元旦前一周内,准备装饰音乐教室的装饰物(提倡自己动手制作)。两者选其一完成。

(3)准备节目:围绕音乐表演自己准备一个小节目,演奏、歌唱、舞蹈均可。自行向小主持人报节目名称。

(4)准备新年悄悄话:为自己的好朋友写下新年你最想对他说的悄悄话、祝福语,并且不要让对方知道。

二、活动步骤二——酝酿

(1)教师统计准备好参与各项任务的分工与人数。

(2)小主持人根据节目单,设想简单的串联词。

(3)学生可以有组合、集体的表演,并事先进行排练。

(4)教师为每个学生准备新年贺卡,并在背后为每个学生写一句新年寄语。

(5)检查音乐教室的多媒体播放系统,以确保当天活动的顺利进行。

(6)教师教授表演礼仪(如向观众致谢等)和做观众的礼仪(如用掌声鼓励感谢等)。

三、活动步骤三——开展

(1)选择前后或当天的一周音乐课(两课时)举行活动,事先通知学生带好相应物品(如歌唱伴奏、演奏乐器等)。

(2)第一课时安排:(提前一天用饰物布置教室)在小主持人的主持下,表演节目。

(3)第二课时安排:介绍自己收集到的新年音乐音频或视频,并交换悄悄话。

(4)教师小结活动,向每位学生分发奖券和写有新年寄语的贺卡。

【活动反馈与点评】"新年音乐厅"活动深受学生的喜爱。活动中培养了学生自信的表演能力、表演礼仪,其中教师能进一步了解每位学生在音乐方面的特长;学生学会关注同主题(如:新年)的不同音乐,学会收集与介绍音乐的基本方法;在音乐中体验新年欢乐的氛围,与他人友好相处,表达希望与友谊;培养学生的活动自主能力,并予以激励和肯定。

活动可以随着学生年纪的增长逐步深入，适当变换方法，提高难度，也可以与学生音乐学习能力的反馈、考察、评价相结合。

"新年音乐厅"采用多元活动展现了音乐表现形式的丰富性。学生在歌唱、器乐和舞蹈的自主选择中发展艺术表现力，在准备装饰和交换祝福的过程中培养审美情趣与情感表达。课外的音乐收集与课堂的精彩演出相映成趣，让音乐学习自然延伸到生活之中。

二、结合学校活动拓宽音乐实践途径

为了实现音乐教育的全面性和持续性，学校应将音乐实践的途径从课堂延伸至课外。通过在课外活动中运用课堂上积累的音乐知识和技能，增强学生对音乐学习的兴趣和动力，进一步发展其艺术表现能力。在学校艺术教育工作中，除了课堂教学之外，还应通过多种途径为学生提供实践机会。例如，学校可以在拓展课程、校本课程、艺术节等活动中为学生提供展示艺术才能的平台，提升学生艺术表现能力。以下是学校拓宽表现型实践活动的案例参考。

1. "好声音"歌唱比赛

（1）参赛对象：一至五年级全体学生。

（2）比赛要求：每人需表演一首自选曲目，时间为 3 分钟以内，自备伴奏。

（3）评价指标：

① 作品完整性。

② 音准与节奏准确性。

③ 音色表现力。

2. "最美舞者"舞蹈比赛

（1）参赛对象：一至五年级全体学生。

（2）比赛要求：每人需表演完整舞蹈，时间为 3 分钟以内，舞蹈音乐格式为 MP3。如剧目较长可节选能体现个人艺术水平的部分进行表演。

（3）评价指标：

① 作品难易度。

② 基本功与技巧。

③ 动作表现力。

3."键盘达人"钢琴比赛

(1) 参赛对象:一至五年级全体学生。

(2) 比赛要求:每人需表演一首自选曲目,背谱演奏,时间为 3 分钟以内。可节选能体现个人艺术水平的部分进行表演。

(3) 评价指标:

(1) 作品难易度。

(2) 基本功与技巧。

(3) 艺术表现力。

4."器乐达人"器乐比赛

(1) 参赛对象:一至五年级全体学生。

(2) 比赛要求:自选曲目,每位参赛选手准备完整器乐曲目,时间为 3 分钟以内。作品体裁不限。

(3) 评价指标:

(1) 作品难易度。

(2) 基本功与音准准确度。

(3) 作品完整度。

(4) 作品表现力。

5. 童心唱响迎国庆——班班唱比赛

(1) 参赛对象:一至五年级全体班级。

(2) 比赛要求:

① 合唱团队要有团队意识和协作精神,能够互相支持和配合,共同完成演唱任务。

② 歌曲选择要符合比赛主题,能够展现出合唱团队的音乐素养和表现力,自备伴奏乐,时间为 3 分钟以内。

③ 演唱时要注意音准、节奏、音色和声部协调等方面,保证演唱质量。

④ 舞台表现要得体、得当,要注意服装、形象、动作、表情等方面,让观众有良好的视觉享受。

(3) 评价指标:

① 音准与节奏感。

② 彰显班级风貌,体现团队精神。

③ 舞台表现力、服装美观。

④ 指挥（教师、学生、家长均可）。

⑤ 上台、下台有序。

本章小结

章节小结

本章主要介绍了提升学生音乐表现效能和表现型实践活动组织的方法。同时,呈现了一些具体的教学案例和实践经验。有助于教师思考如何在实践中提高学生的音乐表现水平。

在基础阶段,通过创设情境、乐谱识读、模仿练习等方法夯实基础;在提升阶段,分别呈现了乐谱识读、声乐表演、器乐表演和综合性艺术表演的针对性的教学策略;最后通过丰富的舞台实践,实现从课堂到活动的延伸拓展。从教育价值来看,本章不仅解决了音乐教学中的具体问题,更对落实立德树人根本任务具有深远意义。通过丰富多元的艺术实践活动,学生不仅能掌握专业技能,更能发展创新思维、团队协作等关键能力。这种以美育人、以文化人的教育理念,正是新时代艺术教育的核心追求。

技能操练

请你根据上海音乐出版社版《艺术·音乐·唱游》一年级下册第三单元"种葫芦"《金孔雀轻轻跳》的内容,确定教学目标以及表现型实践活动的内容和形式,并写出详细的操作步骤和要点。

金孔雀轻轻跳

翁向新 词
任 明 曲

中速稍快

1.金 孔 雀, 轻 轻 地 跳, 雪 白 的
2.小 卜 少, 小 卜 冒, 跟 着

羽 毛 金 光 照, 展 翅 开 屏
孔 雀 一 起 跳, 阳 光 洒 满

河 边 走， 傣 家 的 竹 楼 彩 虹
小 溪 边， 小 朋 友 们 拍 手

绕， 傣 家 的 竹 楼 彩 虹 绕。
笑， 小 朋 友 们 拍 手 笑。

☁ **相关资源**

♪ 视频内容	课堂实录：歌唱活动《洋娃娃和小熊跳舞》
♪ 执教教师	上海市松江区九亭第二小学　曲贵圆

扫码观看视频

♪ 视频内容	微课：器乐学习活动"趣味竖笛伴我成长"
♪ 执教教师	上海市徐汇区东安三村小学　张冠文

扫码观看视频

▣ **推荐书目**

邰方、孙菲编著：《小学音乐课堂教学设计》，华东师范大学出版社 2018 年版。

第六章　创造型实践活动实施技能

？学习导引

　　音乐教学是音乐艺术的实践过程。在前两章的学习中,我们对欣赏型实践活动、表现型实践活动的实施要点进行了梳理,并对如何进行这两类活动的设计有了初步的学习和了解。欣赏型实践活动、表现型实践活动能够为学生的音乐创作积累创作素材与经验。

　　在本章中,我们聚焦如何提升学生的创意实践素养上。本章在审美感知和艺术表现的基础上,围绕核心问题"如何提升学生的编创效能",列举了教师在音乐编创教学中可能会遇到的困难,提出合理解决这些难点的具体方法,并从不同形式的编创活动中为教师提供一些建议,以帮助教师更为深刻地把握创造型实践活动教学的有效策略,从而能够更好地培养学生的创新能力。

学习脉络

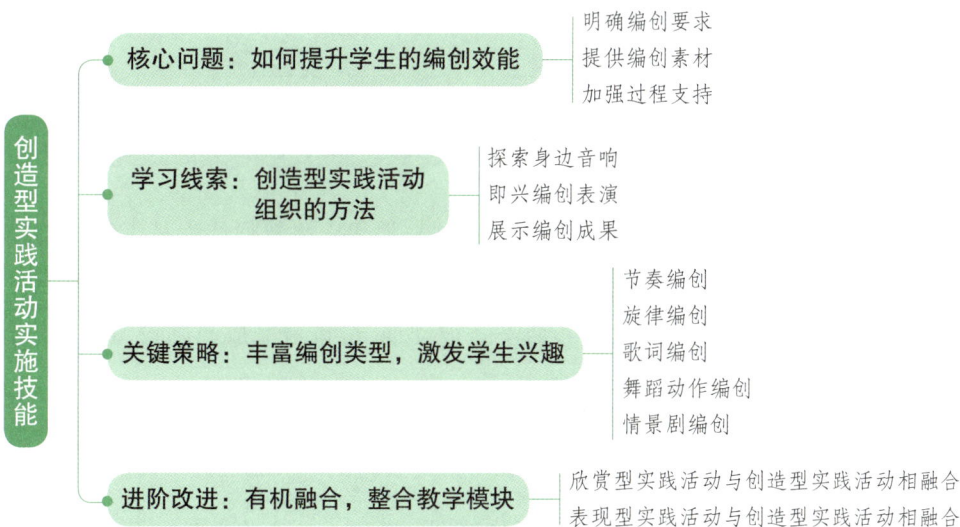

本章围绕"如何提升编创效能"这一核心问题,系统构建了创造型音乐实践活动的教学框架。在活动实施过程中,教师需要把握三个关键环节:首先要通过明确编创要求确立目标导向,提供丰富的编创素材搭建支架,并在过程中给予适时指导;其次要灵活运用探索音响、即兴编创、成果展示等方法,激发学生的创造性思维;最后要通过多元的编创形式,如节奏、旋律、歌词等编创活动,拓展学生的艺术表现维度。

在教学策略上,教师可以从学生熟悉的日常生活音响入手,逐步过渡到音乐要素的创造性重组,最终实现与欣赏型、表现型实践活动的有机融合。这种循序渐进的设计既符合学生的认知发展规律,又能有效培养其创意实践素养。创造型实践活动的价值不仅体现在提升学生的音乐创作能力上,更重要的是培养学生的创新思维、审美判断和艺术表现能力。通过将编创活动与其他音乐学习模块有机结合,可以构建更加立体、丰富的音乐实践途径,为学生发展艺术核心素养奠定基础。

核心问题:如何提升学生的编创效能

在音乐作品的欣赏、表现过程中,教师需要引导学生在已有经验的基础上对音乐作品进行多维度的编创,勇敢地尝试创造型实践活动,使学生得到自我表现的机会,表现音乐创造的潜能。

♪ 互动角

你在课堂实践中开展过哪些编创活动? 效果怎么样? (如果你还未进行过课堂教学实践,那么请你思考你会以什么样的方式提升学生的音乐编创能力。)

基于小学生的年龄特点和艺术学习经验,编创教学常常被教师认为是小学阶段音乐课堂中比较难实施的教学内容。的确,在课堂上激发学生的创造性需要教师进行精心的设计和准备,让学生的主动编创"真实发生",而不是被动地、机械地完成教师设定的教学任务。教师在创造型实践活动中需要思考和准备以下几点。

一、明确编创要求

在实施创造型实践活动时,首先需要明确编创的要求。这意味着教师要明确编创的目的、具体的学习任务以及期望达到结果,也就是在目标导向的课堂教学下,教师需要明确学生在"创意实践"方面需要达到什么水平,且设定的教学目标应该是可观、可测的。这不仅能帮助学生理解他们在课堂上需要做什么,还能激发他们的创造力和想象力。在明确编创要求时,教师需要做到"三个明确"。

(一) 明确编创活动的目标与成果呈现方式

教师应确保每个学生都清楚他们需要达到的目标,即最后呈现的是歌曲旋律编创、节奏编创还是舞蹈动作编创,这有助于学生明确编创方向。例如,在开展基于上海音乐出版社版《音乐》四年级上册第五单元"多彩的歌声"《赛马》的编创活动时,就可以采用以下方法。

(1) 分解任务:将编创任务分解为多个部分,如 A 段和 B 段分别安排不同的编创内容。A 段可以安排学生编创骑马律动动作,B 段则编创节奏。

(2) 提供范例:教师可以先展示一段简单的骑马律动动作或节奏编创示例,让学生直观感受编创的方向。

(3) 明确成果呈现方式:教师告知学生最终成果的呈现方式,如以小组表演、个人展示还是以视频录制的方式呈现。

(二) 明确编创活动开展的形式

编创活动的开展形式多种多样,可以根据教学目标、学生特点和教学资源进行灵活选择。

首先,从活动类型来看,编创活动可以分为但不局限于音乐类、舞蹈类、戏剧类和音乐游戏类。(1)音乐类编创包括旋律编创、节奏编创和歌词编创等。例如,学生可以根据给定的主题创作一段旋律,或者为一首歌曲编创新的歌词,使其更贴合特定的情境。(2)舞蹈类编创则涵盖动作编创和队形编创,学生可以根据音乐风格设计舞蹈动作或规划队形变化,增强表演的视觉效果。(3)戏剧类编创包括角色编创和情节编创,学生可以为故事设计角色的动作、台词和表情,或者创作简短的故事情节并进行表演。(4)音乐游戏类编创旨在通过游戏形式激发学生的兴趣,如节奏接龙、旋律猜谜等,既能锻炼学生的音乐感知能力,又能培养学生的编创思维。

其次,从参与人员的组成来看,编创活动可以分为个人编创、小组编创、班级编创和跨年级编创。(1)个人编创强调学生的独立思考和自主创作能力。例如,有音乐特长的学生可以提供编创案例供其他学生模仿和学习。(2)小组编创则通过分工合作的方式,让学生在交流和分享中相互启发,培养团队协作能力。(3)班级编创是全班学生共同参与,形成一个大型的表演作品,这种方式可以更好地增强班级凝聚力。(4)跨年级编创可以让不同年级的学生合作,例如高年级学生指导低年级学生,或者不同年级的学生共同完成一个项目,从而使学生拓宽编创思路,积累不同层次的编创经验。

此外,编创活动的开展还可以从课堂内延伸到课堂外,从校内延伸到校外。例如,组织学生到社区进行编创表演,或者与校外的艺术团体合作开展项目。通过多样化的活动形式,学生可以在不同的场景和环境中锻炼编创能力,拓宽视野,积累丰富的经验。

(三)明确编创结果的评价标准

在给学生呈现编创任务的同时,还需要将评价标准一同呈现给学生,评价标准也需要具体、可测、可评价。为了确保评价的全面性和有效性,教师可以从以下几个维度来设计评价标准。(1)内容相关性。这是最重要的考量点,编创内容需要与主题紧密相关,风格保持一致。(2)创意与创新性。这是评价的核心,应鼓励学生尝试新颖的表现形式和元素,展现独特性。(3)艺术表现力。艺术表现力主要包括动作的准确性、节奏的稳定性以及表演的表现力。(4)合作与交流能力。合作与交流能力在小组编创中尤为重要,学生需要能够有效沟通、分工合作,并清晰地表达自己的编创思路。(5)完成度与完整性。编创作品需要完整且连贯。(6)自我反思与改进能力。学生的自我反思与改进能力,能够帮助其在后续活动中不断优化自己的作品。

仍以《赛马》编创表演为例,教师可以将上述维度具体化为以下评价标准。(1)在内容相关性方面,检查骑马动作是否形象生动,节奏是否与音乐风格匹配。(2)在创意与创新性方面,评价学生是否尝试了不同的动作或节奏变化。(3)在艺术表现力方面,观察学生的动作是否流畅、节奏是否稳定、表演是否投入、表情是否生动等。(4)在合作与交流方面,考察小组成员是否分工明确,是否能够清晰地表达编创思路。(5)在完成度与完整性方面,判断编创作品是否完整,是否能够形成一个连贯的表演。(6)在自我反思与改进方面,鼓励学生对自己的编创成果进行自我评价,并提出改进措施。

通过以上措施,教师可以帮助学生明确编创要求,激发他们的创造力和实践能力,从而实现创造型实践活动的目标。同时,教师还应在教学过程中不断总结经验,探索更加有效的方法和策略,以更好地促进学生的全面发展。

二、提供编创素材

教师需要为学生提供必要的编创资源和素材,这些资源不仅包括乐器、音乐软件、舞蹈道具等"硬件"资源,还包括教师的提示和示范等"软件"资源。这些素材能够帮助学生更好地实现他们的创意,增强创造力和实践能力。在下面这个案例[①]中,我们可以看到教师是如何为学生提供编创素材的。

在上海音乐出版社版《艺术·音乐·唱游》一年级下册第三单元"种葫芦"《金孔雀轻轻跳》一课中,教师采取以下做法为学生提供编创素材。

① 该案例由上海市松江区九亭第五小学何倩倩老师提供。

一、示范主题动作并指导学生学习

动作 1：孔雀漫步

这个动作模仿孔雀在竹林中轻盈漫步的姿态。学生双脚交替轻点地面,步伐轻盈而优雅,仿佛在竹林间悠闲地行走。同时,双手呈孔雀手型(大拇指和食指紧捏,中指、无名指和小指伸直向上翘),模仿孔雀的形象。双手在身体两侧轻轻摆动,随着脚步的移动自然地前后摆动,展现出孔雀漫步时的从容与优雅。在表现这个动作时,学生需要注意保持身体的平衡和姿态的优美,步伐不宜过大,手部动作要自然流畅,与脚步动作协调一致。

动作 2：孔雀饮水

该动作模拟孔雀来到小溪边低头饮水的情景。学生双脚并拢,轻轻蹲下,膝盖微微弯曲,身体保持稳定,模拟孔雀靠近水面的动作。学生双手从身体两侧抬起,手指自然伸展,模拟孔雀低头饮水时触摸水面的姿态。手部在身体前方轻轻摆动,动作轻柔而细腻,展现出孔雀饮水时的温顺与优雅。在完成这个动作时,学生要确保蹲下的动作缓慢而平稳,避免过于急促,手部动作要与身体的姿态相协调,体现出孔雀饮水时的自然与灵动。

动作 3：孔雀展翅

此动作展现了孔雀展翅的美丽姿态。学生双脚分开,与肩同宽,身体微微前倾,以保持稳定,模拟孔雀展翅时的坚定姿态。双手从身体两侧向上抬起,手臂伸直,手指自然伸展,模拟孔雀翅膀展开的动作。双手在头顶上方轻轻展开,展现出孔雀翅膀的宽大与优雅。在表演这个动作时,学生需注意脚步要站稳,保持身体的平衡,避免晃动。手部动作要有力而优雅,手臂伸展要自然流畅,充分表现出孔雀展翅时的自信与美丽。

二、动作分解与变化

在学生熟悉了基础动作后,教师引导学生对主题动作进行分解和变化。例如,在动作 1 的基础上,保持脚步动作不变,改变手位或方向,从而编创出新的主题动作。通过这种方式,学生可以进一步拓展自己的舞蹈语汇,增加动作的丰富性和多样性。

三、创设表演情境

为了进一步激发学生的编创热情,教师创设了不同的表演情境,引导学生根据情境重新组合动作。例如:教师可以设置"清晨的竹林"情境,引导学生想象清晨刚刚醒来的金孔雀梳理羽毛、展翅飞翔的动作;或者设置"小溪边"情境,引导学生表现孔雀在小溪边喝水、照"镜子"的动作。通过情境创设,学生能够更好地将舞蹈动作与实际场景相结合,增强舞蹈的表现力和感染力。同时,教师可以通过提问和引导,帮助学生更好地理解与表现情境,例如:"清晨的竹林是什么样的? 孔雀在竹林中会做些什么?""小溪边的水很清澈,孔雀在水边会有什么动作呢?"这些问题能够启发学生的想象力,帮助他们更好地融入情境,进行编创。

四、合作表演与展示

在教师的引导下,学生小组分工合作进行编创,并根据不同的情境选择需要的动作重新组合。学生兴致勃勃,有模有样地跳着孔雀舞,课堂效果良好。在合作表演的过程中,学生不仅能够锻炼自己的编创能力,还能培养团队协作能力和沟通能力。教师可以在小组编创过程中巡回指导,及时给予学生建议和鼓励,帮助他们更好地完成编创任务。最后,各小组进行展示,教师和学生共同评价,分享编创的成果和经验。

♪ **互动角**

你觉得这位教师的教学方法有什么优点? 如果是你,你会怎样引导学生进行动作编创?

以上案例通过示范主题动作、引导动作分解与变化、创设表演情境以及组织合作表演与展示,教师不仅帮助学生掌握了舞蹈的基本动作,还培养了他们的想象力、团队协作能力和自主创新能力。这个案例适合小学低年级学生,因为其充分考虑了他们的年龄特点和学习兴趣,通过生动有趣的方式,让学生在玩中学、学中乐,从而更好地实现音乐课程的育人目标。

三、加强过程支持

在学生的编创过程中,教师需要提供适时的支持和引导,确保学生能够顺利进行音乐创作。这包括解答学生的疑问、提供创作建议、鼓励学生尝试新的想法等。因为在编创过程中,学生通常会遇到一些困难,如音乐节奏的掌握、舞蹈动作的协调等。这时,教师除了给予学生专业的指导外,还需要耐心地引导和帮助学生,鼓励他们不断尝试和探索,让他们在实践中不断积累经验。另外,教师可以通过组织学生进行交流、分享和展示,让学生之间相互学习、相互启发,进一步激发他们的创造力和实践能力。这不仅可以提高学生的编创水平,还能增强他们的自信心、表达能力和合作意识。

综上,提升编创效能需要教师从明确编创要求、提供编创素材、加强过程支持等多个方面入手。只有这样,才能让学生在创造型实践活动中得到充分的锻炼和提升,从而使其创造力和实践能力得到全面发展。同时,教师也需要不断总结经验和反思不足,探索更加有效的方法和策略,以更好地促进学生的全面发展,提升编创效能。

🎼 学习线索:创造型实践活动组织的方法

《义务教育艺术课程标准(2022 年版)》中指出,创意实践活动注重艺术思维的生成、艺术实践的过程和结果,包含了"声音与音乐探索""即兴表演"和"音乐编创"等艺术实践内容[①]。这些内容为创造型实践活动的开展提供了明确的方向和框架。因此,教师需要通过具体的教学方法和活动设计,激发学生的创造力和实践能力,培养学生的艺术核心素养和综合思维能力。教师可以根据"探索身边音响—即兴编创表演—展示编创成果"的思路来组织活动。

一、探索身边音响

探索音响是一种探索自然界、日常生活中各种现象的教学活动,教师需要引导学生从生活中寻找编创资源,探索人声、乐器,以及各种非常规音源的音色、音强、音长、音高、节奏、旋律、和声等音乐要素,这些都属于探索音响的范畴。探索音响侧重于引导学生从生活中寻找和感知各种声音,了解声音的物理属性(如音色、音强、音长、音高),以及这些属性是如何组合成节奏、旋律与和声等音乐要素的。这一过程帮助学生建立音乐与生活现象之间的联系,使他们能够从日常生活中发现音乐的源泉。

在探索音响的基础上,教师需要进一步引导学生对这些声音进行模仿和探究,将生活中的声音转化为具体的音乐素材,并通过编创活动将其应用于音乐表现中。例如,学生通过模仿自然声音(如风声、雨声)或生活中的声音(如汽车喇叭声、锅碗瓢盆的碰撞声),不仅能够更好地理解声音的音乐属性,还能在此基础上进行节奏、旋律的编创,从而实现从探索到编创的过渡。这种从生活到音乐的转化过程,不仅丰富了学生的音乐语汇,还能激发他们的创造力和实践能力。

二、即兴编创表演

即兴的音乐编创可以开发学生的音乐潜能。学生在即兴的学习活动中充分调动自身各种感觉器官,在瞬间唤醒已有的学习经验,并统合情感、意志、认知等心理机制以完成创造性

---

① 中华人民共和国教育部. 义务教育艺术课程标准(2022 年版)[M]. 北京:北京师范大学出版社,2022:15.

的学习任务。即兴编创表演和创意模仿性学习活动的有机整合,能有效地提高学生的音乐学习能力和音乐素养。

在实施即兴编创教学时,教师应注重以下几个关键要点,以确保活动的有效进行。(1)明确编创目标和要求。具体包括:确定编创主题,限定音乐要素(如节奏、旋律和声),选择编创形式(个人或小组),以及设定时间限制。这有助于学生在清晰的框架内发挥创造力。(2)提供示范与引导。教师可以通过示范表演、讲解创作思路、播放专业视频等方式,帮助学生理解即兴编创的过程和方法。(3)提供简单的音乐素材和丰富的编创资源,如乐器或生活中的发声物品,激发学生的灵感。(4)在活动过程中,组织有序的编创活动,包括热身练习、个人或小组编创以及交流反馈环节。教师应密切观察学生的编创过程,及时给予指导和鼓励,确保每个学生都能积极参与。(5)鼓励记录与反思,学生可以通过录音、录像或文字记录的方式,回顾自己的编创过程,分析成功和不足之处,总结经验教训。通过这些系统化的步骤,教师能够更好地引导学生进行即兴编创,培养他们的音乐创造力和表现力。

以下是一位教师在培养学生节奏即兴编创能力时的经验总结与反思。

教学对象:五年级

一、基础练习

基础练习是指在音乐编创教学中,为帮助学生掌握基本音乐要素(如节奏、旋律和声等)而设计的初步训练活动。这些练习旨在通过简单、重复的练习,帮助学生建立对音乐要素的感性认识,提升音乐感知能力和表现力,为后续的即兴编创和综合活动奠定基础。在教学过程中,教师通过朗读节奏的方式,使学生能够感性地体验并辨识不同的节奏型,从而协助他们建立或恢复对节奏把握。随着学习的逐步深入,学生将被赋予更多机会参与即兴编创练习。例如,教师可以引导学生尝试创作全新的节奏,并为其命名。这些创作需确保节奏流畅、易于上口且富有韵律感,以便学生能够更加自然地将其融入音乐表现之中。通过此类练习,学生不仅能进一步巩固对节奏的理解与感知,还能在实践中激发想象力与创造力,逐步提升个人的音乐表达能力,为后续更复杂的即兴编创活动奠定坚实基础。

二、即兴创作练习

无论是基础教学,还是综合课中节奏教学的运用,都应该紧紧抓住即兴创作这一环节。

1. 即兴创作练习的种类

有关即兴创作练习,一般分个人、集体两种,或者将两者有机结合。

在节奏教学中,学生可能会展现出不完整、零散甚至缺乏逻辑性的节奏。针对这种情况,教师可以让节奏感较强的同学担任示范角色,即"小老师",通过他们的演示来引导其他同学。随着练习的深入,学生普遍会逐渐掌握其中的规律,并慢慢提升节奏感,从而实现有效的学习。

在个人练习后,教师便可以采取音乐小组的形式进行集体练习。每组将包含5—6名成员,为确保练习的高效与有序,可以选择音乐素养较高且具备良好组织能力的同学担任组长。在练习过程中,教师将首先展示一个固定的节奏(标记为 A),随后,其他小组的学生需依次创作出与之相应的节奏(如 B、C、D 等),形成循环式的节奏接龙。通过这种方式,能提高学生的音乐创作与协作能力,并深化他们对节奏的理解与感知。

为了避免讨论中出现组员思想分散、不积极参与、只等待组长说出节奏的情况,教师要在班级中走动并观察,帮助一些有困难的小组积极开展活动。另外,教师也可以利用课余时间根据上课要求事先对组长进行培训。

2. 在综合音乐课中运用即兴编创

即兴编创的核心目的在于深化学生对音乐要素的理解,并使他们能够精准地感受音乐之美。创造型实践活动在培育与提升学生创造性思维能力方面扮演着至关重要的角色。通过将节奏即兴创作融入综合课程之中,可以有效发展学生的听觉与想象力,进而提升他们对音乐结构与曲式的深刻理解。这一过程将为学生提供一次宝贵的实践机会,使他们能够真正地将所学应用于音乐表现之中。

例如,在欣赏上海音乐出版社版《音乐》四年级下册第五单元"行进的脚步"《土耳其进行曲》时,可将学生分组,每组需即兴创作两小节的节奏,并通过打击乐器进行演绎。对于不具备乐器条件的学校,可选择具有独特声音效果的物品,如书、筷子、梳子、钥匙等,以展现节奏。

此外,可借鉴奥尔夫教学法,运用任意物体创作节奏图示。例如,使用一次性纸杯排列成节奏图案,当在某一纸杯上套上彩色杯子时,表示该拍须击掌。鼓励学生发挥创意,使用如塑料瓶、报纸等其他物品替代纸杯,自由创作独特的节奏图示。

在一组节奏作为主部、其他部分作为副部的框架下,进行即兴回旋曲练习。此外,亦可将整体的齐奏视作 A 部,特定几组的合奏或卡农作为 B 部。据此,我们可以根据乐曲需求创作和变化出丰富多样的作品,甚至构建篇幅较长的乐曲。当节奏演奏完毕后,教师可以请学生回忆、分析并记录下演奏的顺序,即曲式结构。随后,通过欣赏音乐,使学生能够领略每段音乐的独特魅力。同时,鼓励他们运用所学知识,独立分析乐曲的结构,从而深化对乐曲的理解。这些即兴活动旨在培养学生的发散性思维和创造性思维能力。

三、展示编创成果

学生完成音乐编创后,教师应该给予他们一个展示成果的平台。这不仅可以增强学生的自信心,还能激发他们进一步学习和探索音乐的兴趣。

一种有效的展示方式是在课堂上给予一定的时间让学生展示编创成果。由于课堂时间有限,不足以展示所有学生的编创成果,那么教师可以让学生通过课后上传编创视频或者书写自己的创作过程等方式了解学生的编创成果。教师则在下一节课中分享学生的优秀作品,还可以设置"最佳创意奖""最佳表演奖"等奖项表彰表现出色的学生。

通过展示环节,学生可以感受到自己的进步和成就,从而更加热爱音乐学习,提高自己的创意实践能力。

关键策略:丰富编创类型,激发学生兴趣

一、节奏编创

节奏是音乐在时间上的组织,是音乐的骨架;而节奏型的编创活动在小学阶段是经常被使用的一种教学策略。在节奏教学中,教师和学生可以分解音乐,从最简单的模仿开始,逐步加入即兴创作。学生通过对已掌握的知识进行再加工,从而形成属于自己的音乐的过程,继而发展自己的音乐感受力和敏捷的反应能力,并形成体验和表现音乐的能力。

在节奏教学中,教师可以采用以下几种方法,帮助学生逐步掌握节奏编创的技巧。

(一)节奏模仿与补充

教学初期,教师可以通过节奏模仿游戏帮助学生熟悉基本节奏型。

如在带领一年级学生感受"音的长短"时,在学生掌握了四分音符(╳)和一对八分音符(╳╳)这一节奏后,教师就可与学生开展节奏补充游戏[①]。如出示:

$$\frac{2}{4} \quad X \quad X \quad | \qquad | X \quad X \quad X \quad | \qquad | X \quad - \quad | \qquad \|$$

---

① 邵方,孙菲. 小学音乐课堂教学设计[M]. 上海:华东师范大学出版社,2018:160.

这条未完成的节奏练习要求学生发挥自己创造力,对其进行补充和完善,并随后对所创作的完整节奏进行反复练习。这种方法不仅使得学习过程更为轻松愉快,同时也激发了学生的学习兴趣,培养了他们在音乐领域中的初步创造力。当学生积累了一定的节奏知识后,可进一步拓展和深化节奏创作的练习内容。

(二)节奏变化与创作

当学生积累了一定的节奏知识后,教师可以引导学生进行更复杂的节奏变化和创作。

如在教授三年级 X X X 切分节奏时,在学生掌握了这一节奏后,教师可出示节奏谱:

$$\frac{2}{4} \quad X \qquad X \quad X \ \ | X \ X \ X \quad | X \ X \ X \ X \ | X \quad - \quad \|$$

让学生在原谱的基础上进行节奏变化,创作出新的模仿句。如学生的模仿句:

$$\frac{2}{4} \quad X \qquad X \quad X \ \ | X \ X \ X \ X \quad | X \ X \ X \ X \ | X \quad X \quad \|$$

经过这样的训练,能够有效促进学生音乐思维能力和创造力的提升。在歌唱教学中,基于学生已掌握的创作基础,教师可以积极鼓励学生尝试即兴创作,通过拍手、拍腿、拍胸等身体动作或选用合适的打击乐器,自主创作节奏为歌曲进行即兴伴奏,从而进一步拓展学生的音乐创作与表现能力。

(三)即兴伴奏与表演

在歌唱教学中,教师可以鼓励学生尝试即兴创作,通过拍手、拍腿、拍胸等身体动作或选用合适的打击乐器,为歌曲进行即兴伴奏。例如,在上海音乐出版社版《音乐》五年级上册第一单元"深深的祝福"《祝福祖国》后的自学知识部分,教师要求学生能够根据同一歌词,用不同的节奏演唱出来。这是一种演唱歌曲以外的新形式,不仅可以提高学生对音乐知识的掌握要求,也丰富了该歌曲的表现形式。首先,教师可以从学生熟悉的音乐风格入手,例如"说唱"音乐。这种风格的音乐通常具有鲜明的节奏特点和丰富的节奏变化,能够激发学生的兴趣。教师可以使用电子琴或其他乐器为学生提供一个固定的节奏框架,引导学生在此基础上进行编创。例如,教师可以设定一个基本的节奏型,并指导学生根据歌词的情感和内容进行节奏的变化。对于表达高兴情绪的歌词,可以采用紧凑的节奏;而对于表现抒情的歌词,则可以采用较为缓慢的节奏。通过这种方式,学生能够在固定的节奏框架内进行自由发挥,逐步掌握节奏编创的技巧。

进一步地,教师可以引导学生利用同一首歌曲的歌词,尝试编创出不同节奏形式的音乐风格。例如,以一首简单的儿歌为素材,教师可以先让学生熟悉歌词和基本旋律,然后鼓励他们尝试用不同的节奏型重新演绎这首歌。在这个过程中,教师可以提供一些节奏型的示例,如切分节奏、附点节奏等,帮助学生拓宽思路。通过对比不同节奏型的表现效果,学生能够更直观地感受到节奏变化对音乐风格的影响,从而提升他们的节奏编创能力。

二、旋律编创

从节奏入手逐步进入对旋律的即兴编创,这符合即兴编创必须建立在充分认知前提下的条件。以下这个案例是教师在综合活动"春天"中,在节奏编创的基础上设计的旋律编创活动。该教师以情感体验为基础,以实际生活中能听到、看到的事物为素材,在音乐实践中依靠学生集体力量获得成就,从而使学生的群体意识、合作精神、实践能力、创造能力得到培养和提高。

一、多声部的节奏创作——"春姑娘交响曲"

1. 欣赏 ·组由本班学生创作的"春天美景"图

导入:今天,老师将和同学们一同去郊游,寻找春天。请同学们用眼睛去发现美丽的春景,用耳朵去倾听大自然美妙的音响,并借助我们丰富的想象力去表现春天……老师带来了几幅由我们班的小画家创作的春景图,请大家欣赏。

2. 创作声势节奏

(1) 根据所要表现的事物特点,从二分音符(X—)、四分音符(X)、八分音符(X̲)、十六分音符(X̲)中选用合适的音符把看到的春景用有节奏的声音表现出来。

(2) 根据乐器的音色特点,选择合适的自制的打击乐器(易拉罐、沙球、塑料袋、小凳子、筷子、报纸等)来表现春天的事物。

$$\frac{2}{4}$$

春雨 (　　)　　　|　　　‖

春雷 (　　)　　　|　　　‖

春水 (　　)　　　|　　　‖

合作方法:(自由组合)在组长的组织下讨论确定各自的分工,每人扮演一种角色,选择合适的乐器,选用合适的节奏型表现,首先按顺序一个一个来表演,再同时进行表演。

---

3. 展示合作成果

（1）已经完成创作的小组进行现场展示，未完成的小组留作课后作业。

（2）集体评价。选择一种大家都较喜欢的方案作为集体练习的谱子。

（3）由学生口述，教师在实物展示台上记节奏谱。

4. 集体练习

全班同学分为以下四组，第一组扮演春雨、第二组扮演春风、第三组扮演春雷、第四组扮演春水。

5. 深入提高

思考——雨渐渐停了，风渐渐小了——应该对力度和速度做怎样的变化，才能表现这一情景呢？（做渐强、渐弱的变化练习）

二、二声部旋律创作——"报春鸟之歌"

1. 初听乐曲

导入：春天悄悄地来到了我们身边，是谁最先发现并用她美妙的歌声向人们传达了这一信息？

聆听人民教育出版社版《音乐》二年级下册第三单元"音乐中的动物"《杜鹃圆舞曲》片段。说说你听到了什么，听辨是几拍子的乐曲。

2. 旋律探索

用口风琴探索布谷鸟的叫声，选用 F 调的五度以内的音。按指定节奏型引导学生创作布谷鸟的叫声。

3. 旋律填空练习

启发导入：两只布谷鸟在枝头互相打招呼，并且似乎一起用歌声向人们报告"春天来了"。请根据歌词的节奏把《报春鸟之歌》的曲语填写完整（用的 do、mi、sol 三个音来创作）。

（1）学生在口风琴上自由探索，并把创作的结果写在记谱纸上，请同学来帮忙演唱，自己演出创作成果，然后两人交换。

（2）学生反馈创作结果，教师在实物展示台展示学生作品。

这里根据学生的现场反馈有两种情况：

① 形成单声部旋律，引导学生感受在这段音乐中使用 do、re、mi、fa、sol 中的哪个音比较有结束感。

② 假如学生的作品中有三度音程作品，如" $\frac{3}{4}$ 5 3 3 ｜ 3— —｜"" $\frac{3}{4}$ 3 1 1 ｜ 1— —｜"

或"$\frac{3}{4}$ 555 | 3 — —|""$\frac{3}{4}$ 333 | 1 — —|"等,教师就把它组合成二声部让学生集体练习。如果改一个音就能形成二声部,教师不妨先对学生的作品加以肯定,然后进行修改,以二声部的形式让全体学生练习。

4. 集体练习

第一组和第二组分别担任第一声部演奏和演唱,第三组和第四组分别担任第二声部演奏和演唱。

旋律编创活动通常遵循从简单到复杂、从节奏到旋律的逐步推进方法。第一,教师通过生动的情境导入,激发学生的情感共鸣和创作欲望。在"春姑娘交响曲"的教学中,教师展示由学生创作的"春天美景"图,引导学生用眼睛去发现美丽的春景,用耳朵去倾听大自然美妙的音响,并借助丰富的想象力去表现春天。这种情境导入能够迅速吸引学生的注意力,为后续的创作活动营造良好的氛围。第二,教师从节奏入手,引导学生根据事物特点创作节奏型,并通过声势节奏和打击乐器的实践,培养学生的节奏感和音乐表现力。在"春姑娘交响曲"中,学生根据春雨、春风、春雷、春水等事物的特点,选用合适的音符创作节奏型,并用自制的打击乐(如易拉罐、沙球、塑料袋等)进行表现。这种从节奏入手的方法,能够更好地帮助学生熟悉音乐的节奏规律,为后续的旋律创作打下坚实的基础。

在旋律创作阶段,教师通常利用乐器辅助学生探索音符之间的关系,以增强学生对旋律的感知能力。在案例中,教师引导学生用口风琴探索布谷鸟的叫声,选用 F 调五度以内的音,并按指定节奏型创作旋律。通过乐器辅助,学生能够更好地感受音符的高低、音程的跳进与级进,从而增强对旋律的感知能力。同时,教师通过填空练习和歌词辅助的方式,引导学生创作出符合主题的旋律。在"报春鸟之歌"的教学中,教师提供部分旋律框架,让学生根据歌词的节奏填写完整的旋律。学生在口风琴上自由探索,并将创作结果写在记谱纸上,互相演唱和评价。这种方法不仅降低了创作难度,还引导学生关注旋律的连贯性和逻辑性,使旋律与歌词相匹配,增强了旋律的表现力和感染力。在评价方面,教师组织学生进行小组合作和集体评价,通过交流与反馈,让学生学习他人的优点,完善自己的创作。随着学生能力的提升,教师逐步引导学生从单声部旋律过渡到多声部创作,通过集体练习培养学生的多声部思维和听觉协调能力。

在整个创作过程中,教师注重实践与反馈,鼓励学生将创作的旋律进行实际演奏和演唱,及时发现问题并进行调整。同时,教师及时给予了学生适当的指导和建议,帮助学生解决创作中的难点,引导他们创作出更优美的旋律。通过生动的情境导入、丰富的实践操作、逐步推进的教学环节和多样化的评价方式,学生在轻松愉快的氛围中学习音乐知识和技能,感受音乐创作的乐趣。

三、歌词编创

　　歌词创作者的创作灵感通常来源于日常生活,并经过创作者的精心提炼和加工而成。在小学音乐教材中,众多歌曲紧密关联着学生的学习和生活经历。因此,学生在学习的过程中对这些歌曲会展现出浓厚的学习兴趣。同时,这些丰富且贴近生活的音乐素材为他们提供了改编和创作歌词的广阔空间。

　　学生从小学低年级就会开始接触编创歌词,这是编创教学中的基础性活动。在音乐学习中,学生通常会先记住歌曲的歌词,因为歌词是歌曲内容的直观表达,容易理解和记忆,尤其是那些朗朗上口、贴近生活的歌词,更能吸引学生的注意力。而旋律的学习往往是在熟悉歌词的基础上逐步完成的。因此,学生在学习歌曲时,往往是先记住歌词,再通过歌词来更好地理解和记忆旋律。在学生熟悉的歌曲中增添新的段落或改变歌词内容,这样做不仅能激发学生的学习兴趣,变被动学习为主动学习,而且有利于培养学生的创新思维。

　　下面这个片段展示的是上海音乐出版社版一年级上册《艺术·唱游·音乐》第一单元"上学啦"《你好! 你好!》歌词编创活动。

　　（此环节前学生对歌曲的旋律的节奏已有了基本的掌握，能够跟着音乐熟练地进行歌表演）

　　卡通吉祥物：你们的表现太棒啦！听着你们的歌声，我忍不住想把美好的心情画下来！你们能根据我的画编创歌词吗？请你们在两幅画中选择一幅，想象自己在画中与美丽的景色打招呼！填写在括号里唱一唱。（出示PPT）

　　歌词：你好！你好！你好！我是（小蝴蝶）

　　　　你好！你好！你好！我是（小风车）

　　给你们一点时间，在自己的小音箱里试一试。（2分钟后）

　　谁想来当小小音乐家？太棒啦，我们一起唱一唱！（教师用尤克里里伴奏）

　　教师还可以对教材歌曲进行歌词改编并应用到课堂教学环节中。人民教育出版社版《音乐》二年级下册第六单元"童年的游戏"《幸福拍手歌》是一首大家耳熟能详的歌曲，其欢快的节奏、易记的歌词，容易在学生之间传唱。于是，教师通过师生互动环节改编成了一首课堂纪律歌："如果已经坐好，我们拍拍手（XX）；如果认真听课，我们拍拍手（XX）；如果准备好了，我们一起来拍手，那么现在就来一起上课吧！（XX）"。这样的编创歌曲，不仅有利于低年级学生养成良好的课堂习惯，更为学生创建了一个交流共享、富有生命力的音乐课堂。

四、舞蹈动作编创

　　小学生活泼好动，他们听到各种旋律的音乐，会做出不同的反应。当学生听到欢快、富有动感的音乐时，往往会不由自主地随着音乐热情舞动起来；当他们听到抒情、缓慢的音乐时，会轻轻地摆动身体，感受音乐的美妙。自然，歌曲律动的编创也就顺应而来。教师可以引导学生从以下几个方面进行编创活动。

（一）根据歌词编创舞蹈动作

　　歌词是歌曲的灵魂，它不仅传达了歌曲的主题和情感，还为舞蹈动作的编创提供了丰富的灵感来源。根据歌词编创舞蹈动作是一种有效激发学生兴趣和创造力的方法。教师可以通过以下步骤引导学生根据歌词编创舞蹈动作。

（1）教师需要引导学生仔细分析歌词内容，找出其中具有动作性或形象性的词汇和句子。例如，人民音乐出版社版《音乐》三年级上册第二课"草原"《我是草原小牧民》，歌词描绘了草原儿童对家乡美好生活的赞美，其中"手拿着羊鞭"等词汇直接激发了学生对蒙古族舞蹈动作的联想。教师可以利用这些词汇，引导学生思考如何用身体动作来表现这些场景。

（二）根据音乐文化编创舞蹈动作

教师应结合歌曲的文化背景，向学生介绍相关的舞蹈特点和风格。例如，对于《我是草原小牧民》这样的歌曲，教师可以介绍蒙古族舞蹈的基本动作，如"硬肩""甩鞭""马步"等，帮助学生更好地理解蒙古族舞蹈的特点。通过文化背景的介绍，学生不仅能够更准确地编创舞蹈动作，还能增强对不同文化的理解和尊重。

（三）根据音乐特点编创舞蹈动作

根据音乐特点编创舞蹈动作，是指在舞蹈编创过程中，以音乐的节奏、旋律、风格、情感等要素为基础，设计和编排与之相匹配的舞蹈动作。这种方法强调舞蹈与音乐的紧密结合，使舞蹈动作能够生动地表达音乐的内涵和情感，增强舞蹈的表现力和感染力。教师可以通过以下步骤引导学生进行舞蹈动作的编创。

（1）引导学生仔细聆听音乐，感受其节奏和节拍。节奏是音乐的骨架，它决定了舞蹈动作的速度和力度。例如，在教授人民音乐出版社版《音乐》二年级上册第二课"幸福的歌"《乃哟乃》时，教师可以引导学生通过拍手、跺脚等方式感受音乐的节拍，帮助学生理解音乐的节奏特点。随后，教师再向学生介绍音乐的风格和文化背景。《乃哟乃》是一首土家族民歌，教师可以通过课件展示土家族的风俗习惯和摆手舞的特点，让学生了解摆手舞的基本动作和队形。这种文化背景的介绍不仅能够帮助学生更好地理解音乐，还能激发他们对了解不同民族文化的兴趣。

（2）在学生对音乐特点有了初步的了解后，教师可以引导学生学习基本的舞蹈动作。仍以《乃哟乃》为例，教师可以示范摆手舞的基本动作，如双手自然摆动、脚步的简单移动等，并带领学生一起练习。这些基本动作是编创舞蹈的基础，学生可以通过模仿和练习逐渐掌握。在学生掌握了基本动作后，教师可以鼓励他们根据音乐的特点进行编创。教师可以引导学生思考如何通过动作表现音乐的欢快、抒情或激昂等情感。例如，当音乐节奏加快时，学生可以增加动作的幅度和速度；当音乐节奏变慢时，动作可以更加舒缓和优美一些。教师还可以引导学生尝试不同的队形变化，增加舞蹈的观赏性。

（3）组织学生进行集体展示和反馈。每个小组展示他们编创的舞蹈，其他学生和教师可以给予评价和建议。通过这种方式，学生不仅能够从同伴那里获得灵感，还能学会欣赏和借鉴他人的创意，进一步完善自己的舞蹈动作。例如，在《乃呦乃》的教学中，教师通过引导学生感受音乐节奏、了解土家族文化、学习基本动作和鼓励编创等步骤，帮助学生编创出具有土家族特色的舞蹈。通过精心策划和组织，教师在课堂上营造出浓厚的节日氛围，让学生仿佛置身于土家族过摆手节的场景中，使学生充分感受传统文化的魅力和舞蹈带来的快乐。通过这样的教学活动，学生不仅学会了根据音乐特点编创舞蹈动作的方法，还能提升他们的审美感知、创意实践和文化理解等素养。

五、情景剧编创

在小学音乐教学中，情景剧编创是一种极具吸引力且符合学生心理特征的教学方法。每首歌曲背后都蕴含着独特的创作背景和灵感来源。鉴于小学生的年龄和心理特征，他们通常表现出好动、善于模仿以及乐于表现自己等特点。因此，小学音乐教材多采用富有趣味性和故事性的内容，以契合小学生的兴趣和需求。通过情景剧编创，教师可以将音乐学习与生动的情景表演相结合，帮助学生更好地理解和感受音乐的魅力。

在实际教学中，情景剧编创需要教师精心设计和组织。以人民教育出版社版《音乐》二年级上册第一单元"我愿住在童话里"《大鹿》为例，教师可以根据歌曲内容，创造一个森林故事情境，为情景剧表演做好铺垫。为了营造真实的表演环境，教师准备了丰富的场景画面和道具，如头饰、猎枪和篮子等。学生自由选择扮演动物角色，并在表演中展现出丰富的肢体语言和即兴创作能力。在这个过程中，教师需要注意以下要点。

（1）情境设计合理化。情境设计应紧密围绕歌曲内容，确保故事线索清晰、情节合理。例如，《大鹿》的情境设计可以围绕小动物们在森林中的冒险展开，通过故事引导学生理解歌曲的情感和主题。

（2）道具场景生活化。道具和场景的设置应增强情境的真实感和代入感。教师可以利用简单的道具（如头饰、篮子）和背景画面，营造出森林的氛围，让学生仿佛置身其中。

（3）角色分配自主化。教师应鼓励学生自由选择角色，并引导他们理解每个角色在故事中的作用。在表演过程中，教师可以适时提醒学生注意角色之间的互动和配合，培养学生的团结合作意识。

（4）情感表达自然化。教师应鼓励学生在表演中大胆表达歌曲的情感，并给予学生一定的自由度进行即兴创作。例如，在《大鹿》的情景剧中，学生可以根据自己的理解，用肢体语言和表情表现出小动物们的紧张、勇敢和快乐。

综上，通过丰富多彩的教学手段进行音乐创造教学，目的就是让学生的思维达到最活跃的程度，充分施展出他们的聪明才智，发展他们的个性和特长，挖掘他们的创造潜能。编创活动的教学方法，就能很好地体现这一目的，不仅能丰富音乐课堂，还能让学生进一步领悟音乐真谛,获得精神愉悦。

🎼 进阶改进:有机融合,整合教学模块

在小学音乐课堂中,创造型实践活动更是一项综合性的艺术创作活动。因此,教师在创造型实践活动的设计中应该与欣赏型实践活动、表现型实践活动紧密融合,将音乐、戏剧、舞蹈、美术、文学,以及生活结合到课堂实践活动中,让学生大胆地去实践,从而呈现多样化、个性化的特点。在教学过程中,教师还需要注意培养学生的群体意识、合作精神和实践能力,体会创作的快乐。

一、欣赏型实践活动与创造型实践活动相融合

在欣赏型实践活动中,教师可以通过以下方式融入创造型实践活动。

(1)情境导入与背景知识。音乐作品的创作背景和文化环境是理解其内涵的关键。教师可以通过讲述故事背景、展示相关图片或视频等方式,为学生创设情境。例如,在欣赏上海音乐出版社版《艺术·音乐·唱游》一年级下册第三单元"种葫芦"《小小葫芦娃》时,教师可以介绍歌曲的创作背景,讲述葫芦娃的故事,展示动画片段,帮助学生理解歌曲的情感和主题。

(2)互动提问与情感体验。通过提问引导学生表达对音乐的感受和理解,能够增强他们的音乐感知能力。教师可以提问学生对歌曲情感的理解,并鼓励他们用语言、动作或绘画等方式表达出来。例如,教师可以问学生听了歌曲,感受到了什么样的情绪,并引导学生用肢体动作或简单的绘画来表现这种情绪。

(3)造型编创与即兴表演。教师应结合欣赏内容,引导学生进行造型编创或即兴表演,激发他们的创造力和表现力。例如,教师可以请学生根据《小小葫芦娃》中的人物形象编创相应的动作,并进行表演。

二、表现型实践活动与创造型实践活动相融合

表现型实践活动是学生展示音乐学习成果的重要方式。教师可以通过以下方法将表现型实践活动与创造型实践活动相融合。

(1)角色扮演与情景表演。通过角色扮演,学生能够更深入地理解音乐作品的情感和主题。教师可以组织学生扮演歌曲故事中的角色,如在《小小葫芦娃》中扮演不同的葫芦娃角色,通过表演加深对歌曲的理解。这种活动不仅能提升学生的音乐表现力,还能培养他们的合作精神。

（2）即兴表演与情感表达。鼓励学生在表演中进行即兴创作,能够增强他们的实践能力和创造力。教师可以引导学生根据歌曲的节奏和旋律即兴编创动作,用表情和动作表达歌曲的情感。例如,在表演《小小葫芦娃》时,教师可以提醒学生用激昂的情绪演唱和表演,感受歌曲中传递的团结的力量。

（3）合作表演与创新实践。通过小组合作的方式,引导学生共同完成表演任务,以培养他们的团队协作能力和创新精神。例如,教师可以将学生分成小组,每组扮演不同的角色,共同完成一个完整的表演。在表演过程中,鼓励学生尝试用不同的速度、力度和情感演唱歌曲,探索歌曲的多种表现形式。这种活动不仅能丰富学生的音乐体验,还能提升他们的综合素养。

【课题】《勤快人和懒人》

【教学目标】

1. 在学唱歌曲《勤快人和懒人》的过程中,感受歌曲风趣、幽默的情绪特点,树立热爱劳动、热爱生活的基本的人生态度。（侧重审美感知、艺术表现、文化理解）

2. 在感受体验、即兴表演、自主学习、听唱结合等活动中学唱歌曲《勤快人和懒人》的旋律以及歌词,并能用诙谐和幽默的语气、语调表现歌曲的情绪。（侧重审美感知、艺术表现）

3. 能用不同的速度表现《勤快人和懒人》的歌曲情绪,尝试创设情景,编创在教室里劳动的歌词。（侧重艺术表现、创意实践）

【教学重难点】

1. 教学重点:尝试用不同的速度与情绪演唱歌曲《勤快人和懒人》。

2. 教学难点:编创在教室里劳动的歌词。

【教学过程】

一、音乐表演《森林铁匠》

通过情境创设表演预设了劳动的主题,以节奏乐器和动作表演相结合的方式再现音乐,为之后的歌曲学习做好铺垫。

二、情景节奏游戏

1. 自主表演

关键设问:想一想,妈妈平时在厨房做些什么?

要求:学生跟着《勤快人和懒人》的伴奏音乐模仿厨房的情景,在音乐中进行即兴表演。

2. 节奏游戏

要求:教师帮助学生归纳动作、提炼节奏,以节奏卡农的游戏方式随音乐再次表演。(通过有节奏的声响和动作共同模拟厨房劳动,并以节奏卡农的游戏方式进行表演,既能了解歌曲的节奏特点,也能熟悉旋律,为歌曲的学唱打下基础。)

三、学唱歌曲《勤快人和懒人》

1. 揭示课题

2. 聆听范唱

3. 学唱第一段歌词

(1)教师范唱第一段歌词。

关键设问:歌词里哪一句话最能体现勤快人在忙碌时的情景?

(2)学习"有的炒菜,有的煮饭,有的在蒸馒头"。

(3)出示第一段歌词,师生接龙完成演唱。

(4)完整演唱歌曲第一段歌词。

关键设问:勤快人做事时的心情是怎样的? 他们做事又快又好,我们可以用怎样的速度来演唱?

(5)小结:用稍快的速度、欢快的情绪、跳跃的方法演唱第一段歌词。

4. 学习第二段歌词

(1)出示第二段歌词。

关键设问:懒惰人在厨房里干什么?

(2)动作表演。

(3)情景表演唱。

(4)小结:用稍慢的速度、慵懒的情绪、连贯的方法演唱第一段歌词。

5. 选择合适的打击乐器为乐曲伴奏

6. 歌表演

四、拓展延伸

1. 联想情景,编创歌曲"教室一角"

要求:启发学生联想教室里各种劳动的场景,编创一段歌词(在学会歌曲的基础上,教师引导学生从歌曲所创设的情景转向平时学习生活的教室中,在发现身边的勤劳人的过程中再次感受歌曲所要传达的主题思想,同时也进一步帮助学生熟悉歌曲的旋律。)

2. 反馈评价

3. 拓展欣赏"疯狂的厨房"创意表演

五、课堂总结

师:希望我们每个同学都能做一个勤快的人,帮助父母做力所能及的事,能在劳动中获得喜悦与快乐,养成爱劳动的好习惯。

♪ **互动角**

请你结合以上案例,说说创造型实践活动是如何有效融入在欣赏型实践活动或表现型实践活动中的。

_____

_____

从以上案例可以感受到,创造型实践活动能够促进学生对音乐要素的理解,使学生在平时的学习活动中发展自己的审美感知能力;创造型实践活动也能够丰富学生的艺术表现形式,学生在编创的过程中,将音乐与自己的学习经验、生活经验相联系,能够提升自己的综合素养。

教师需要注意的是,在教学中要多注重学生的编创过程,不宜把目光过多聚焦在编创结果上,引领学生自主想象和应用才是提升创造能力的关键。无论编创的结果如何,教师应该以鼓励性的语言为主,对学生进行积极的评价,增强学生的主观能动性。

🎼 本章小结

📑 **章节小结**

本章主要讨论了如何提升学生的编创效能,包括明确编创要求、提供编创素材、加强过程支持和注重展示编创成果。教师需要在欣赏型、表现型实践活动中给予学生丰富的实践经验指导,为学生的编创活动奠定基础。在编创教学过程中,教师还需要为学生提供适时的支持和引导,确保学生能够顺利进行音乐编创。

在编创过程中,学生可能会遇到一些困难,如音乐节奏难掌握、舞蹈动作不协调等。这时,教师需要耐心地引导和帮助学生,鼓励他们不断尝试和探索,让他们在实践中不断积累经验。教师还可以通过组织不同类型的编创活动(节奏编创、旋律编创、歌词编创、舞蹈动作编创、情景剧编创），鼓励学生进行交流、分享和展示，让学生之间相互学习、相互启发，进一步激发他们的创造力和实践能力。最后本章提出，要将创造型实践活动融入欣赏型、表现型实践活动中，相互补充，相互作用，以促进学生艺术核心素养的发展。

技能操练

请你挑选不同年级的课，设计创造型实践活动，并进行微型教学展示。

年级	课题	编创环节名称	活动方式	活动目的	活动评价
一年级					
二年级					
三年级					
四年级					
五年级					
（六年级）					

相关资源

| 视频内容 | 微课：编创活动"创'可爱的动物'" |
| 执教教师 | 上海市徐汇区东安三村小学　张冠文 |

扫码观看视频

| 视频内容 | 微课：编创活动"编创有趣的旋律" |
| 执教教师 | 上海市松江区九亭第二小学　曲贵圆 |

扫码观看视频

推荐书目

［美］诺尔玛·珍·海恩斯、安·赛尔·怀斯曼、约翰·兰斯塔夫著，徐韵、任嘉琪译：《给孩子的音乐实验室》，华东师范大学出版社 2022 年版。

第三篇

多元延伸,进阶赋能——整合创新技能

在上一篇中,我们聚焦音乐课堂三种不同类型的实践活动——欣赏型、表现型、创造型,根据活动的实施总结出多种方法与技巧,并且介绍了来自一线课堂的许多鲜活的案例。本篇主要介绍的是音乐课堂延伸的内容,而这也是音乐教师综合能力的体现。我们根据音乐教师在学校担任的不同角色:学科教师、校本课程设计者、新目标新理念实践者等,主要介绍一些教师在校本课程开发、跨学科主题学习活动设计、项目化学习活动设计时需要掌握的基本流程和方法,以提升教师整合创新的能力。

第七章 校本课程开发技能

? 学习导引

　　校本课程的开发技能是在教师"站稳"讲台的基础上,对自身的专业发展提出更高要求,根据自身研究兴趣,从课程建设的角度突破创新从而设计新课程的能力。

　　本章将引导教师从挖掘自身优势与能力出发,确定课程方向,开发具有特色的校本课程,为专业发展助力。本章还结合校本课程的设计要点和课程结构,总结优秀校本课程的共性,并结合信息化教学的发展趋势,提炼开发校本课程的途径与策略。

　　学习脉络

校本课程开发技能

- 核心问题:如何结合自身优势开发校本课程
  - 了解自身优势
  - 结合自身优势确定课程方向

- 学习线索:校本课程的设计要点
  - 校本课程的含义
  - 校本课程方案的组成部分

- 关键策略:借力合作,活用家校社资源
  - 结合学校资源,为校本课程增添文化内涵
  - 关注课程文化与校园文化的结合
  - 家校社共育,为校本课程提供发展支持

- 进阶改进:技术赋能,开发线上课程
  - "舞小荷"校本课程的开发背景
  - "舞小荷"校本课程的内容
  - 用技术赋能课程评价

校本课程的开发首先要结合教师自身的专业优势,确定课程类型与名称,再根据校本课程设计要点中对校本课程的定义,以及校本课程方案的组成部分的要求,具体设计校本课程的内容。本章结合校本课程开发的支架,提出校本课程开发的关键策略:结合学校资源为校本课程增添文化内涵,将校本课程文化与校园文化巧妙结合,通过家校社共育为校本课程的实施提供发展支持。如此,既能提升课程质量,又能更好地凸显校本特色。

🎼 核心问题:如何结合自身优势开发校本课程

一、了解自身优势

在开设校本课程之前,教师应清晰地认识自身优势,这样可以更加明确校本课程开发的方向。例如,一位擅长竹笛演奏的教师,就可以基于此开发与竹笛相关的校本课程,使课程内容更具专业性和深度,以满足对民乐有浓厚兴趣的学生的学习需求。同时,清晰地认识自身优势还有助于激发教师的教学热情和创造力。当教师在自己擅长的领域开展教学时,能够更加自信且自如地传授知识和技能,设计出富有创意和趣味性的教学活动。请完成下面的互动角,使你对自己的特长以及潜能有一个清晰的认识,这将是你开启校本课程开发成功之门的关键钥匙。

> ♪ **互动角**
>
> 你的特长是:
> ☐ 乐器　具体乐器名称＿＿＿＿＿＿＿＿＿＿＿＿＿＿＿＿＿
> ☐ 声乐(合唱与指挥)
> ☐ 舞蹈　具体舞种＿＿＿＿＿＿＿＿＿＿＿＿＿＿＿＿＿＿＿
> ☐ 电子音乐制作　擅长的软件＿＿＿＿＿＿＿＿＿＿＿＿
> ☐ 演讲与口才
> ☐ 其他特长＿＿＿＿＿＿＿＿＿＿＿＿＿＿＿＿＿＿＿＿＿

二、结合自身优势确定课程方向

(一)音乐教师可以开发哪些校本课程

音乐类的校本课程主要可分为以下几种类型。

1. 固定音高乐器课程

开设固定音高乐器课程不仅能提升学生的音乐素养和审美能力,还能通过乐器学习培养学生的专注力、耐心、团队协作能力和创造力,同时增强其自信心,从而促进学生的全面发展。在此类课程中,教师可将所在学校现有的课堂乐器作为参考,如口琴、口风琴、竖笛、陶笛等,同时需要考虑器乐展演运输等方面是否存在问题,如在键盘类乐器的选择中,选择电子琴和口风琴较钢琴更适合多人合奏。此外,可以结合自身专业特长,开发如打击乐、管弦乐、民乐团、室内乐合奏等校本课程。

2. 声乐类课程

声乐可分为独唱、合唱、小组唱、表演唱和阿卡贝拉(无伴奏混声合唱团)等演唱形式。声乐类课程一般需配备指挥与钢琴伴奏两位指导教师,选用的歌曲应积极向上、朗朗上口。可在小学中高年级根据学生的演唱能力,开设无伴奏合唱,如阿卡贝拉课程。

3. 电子音乐制作类课程

随着数字技术的发展,电子音乐制作类课程也凸显出其独特的价值。其多样的素材与创作工具不仅能够拓宽学生的音乐审美视野,帮助学生敏锐感知音乐元素组合及表现力,提升其审美感知能力,还能为学生提供创作平台,使其展现个性与创意,进一步锻炼了学生的创作能力、自信心与表现力。

4. 综合表演类课程

音乐的表现是多样化的,除了用乐器和声音表现外,还可以用身体打节拍的声势律动、用身体描绘歌曲情绪的舞蹈(民族舞、现代舞、街舞、芭蕾等)、需要声台形表的戏剧(京剧、昆曲、越剧等)和音乐剧表演等方式。教师在设计校本课程的时候应结合学生自身的学习兴趣,同时在表演曲目的选择上要符合所教授学生的年龄。

5. 创新实践课程

(1) 与人文学科相结合。人文学科包括语言学、历史学、哲学等,音乐作为人文学科的一个重要领域,应积极将音乐与其他人文学科进行结合。例如,与“语言”相结合可以开发如音乐剧(动画)配音,外语或带有地方语言特色的音乐剧、话剧、古诗词配乐朗读等课程。这些课程在培养学生相关音乐素养的同时还能提升学生的口语表达水平、语言表达能力和舞台的表现能力,让学生更全面地展现自我。又如,与“历史”相结合除了可以开发历史相关的音乐剧课程外,还可以开发中国传统乐器(编钟、古琴,古代宫廷音乐等)欣赏、各时期音乐特点鉴赏等课程,使学生通过音乐,更深刻地认识历史,体会各个时代背景下诞生的音乐的特点。

（2）信息技术支持下的 STEAM 课程。STEAM 教育是一种跨学科的综合教育模式，通过整合科学、技术、工程、艺术和数学，培养学生解决复杂问题的能力和创新思维。在音乐教学中，这种融合体现在多个方面。例如，学生可以通过编程软件创作音乐，将技术与艺术相结合，探索音乐创作的新方式。同时，借助人工智能技术，学生可以使用智能音乐工具进行创作和学习，还可以借助人工智能工具（如 DeepSeek），获得音乐作品分析参考内容和音乐学习的个性化建议，帮助学生更好地理解音乐结构和创作技巧。此外，音乐与工程的结合还能激发学生的创造力，例如，设计和制作简单的电子乐器，让学生在实践中学习音乐与技术的交叉应用（更多关于数字化工具的应用将在本书第十章中详细介绍）。

（3）与地方文化相结合。音乐是文化的重要组成部分，校本课程应充分与所在学校当地的风土文化和非物质文化遗产相结合，如上海的崇明山歌、山西的河曲民歌、福建的南音、西安的鼓乐等，以在活动中传承、发扬中华文化，增强学生对家乡的了解与热爱。

（二）校本课程名称设置的几种方式

1. 巧妙结合学校文化

可以参考学校的大课题、办学主旨和办学理念来设置课程名。如根据学校研究的大课题来设置的课程名"实践育人——发现家乡的音乐"；结合学校所在地理位置来设置的课程名"陶园口风琴""歌起瀛洲"等；结合学校办学主旨和理念来设置的课程名"诗意校园"；结合学校吉祥物形象来设置的课程名"'飞飞'起舞""小海乐游历记"等。

2. 以课程内容为关键词

将课程内容的关键词作为课程名是常见的一种方式，如"酷 GO——库乐队编曲入门""风传灵音""琴韵课堂""酷玩律动课""叮咚打击乐"；或者加入带有"音乐"的课程名，比如"'音'你而来""'乐'享青春"等；或结合多个学科，在课程名中体现多学科融合，如"声音科技馆""乐唱古诗"等。

3. 基于儿童视角

根据学生的年龄特征和兴趣爱好，或通过学生投票选出最喜欢的动物、人物及植物形象等，如"小鲤畅游口风琴""星空合唱团""小海鸥民乐团"等。

4. 结合教师特色

以校本课程内容结合教师的特点命名。例如，舞蹈教师姓"何"，舞蹈社的名字可以取"小荷舞蹈社"，该课程名也可和诗句"小荷才露尖尖角"相关联，既能凸显教师特点，又能体现教师对学生充满殷切希望的双重寓意。

♪ **互动角**

请你为校本课程取一个课程名：＿＿＿＿＿＿＿＿＿＿＿＿＿＿＿＿＿＿＿＿＿＿＿

寓意：＿＿＿＿＿＿＿＿＿＿＿＿＿＿＿＿＿＿＿＿＿＿＿＿＿＿＿＿＿＿＿＿＿＿＿

🎼 学习线索：校本课程的设计要点

一、校本课程的含义

校本课程指的是学校根据自身办学特色组织开发或自主开设的课程。它可以是国家课程、地方课程的个性化实施，也可以是学校自主开发的特色课程。对于音乐教师来说，校本课程可以是对教材内容的拓展延伸，例如，器乐辅助教学、舞蹈律动融合音乐教学，也可以是教师根据自身特长研发的新课程，如"走进京剧""爱上口风琴""音乐 DIY"等。

二、校本课程方案的组成部分

（一）规范的课程方案

校本课程方案是教师根据教学目标和要求，对课程开发背景、课程目标、课程内容、课程实施与评价等方面进行系统规划的文件。它是教师开展教学活动的重要指导和依据，能够帮助教师清晰地了解教学任务和要求，有针对性地设计教学活动，从而提高教学效果。一个规范的校本课程方案通常包括以下几个关键组成部分。

（1）课程开发背景。这部分需要明确课程开发的必要性和依据，包括学校办学理念、学生需求、学科特点以及现有资源等。在设计时，教师应充分考虑课程与学校整体教育目标的契合度，以及课程对学生发展的潜在价值。

（2）课程目标。课程目标是课程方案的核心，应明确、具体且可操作。课程目标应聚焦发展学生的艺术核心素养。在制定目标时，教师需确保目标的层次性和递进性，以适应不同学习阶段的学生。

（3）课程内容。课程内容应围绕课程目标展开，注重知识的系统性和逻辑性。内容设计需充分考虑学生的兴趣和认知水平，同时结合学科特点和教学资源。教师在选择内容时，应注重知识的拓展与延伸，避免与国家课程内容简单重复。

（4）课程实施。课程实施包括教学方法、教学资源、教学安排等具体操作内容。教师应根据课程特点选择合适的教学方法，如讲授法、讨论法、实践法等，并合理安排教学时间与资源。同时,教师还需考虑如何调动学生的学习积极性,以及如何处理教学过程中的突发情况。

(5)课程评价。评价是课程方案的重要环节,应采用多元化的评价方式,包括过程性评价和总结性评价。评价指标需明确且具有可操作性,能够全面反映学生的学习过程和学习成果。教师在设计课程评价方案时,应注重评价的激励性和发展性,以促进学生的持续进步。

通过以上五个部分的系统设计,校本课程方案能够为教师提供清晰的指导,确保课程的有效实施。以下面展示的"豆豆学吹口风琴"课程[①]为例,其课程方案在每个板块都呈现了详细的设计思路,为教师提供了明确的实施路径和评价标准。然而,教师在设计校本课程方案时,还需注意以下几点:一是确保课程目标与学校整体教育目标一致;二是充分考虑学生的个体差异,设计分层教学内容;三是注重课程资源的整合与利用,提升课程的丰富性和吸引力;四是定期对课程方案进行反思和调整,以适应不断变化的教育需求。

表7-1 "豆豆学吹口风琴"课程方案设计

设 计 板 块	设计要点
一、课程开发背景	
"双减"政策的落地,对学校的教学提出了提质增效的要求。为进一步提升课后服务水平,秉承"让每一个孩子灿烂成长"的办学理念,我校利用快乐活动日以及课后看护的时间开设"豆豆学吹口风琴"艺术课程,既丰富了学校拓展课程的形式,又为学生创造了一个体验乐器演奏的机会。	理论与实践背景
口风琴是近年来较流行的教学乐器,作为体积小、音准好的键盘式吹奏乐器。口风琴音量大、音色美,发出的声音酷似手风琴。	乐器特点
学校有数量足够的口风琴以及专用教室供我校学生学习吹奏,同时我校音乐教师多为钢琴专业毕业的成熟教师,在键盘乐器演奏教学领域有着扎实的基本功及理论基础。	资源基础
学生通过与同伴的合作交流,体会口风琴演奏的魅力。弥补学生在音乐课堂学习中乐器演奏实践操作经验的不足,拓展学生的器乐演奏技能,丰富学生的音乐学习形式。"豆豆学吹口风琴"是一个集"玩、学、赏、探"等为一体的探究课程,给学生的音乐素养发展奠定了良好的基础。	学情分析
二、课程目标	
(1)能够喜爱吹奏口风琴,体会口风琴音色的魅力,感受不同风格的音乐文化,提高自身的艺术审美能力。(侧重审美感知、文化理解) (2)综合运用乐理知识增强识谱能力,能演奏简单少儿歌曲,初步学习口风琴演奏技巧,提升音乐素养。(侧重审美感知、艺术表现)	聚焦学生的艺术核心素养

① 该案例由上海市松江区九亭第三小学苏昊文老师提供。

设 计 板 块	设计要点
(3) 在学习吹奏口风琴的过程中,学会进一步提高自身的乐理水平和器乐演奏技巧以及团队协作的能力。(侧重艺术表现)	
三、课程内容 　　本课程主要包括乐理、键盘技巧、音乐小百科、合作能力、规则意识的培养等方面。教师通过对演奏、示范、欣赏等多种形式的灵活运用,让学生爱上口风琴并能够演奏优美的旋律。	课程板块设置

年级	内容	目标	课时
中高 年级	口风琴的简介与使用须知	了解口风琴的构成、音色及各种表现形式,掌握口风琴的使用方法与保管方法	4
	口风琴的姿势与吹奏方法	掌握坐奏与站奏两种方式以及长音练习、吐音练习与同音连奏练习	4
	基本乐谱识别与演奏	认识五线谱与简谱的 do—do' 与对应琴键的位置,以及常见音符的五线谱与简谱的书写方法	6
	口风琴常用的几种弹奏指法	学会用顺指法、穿指法、跨指法、扩指法、缩指法来演奏乐曲	10
	装饰音练习	掌握前倚音、颤音、波音的演奏方法	4
	合奏乐曲	能够使用口风琴演奏双声部的教材歌曲,降低课堂双声部歌曲的演唱难度	2

设计要点栏对应:课时与具体目标、内容

	设计要点
本课程一共 5 个单元,共 30 课时,每个单元均设置"豆豆知识园、豆豆练习园、豆豆摘星园、豆豆拓展园"四个教学板块。对学生知识技能、实践操作、人文情感等方面有不同程度的目标要求,并在课堂教学中针对不同的教学环节采用相应的策略和方法。	单元概括、整体要求
四、课程实施	
(一) 课程设置与保障 　　(1) 适合对象:三至五年级部分学生,每班 20 个学生。 　　(2) 课时安排:每周 2 课时。 　　(3) 设备要求:口风琴 20 台、吹管 20 根、多媒体设备。 　　(4) 设备维护:每周上课前检查乐器保管情况,出现损坏须及时维修。下课后组织学生统一清洗,擦拭吹管。每学期期末统一将口风琴回收并检查使用情况。	课程实施对象、设备与保障
(二) 教学建议 　　1. 帮助学生明确学习目标 　　学习口风琴首先应学会基本的乐理知识,能够正确地识读乐谱;其次口	课程实施要点,对上课教师的指导与建议

续　表

设 计 板 块	设计要点
风琴既是键盘乐器,也是吹奏乐器,这就要求教师在教学过程中要让学生学会触键方法,能灵活运用指法学习缩指演奏、扩指演奏、穿指演奏、跨指演奏等演奏方法,并在演奏的过程中重视气息的使用,正确的换气能让口风琴的演奏更加自如。 　　在课堂教学中,通过器乐表演的学习,帮助学生准确掌握学习重难点。在歌曲学唱时,旋律中的切分节奏、附点节奏、大跳音程、三连音等,就可以采用口风琴来吹奏,当学生对节奏、音准都能熟练掌握以后,便能很快地学会歌曲、理解歌曲。在欣赏音乐作品时,也可以借助口风琴吹奏旋律片段、主题音乐,加深学生的音乐记忆,使学生理解作品的不同风格、情绪,深入理解音乐内涵。多声部也可通过分声部唱、奏、合奏,使学生更快地掌握音准,体会和声效果,提高学习效率。 　　2. 调动学生的学习兴趣 　　教师通过问卷调查发现绝大部分学生喜欢上音乐课,但在音乐课上却常常有一些注意力不集中的学生。经过进一步调查问卷发现,这类学生喜欢采用与同伴们探索合作并能够动手操作的方式来进行音乐学习。而现有的音乐课往往是以教师为主体进行课堂讲解,学生被动接受,这样的课堂无法充分调动学生的主观能动性。 　　在传统的音乐课堂教学中,教师往往按照教材与课时的要求进行一首歌曲的教唱或者一首乐曲的聆听与欣赏。在一节课中,教师为了让学生学会某首特定的曲目,在课堂上学生几乎没有可以进行主动思考的机会以及实践操作的时间。长此以往,学生产生的大脑刺激小,参与感低,他们对音乐课也会逐步失去兴趣。 　　3. 建立学生的学习信心 　　学生学习口风琴,不仅丰富了音乐学习的形式,还突破了歌唱和舞蹈的局限。器乐能弥补学生音乐条件的不足,如音高问题、嗓音条件差或肢体语言不佳等。口风琴为学生提供了发展个体音乐才能的机会和展示的舞台,能让他们展现出积极的音乐学习态度,享受口风琴带来的快乐。音乐课堂因此成为学生的快乐家园,学生成为学习的主体。口风琴的艺术性、情感性和技巧性,都是激发学生器乐兴趣的重要因素。 　　结合学校升旗仪式、班级展示,以及"六一"儿童节活动中,已有多名"豆豆学吹口风琴"社团的学生能运用自己的特长——口风琴进行表演,极大地增强了学生学好音乐的自信心。器乐教育的引入,为学生搭建了一个展现艺术才华的平台,为他们提供了展现自我和深入体验音乐的机会。通过演奏美妙的音乐,学生的情绪得到激发,情操得到陶冶,更在团队协作中锻炼了他们的合作意识和能力。 　　4. 培养学生的学习习惯 　　课堂常规在教学中具有约束力,旨在引导学生有效实施教学活动,并在规范有序的条件下掌握知识和技能。在器乐教学中,课堂常规尤为重要,要培养学生良好的学习习惯,避免学生将乐器视为玩具,随意操作。因此,教师在教授器乐前,应重视课堂常规教学,培养学生正确使用口风琴的习惯。课前,学生应充分准备并检查口风琴,确保其完好无损;课中,学生应学会看教师的手势,听从指挥,按要求认真练习,注意力保持高度集中;课后,学生应养成良好的卫生习惯,清洁并保养口风琴,及时反馈问题。	

续　表

设　计　板　块	设计要点
五、课程评价 　（一）评价内容 　　本节课程的评价是多元且丰富的,在设计评价内容的同时运用过程性和总结性评价策略及多元主体参与的评价方法来促进学生真正投入学习。评价主要关注学生以下几个方面的内容。 　　1. 日常考勤 　　学生参与课程的次数,每节课进行点名统计。 　　2. 技能习得 　　（1）是否在知识或技能的某些方面获得进一步的拓宽和提高。 　　（2）兴趣、爱好和潜能是否得到进一步的开发与发展。 　　（3）在综合实践能力方面是否得到提高。 　　（4）在学习过程中,学习态度、合作精神、解决实际问题的能力、克服困难的毅力、自我管理与规划的能力、思维的创新性、成果展现的独特性等方面是否得到增强。	内容概述

　（二）评价方式与工具

　1. 过程性评价

　　每课时后,采取自评、互评、师评的方式进行评价,以下是学生过程性课程评价表。

评价维度	评价标准	自评	互评	设计要点
学习兴趣	☆需要在教师的引导下完成学习任务,学习课程的兴趣一般 ☆☆能主动参与课程学习,能按时完成学习任务 ☆☆☆能积极主动参与课程学习,有进取心。能按时完成学习任务,学习兴趣浓厚。有克服困难的毅力,愉快参与课程学习以及作品展示	☆☆☆	☆☆☆	评价量表设计
学习习惯	☆需要在教师的引导下和同学交流合作 ☆☆能与同学共同学习,相互促进,共同进步 ☆☆☆非常乐意与同学共同学习,相互促进,共同进步。积极参与讨论或探究,乐于帮助同学。乐于在小组学习中主动承担任务	☆☆☆	☆☆☆	评价标准采用等第制,有明确的、可操作性的评价标准
学业成果	☆辨别常见音符较困难;分辨音乐的节拍较困难;感受音乐情绪较困难;辨别音乐力度强弱较困难;演奏常见的节奏型较困难 ☆☆能辨别常见音符音色;能分辨音乐的节拍;能感受到音乐情绪;能辨别音乐力度强弱;能演奏常见的节奏型 ☆☆☆能熟练演奏课堂练习中的曲目;能分辨音乐的节拍,能根据节拍的强弱规律做身体律动;能感受到音乐情绪,并用语言描述清楚;能辨别音乐力度强弱;能准确做好课堂练习	☆☆☆	☆☆☆	

※ 说明：表中"评价量表设计"为右列"设计要点"对应内容。

续　表

设　计　板　块	设计要点
2．总结性评价 以自评、互评、家长评语、教师评语为主。每学期学习结束后,通过课堂汇报演出展示学习成果,以下是教师总结性评价表。	

姓名	节奏准确	旋律演奏流畅	识读乐谱熟练	演奏乐曲完整有感情

教师评语:

(二) 全套的教学活动设计

　　一套完整的教学活动设计是实现校本课程目标的关键环节,它需要围绕明确的教学目标展开,涵盖合理的教学内容安排、多样化的教学方法选择、清晰的教学流程设计、有效的评价与反馈机制,以及教学资源的整合与利用。教学目标应具体且可操作,与课程目标保持一致,同时注重与艺术核心素养有机融合;教学内容需逻辑清晰、层次分明;教学方法应灵活多样,以满足不同学生的学习需求;教学流程要明确各环节的任务和时间安排,确保教学活动有序进行;评价与反馈应贯穿教学全过程,注重学生的学习过程和进步,同时合理整合教学资源,以提升教学效果。以"豆豆爱吹口风琴"课程的第一课时"了解口风琴"为例,教师通过播放口风琴演奏视频导入课程,激发学生的学习兴趣;随后,教师讲解口风琴的基本构造和吹奏姿势,并通过示范和分组练习,帮助学生掌握基本技能。在课堂中,教师利用教学课件、口风琴实物等资源辅助教学,同时通过自评和教师评价的方式,及时给予学生反馈。这种设计不仅体现了教学活动设计的核心要素,还通过具体案例展示了如何将理论应用于实际教学的方法,为教师提供了清晰的指导和参考。

表 7-2　"了解口风琴"活动设计举隅

课题	第一课　　"了解口风琴"	日期	9 月 13 日	人数	20
主要内容	一、豆豆知识园 　　1．口风琴简介 　　口风琴可以演奏任何调式的音乐,便于合奏。它音量大、音色美,发出的声音酷似手风琴。口风琴不但能吹奏曲调,而且可吹奏复音,既能伴奏、独奏,又能任意转调,进行合奏。在讲授音程、音高、和弦、调性、和声等乐理时,它可当教具使用,使学生听得懂、看得见、摸得着、有实感。另外,口风琴携带方便,学生容易掌握,学生学习口风琴后,可为其进一步学习其他乐器打下基础。 　　2．口风琴使用须知 　　口风琴作为吹奏乐器,在使用过程中卫生问题就尤为重要。所以,必须一人一管,不相互借用。				

续　表

> 　　口风琴上除了簧片、座板外,大部分部件都是由塑料制成的。在平时使用和保管中,要注意防热、防晒、防化学用品,同时要注意防摔、防敲、防拆,做到文明吹奏。
> 　　3. 口风琴吹奏四个要素
> 　　(1)吹奏前要洗手;(2)饭后吹奏要漱口;(3)吹奏完毕要将水汽排出;(4)吹奏后要用干毛巾擦净琴体。
> 　　二、豆豆练习园
> 　　装饰琴袋:(1)自主探索手中的口风琴,看看在哪里适合标记班级姓名,以防相互混淆,和同伴交流观察结果;(2)用教师提供的材料把名字贴在琴袋上。
> 　　三、豆豆摘星园
> 　　评价点:你能正确使用口风琴吗?
> 　　学生根据教师出示的评奖量表和标准进行自评、小组评和师评。
> 　　四、豆豆拓展园
> 　　音乐小百科:口风琴的制作视频。

教师根据课程方案和单元板块,制定每课时的活动设计,有助于课程的实施。当然,教师还可以设计"教学反思""教学思路图"等板块,不断完善课程设计的质量,进一步推动课程的推广。

(三)配套的课程资源

在教学的实施过程中,教师需要用到课件(PPT)、示范演奏视频、评价手册等教学资源。对于学生来说,可能还需要教师提供学习手册、学习视频音频等。此外,在课程实施过程中,教师还需要收集学生的学习成果资源,如知识闯关答题卡、演奏视频等。这些都属于校本课程配套的课程资源。

关键策略:借力合作,活用家校社资源

校本课程开发的资源整合遵循"由内而外,由基础到特色"的递进逻辑。首先着眼于校内既有资源,为课程建设奠定物质基础;继而拓展至家校社协同网络,构建课程实施的支持系统;最终回归文化层面,实现课程特色与校园文化的深度融合。

一、结合学校资源,为校本课程增添文化内涵

《义务教育课程方案(2022年版)》强调学校课程方案的编制,旨在实现国家、地方、学校三级的课程管理。因此,在学校整体的课程框架设计上,一般情况下在校级层面进行顶层设计,而学科教师则是方案的参与者、设计者、落实者和改进者。

教师在设计校本课程时,可以重点关注以下内容。

(一)关注学校课程设计理念和框架

教师在设计校本课程时必须关注学校课程设计理念和框架,因为这能为课程开发提供

明确的方向和目标。学校课程理念反映了学校的教育价值观和育人目标,如全人教育等,确保校本课程与学校整体教育方向一致,避免课程设计的孤立性和随意性。同时,课程框架为校本课程开发提供了结构化的路径和资源支持,明确了课程类型、比例和实施方式,整合了校内外的师资、设施和社区资源,为课程的顺利实施提供了保障。

例如,有学校基于学校文化环境设计,整体架构"花园式课程"[①]。"花园式课程"以"让儿童幸福成长"为核心理念,强调通过多元化的课程设计促进学生的全面发展。这一理念与"全人教育"理论相契合,主张教育应关注学生的全面发展。在课程设计中,教师需将"幸福"具化为学生的积极体验和多元成长,通过体验式学习、个性化发展和跨学科融合等方法,营造一个充满活力和包容性的学习环境,让学生在快乐中学习,在参与中成长。那么,作为音乐教师,需要将"花园式课程"的理念融入音乐教学中。例如,设计"音乐与生活"主题课程,让学生通过音乐创作表达生活感受;开展跨学科主题学习活动,如将音乐与美术、文学相结合,拓宽学生的艺术视野;利用校园文化符号,如吉祥物或校训,增强学生对课程的认同感。通过这些具体实践,教师不仅能够帮助学生提升音乐素养,还能让他们在音乐学习中收获快乐,实现"幸福教育"的目标。

(二)关注学校艺术板块课程的目标

学校课程的目标基于学校育人目标进行制定,因此,教师在设计校本课程时要关注学校艺术板块课程的目标。比如,该学校艺术板块课程的目标是培养"热爱艺术,热爱生活"的好少年。那么,针对不同年级会设计怎样的课程内容呢? 教师可以结合艺术课程标准进行提炼。

表7-3　校本课程分年级育人目标

分年级目标 育人目标	低年级	中年级	高年级
热爱艺术,热爱生活	1. 关注音乐与生活的关系,能选用 2—3 种不同的形式进行情境表演 2. 能积极参与美术、书法实践活动,并结合各种活动创作 1—2 件作品 3. 能与同学交流合作,并尊重、理解他人的看法	1. 初步掌握演奏、演唱的基本技能 2. 关注生活中的音乐现象,能运用合适的音乐满足自己的需求 3. 能为班级或学校的活动设计 2—3 件作品	1. 随着音乐即兴表演,能编创简易的节奏或旋律,有一定的结构和变化。能编创、表演简单的歌舞剧等 2. 能用剪、刻、折、叠、卷曲、捏塑、插接等方法制作 1—2 件工艺 3. 能将美术、书法与其他学科的知识、技能相结合;在参与综合探索活动中,能主动学习和探究

---

① 所谓"花园式课程",是一种以多元、开放、包容为理念的课程设计模式,旨在为学生营造一个丰富多彩、充满生机的学习环境,如同花园中各种花卉竞相绽放。选自郭云海.核心素养导向的课程设计:花园式课程的文化与聚集[M].华东师范大学出版社,2019:7—27.

在了解不同年龄段目标之后,教师可以描绘校本课程图谱。例如,低年级可以开设"生活中的小乐器制作"校本课程,中年级可以开设"节庆小舞台"校本课程,高年级可以开设具有学科融合特点的校本课程。

二、关注课程文化与校园文化的结合

学校里的课程不应该是孤立的,而是要和学校的整体文化融为一体。校园文化就像一个"大环境",它包含了学校的特色、价值观和传统,并融入学生日常的生活和学习中。当课程内容和校园文化紧密结合时,学生会觉得这些知识和活动更贴近自己的生活,更加有趣,也更容易接受。比如,学校的吉祥物是学生熟悉的形象,如果能将吉祥物的形象有效地融入课程中,则会让学生产生亲切感,学习起来也会更有动力。这种结合还能让学生在潜移默化中感受到学校的温暖和特色,增强他们对学校的认同感和归属感。关于课程文化与校园文化的结合,可以采用以下几种方式。

（一）以校园吉祥物为学习主线

校园吉祥物是学校办学理念和学校文化的重要组成部分,以校园吉祥物作为学习主线,一般更能使学生产生学习兴趣。下面通过校本课程"小海乐游历记"①的第一站"都市上海"为例,来介绍课程文化与校园文化结合的方式。

授课教师首先选择校园吉祥物,并将其设计为"向导"的角色,向学生介绍上海这座美丽的城市。然后,设计"闪亮小眼睛""灵动小嘴巴""灵动小身体"三个环节,循序渐进地开展课堂教学。最后,设计将小海乐化身为"小小思考家"对学生进行提问。

表 7-4　课程环节与对应课程内容

课程环节	课程片段
闪亮小眼睛	

---

① 该案例由上海市松江区九亭第二小学曲贵圆、王小龙、高静珊、沈勤睿、吴天娇、赵泽茹老师提供。

课程环节	课程片段
灵动小嘴巴	 练一练这两句节奏说一说它们有什么不同？ $\frac{2}{4}$　哩　哩　哩　　恰　恰　恰 $\frac{2}{4}$　哩　哩　哩　　恰　恰　恰
灵动小身体	 初始位 ① ② ③ ④ 请跟着音乐，用优美的舞步跳一跳吧！
小小思考家	 小小思考家：视频里的舞蹈有什么特点？ 这个舞蹈的特点有： 1. _____ 2. _____ 3. _____

在"小海乐游历记"的课例中,我们可以看到教师巧妙地利用校园吉祥物"小海乐"对学习内容进行了设计。通过不同形态的小海乐卡通形象,将教学内容变得更加贴近学生生活,也激发了他们的学习兴趣。这种设计不仅让课程内容更加生动有趣,还通过吉祥物的引导,帮助学生更好地理解和过渡到新的学习内容。

同样,在校本课程"风传灵音"[①]中,教师利用两个吉祥物"襄博士"和"小飞飞"进行对话交流,让原本可能较为枯燥的课程内容变得充满乐趣,吸引了学生的注意力,提升了他们的参与度。

大家好,我是襄博士。

我是小飞飞。

图 7-1 校本课程"风传灵音"中"襄博士"和"小飞飞"对话

在"风传灵音"中,"襄博士"负责发布探秘任务,"小飞飞"负责帮助学生完成学习任务单,分工清晰明确。

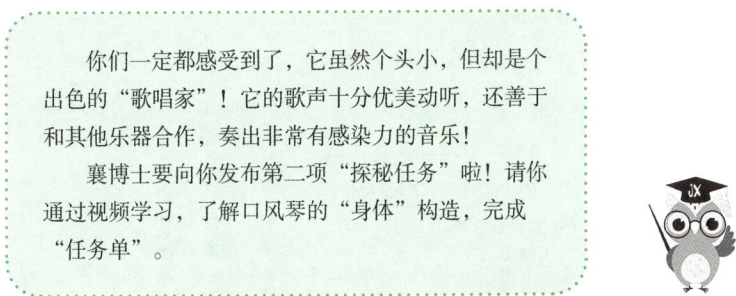

你们一定都感受到了,它虽然个头小,但却是个出色的"歌唱家"!它的歌声十分优美动听,还善于和其他乐器合作,奏出非常有感染力的音乐!
襄博士要向你发布第二项"探秘任务"啦!请你通过视频学习,了解口风琴的"身体"构造,完成"任务单"。

图 7-2 校本课程"风传灵音"中"襄博士"发布任务

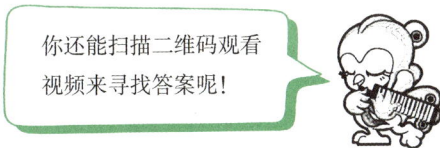

你还能扫描二维码观看视频来寻找答案呢!

图 7-3 校本课程"风传灵音""小飞飞"辅助完成任务

同样,还可以在此基础上创作更多吉祥物的人物形象,让校本课程更鲜活、更立体。以

---

① 该案例由上海市徐汇区建襄小学李超、姚海霞、叶怡老师提供。

校本课程"歌起瀛洲"为例,该校设计了具有当地服装特色的山歌娃娃形象,共有六套动作和服装,动作和服装的变化使得吉祥物活灵活现。

图 7-4　校本课程"歌起瀛洲"山歌娃娃造型①

(二)以校园文化为评价载体

在校本课程"小海乐游历记"中,每一节课的最后均会出现以"小海乐"为形象的水滴榜——评价表(如图 7-5 所示),其中包含了自评和师评。有简单、一般和困难三种模式,学生可以在学习完此内容后进行评价。

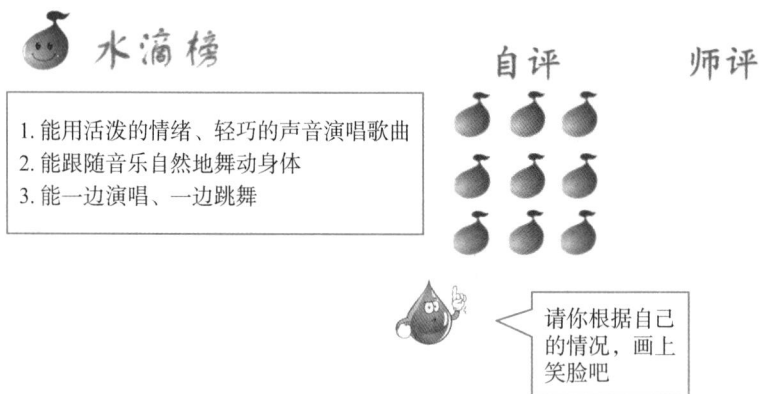

图 7-5　校本课程"小海乐游历记"评价表

教师还可以在评价时运用音乐地图的方式,针对每位学生进行分层评价,并且在评价工具设计的时候采用"山歌娃娃"作为小向导,带着学生一步一步点亮小脚丫。以校本课程"歌

---

① 该图片选自上海市崇明区裕安小学校本课程"歌起瀛洲"。

起瀛洲"的"山歌娃娃爱劳动"探索音乐地图为例,每课时后均有探索音乐地图,通过这种方式培养学生的艺术核心素养。

"山歌娃娃爱劳动"探索音乐地图①

山歌娃娃有话说:看到 🦶 了吗?如果你能做到小脚丫对应的要求,就请用你最喜欢的颜色把小脚丫涂满点亮吧!

山歌娃娃们准备好今日的探险之旅了吗?让我们开始吧!

跟随山歌娃娃的脚步沿着小路一起快乐出发吧!

山歌娃娃唱山歌
能准确运用崇明方言演唱《基本男调》
- 基本能跟上节奏,但只能用方言演唱两句以下歌词
- 需在教师的提示下跟上节奏,并正确演唱两句以上歌词
- 能跟上节奏,并准确地运用崇明方言演唱《基本男调》

山歌娃娃爱作词
能根据《基本男调》的旋律和在劳动中获得的感悟创编歌词,跟着旋律唱一唱
- 需在教师的提示下创编歌词
- 能根据《基本男调》的旋律和在劳动中获得的感悟创编歌词
- 能根据《基本男调》的旋律和在劳动中获得的感悟创编歌词,并演唱

山歌娃娃打节奏
能为歌曲创编四小节二拍子的节奏型,并选择合适的小乐器伴奏.
- 在学习伙伴的帮助下创编两小节二拍子的节奏
- 需在学习伙伴的帮助下创编四小节二拍子的节奏
- 能结合《基本男调》中出现的前八后十六、四十六等节奏型,为歌曲创编四小节二拍子的节奏型,并选择合适的小乐器伴奏

山歌娃娃爱探索
1. 能自主探索《打夯歌》的节奏特点
2. 能自主探索劳动的歌曲或者乐曲
- 在学习伙伴的帮助下探索
- 只能自主探索其中一项
- 能自主探索两项,并积极分享

请你数一数一共获得几个小脚丫呢?可以获得不同等级的"山歌娃娃"小贴纸哦!

图7-6 校本课程"歌起瀛洲"中"山歌娃娃爱劳动"探索音乐地图

完成探索音乐地图后,教师还可以通过不同等级设定的山歌娃娃奖励贴纸。

图7-7 校本课程"歌起瀛洲"山歌娃娃奖励贴纸

① 此案例由上海市崇明区裕安小学朱胜欢老师提供。

三、家校社共育,为校本课程提供发展支持

近几年来,学校家庭教育工作指导的重要性日益凸显。教育是一个复杂的系统,家庭、学校和社会共同构成了一个相互联系、相互影响的生态系统。在这个系统中,家庭提供了情感基础和个性化的支持,学校提供了系统的教育和专业指导,而社会则提供了丰富的资源和实践机会。三者的协同作用能够为学生创造一个全方位、多层次的学习环境,更好地促进学生的全面发展。因此,校本课程结合家庭和社会资源进行升级,是实现家校社共育的重要途径。

教师需要注意所选择的资源要符合校本课程的目标与内容,不能简单地追求形式上的突破。如果计划开设以学习尤克里里为内容的校本课程,在家长资源方面,可以邀请擅长尤克里里演奏或者了解尤克里里知识的家长作为嘉宾,参与课堂实践;在社会资源方面,可以组织学生在艺术场馆进行表演活动,也可以邀请尤克里里制造商来介绍乐器的构造等相关知识,让学生的学习更加立体和全面。

🎼 进阶改进:技术赋能,开发线上课程

技术赋能校本课程的核心在于通过数字化工具和平台,提升课程的互动性、灵活性和可扩展性。首先,线上课程平台可以整合丰富的教学资源,如高清视频、音频、动画和互动课件,为学生提供多样化的学习材料。其次,利用人工智能和大数据技术,平台能够根据学生的学习进度和表现提供个性化的学习路径和反馈,帮助教师更好地了解学生需求,优化教学内容。此外,线上课程还可以通过虚拟实验室、在线协作工具和实时互动功能,打破时间和空间的限制,让学生在任何时间、任何地点都能参与学习,增强课程的互动性和灵活性。这些技术手段不仅能提升了教学效率,还能为学生创造更加个性化和自主化的学习体验。

以"舞小荷"校本课程为例,学校利用数字化平台开发了线上课程模块,嵌入学校现有的评价系统中。课程内容分为基础练习、进阶练习、跨学科课程和作品交流四大板块。学生可以在平台上观看教学视频,跟随视频进行舞蹈练习,并上传自己的作品,以获得积分和教师评价。教师则可以通过平台实时查看学生的学习进度和作品表现,给予针对性的反馈。这种线上线下融合的模式,不仅丰富了课程形式,还通过技术手段帮助教师实现了个性化教学和精准评价,极大地提升了校本课程的教学效果。下面从该课程的开发背景、课程内容,以及用技术赋能课程评价三个方面进行介绍。

一、"舞小荷"校本课程的开发背景

随着教育数字化的不断发展,学校可以利用数字化平台助力校本课程的实施与评价。例如,为艺术校本课程开发单独模块"舞小荷"[①]并嵌入到学校正在使用的"数字评价树"中,主要强调培养学生多方面的素养,包括知识、技能、情感、价值观等。此外,舞蹈校本课程也充分符合综合素质教育的理念,通过设置舞蹈课程,学校可以提供学生提高身体素质和审美素养的机会,促进学生的全面发展。

二、"舞小荷"校本课程的内容

"舞小荷"校本课程平台主要包括课程、作品、统计三大板块。其中,课程板块以课程管理和课程学习为主,作品板块包括上传作品、评价作品,统计板块可以查看相关报告和学习积分。进入所选课程的学习界面,学生可以按照不同课程类型去访问舞蹈校本课程的学习视频,学习完相关课程或视频能获得相应积分。学习视频资源主要分为以下四类。

表 7-5　"舞小荷"APP 板块设计

板块名称	板块定位	板块内容
小荷萌芽	基础练习	这部分内容主要是跟随音乐学习舞蹈中的基础律动,例如节拍的重音,即律动动作的起始拍。不同节拍的音乐会带来不同的感觉,需要运用不同的律动方式和律动等级
小荷初绽	进阶练习	这部分内容主要从教材中精选,旨在将学生从基础简单的律动阶段提升到进阶练习阶段。学生将学会如何让自己的舞蹈动作更具美感,丰富舞蹈表情,让舞蹈与音乐更好地结合
创意小荷	跨学科课程	这部分内容主要以创意课程为主题,例如与书法、戏剧、中华传统文化相结合
赏荷小池	作品交流	学生可以将学习相关课程后的练习作品上传到校本课程平台,并获得相应的个人积分。教师可以查看学生已上传的练习作品,还可以分动作、表情、态度等维度对作品进行等第评价。教师给作品评价的等第不同,学生因此获得的积分数量也不同

三、用技术赋能课程评价

课程评价主要包括了报告和积分统计两大部分,旨在为学生的学习提供数据支持和反

---

① 该案例由上海市松江区九亭第五小学安雨婷、何倩倩、毕雅珺、陈泽语老师提供。

馈,便于教师对学生的学习情况进行统计,帮助教师和学生更好地了解学习进度和课程情况,提高教学效果和学习动力,实现校本课程的有效管理和评价。

(一)数字报告

1. 个人报告

学生可以在统计板块中查看个人报告。个人报告包括学习记录、作品汇总及评价等信息,这些信息可以帮助学生了解自己在课程中的表现和进步情况,教师可以查看所带学生的个人报告。

2. 学校报告

教师和管理员可以在统计板块中查看学校报告,该报告提供全校学生的整体表现、课程覆盖率、评价结果和学习参与度等信息。针对教师评价学生作品的参与情况,平台还可为管理员提供教师活跃度报告。

通过学校报告和教师活跃度报告,教师和管理员可以了解整体课程的运行情况和学生的学习情况,从而进行课程改进和教学管理。

(二)学习积分

学生可以在统计板块中查看个人积分,积分是根据该学生的学习参与度、作品表现等方面进行评定的。设立个人积分的目的是激励学生积极参与学习并记录其成长,以及鼓励学生良好的学习行为和表现。通过查看个人积分,学生可以了解自己在课程中的参与情况和学习成果,从而激发学生的学习动力,优化学习成果。

♪ 本章小结

≡ 章节小结

校本课程是由学校根据学生和教师的实际情况自主研发、自主探索的一门课程,是学校彰显办学特色和个性化表达的重要工具。教师在开发校本课程时要结合学校资源、学生学情、教师专业和家校共育等多方面因素设计课程教学目标及评价工具。

建立校本课程体系既能发展学生的艺术核心素养,还能让学生找到自己喜欢的方向,并对其产生兴趣。同时,学生在学习的过程中能更好地发挥自己的潜能,提高艺术审美。但由于校本课程与专业的学科课程相比,教师的自主性和对课程的研究性决定了课程质量,所以在开发初期要设定好教学方向以及目标,只有这样才能更顺利地开展校本课程。

技能操练

请你结合本章所学内容,按照下面提供的校本课程设计模板,开展校本课程的开发与探索吧!

校本课程设计模板

课程名称			适用年级	
设计教师			课时	
课程开发背景				
教学总目标				
预期成果和展示形式				
课程设置与保障	课时安排			
	设备要求			
	设备维护			
教学内容（单元主题）	第一单元			
	第二单元			
	......			
评价方式与工具	过程性评价			
	总结性评价			

相关资源

视频内容	微课:校本课程"音乐马拉松"
执教教师	上海市徐汇区逸夫小学　亓睿虹

扫码观看视频

推荐书目

郭云海主编:《核心素养导向的课程设计:花园式课程的文化与聚集》,华东师范大学出版社 2019 年版。

第八章 跨学科主题学习活动设计技能

? 学习导引

在上一章中,我们主要介绍了如何结合教师特长和学校资源进行校本课程的开发,以及一些课程设计理念与方法。《义务教育艺术课程标准(2022年版)》对"课程内容结构"板块的描述明确提出"设立跨学科主题学习活动,加强学科间相互关联,带动课程综合化实施,强化实践性要求。"同时,《义务教育课程方案(2022年版)》提出"原则上,各门课程用不少于10%的课时设计跨学科主题学习"。在不少于10%的课时中要实现课程标准中对教学的要求,是音乐课堂中的教学难点,需要教师在教学中充分发挥主观能动性并进行积极实践。

本章围绕音乐学科跨学科主题学习活动的设计要领进行介绍,旨在帮助教师了解跨音乐学科主题学习实践的意义以及如何进行跨学科主题教学,掌握一定的跨学科主题学习活动的设计方法,并运用于教学实践,用10%的课时支点撬动学生基于问题解决的综合学习能力,以促进学生的全面发展。

⊞ 学习脉络

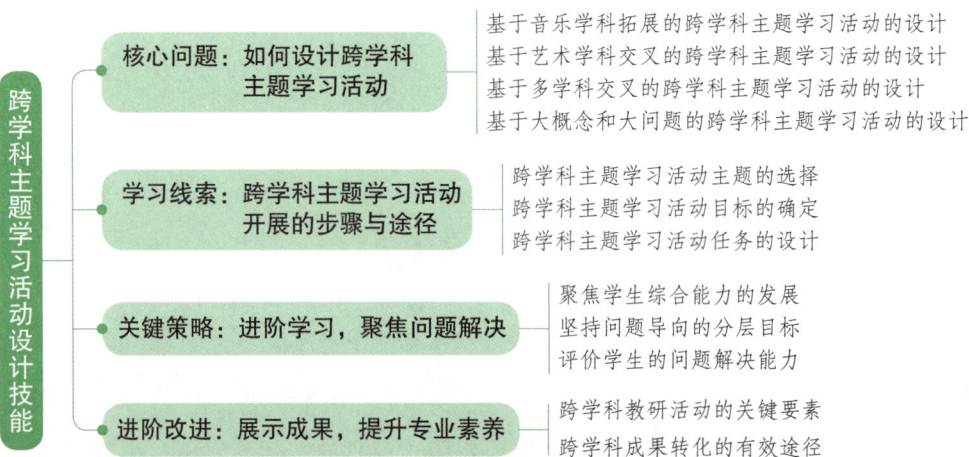

跨学科主题学习活动设计技能	核心问题:如何设计跨学科主题学习活动	基于音乐学科拓展的跨学科主题学习活动的设计 基于艺术学科交叉的跨学科主题学习活动的设计 基于多学科交叉的跨学科主题学习活动的设计 基于大概念和大问题的跨学科主题学习活动的设计
	学习线索:跨学科主题学习活动开展的步骤与途径	跨学科主题学习活动主题的选择 跨学科主题学习活动目标的确定 跨学科主题学习活动任务的设计
	关键策略:进阶学习,聚焦问题解决	聚焦学生综合能力的发展 坚持问题导向的分层目标 评价学生的问题解决能力
	进阶改进:展示成果,提升专业素养	跨学科教研活动的关键要素 跨学科成果转化的有效途径

本章聚焦"如何设计跨学科主题学习活动"这一核心问题。结合规范的跨学科主题学习案例和有效的方法,帮助教师掌握跨学科主题学习的设计要点,为高质量的课程实施奠定基础。在方法上,本章从不同类型的跨学科主题学习活动出发,梳理音乐跨学科主题学习活动的具体步骤与途径,并结合实践案例提炼如何通过跨学科任务提升学生的问题解决能力。希望教师能够以学促研,将跨学科主题学习作为常态化研究内容,持续优化教学实践。

♪ 核心问题:如何设计跨学科主题学习活动

请你思考什么是跨学科主题学习并回答下面互动角中的问题。

> ♪ **互动角**
>
> 你认为音乐学科可以与哪些学科进行跨学科主题学习活动的设计? 请举例说明。
>
> _____
>
> _____

跨学科主题学习有三个关键词:跨学科、主题和学习。"跨学科"既然是学科之间的跨界融合,那么本质上还需要坚持学科立场、立足学科知识,不能为了跨学科而"跨",流于形式。"主题"是指学习需要有一个学习情境和内容,重点要解决什么问题,从而围绕问题进行系统的学习和探究。"学习"的主体是学生,跨学科主题学习一定是让学习"真实发生",让学生有所收获和成长。就音乐学科视角而言,跨学科主题学习活动大致可以基于以下几种类型进行设计。

一、基于音乐学科拓展的跨学科主题学习活动的设计

基于音乐学科拓展的跨学科主题学习是以一种以音乐学科为主导,在音乐学习活动中拓展其他学科知识,帮助学生更全面地理解音乐,并通过跨学科的知识整合,提升学生综合解决问题的能力。

一种常见的基于音乐学科拓展的跨学科主题学习形式是音乐与文学的结合。音乐与文学都是艺术的重要表现形式,它们之间有着密切的联系。通过学习音乐作品背后的文学背景,如歌词、诗歌等,学生可以更深入地理解音乐作品的内涵和情感表达。同时,通过创作歌词或配乐,学生也可以将文学知识转化为音乐作品,进一步拓展他们的艺术创造力。例如,在上海音乐出版社版《音乐》三年级上册第二单元"快乐歌"《读唐诗》一课中,教师在歌曲内

容的教学上可以将诗词文化融入音乐教学中,将诗词的韵律用节奏和旋律的变化进行表达,以促进学生更好地理解歌曲的内涵。

另一种常见的形式是音乐与信息技术学科的结合。教师可以将音乐编创活动与计算机应用能力相结合,学习如何使用计算机生成音乐、分析音乐等。

音乐学科还可以与历史、地理等其他学科结合。例如,在学习不同历史时期的音乐作品时,教师可以结合乐曲的风格特点,对乐曲的历史背景与文化进行介绍,或让学生在课后收集相关的历史文化知识,以提高课堂效率;教师还可以鼓励学生参与艺术实践活动,通过参观不同地区地理、民俗和文化特色,帮助学生更好地理解音乐作品的特点。

在进行基于音乐学科拓展的跨学科主题学习活动设计时,教师需要选择合适的跨学科主题,确保主题与音乐学科内容紧密相关,并能引起学生的兴趣。这种学习方式也有助于培养学生的综合素养,促进他们的全面发展。

二、基于艺术学科交叉的跨学科主题学习活动的设计

《义务教育艺术课程标准(2022年版)》将艺术课程分为音乐、美术、舞蹈、戏剧(含戏曲)、影视(含数字媒体艺术)五大类。基于艺术学科交叉的跨学科主题学习是指将音乐与其他艺术学科进行交叉融合,通过共同的主题或项目,让学生在不同的艺术领域中进行探索和学习。这种学习方式可以帮助学生更好地理解和欣赏不同艺术形式的共性和差异,培养他们的审美感知、艺术表现、创意实践、文化理解等艺术核心素养。

音乐与美术的结合可以引导学生在音乐学习过程中用画笔、彩纸等手工材料表达对音乐的感受和理解,将音乐转化为视觉艺术作品。音乐与舞蹈的结合则可以通过动作和表演将音乐的情感、意境表达出来。学生可以在学习舞蹈的过程中,更深入地理解音乐的节奏、旋律和情感内涵,同时也可以通过舞蹈表演来展示他们对音乐的理解和创新。在音乐与戏剧、影视等艺术形式的结合中,教师可以引导学生开展音乐剧、小型歌舞剧或电影音乐的创作和表演,将音乐与戏剧、影视等艺术形式相结合,全面提升他们的艺术核心素养。

基于艺术学科交叉的跨学科主题学习活动,不仅可以让学生更全面地理解音乐和其他艺术形式,还可以提升其综合解决问题的能力,形成跨学科思维和创新能力。

三、基于多学科交叉的跨学科主题学习活动的设计

所谓多学科融合共同主导的跨学科主题学习,是指多个学科因内容或方法互有关联而主动协商、共同形成的跨学科主题学习。这类跨学科主题学习是从学科课程形态过渡到综合课程形态的一条稳妥的路径,也可以说是跨学科主题学习的高级形态。从培养学生综合

素养的角度出发,设计多学科共同合作的综合议题,有利于打破学生禁锢于学科的刻板思维,帮助学生形成面对问题本身,灵活自如地综合应用知识解决问题的意识和能力[①]。

教师引导学生将音乐、美术和信息技术相结合,共同创建一个虚拟艺术展厅。首先,在美术课上,美术教师让学生自己创作一个绘画或手工作品。然后,音乐教师在音乐课上请学生为这些作品创作背景音乐或音效。随后,信息技术教师利用360全景技术后期制作软件,将学生的作品整合到一个虚拟的动态全景展厅中。

在这个过程中,学生不仅需要运用美术知识完成视觉作品,还需要通过音乐创作来增强作品的情感表达。同时,信息技术的应用让学生学会了如何将艺术作品数字化,并创建互动体验。学生可以通过教室内的一体机进入虚拟展厅,欣赏其他同学的作品,并进行生生互评和师生评价。

通过这种跨学科主题学习活动,学生不仅在艺术创作上获得了成就感,还在实践中理解了不同学科之间的联系。例如,美术作品的色彩和构图如何与音乐的节奏和旋律相呼应,以及如何通过信息技术手段将艺术作品进行更广泛的传播。这种跨学科的项目不仅可以提升学生的学习体验,还可以培养他们的创造力、跨学科思维能力和信息技术素养。

♪ **互动角**

在这个案例中,你能获取到哪些学科融合的信息?

在这个教学实践中,我们感受到了多学科融合达到的促进学生艺术核心素养的效果。基于多学科交叉的跨学科主题学习以多学科融合共同主导,而不是局限于音乐学科拓展的单学科主导,以及艺术学科之间的紧密型关联主导。这对教师提出了更高的要求。

四、基于大概念和大问题的跨学科主题学习活动的设计

基于大概念和大问题的跨学科主题学习,是一种更为综合和深入的学习方式,它围绕一个核心的大概念或大问题,思考什么样的激励性问题能够促进学生探究、理解和学习迁移,

---

① 郭华,等.跨学科主题学习:是什么? 怎么做?〔M〕北京:教育科学出版社,2023:28.

引导学生进行深度的理解和系统性学习。这种学习方式旨在培养学生的高阶思维、问题解决能力和跨学科的综合素养。

在进行基于大概念和大问题的跨学科主题学习时,教师需要选择一个具有跨学科性和实际意义的主题或问题,然后整合不同学科的知识和方法,设计一个综合性的学习方案。学生需要围绕这个主题或问题,进行深度的探究和学习,整合不同学科的知识和方法,形成自己的见解与解决方案。

例如,在探究"不同民族的舞蹈为什么会有不同的特点"这一问题时,需要教师精心整合地理、历史、艺术等学科的知识与方法。

首先,教师可以根据以上问题确定一个能够激发学生好奇心和探究欲的核心问题,以此作为学习活动的出发点。例如:"蒙古族舞蹈中的动作姿态与体现蒙古族主题的绘画作品中的形象有什么相似之处?这反映了蒙古族艺术的哪些共同特点?"接着,教师需要思考哪些学科的知识能够帮助学生理解和回答这个问题,如美术学科的线条、构图、色彩等知识。教师可以精心挑选几幅具有代表性的蒙古族主题的绘画作品,如描绘草原狩猎场景的岩画和展现骑马人物的传统绘画。在课堂上,教师引导学生仔细观察这些作品中的人物和动物的姿态,鼓励他们用简单的语言描述自己的感受。学生可能会说"画中的人很勇敢""马跑得很快,好像在草原上飞驰"。通过这一活动,学生初步领略蒙古族绘画的魅力,教师在此基础上引导学生将注意力重新聚焦到核心问题上。然后,教师提问:"请同学们回忆刚刚观察到的画中人物和动物的姿态,你们觉得与蒙古族舞蹈中的动作有没有相似的地方呢?"学生开始回忆之前观看蒙古族舞蹈视频时的情景,纷纷点头表示有相似之处。随后,教师展示一段蒙古族舞蹈的视频片段,让学生仔细观察舞蹈中的动作姿态,尤其是那些与绘画作品中相似的部分。如舞蹈中骑马舞的扬鞭动作与绘画作品中骑马人的扬鞭姿态,摔跤舞中的扭臂、蹬腿动作与绘画作品中人物的矫健身姿,等等。通过对比观察,学生能够更直观地发现两者之间的相似性。

这样的学习活动不仅能促进学生的高阶思维发展,还能培养他们的批判性思维、创造性思维、沟通协作能力。此外,教师还可以结合其他学科引导学生了解不同文化和历史背景下的舞蹈,促进学生对多元文化的尊重和理解,从而增强其社会责任感和公民意识。这种学习方式有助于学生形成全球视野,理解不同文化之间的相互影响和融合。最后,教师请学生将他们的发现和理解整合成一个综合性的研究展示报告,这个报告不仅展示了学生对核心问题的理解,还能反映他们整合不同学科知识的能力。

通过这样的设计思路,教师可以引导学生在跨学科的背景下进行深度学习,更深入地理解不同学科之间的联系和融合,提升高阶思维、问题解决能力等综合素养,从而促进学生的全面发展。

♪ **互动角**

请你基于音乐学科视角设计一个具有挑战性的大概念或者大问题,并思考以下问题:

1. 大概念或者大问题是什么?

2. 期望学生获得什么特定的理解?

3. 什么样的激励性问题能够促进学生的探究、理解和学习迁移?

🎼 学习线索:跨学科主题学习活动开展的步骤与途径

此板块聚焦基于音乐学科拓展的跨学科主题学习,以及以音乐学科为主导的具有艺术学科交叉特点的跨学科主题学习项目,旨在引导教师更好地对跨学科主题学习的开展步骤进行思考与尝试。

一、跨学科主题学习活动主题的选择

在跨学科主题学习活动中,选择恰当的主题至关重要,这是实现跨学科教学的枢纽和桥梁,能够将分散的知识碎片有逻辑地联合起来,为学生提供全景视角。跨学科主题学习活动主题的选择可以参考以下三点:(1)紧扣课程标准和教材,确保主题与教育目标高度一致,为学生明确学习方向;(2)结合社会生活实际,从学科核心概念或生活经验问题入手,设计贴近生活的主题,增强学习的现实意义;(3)关注学生的学习需求和兴趣点,选择能融合多学科知识的主题,激发学生主动探索的欲望,促进知识的综合运用。

通过以上三个角度的综合考量,教师能够确定一个既符合课程要求,又能激发学生兴趣和促进学科融合的跨学科主题,为后续学习活动奠定坚实基础。此做法的意义在于,它能够确保所选主题与教育目标及学生的学习需求是一致的,同时能加强学科间的联系,促进课程的综合化实施,强化实践性要求。

表8-1呈现的是《义务教育艺术课程标准(2022年版)》中涉及"跨学科"的表述。

表8-1 《义务教育艺术课程标准(2022年版)》中对"跨学科"的表述

板块	表述	跨学科类型	学习主题举例
音乐学科第一学段学习任务4:发现身边的音乐	• 对声音和音乐的探究要结合学生的生活经验,运用形象化的方法和手段,帮助学生认识和理解它们的规律和特点,还可以结合其他学科进行跨学科教学	• 基于音乐学科拓展的跨学科主题学习 • 基于艺术学科交叉的跨学科主题学习 • 基于多学科交叉的跨学科主题学习	• 碗筷交响曲 • 舞动校园 • 声音是怎么发出的 • 商场里的音乐有什么作用

板块	表述	跨学科类型	学习主题举例
		• 基于大概念和大问题的跨学科主题学习	
音乐学科第二学段学习任务5:小型歌舞剧表演	• 小型歌舞剧表演有助于加强音乐与其他艺术的联系,提高学生的跨学科实践能力和综合表演能力	• 基于艺术学科交叉的跨学科主题学习	• 如何设计歌舞剧表演的脚本
美术学科第二学段学习任务5:融入跨学科学习	• 能针对不同问题,用美术与其他学科相结合的方式提出解决问题的思路和方案,设计与制作不同形式的作品 • 探究美术与身边的自然环境、传统文化,以及美术与编程相结合的问题;注重引导学生理解"美术与其他学科相融合可以富有创意地解决问题"	• 基于艺术学科交叉的跨学科主题学习 • 基于多学科交叉的跨学科主题学习	• 如何用图谱来表现音乐特点 • 如何编创一个音配画作品
戏剧(含戏曲)学习任务:模拟表演、课本剧表演、戏剧游戏	• 1—2 年级学习任务主要依托唱游·音乐实施,任务为"模拟表演",即对日常生活中熟悉的人、动物、植物进行模拟,培养学生对所表现对象特征的观察和概括能力,鼓励学生运用自己的表情、身体、语言进行表演 • 3—7 年级学习任务主要依托音乐及语文、外语实施,任务为"课本剧表演",即选用音乐、语文、外语等教材中的教学素材,进行课本剧编创表演,观看传统戏曲表演,培养学生的舞台表演意识和对表演活动进行评价的能力	• 基于艺术学科交叉的跨学科主题学习 • 基于多学科交叉的跨学科主题学习	• 森林之声音乐会 • 课本剧的诞生
舞蹈学科课程任务:形象捕捉与表演、小型歌舞剧表演	• 1—2 年级主要依托唱游·音乐及体育与健康实施,学习任务为"形象捕捉与表演",即通过观察、模仿来了解身体部位,塑造健康体态,使学生初步认识肢体语言的特点,具备塑造形象、扮演角色的能力 • 3—7 年级主要依托音乐及体育与健康、综合实践活动实施,学习任务为"小型歌舞剧表演""即兴表演",主要学习舞蹈基本元素舞蹈片段、主题即兴等	• 基于艺术学科交叉的跨学科主题学习 • 基于多学科交叉的跨学科主题学习	• 民族舞韵 • 班级歌舞会

　　结合跨学科主题学习活动主题的选择要点,教师首先需要依据课程标准。具体可参考

表格中的示例主题,如"碗筷交响曲""舞动森林""民族舞韵"等,并结合艺术核心素养,设计与课程目标一致的主题,确保学习活动与教育目标相契合。

其次,教师应充分联系社会生活,选择与学生日常生活紧密相关的主题,如"商场里的音乐有什么作用""森林之声音乐会"等,或围绕社会热点问题设计主题,如"环保与艺术""传统文化的传承与创新",并充分利用社区资源,如博物馆、剧院等,设计与之相关的实践活动,以增强学生的实践能力。

最后,教师应结合学生需求,了解其兴趣点和能力水平,选择能激发学生兴趣且适合其能力的主题。例如:针对低年级学生,可设计简单的"形象捕捉与表演"主题;对于高年级学生,则可开展更复杂的"小型歌舞剧表演"活动。同时,教师应尊重学生的个性化需求,为不同兴趣的学生提供多样化的主题,如"如何用图谱来表现音乐特点""课本剧的诞生"等。

二、跨学科主题学习活动目标的确定

确定跨学科主题学习的目标是开展跨学科教学的前提,能够为活动的设计和开展指引方向。为了确保目标的科学性和实用性,教师需要进一步细化和明确这些目标。下面,本书将结合艺术核心素养、具体活动的任务以及学情三个方面,详细探讨如何确定跨学科主题学习活动的目标。

（一）结合艺术核心素养进行目标设计

在确定目标时,教师首先需要深入理解艺术核心素养,根据对课程标准的分析来明确所设计的跨学科主题学习活动主题在发展学生艺术核心素养方面所发挥的作用,并以此为基础来构建学习目标。跨学科主题学习活动的确定不仅要联系本书第二章中提到的教学目标设计的要点,还需要教师对所跨学科的学科素养目标进行整合,提炼出它们之间的共同点。

对于艺术学科交叉的跨学科主题学习,教师可以从艺术核心素养——审美感知、艺术表现、创意实践、文化理解等出发。这意味着教师需要通过设计目标,让学生能够感知和欣赏艺术作品的美,能够通过艺术形式表达自己的情感和思想,能够在艺术创作中展现创新思维,以及能够理解艺术作品背后的文化意义和社会价值。如,在教授人民教育出版社版《音乐》五年级下册第一单元"北国之声"《鸿雁》一课时[①],教师通过引导学生欣赏听马头琴版《鸿雁》,运用美术学科中线条和色彩的知识来表达乐曲的旋律、节奏特点,并阐释对乐曲情境的联想与想象,从而培养学生的审美感知能力。学生在理解歌曲《鸿雁》的歌词内涵和体会歌曲情感的基础上,通过小组探究活动归纳"长调"的风格体裁特征,这不仅可以提升学生的艺术表现能力,还能加深其对蒙古族文化的理解。进一步地,教师指导学生运用数字化软件,

---

① 该案例由上海市徐汇区汇师小学叶雯雯老师提供。

根据歌曲的风格特点与情感表达设计合适的画面,制作视频。这一过程可以充分激发学生的创意实践能力,使他们在艺术创作中展现自己的创新思维。

对于非艺术学科的跨学科主题学习活动,教师需要从非艺术学科的核心素养中提炼与艺术学科核心素养相同的思维方式,这可能包括文化自信、语言运用、思维能力、审美创造等方面。同样是《鸿雁》一课,教师可以通过结合语文现代诗学习的方法,引导学生理解歌曲《鸿雁》的歌词内涵,体会歌曲表达的情感,这不仅可以提升学生的语言运用能力,还能增强他们对蒙古族文化的深刻理解。同时,教师还可以通过"道德与法治"课上对蒙古族地域民俗文化的介绍,引导学生深入理解歌曲背后的文化意义和社会价值,进一步提升其思维能力和审美创造能力。在小组探究活动中,学生归纳"长调"的风格体裁特征,这一过程不仅可以锻炼他们的思维能力,还能加深其对艺术形式的理解和欣赏。

在设计具体教学目标时,教师首先要确定该跨学科主题学习活动的核心概念或问题,这是整个教学设计的起点。这一核心概念或问题应当能够成为整合不同学科核心素养的焦点,为学生提供一个跨学科主题学习的基础。其次,教师需要分析所涉及的每个学科的核心素养,并找出它们之间的交集和互补性。这是设计跨学科主题学习目标的关键步骤。

例如,在设计《乃呦乃》教案①的跨学科主题学习活动目标时,教师首先确定了核心概念或问题,即"土家族音乐与文化的融合与表现"。这一核心概念不仅为学生提供了一个跨学科主题学习的基础,而且能够整合不同学科的核心素养。通过这一核心概念,教师能够将音乐、文化、体育等学科有机地联系起来,使学生在学习过程中全面地理解和体验土家族音乐与文化的独特魅力。

以这一核心概念为基础,教师进一步分析了所涉及的每个学科的核心素养,并寻找它们之间的交集和互补性。在音乐学科中,学生通过演唱和竹笛吹奏,能够感知并欣赏土家族音乐的节奏和情感特点,提升审美感知和艺术表现能力。同时,通过了解土家族的风土人情和文化背景,学生能够增强对土家族文化的认同感,这与文化学科中的文化理解素养相契合。在体育学科中,学生通过竹竿操的练习,不仅提高了身体协调性和节奏感,还通过小组合作增强了团队协作能力,这与音乐学科中的团队合作和情感表达相辅相成。

通过这样的分析和整合,教师设计了具体的跨学科主题学习活动目标:学生能够通过演唱和竹笛吹奏,准确表达歌曲《乃呦乃》的情感和韵味;能够了解土家族的文化背景,增强文化认同感;能够在小组活动中,通过"吹""唱""跳"的综合表演,展现团队协作能力和艺术表现力。这些目标的设定,不仅体现了不同学科核心素养的交集和互补性,而且为学生提供了一个全面、综合的学习体验,使他们能够在跨学科主题学习活动中提升综合能力。

---

① 该案例由上海市徐汇区田林第四小学张彤慧老师提供。

（二）根据具体活动的任务进行目标设计

在跨学科主题学习活动中，根据具体活动的任务进行目标设计是至关重要的环节。教师在提炼出核心素养目标之后，必须将这些目标与具体的学习任务相结合，进一步具体化，以确保学习活动既有明确的方向，又能够被有效地评价。具体来说，教师需要将抽象的核心素养目标转化为一系列具体的学习任务。这些任务应当能够引导学生在实践中运用并展示他们所学的知识和技能。

例如，在五年级"有趣的上海童谣"这一跨学科主题学习活动中，教师可以将任务目标设置如下。

1. 了解上海童谣的历史：通过在网络上收集相关文献的方式，了解上海童谣的历史背景和发展脉络。

2. 收集和分享童谣：通过拜访相关研究者等调查形式，收集一些流传度比较广的上海童谣，并在班级中进行分享。这一任务有助于提升学生的社交技能和信息整合能力。

3. 编排和展示童谣：通过小组交流，评选一首最受大家欢迎的上海童谣，小组进行队形和动作编排，并在班级中进行展示。这一任务旨在培养学生的团队合作能力和创意表达能力。

4. 综合目标：通过展示和汇报活动，学生将从语言、历史、音乐和舞蹈等多学科角度分析上海童谣，理解其文化价值和艺术魅力。在汇报和展示过程中，学生将清晰、准确地表达对上海童谣的理解和研究发现，从而提升口头和书面表达能力。学生将发挥创意，设计独特的童谣表演形式，锻炼创新和实践能力。通过小组合作，学生将学会倾听他人意见，共同解决问题，提升团队合作和自主探究能力。

在以上跨学科主题学习活动中，教师通过将艺术核心素养目标与具体学习任务相结合的方式，设计了一系列富有指向性的活动，有效体现了跨学科特色。首先，教师引导学生收集、了解上海童谣的历史背景，这一任务不仅让学生掌握了基本的研究方法，还培养了他们的历史意识。接着，通过设计让学生收集童谣并在班级分享的方式，提升了学生的社交技能和信息整合能力。此外，小组合作编排和展示童谣的活动，进一步锻炼了学生的团队合作与创意表达能力。最后，通过展示和汇报，学生从多学科角度深入分析上海童谣，提升了其综合能力。这种设计清晰地展示了如何将抽象的核心素养目标转化为具体可操作的学习任务，为教师提供了明确的跨学科主题学习活动设计思路。

（三）根据学情进行目标设计

教师在目标设计中还需要关注学生具体的学习情况，提出有针对性的目标。例如，针对低年级与高年级、针对不同班级设计不同学习层次的目标,切忌宽泛而空大。一方面要关注学生学习的真实情境,一方面要基于学生已有的知识经验,指导活动进行,让学生不仅习得学习知识,而且要在活动过程中提升问题解决的能力。

首先,教师需要评估学生的现有知识水平,了解他们对即将学习主题的先前知识和理解程度。这可以通过测试、观察和访谈等方式来实现。了解学生的先前知识对于设计出适合其学习起点的目标至关重要。其次,识别学生的学习风格和兴趣也是教师在设计目标时需要考虑的因素。了解学生偏好的学习方式和感兴趣的领域,可以帮助教师设计出更吸引学生参与的活动,从而提高学生的学习动机和参与度。再者,分析学生的认知发展阶段对于确定他们能够理解和处理的信息类型和复杂性也非常关键。教师应根据学生的年龄和发展阶段,设计适合他们认知水平的学习目标。

此外,教师应为不同能力水平的学生设计不同层次的学习目标,确保每个学生都能在适合自己的水平上取得进步。这种差异化教学方法有助于满足不同学生的学习需求。

三、跨学科主题学习活动任务的设计

在确定跨学科主题活动的目标之后,与撰写教学设计一样,需要将目标在学习任务中循序渐进地一一落实。这和我们第一篇中讲到的教学准备技能的逻辑是一样的。那么,跨学科主题学习活动任务的设计在此基础上有什么需要特别注意的地方呢?

(一) 需要结合学生的多学科学习背景

在跨学科主题学习活动中,结合学生的多学科学习背景进行任务设计是至关重要的。因此,教师在设计学习任务时需要了解学生在各个学科的知识储备情况和学习经验,以便更好地促进学生在新情境下的知识建构。

在本书的第一篇和第二篇中,我们将对学情的分析集中在学生对音乐学科知识的理解层面。然而,在跨学科主题学习活动中,我们要了解学生在其他学科的知识储备和学习经验的特点。

例如,在人民音乐出版社版《音乐》六年级下册第一课"古风新韵"《游子吟》的跨学科主题学习活动中[①],教师结合学生的多学科学习背景进行了任务设计。教师不仅了解了学生在音乐学科的知识储备,还关注了他们在语文、信息技术等其他学科的学习经验。如在"重温'游子'的深深之思"任务中,教师引导学生回顾在语文课上学到的古诗词鉴赏方法,分析《游子吟》的诗词意境和创作背景,然后运用这些知识来理解歌词的情感内涵。在"寻觅'音色'的旋律之钥"任务中,教师结合信息技术课上学到的数字音乐软件操作技能,让学生探索不

---

① 该案例由上海市实验学校附属小学忻乐老师提供。

同乐器的音色对歌曲情感表达的影响。通过这种方式,教师将学生在不同学科的知识与技能整合到跨学科主题学习任务中,促进他们在新情境下的知识建构,帮助学生更全面地理解和欣赏《游子吟》这首歌曲。

总的来说,结合学生的多学科主题学习背景进行任务设计,不仅能够促进学生在特定学科领域的学习,还能够通过跨学科的方式,帮助学生建立更全面的知识体系和更深刻的文化理解。这种设计方法符合现代教育对学生全面发展的要求,有助于培养学生的综合素质和创新能力。

(二) 构建以音乐学科为主导的跨学科主题学习活动任务特征

在设计以音乐学科为主导的跨学科主题学习任务时,教师需明确音乐教育不仅是技能传授,更是文化理解、审美体验和创造性表达的培养。因此,教师设计的任务应具备学科性、实践性和综合性,以实现跨学科主题学习目标,并促进学生对音乐本体知识的深入理解。以《彩云追月》为例,教师在设计活动时可关注以下几点。

(1) 任务设计要突出音乐学科特点,融入其他学科知识。例如,在欣赏小乐队版《彩云追月》[1]时,教师可以引导学生感受并辨别其中高胡等民族乐器的音色,以及乐曲节拍韵律、速度、旋律音高、节奏形态的特点,积极交流其表现的夜空中彩云缓缓移动、追逐明月的美丽景象。同时,教师可以结合美术学科,让学生借助音高提示,分别涂色、绘画两段主题旋律的图形谱,按音乐记号视唱两段主题旋律,对比、总结两段主题旋律起伏和节奏的不同,并对它们表现的不同夜景画面展开联想,从而促进学生在互动中主动建构知识。

(2) 实践性任务至关重要,可以让学生在真实音乐环境中开展体验。例如,让学生一边欣赏乐曲,一边观看同学用人工智能绘画工具绘画的作品,教师引导学生感受乐曲的意境和情感。同时,教师可以介绍《彩云追月》属于广东音乐及其具有的清新悠扬的风格特点等内容,让学生在实践中深刻感受音乐与文化的融合。

(3) 综合性任务应体现对学生整合音乐与其他学科知识解决实际问题的要求。例如,在"乐曲画面创作"这个跨学科主题学习活动中,教师可以引导学生通过研究不同乐器的发声原理,对乐器的音色特征有进一步的了解,还能够在学习的过程中了解物理学的知识,将乐器发声的不同方法进行分类,有助于学生在制作小乐器的过程中运用所了解的知识进行综合考虑,提升学生的综合能力。同时,教师可以引导学生学习并使用人工智能绘画工具创作富有创意的美术作品,以表现《彩云追月》的美丽景色与梦幻氛围,体现对音乐的感受、理解和想象。

综上所述,在跨学科主题学习活动中,学科性、实践性和综合性是实现目标的关键。学

---

[1] 该案例由上海师范大学第三附属实验学校阎天昀老师提供。

科性确保音乐教育的核心地位,实践性能为学生提供真实的体验环境,综合性能够促进学生对知识进行整合。这三点相互关联,共同构成了跨学科主题学习活动任务设计的核心框架。

关键策略:进阶学习,聚焦问题解决

实施跨学科主题学习活动的关键策略应该指向学生的深度参与和全面发展。首先,聚焦学生综合能力的发展,确保学生在跨学科主题学习中不仅能提升单一学科的能力,还能在多学科融合中形成全面的素养;其次,坚持问题导向的分层目标,通过设定明确且分层次的学习任务,引导学生逐步深入探究,确保学习过程的有序性和有效性;最后,评价学生的问题解决能力,通过多元化的评价方式,全面了解学生在跨学科主题学习活动中的表现,及时调整教学策略,促进学生的持续进步。

一、聚焦学生综合能力的发展

立足音乐学科的跨学科主题学习活动不仅要关注学生艺术核心素养的发展,还需要聚焦课程方案对学生发展的要求,促进学生健全人格的养成。因此,音乐教师需要从培养学生综合能力的角度将美育与德育、智育、劳育、体育相结合,深度挖掘教材当中或者课堂之外的教育资源,帮助学生用较为综合的知识促进其对音乐本体的认知和理解。

在"我们的诗词秀"跨学科主题学习活动中,教师通过美育与德育的结合,选取表达爱国主义情感的诗词,引导学生体会诗词情感,培养文化自信和民族自豪感。同时,将美育与智育相融合,让学生分析诗词的音律特点,结合音乐知识,提升智育水平。在活动准备中融入劳动教育,通过分工合作完成编排、道具制作等任务,培养学生的劳动技能和团队合作能力。此外,与体育相融合,设计舞蹈动作和身体律动,增强表演感染力和身体协调性。通过这些跨学科的学习体验,学生不仅能够深入理解诗词之美,还能在综合艺术展示中提升自己的综合能力。

二、坚持问题导向的分层目标

在确定整体的学习目标后,教师需要将目标转化为可以让学生开展任务学习的驱动性问题,并且根据驱动性问题设计若干学习任务,让学习更有层次性,也能够使整个跨学科主题学习目标更加清晰、方向更加明确。

我们仍以"我们的诗词秀"为例[①],执教教师将目标设置为以下内容。

---

① 该案例由上海市徐汇区康健外国语实验小学沈欣妍、孙思祺老师提供。

1. 学科目标

(1) 复习已学歌曲上海音乐出版社版《音乐》三年级上册第二单元"快乐歌"《读唐诗》,结合古诗词的音律、句法和韵脚等特点,体会词与唱的紧密联系。

(2) 能以视听结合、借助识读乐谱的经验,用柔和的音色熟练齐唱重点学唱曲目《游子吟》,并能配合演唱进行恰当的朗诵。

(3) 能在教师的引领下比较和讨论熟悉的古诗作品,按照分类归纳并开展综合性艺术表演活动。

(4) 能自主收集生活中的诗词歌曲并进行交流介绍,合作展示。

2. 跨学科主题学习目标

根据已学语文教材中熟悉的古诗文篇目及相关文学常识,结合自身理解和情感体验,借助音乐课堂进一步感受诗词和音乐的相互融合,以及由此而产生的由诗到歌、由文字美向音乐美的递进和升华,形成对中华优秀传统文化的深厚感情,积极开展叙事诗的创意实践活动,完成剧本台词的设计、分工、排练和展示。

教师提炼出主要问题:如何用丰富的综合艺术形式设计唯美的诗词秀,从而在"一班一品"活动中展现学生对古诗词歌曲的理解,展现艺术风采? 针对这个主要问题,教师设计了分层任务与目标。

一、主题活动任务设计

活动任务	学习内容分析	跨学科融合点 (与语文、戏剧学科)	学习要求
任务1:以唐诗为创作素材的歌曲有怎样的特点?	• 《读唐诗》:C宫调,四四拍歌词 • 歌曲分为两个部分,引用了古代诗人词人经常作为创作素材的月光、白雪、白鹭、红豆、战士、旅客等景、物、人的形象。歌曲的音律和句法押韵、对仗,既继承了唐诗的音律句法特点,又发展创新了独特的音乐特点 • 按古诗内容分类: 咏物诗——《咏鹅》 山水田园诗——《小池》 抒情诗——《游子吟》 送别诗——《赠汪伦》 叙事诗——《清明》 边塞诗——《出塞》	• 古诗词将音乐和文字结合,通过旋律和节奏,进一步表达和强化了古诗的意境与情感。这种结合使精炼且富有意象的古诗词通过声音得到了升华,增添了美感	• 通过背诵《读唐诗》中枚举的学生在小学语文课学习过的各种诗歌,了解古诗词音律韵脚特点。比较探索歌曲歌词的音律韵脚特点;用适切的、柔和且自然的声音优美地演唱歌曲《读唐诗》 • 积极参与已学古诗的内容分类的讨论,枚举代表作,欣赏补充片段诗歌音乐《咏鹅》《小池》

续　表

活动任务	学习内容分析	跨学科融合点 (与语文、戏剧学科)	学习要求
任务2 我们能用怎样的艺术方式表达古诗音乐的深情含蓄?	• 《游子吟》:降E宫调式,四四拍 • 歌曲分为两个乐段,前半段以较低音区的旋律娓娓道来,描绘了母亲在灯下为孩子缝补衣衫的温馨情景;后半段旋律由抑转扬,并在上扬前增加了十六分音符的转音,使得音乐情绪更深一层 • 补充内容:欣赏人民教育出版社版《音乐》五年级下册第五单元"古韵新声"《静夜思》,G宫调式,四四拍	• 通过歌曲旋律高低强弱的变化,增加语言的听觉美感,将古诗蕴含的含蓄情感直观生动地表达出来,加强情感共鸣	• 结合配乐朗诵和学唱,感受和表现歌曲对母亲的深切思念和深重的感恩之情 • 通过学习歌曲《静夜思》二声部合唱和运用乐器模拟软件,如"库乐队"APP中古筝及二胡两声部的合作演奏,体会旋律描写对于诗词的情感的烘托
任务3: 我们能用怎样的艺术形式表达古诗音乐的慷慨激情?	• 歌曲《出塞》:降E羽调式,四四拍 • 歌曲分为两个乐段,节奏鲜明。以琵琶和鼓声作为前奏渲染了战争的紧张气氛,歌词部分由铿锵到昂扬,增强了诗句中表达的早日平息边塞之战,使人民过上安稳日子的盼望之情。同时,第二段以合唱的形式展现,让和声更加丰富饱满,结尾处的节奏放缓,悲凉中饱含期待。带有强烈的鼓舞性 • 补充古典舞律动《踏歌》	• 通过振奋人心的鼓点节奏和整齐统一的古典舞步,加强对诗人立志报国和建功边陲的担当精神的理解,促进对诗歌表达的爱国精神和英雄气概的情感认同	• 感受《出塞》豪迈振奋的节拍律动,熟悉和模仿战鼓的演奏方法,选择合适的节奏型,按照音乐的速度与节拍合奏 • 依据诗歌《赠汪伦》送别李白时在岸边踏歌起舞的情境,学习古典舞蹈基本舞步并配合诗歌《出塞》表演
任务4: 合作表演一个古诗词故事	• 古诗歌曲《元日》:G宫调,二四拍 • 根据音乐素材,进行短小的剧本创编、台词设计,并尝试角色分工进行剧本表演	• 了解诗人和诗歌的历史背景,积极参与简单剧本编创和剧情表演,设计台词语言,并配乐表演,使古诗词故事更加生动 • 加强学生对角色情感状态的体验,培养其想象能力,以及舞台表演意识	• 根据教师提供的或同伴收集的素材,为古诗《元日》编创一个短小剧本,并开展有台词、有音乐的故事表演

二、主题活动实施

课时分配	课时目标	课时涉及任务及内容
第一课时	• 复习歌曲《读唐诗》，交流歌词，结合语文学习经验，按内容讨论古诗分类，增进学生对于古诗文化的了解，激发学生对于古诗文化的喜爱。能够理解"诗中有画、画中有诗"的意境之美，并且能配合音乐进行表演唱	• 复习歌曲，品味诗词音韵。唱准歌曲中的旋律。能吐字清晰、有强弱变化地表达歌词内涵 • 讨论枚举已经学过的优美唐诗，背诵听赏片段《咏鹅》《小池》，为之后的学习做好铺垫
第二课时	• 学唱歌曲《游子吟》，体会母亲对孩子朴素而真挚的情感，以及默默付出不求回报的伟大品格 • 通过配合音乐进行朗诵、律动、行古代行礼等方式，让音乐和古诗的意境融为一体，形成对孝文化语境的深刻理解 • 补充欣赏《静夜思》，熟悉和并演奏二声部旋律	• 学唱歌曲，体会古代文人的感恩孝心 • 了解古诗词作者孟郊及诗词创作背景，加深对文化语境的理解和情感认同 • 能学习古代行礼的姿态和动作，在歌曲末尾通过行礼动作，将词曲意境融合为一体
第三课时	• 感受歌曲《出塞》的豪迈与壮志雄心，感受诗人希望起任良将，早日平息边塞战事，使人民过上安定的生活的美好愿望。通过模仿战鼓声、踏歌送行等方法，为《出塞》增添生动的音乐与舞蹈元素	• 聆听交流，熟悉旋律 • 了解背景，体会诗人立志报国的英雄气概。创编符合音乐的演奏鼓点 • 结合汪伦送别李白时踏歌起舞的美好场景，学习古典舞的基本舞步
第四课时	• 感受歌曲《元日》的喜庆之情，借助学习单和音乐资源，以《元日》为线索，引导学生完成剧本和台词创编。分别以王安石、皇帝和百姓的视角，展现新年的喜庆氛围和推行新法后的希望。同时，也表达对国家繁荣昌盛的美好愿景 • 落实分工排练和展示	• 了解《元日》背景，师生交流、根据剧情，确定角色 • 分组讨论，组织台词 • 选择相关支持素材，有序开展剧本排演 • 展示与互评

三、评价学生的问题解决能力

　　教师开展跨学科主题学习活动时需要特别关注学生的问题解决能力。为了全面评价学生在跨学科主题学习活动中的表现，教师可以从创意实践、跨学科融合能力、团队协作与沟通能力以及艺术核心素养这四个关键维度入手。

对创意实践的评价,教师可以通过观察学生在编创表演中的参与度和创新能力来进行。对跨学科融合能力的评价,教师需要考查学生是否能够有效地融合不同学科的知识,形成多元化的解决方案。对团队协作与沟通能力的评价,教师需要观察学生在团队中的表现,如是否能倾听他人意见并主动提供帮助。对艺术核心素养的评价,教师需要关注学生在表演中的表现能力,以及他们是否能够准确表达作品的意境和情感。

为了实现有效的评价,教师可以选择合适的评价方法。对学生进行过程性评价,主要指教师通过观察学生在学习过程中的表现,记录他们的参与度、协作和交流能力。例如,教师可以记录学生在课堂实践、讨论活动中的表现,评价他们是否积极参与每一次音乐课堂实践,是否积极参加对歌曲进行编创表演的讨论活动。另外,教师还需要对学生进行结果性评价,通过学生的最终作品或表演来评价他们的艺术表现和跨学科融合能力。教师可以评价学生对本组创意节目的音乐表演是否理解到位、表达清晰完整,是否能有效地融合语文、历史等学科的知识,深刻理解古诗词的含义和历史背景。

综合评价结合教师和同伴的评价,形成全面的评价结果。教师可以使用综合评价雷达图,从多个维度评价学生的表现,如创意实践、跨学科融合能力、团队协作与沟通能力、艺术核心素养等,为学生提供具体的反馈。此外,教师可以设计过程性评价表和结果性评价表,明确一级指标和二级指标,系统地记录和分析学生的表现。通过这些方法和工具,教师可以全面了解学生在跨学科主题学习活动中的表现,及时发现学生在学习过程中的问题,并给予适当的指导和帮助。这种评价方式不仅关注学生的个人表现,还重视小组合作和团队协作,体现了教育评价的多元化和综合性。

表8-2 "我们的诗词秀"跨学科主题学习活动评价表

评价类型	评价指标		评价星级		
	一级指标	二级指标	个人	小组	总计
过程性评价	主动参与	积极参与每一次包括聆听、演唱、演奏或律动等学习模块音乐课堂实践			
		积极参加每一次对歌曲进行编创表演的讨论活动			
	协作交流	能完成小组中"我"应承担的任务			
		在活动中,能倾听他人、主动帮助他人			
		讨论时能提出核心的观点或创意			
		能加工他人的观点和创意,并产生更好的想法			
	艺术表现	能在表演时做到全过程相互配合、自信大方			
		能积极且中肯地点评别人的艺术表现			

续 表

评价类型	评价指标		评价星级		
	一级指标	二级指标	伙伴	教师	
结果性评价	艺术表现	对本组创意节目的音乐表演理解到位、表达清晰完整	每人投票选出"最佳表演组"		
	跨学科融合	有效地融合语文、历史等学科的知识,深刻理解古诗词的含义和历史背景			
	创意实践	能够合作编创小型歌舞表演《元日》,形成富有诗歌的诗词秀			
综合评价	教师、观赏者的评价		个人综合评价雷达图		

个人综合评价雷达图：参与 40 30 20 10、合作、创意、排练、成果 —— 满分 —— 得分

进阶改进：展示成果，提升专业素养

跨学科主题学习活动在提升学生能力的同时,也推动了教师专业能力的发展。开展跨学科教研活动,并将成果转化成可推广的经验,是促进教师团队协作与知识整合、优化教学设计与创新的重要途径。

一、跨学科教研活动的关键要素

基于跨学科主题学习的多学科特点,跨学科主题学习活动设计技能的提升还需要教师结合教研活动,形成集智研修的研究模式。在教研活动中,教师需要关注以下内容。

（一）根据跨学科主题学习内容确定教研方式

在跨学科主题学习中,确定教研方式是确保学习活动科学性和有效性的重要环节。当音乐教师自主设计跨学科主题学习内容时,由于涉及与其他学科的融合,如自然、美术、语文等,单凭个人对其他学科的理解可能存在局限性。因此,组建跨学科研究团队至关重要。如果活动涉及同一学科的不同年级段,音乐教师可以与不同年级的音乐教师合作,确保活动设计能够适应不同年龄段学生的需求;如果活动涉及不同学科的同一年级段,音乐教师可以与

其他学科的教师（如美术、语文等）合作，共同设计跨学科活动；如果活动涉及不同学科且跨越不同年级段，音乐教师可以与其他教师形成一个跨学科、跨年级的研究团队，共同设计和实施跨学科主题学习活动。在学校层面的跨学科主题学习活动中，音乐教师应立足学科特点，结合学校项目和育人目标，主导课程设计。通过这些有针对性的教研方式，教师能更精准地把握跨学科学主题学习内容，从而设计出更贴合学生需求、更具科学性的学习活动。

（二）根据跨学科主题学习问题制定教研主题

在尝试跨学科教学过程中，教师要根据学生的实际情况实时进行教学评价和反思，并阶段性地开展以问题为导向的教研活动。教研的主题可以结合实践中遇到的优秀经验或者困难。例如，"如何有效整合音乐与其他学科知识以促进学生对音乐文化的理解""音乐与美术教材的哪些内容板块可以进行跨学科主题学习""如何将信息化手段运用到以音乐学科为主的跨学科主题学习活动中"等。通过集思广益，教师可以共同探讨解决问题的方法，并在教学实践中加以应用，从而不断提升跨学科主题学习活动的设计和实施能力。以下是一位美术教师和一位音乐教师对于马蒂斯的剪纸作品集《爵士》的跨学科教学设计的探讨①。

图 8-1　马蒂斯的剪纸作品集《爵士》

美术教师：我发现二年级教材中的马蒂斯的剪纸作品集《爵士》不仅仅是简单的拼贴，而是一种富有层次的组合。作品中运用了穿插、重叠、多层次覆盖等手法，让整个画面充满了动态美感和律动的节奏。特别是这幅作品的三层构图——白色的马车、深邃的黑色背景和神秘的紫色装饰外框底板，在紫与黑的背景色衬托下，白色的马车显得格外醒目。马车的设计细腻入微，每一处都显得生动而富有力量，仿佛能感受到马匹的呼吸和心跳。

① 该案例由上海市松江区教育学院唐天瑞老师提供。

音乐教师：这听起来非常有趣！从音乐的角度来看，这种层次感和动态变化让我联想到音乐中的节奏和旋律。比如，马车的动态美感可以类比为音乐中的节奏变化，而多层次的覆盖则可以类比为和声的丰富性。我们可以尝试将这种视觉艺术的层次感与音乐的节奏和旋律结合起来，让学生在欣赏剪纸作品的同时，感受音乐的韵律。

美术教师：对啊，马车似乎在柔和舒缓的爵士乐中自由驰骋，马儿昂首挺胸，前蹄轻抬，仿佛在跟随着音乐的节奏翩翩起舞。这种视觉与听觉的结合，可以极大地丰富学生的艺术体验。我们可以设计一个活动，让学生在欣赏马蒂斯的剪纸作品时，同时聆听一段爵士乐，感受两者之间的联系。

音乐教师：这个主意不错！我们可以进一步拓展这个活动。比如，让学生尝试用剪纸的方式创作自己的"音乐画面"，将他们听到的音乐节奏和旋律转化为视觉元素。这样不仅能提升他们的艺术创造力，还能加深他们对音乐和美术之间联系的理解。

美术教师：是的，我们还可以引导学生分析马蒂斯剪纸作品中的水藻和落叶元素，这些元素不仅增添了速度感，还巧妙地打破了画面中三个独立图层之间的界限，使得整幅作品在视觉上更加和谐统一。我们可以让学生在创作中也尝试这种手法，将不同的视觉元素组合在一起，创造出既有层次感又和谐统一的作品。

音乐教师：这样一来，我们的跨学科主题学习活动就更加丰富了！

♪ **互动角**

你在看了以上两位教师的对话之后有什么启发？请写在下面的横线上。

_____

_____

教研活动还可以邀请专家进行指导，拓宽对跨学科理论知识的认识。在不断建构跨学科概念的过程中和实践尝试中逐步提升教师的跨学科主题学习活动设计的能力。

二、跨学科成果转化的有效途径

在跨学科教学实践中，教师还会形成对本学科内容更为深刻的知识经验。例如，音乐教师可以通过跨学科思维夯实自己对其他学科的素养了解，不仅能够提升学生的综合能力，也能够提升教师自己对音乐本体功能的认知能力。这是跨学科教学成果对教师自身综合能力的提升结果，有助于教师在今后的音乐课堂设计中扩宽思维，提升学科资源组合与应用能力。

　　跨学科成果的转化可以通过多种途径实现,每种途径都旨在增强教育的综合性和实践性,促进学生的全面发展。

　　首先,教师的专业发展是关键,通过参与跨学科培训和研讨会,教师能够提升对跨学科教学理念和方法的理解,并通过自我反思和同行评议不断改进教学实践。

　　其次,课程整合与创新为跨学科主题学习提供了丰富的内容和形式。设计和实施跨学科课程,例如组建将音乐与戏剧、文学等学科相结合的"原创音乐剧"社团,以及开发特色课程如"民族音乐之花"和"我是乐器设计师",能够满足学生多样化的学习需求,激发他们的学习兴趣。

　　在跨学科教学实践中,教师会形成了一系列的过程性资料,如活动实施方案、阶段性反思、评价记录、学生作品等。教师可以对这些实践资料进行整理,形成经验论文,收获研究成果。具体的写作技巧与方法可以参考本书第十二章、第十三章中的内容。

🎼 本章小结

📑 章节小结

　　本章探讨了跨学科主题学习活动的设计技能,强调音乐课程与其他学科的融合,以提升学生的综合能力。教师需了解跨学科主题学习的四种类型,并思考如何选择主题、设计活动步骤、整合多学科知识和技能,引导学生进行深度的探究和学习。通过这些方法,学生可以更全面地理解音乐,形成综合解决问题的能力、跨学科思维和创新能力,从而促进其全面发展。教师需根据艺术核心素养进行目标设计,结合具体活动的任务进行目标设计,还需要关注学生具体的学习情况,设计有针对性的跨学科主题学习目标。在跨学科主题学习活动中,通过对学生创意实践、跨学科融合能力、团队协作与沟通能力以及艺术核心素养等方面的评价,教师可以全面了解学生在不同维度上的表现。此外,本章提出了跨学科教研活动的关键要素,以提升跨学科主题学习活动的设计和实施能力;还介绍了跨学科成果转化的有效途径,包括教师个人能力的提升和校本课程资源的开发。

🛠 技能操练

　　请你初步确定一个以音乐学科为主的跨学科主题学习活动的主题及目标,并用思维导图的方式说明开展活动的步骤。

☁ 相关资源

♪ 视频内容	课堂实录:跨学科主题学习活动"诗歌演武展芳华"
♪ 执教教师	上海市实验学校附属小学　忻乐

扫码观看视频

▣ 推荐书目

1. 郭华等著:《跨学科主题学习:是什么? 怎么做?》,教育科学出版社 2023 年版。

2. 詹泽慧、季瑜编著:《跨学科主题学习设计与实施》,华东师范大学出版社 2024 年版。

第九章 项目化学习活动设计技能

❓ 学习导引

在第八章中,我们对跨学科主题学习活动有了进一步的认识。跨学科主题学习活动不仅能够激发学生的兴趣,还能让学生在多元的实践体验活动中感受音乐课程的魅力。跨学科主题学习活动的核心在于围绕一个主题,整合多个学科的知识和方法,通过多学科的视角来探索和理解问题;而本章要学习的项目化学习活动则更侧重于以实践为导向,通过设计具体的项目任务,让学生在解决实际问题的过程中运用知识、形成能力。

基于音乐学科的项目化学习活动以学生能力发展为目标,旨在提升学生的思维能力、问题解决的能力、自主学习的能力、与人沟通和合作的能力、信息收集和处理能力。为了在音乐课堂中实现真正的实践,教师和学生需要共同参与到能发挥想象、调查、构建和反映的创造性实践活动中,同时用独特的方式给他们的经历赋予意义。这种学习方式不仅能丰富音乐教育的途径,而且能够促进学生艺术核心素养的发展。那么什么是项目化学习? 项目化学习活动设计包括哪几个方面? 如何设计一个生动而有趣的项目化学习活动呢? 我们需要了解怎样设计驱动性问题,并掌握好项目设计的关键步骤,然后结合项目化学习的思维,就可以进行一个完整的项目化学习活动了。本章还对音乐学科项目化学习活动与跨学科项目化学习活动进行了详细分析,通过鲜活的案例给予教师一定的参考。

🔗 学习脉络

本章聚焦于音乐学科的项目化学习活动设计,强调实践、探究和合作,让学生在解决实际问题中学习。其中,设计驱动性问题是关键,这些问题需要与音乐核心概念和学生经验相关,以激发学生兴趣。接着,本书介绍了项目化学习活动的支架,从而为教师设计项目化学习活动提供步骤参考。此外,本章还提出了实施项目化学习活动的关键策略,以确保项目化学习活动的持续性和影响力,并介绍了如何在音乐教学中有效实施、完善、推广并应用项目化学习活动成果的方法。

核心问题:如何设计驱动性问题

一、什么是驱动性问题

什么是驱动性问题?请你根据自己的理解来回答下面互动角中的问题。

> ♪ **互动角**
>
> 你觉得以下哪些问题属于驱动性问题?请在方框里画"√"。
> □这首乐曲给你怎样的感受?
> □如何正确敲击谱例中的节奏?
> □如何用身体编创音乐?
> □如何举办一场农场音乐会?

驱动性问题主要通过有趣的、与学生亲近的方式驱动学生投入项目化学习活动。驱动性问题具有非常重要的意义,因为它直接驱动学生进入学习情境,使他们成为学习的主体。与日常教学中教师通过各种方法和策略来推进学习不同,在项目化学习中,教师更像是一个幕后的设计者或策划者,通过设计驱动性问题来引导学生。教师在设计驱动性问题时,需要重点考虑这个问题是否具有驱动性,即这个问题是否能够召唤学生、吸引学生,并在整个项目过程中驱动他们全程思考。一个好的驱动性问题应该与学生的生活经验相关,让他们感到问题的真实性和紧迫性,从而激发他们的好奇心和探索欲。同时,它还应该是开放性的,允许学生从不同角度进行思考和探究,以此促进他们的高阶思维和问题解决能力的发展。

(一)驱动性问题本身具有挑战性和开放性

对于整个项目化学习来说,驱动性问题就像一个链条,贯穿始终。因此,问题本身需要有探究的价值。在上面"互动角"的四个问题中,对于"这首乐曲给你怎样的感受""如何正确敲击谱例中的节奏"这两个问题,学生往往通过1—3个学习活动就能够解决,不符合驱动性问题具有挑战性和开放性的特点,同时也缺乏真实情境,无法调动学生学习的积极性;后面两个问题"如何用身体编创音乐""如何举办一场农场音乐会"具有一定挑战性,学生需要思考、收集资料,需要进行调查研究,还要用到跨学科知识,通过交流合作不断改进,从而解决问题,提升能力。

(二)驱动性问题能够激发学生的高阶思维

高阶思维指超越基本知识和简单推理的思维方式,它涉及更复杂、更深入的思考和分析,比如分析与评价、综合与整合、创造性思维、问题解决与决策、跨学科思维等。高阶思维强调对问题的综合理解、批判性思考和创造性解决问题的能力,它能够促进学生核心素养的发展。对于音乐学科来说,高阶思维有以下具体表现,但不局限于以下几个方面。

表9-1   音乐学科高阶思维的表现与驱动性问题举例

思维能力	具体表现	核心素养指向	驱动性问题举例
分析与评价	能够对音乐作品进行深入分析,理解其音乐结构、表达手法和风格特点,感受其艺术价值	审美感知 文化理解	通过学习不同民族的音乐,我们能学到哪些关于他们的文化和生活方式的信息
综合与整合	能够将不同音乐元素进行综合运用,并表现出来	艺术表现 创意实践	如何通过合唱比赛展现班级特色
创造性思维	能够提出独特的音乐创意和创新的演奏方式并进行艺术实践	艺术表现 创意实践	如何在表演中融入中华优秀传统文化元素
问题解决与决策	能够在音乐表演或创作过程中,识别自己或者他人的问题并采取有效的解决策略	审美感知 艺术表现 创意实践	你有什么创意可以让我们的班级音乐会与众不同,从而吸引更多的观众
跨学科思维	能够将音乐与其他学科进行跨学科的整合和应用,拓宽音乐学科的领域和应用范围	审美感知 艺术表现 创意实践 文化理解	我们可以借助哪些科学原理来制作自己的乐器
……		……	

在音乐学科的项目化学习中,学生通过解决实际的音乐问题来锻炼高阶思维能力。在设计音乐作品、探索音乐知识、进行音乐创作和排练的过程中,学生需要运用决策、创造性思维和系统分析等能力。面对音乐表现中的挑战,学生需从多个角度思考,综合不同音乐元素,甚至逆向思考以创新解决方案。这种学习方式不仅提升了学生的音乐理解和表达能力,还促进了他们的音乐素养和创新能力的发展。

二、如何设计驱动性问题

（一）问题指向最根本的音乐素养或核心概念

在音乐学科的项目化学习中,设计驱动性问题的核心在于将问题与音乐学科的核心概念和素养相结合。驱动性问题不仅能够激发学生的兴趣,还能引导他们深入探索音乐的各个方面,从而提升他们的音乐理解和表达能力。以下是将常见的课堂问题转化为驱动性问题的示例和指导。

以下有两个教师在课堂上经常提问的问题,怎么才能把这两个问题转换成驱动性问题呢?

♪ **互动角**

- 这段音乐的速度是怎样的?

  指向的音乐素养或者核心概念:＿＿＿＿＿＿＿＿＿＿＿＿＿＿＿＿

- 你听到这段音乐有什么感受?

  指向的音乐素养或者核心概念:＿＿＿＿＿＿＿＿＿＿＿＿＿＿＿＿

首先,请根据这些问题了解其所指向的音乐素养或者核心概念是什么。

教师在设计驱动性问题时,应聚焦音乐学科的核心概念,如音乐的基本要素——节奏、旋律、速度、和声等,这些要素共同构成了音乐的结构和特点,形成音乐独特的风格和魅力。然而,驱动性问题不仅能够引导学生深入理解音乐的核心概念,还能够促进他们在项目化学习中的主动探索和创新实践。比如第一个问题"这段音乐的速度是怎样的",学生在聆听指定音乐时感知其音乐要素并把它表达出来。这样的问题能够从经验角度丰富学生的聆听经验,但是缺少迁移和能力的提升。教师在设计问题时,应从具体内容的问题迈向能力提升的问题,就需要从具体问题的概念中进行挖掘和提升。"速度"是音乐的要素之一,通常用快速、中速、慢速来进行回答,它能够影响音乐情感和内容的表达。因此,音乐速度的问题其实指向的是音乐基本要素的问题,而音乐的基本要素共同构成了音乐的结构和特点,从而形成音乐独特的风格和魅力。我们可以把驱动性问题设置成"音乐速度的变化对音乐形象有什么影响",或者指向更大的概念——"是什么影响了音乐风格"。

其次,驱动性问题需要在聚焦音乐核心概念的基础上激发学生的好奇心和探索欲,引导他们在音乐学习中思考和实践,从而对音乐核心概念进行深入的探究。"互动角"中的第二个问题——"你听到这段音乐有什么感受",需要学生联系审美感知经验以及生活经验,用形象的语言将音乐用客观的事物或者主观的情感表达出来。它指向的音乐素养或核心概念是审美感知。审美感知是对自然世界、社会生活和艺术作品中美的特征及其意义与作用的发现、感受、认识和反应能力①。如果要提升此问题的实践性和研究兴趣,可以将问题调整为"如何用乐器模拟软件创造一段欢快的旋律",或者指向大概念"怎么提升自己的音乐审美能力"。

(二) 与学生的音乐学习经验产生联系

当驱动性问题指向更本质的或者大概念时,对于不同年龄阶段、拥有不同学习经验的学生来说,需要更加具体形象,并体现在具体的情境当中,以提升学生的研究兴趣。

比如"音乐速度的变化对音乐形象有什么影响"这个问题对于低年级的学生来说需要借助具体情境来进行探究。我们可以创设相关情境,如:"森林王国要举办一场音乐会,什么样的出场音乐能够表现小乌龟和小兔子? 请小组合作进行编创。"

对于"怎么提升自己的音乐审美能力"这个驱动性问题,如果教学对象是小学高年级的学生,可以调整为:"如何设计一份班级新年音乐会歌单""爱国歌曲有什么共同的特点"等有具体情境的问题。

请你联系学生的学习经验将以下问题转换成驱动性问题。

♪ **互动角**

> 问题:音乐对社会有什么影响?
>
> 教学对象:＿＿＿＿＿＿＿＿＿＿＿＿＿＿＿＿＿＿＿＿
>
> 创设的情境:＿＿＿＿＿＿＿＿＿＿＿＿＿＿＿＿＿＿＿
>
> 驱动性问题:＿＿＿＿＿＿＿＿＿＿＿＿＿＿＿＿＿＿＿

(三) 从课堂经验中提炼有价值的信息

同一个教学设计在不同的班级实施,面对不同的学生,教学效果也会有所差异,这也促使教师要不断提高自己的教学能力。教师往往在实际课堂教学中会发现没有一个教学设计是完美的,因为它并不能满足所有学生的需求。那么,教师就要善于从课堂经验中提取有价值的信息,优化教学方法。

课堂经验可以从课堂互动或者课后调查中获得。

例如,在课堂问题交流中,教师播放表达优美抒情情绪情感的音乐时,有的学生回答"我觉得是欢快的"。那么,这时候教师应该怎么应对? 学生的回答是错误的吗,还是教师的提问存在问题呢? 如果教师追问:"为什么你觉得是欢快的? 这段音乐让你想到了什么欢快的情景?"学生回答:"我想到了我和妹妹在游乐场玩,我很快乐!"教师回应:"也就是这段音乐给你带来的心情是愉悦的。那么它的旋律是活泼跳跃的,还是抒情优美的呢?"这时候学生

---

① 彭吉象,刘沛,尹少淳. 义务教育艺术课程标准(2022年版)解读[M].北京:北京师范大学出版社,2022:54.

才会慢慢理解音乐要素和音乐情境感受之间的关系。

在课堂中,学生往往从主观情感的角度来回答问题,弱化了音乐本身的要素。针对上面这个案例,教师可以引导学生思考"如果你要为朋友推荐音乐歌单来分享快乐的情绪,你会创建怎样的歌单"这一驱动性问题。

教师可以为学生提供一些思维工具,如 KWS 思维工具(即关键词——keywords,问题——what,解决方案——solutions)。

表 9-2　KWS 思维工具

主题(topic：)		
我知道什么 (what I know)	我想学什么 (what I want to learn)	可能的资源 (possible sources)

综上,教师可以通过课堂观察和互动来捕捉学生的直觉反应,为调整教学策略提供线索,还可以通过追问来进一步探索学生的想法。此外,利用 KWS 等思维工具来系统地分析课堂经验,有助于教师更清晰地了解学生的学习需求和兴趣点。在"我知道什么"部分,记录学生已经掌握的音乐知识和他们对音乐的初步理解;在"我想学什么"部分,收集学生希望进一步探索的音乐概念或技能;在"可能的资源"部分,列出可以用于支持学生学习的音乐材料、工具或活动,从而设计出更有针对性的驱动性问题。这些问题往往是开放的、具有挑战性的,并且能够引导学生进行深入思考和探索,与学生的实际经验、兴趣和需求紧密相关。

学习线索：项目化学习活动的支架

在学习了如何设计驱动性问题之后,我们可以参考项目化学习活动的支架进行整体设计,即针对项目化学习的"六个维度",对音乐学科项目化学习活动的教学方法的结构与特点进行重构。

一、寻找音乐核心概念

我们需要根据音乐学科的特点,从审美感知、艺术表现、创意实践、文化理解等方面将音乐学科的核心概念进行聚焦。"审美感知"是对音乐作品最直观的认知能力,主要表现为听

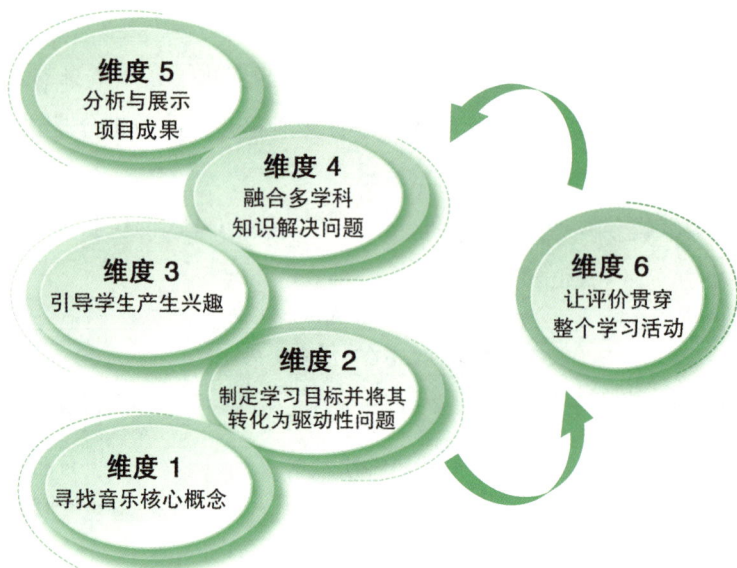

图 9-1　音乐学科项目化学习活动设计的六个维度

辨中外器乐作品中常见的音色、听辨音乐的拍号及强弱规律、听辨中外音乐体裁的风格特点，并且能够理解和把握音乐作品独特的美感，其核心概念可以聚焦到音高、节奏、音色和力度等基本元素的听辨与交流表达上。"艺术表现"是指通过艺术实践活动，如歌唱、律动、演奏等综合性艺术表演的形式来表达美，其核心概念可以聚焦到"正确的发声方法、乐器演奏技巧和身体动作的协调性"等方面。"创意实践"即运用一定的方法进行音乐创作，例如：能根据音乐创作规则编创节奏乐句或短小旋律，能够用借形联想的方法构思形象等，其核心概念可以聚焦到"编写简单的旋律、节奏或即兴演奏，以及通过音乐表达个人的想法和情感"等方面。"文化理解"是理解音乐作品中的多元文化内涵，对不同国家、不同民族的文化背景与人文价值进行了解，其核心概念可以聚焦到"音乐中的不同文化故事"等方面。教师在寻找音乐核心概念的时候，需要明确本项目中最核心的知识点，并根据学科特点和项目需要将之具体化。

二、制定学习目标并将其转化为驱动性问题

在确定核心概念之后，教师就需要根据教学对象的特点制定学习目标，从小学生期待理解和掌握的核心概念出发制定学习目标。学习目标指的是教师希望学生通过此项目掌握的核心知识与能力。如：面对"音的长短"这一概念，对于一年级的学生来说，学习目标是感知音有长有短，能够在教师的引导下用不同的表现形式表现音的长短；对于二年级的学生来说，学习目标可以设置成将不同时值的音符组成节奏。根据项目化学习活动的特点，我们还要将实现目标过程中学生持续关注、探究的问题，转换成驱动性问题。驱动性问题基于某个特定情境，能够驱动学生学习相关知识与能力，一般情况下以问题的形式出现。比如，我们

如何从音乐中听出作曲家想要表达的情感或故事？同样是进行曲，为什么有些听起来很庄严，而有些听起来很活泼？

综上，在驱动性问题的设计中，教师需要根据不同年龄段学生的认知特点，探寻核心概念，制定学习目标。随后，要根据驱动性问题的探索性和可开放性特点，将核心知识进行转换。在此过程中，教师需要结合学生的已有知识与经验，了解驱动学生去探究的重要问题是什么，从学生的角度设计驱动性问题。

三、引导学生产生兴趣

兴趣是学习活动的基础和动力。根据小学生活泼好动的特点，项目化学习活动需要从学生的已有经验出发，创造"触手可及"的环境，激发学生的学习兴趣。这里的环境不仅仅指的是教师精心布置的具有艺术氛围的教室环境，也指项目活动内在的学习环境。在具体实施中，教师需要关注以下两点。

（一）注意活动素材与活动目标的匹配性

教师应精心挑选与教学目标相匹配的音乐作品和活动素材。例如，侧重"审美感知"活动需要选择易于理解的代表性音乐；侧重"艺术表现"活动需要为学生提供多样化的材料和创作自由。这样的匹配可以帮助学生更好地理解和参与音乐学习，同时提升学生的学习兴趣。

（二）营造互动式学习氛围

在营造互动式学习氛围时，教师需要设计多样化的互动环节，注重学生的主动参与和合作交流方法。建议可以开展角色扮演与情境模拟活动，比如让学生分组扮演作曲家、演奏者和听众，围绕问题展开讨论；组织小组协作与互评活动，将驱动性问题分解为小组任务，并要求小组展示创作成果，开展互评；还可以借助数字化工具增强互动性，共享创作思路，或通过投票选出"最打动人心的音乐片段"。在整个过程中，教师要扮演好"催化剂"的角色，通过开放式的提问引导学生深度交流，当小组出现摩擦时，可以用"你们的分歧点是什么，如何解决"等问题推动学生自主协商。这些互动设计需要与学科目标紧密结合，让学生在互动中自然应用所学知识。

四、融合多学科知识解决问题

在项目化学习的框架内，融合多学科知识解决问题，不仅能够让学生在项目化学习中深入理解音乐学科核心概念，还能够将音乐与其他学科知识相结合，从而构建一个全面的跨学科知识网络体系。这种方法有助于培养学生的综合思维能力、创新能力和问题解决的能力。小学开设了音乐、美术、科学等课程，项目化学习可以有机地整合这些课程，让学生的艺术理解能力在实践中得以提升。

让我们来看看在"美妙的声音"项目化学习活动①中运用到了哪些学科知识,学生又是怎样运用综合知识来解决问题的。

表9-3　"美妙的声音"项目化学习活动设计

项目名称:美妙的声音(二年级第一学期)	项目时长:8课时

主要学科:音乐　　相关学科:美术、科学

项目简述:本项目围绕"音符的长短"这个问题,引发学生思考与探索二分音符、四分音符、八分音符与十六分音符的不同。学生在完成用同一种乐器演奏不同音符、用乐器完整演奏一段节奏的项目过程中,与同伴讨论,制作音符图片,研究乐器材质,实地聆听音乐会感受音符长短,并根据音符时值的长短寻找所匹配的演奏乐器进行节奏演奏,一步步完成项目,产生深度理解。

教材和相关资料:音乐教材;与不同乐器有关的材料

核心知识	1. 列出这一单元所涉及的主要知识点 (1)借助网络等资料了解为何音符有长短 (2)认识二分音符、四分音符、八分音符与十六分音符 (3)制作电子任务单,区分二分音符、四分音符、八分音符与十六分音符的形状 (4)知道节奏是怎样创作的 (5)了解不同音符的组合对音乐的表现力的影响 2. 提炼学科关键概念或能力 关键概念:音乐表现
驱动性问题	1. 本质问题:音符时值的长短 2. 驱动性问题:如何创作不同音符组成的美妙音乐

成果与评价

个人成果:能够用一种乐器演奏不同时值的音符　评价的知识和能力:音乐的基本知识

团队成果:结合所掌握的知识,小组分工合作演奏自己创编的由不同时值音符组成的节奏

评价的知识和能力:
(1)不同音符时值的长短
(2)节奏的创作

评分表

组别	第一组	第二组	第三组	第四组
展示结果(互评)				
展示结果(师评)				

总体评价

说明:评测结果分为 A、B、C

① 该案例由上海市松江区九亭第三小学苏昊文老师提供。

续　表

		评价标准		
		A	B	C
过程表现	小组分工	完全自主选择	基本自主选择	不能自主选择
	完成情况	完成	基本完成	未完成
	音符准确	完全正确	基本正确	有多处错误
	书写规范	音符书写正确	音符书写基本齐全	音符书写多处遗漏
创意表现	节拍	准确	基本准确	多处错误

公开方式： 1. 网络发布（　） 2. 成果展（√） ……	评价的知识和能力： 1. 节奏编创 2. 团队合作

高阶认知	主要的高阶认知策略： 问题解决（　）决策（　）创见（√） 系统分析（　）实验（　）调研（　）

实践与评价	涉及的学习实践： 1. 探究性实践（√） ● 探索音符时值的长短（√） 2. 社会性实践（√） ● 向大家展示演奏自己用不同时值音符创作的节奏 3. 调控性实践（√） ● 明确实验目标，在过程中调控好节奏演奏的准确性及演奏速度 4. 审美性实践（√） ● 演奏出的节奏怎样能听起来更加舒适 5. 技术性实践（√）	评价的学习实践： 1. 探究性实践（　） 2. 社会性实践（√） 3. 调控性实践（　） 4. 审美性实践（√） 5. 技术性实践（　）

● 运用网络了解为何音符有长短;制作时值对比表格;能创作由不同时值组成的节奏;准确把握不同音符,控制节奏演奏的速度	

项目过程:

1. 入项活动

(1) 收集身边长短不同的声音

(2) 演奏一种乐器发出长短不同的声音

(3) 将长短不同的声音与不同时值的音符图片一一对应

(4) 用长短不同的声音组成一段节奏

2. 知识与能力建构

(1) 教师提出问题:小狗、鸭子、山羊的叫声有何不同？从而引出对声音长短的探索

(2) 教师在课堂上运用钢琴演奏不同时值的音符,让学生感受不同音符时值的长短

(3) 出示不同时值的音符图片:二分音符、四分音符、八分音符、十六分音符。将不同动物的声音、乐器演奏出来的声音,通过小组合作的方式进行观察、聆听、演奏等,使之与音符图片一一对应

3. 探索与形成成果

(1) 生活中的长短声音探索。小组成员反馈收集到的自己在生活中听到的长声音与短声音

(2) 用不同的打击乐器演奏不同长短的声音。根据打击乐器的材质匹配生活中听到的长声音与短声音

(3) 小组完成后进行集体交流。将长短不同的声音与不同时值的音符一一对应

(4) 编创节奏。根据不同音符时值的长短完成节奏的编创,在此过程中可以寻求教师或小组内有音乐基础的学生以及校外专业人士的帮助

4. 评论与修订

(1) 个体和项目小组根据小组内与小组间分享形成的意见进行节奏的编创

(2) 形成最终可以参加成果展的节奏作品

5. 公开成果

(1) 每个小组按照探究过程中选择的打击乐器演奏小组内创编的节奏,录制小视频进行线上展示

(2) 收集线上展示后大家的意见和观点

6. 反思与迁移

(1) 撰写反思笔记

(2) 演讲。讲述自己和团队创编节奏的过程,以及对不同音符时值的理解

所需资源	1. 二分音符、四分音符、八分音符和十六分音符的图片 2. 双响筒、三角铁、串铃、钢琴等演奏乐器

"美妙的声音"项目化学习活动旨在让学生知道音乐并不是只能由乐器产生,音乐就在我们的身边,在我们的生活中。请再仔细阅读表9-3中的内容,并完成互动角中的问题。

♪ 互动角

- 主要核心知识(音乐学科)＿＿＿＿＿＿＿＿
- 其他学科核心知识

学科：＿＿＿＿　核心知识：＿＿＿＿＿＿＿＿

学科：＿＿＿＿　核心知识：＿＿＿＿＿＿＿＿

如果请你来设计这一项目活动,你还能融合什么学科知识?

＿＿＿＿＿＿＿＿＿＿＿＿＿＿＿＿＿＿＿＿＿＿＿＿＿＿＿

＿＿＿＿＿＿＿＿＿＿＿＿＿＿＿＿＿＿＿＿＿＿＿＿＿＿＿

五、分析与展示项目成果

在项目化学习活动中,对项目成果的分析和展示是两个重要环节,它们共同确保了学生项目化学习目标的实现和学习过程的"可视化"。

分析项目成果是对学生学习过程和最终产出的全面评价过程。这一过程用于判断学生是否达到了预定的学习目标,涉及评价学生对音乐概念的理解、在项目中的参与程度以及所展现的创新和问题解决能力。通过这种分析,教师可以获得反馈,评判教学方法的有效性,并据此调整教学策略。

展示项目成果则为学生提供了一个平台,使他们能够分享自己的学习成果,并从更广泛的观众那里获得反馈。这种展示不仅能增加学生的参与感和成就感,而且还可以促进他们的批判性思维和沟通能力的发展。项目成果可以分为最终成果和阶段性成果。最终成果通常指的是项目完成后的完整产出,如一首完整的音乐作品或一场音乐表演。阶段性成果则包括项目进展中产生的中间产物,如音乐创作的思维导图和过程性的音乐素材,这些都能反映学生的学习进展和思考过程。

展示项目成果的形式应该是多样化的,以吸引学生和观众的参与。现场表演是一种直接的方式,学生可以在学校的音乐厅或其他公共场合展示他们的音乐才能。视频展示则鼓励学生将自己的表演录制下来并上传到网络平台,这样不仅能够记录他们的成果,还能让更多的观众参与进来。此外,学生还可以通过举办展览或互动工作坊来展示他们的项目,这些活动可以让学生与观众进行更直接的交流和互动。

例如,在"美妙的声音"项目化学习活动中,学生通过录制视频来展示他们用打击乐器演奏的自创节奏。这种展示方式不仅使得项目成果直观可见,而且还可以通过线上平台收集来自不同观众的反馈和观点,从而为学生提供宝贵的学习机会。通过这样的展示活动,学生能够在实践中应用他们的音乐知识,同时也能够提升他们的批判性思维和沟通能力。这种展示方式更加注重学生的主动参与和实践应用,有助于学生在真实情境中学习和成长。

六、让评价贯穿整个学习活动

在项目化学习中,评价环节对于确保学习目标的实现和指导学生未来的学习具有重要作用。它不仅帮助教师确认预设的学习目标是否达成,还为教师和学生提供了衡量进步的工具,确保了学习活动的质量,并支持了学生的持续发展。将评价自然地融入项目化学习的每个阶段,可以更全面地反映学生的学习过程和成果。

评价主要分为两种方式:过程性评价和总结性评价。过程性评价关注学生在学习过程中的表现和进步,而总结性评价则主要是在项目结束时对学生的整体表现进行评价。在过程性评价设计中,教师在设计学生作品呈现形式的时候需要做好提前规划,如根据学生接受程度可以将作品呈现形式进行分级——基本完成的和完成较为出色的,这样在评价的时候根据不同层级的作品,制定出不同的评价标准,以对不同层次的学生的理解与掌握情况进行差异化、个性化的评价。

表9-4　过程性评价量表

	评价内容	自　评	组内评	师评
参与态度	对实践活动感兴趣	☆☆☆	☆☆☆	☆☆☆
	能认真参加活动	☆☆☆	☆☆☆	☆☆☆
	能仔细观察思考问题	☆☆☆	☆☆☆	☆☆☆
	能认真查阅相关资料	☆☆☆	☆☆☆	☆☆☆
	在研究活动中想办法克服困难	☆☆☆	☆☆☆	☆☆☆
合作意识	在活动中能积极参与小组活动	☆☆☆	☆☆☆	☆☆☆
	能主动帮助别人	☆☆☆	☆☆☆	☆☆☆
	遇到困难时,能主动寻求帮助	☆☆☆	☆☆☆	☆☆☆
	能虚心地听取别人的建议	☆☆☆	☆☆☆	☆☆☆
	在小组活动中能充分发挥作用	☆☆☆	☆☆☆	☆☆☆
	愿意和别人一起分享研究成果	☆☆☆	☆☆☆	☆☆☆

续　表

	评价内容	自　评	组内评	师评
探究实践能力	善于思考,能独立发现并解决活动中问题	☆☆☆	☆☆☆	☆☆☆
	能与别人合作解决遇到的问题	☆☆☆	☆☆☆	☆☆☆
	对于观察中发现的现象、问题,能进一步进行探究	☆☆☆	☆☆☆	☆☆☆
	观察记录完整,做好资料的整理、归类和存放	☆☆☆	☆☆☆	☆☆☆

☆☆☆:表现优秀,学生完全达到了预期的学习目标,并且在某些方面表现出色,达到基本要求。
☆☆:表现良好,学生达到了预期的学习目标,但在某些方面还有提升的空间。
☆:表现尚可,学生基本达到了学习目标,但需要在多个方面进行改进以达到更好的学习效果

　　如表9-4所示,教师将评价量表分为参与态度、合作意识和探究实践能力等方面,这样的评价标准适合于大多数项目化学习活动,教师可以根据具体项目进行细化。

　　总结性评价在项目结束时进行,它更侧重于评价学生的整体学习成果和项目完成情况。以"玩转尤克里里"为例[①],表9-5展示了一个总结性评价模板,其中包括学习表现、探究意识、合作意识和学科知识等方面的评价内容。这种评价方式可以帮助学生反思整个学习过程,更好地了解自己需要改进的地方。

表9-5　"玩转尤克里里"课程总结性评价

评价要素	评价结果	评价标准与内容
学习表现		需要在教师的引导下完成学习任务;学习课程的兴趣一般;能演奏1首乐曲/歌曲
		能主动参与课程学习;能按时完成学习任务;能熟练演奏2—5首乐曲/歌曲
		能积极主动参与课程学习,有进取心;能按时完成学习任务,学习兴趣浓厚;有克服困难的毅力,愉快地参与课程学习以及作品展示;能熟练演奏5首及以上乐曲/歌曲
探究意识		感受、理解和运用简单的艺术创造规则与原理较困难;运用艺术语汇、材料与表现形式呈现创造内容较困难
		能正确理解并运用简单的艺术创造规则开展创造活动;能运用一定数量的艺术语汇、材料及合理的表现形式呈现创造内容
		能正确理解并运用简单的艺术创造规则、原理开展创造活动;能运用较丰富的艺术语汇、材料及有创意的表现形式呈现创造内容

---

① 该案例由上海市松江区九亭第五小学毕雅珺老师提供。

续　表

评价要素	评价结果	评价标准与内容
合作意识	🎸	需要在教师的引导下和同学交流合作
	🎸🎸	能与同学共同学习,相互促进,共同进步
	🎸🎸🎸	非常乐意与同学共同学习,相互促进,共同进步;积极参与讨论或探究,乐于帮助同学;乐于在小组学习中主动承担任务
学科知识	🎸	辨别常见乐器音色较困难;分辨音乐的节拍较困难;感受音乐情绪较困难;辨别音乐力度强弱较困难;演奏常见的节奏型较困难
	🎸🎸	能辨别常见乐器音色;能分辨音乐的节拍;能感受到音乐情绪;能辨别音乐力度强弱;能演奏1—2种常见的节奏型
	🎸🎸🎸	能辨别常见乐器音色并根据不同乐器音色的特点为音乐伴奏;能分辨音乐的节拍,能根据节拍的强弱规律做身体律动;能感受到音乐情绪,并用语言描述出来;能辨别音乐力度强弱;能熟练演奏3种及以上常见的节奏型

在"玩转尤克里里"项目化活动反思中,教师计划通过设立课堂展板和艺术墙来记录与展示学生的成长及成果,以此激励学生并促进同伴间的学习。此外,我们还建议教师可以在学期末开展评比活动,如评选"五彩小乐手"和"十佳社团成员",以表彰杰出,树立榜样,激发学生的积极性。同时,在评价过程中,应采用多样化的评价方法,确保每个学生都能在项目中获得成就感,从而增强自信并推动学习进步。这些措施将共同营造一个鼓励成长和认可成就的学习氛围。

结合以上两种评价方式,教师能够更全面地了解学生的学习状况,同时学生也能够清晰地看到自己的学习成果和进步空间。这种全面的评价机制有助于提升学生的学习动机,促进他们的自我反思和持续进步,最终实现项目化学习活动所设定的目标。

🎼 关键策略:主观能动,促进能力提升

在实施项目化学习活动的过程中,教师的主观能动性发挥着至关重要的作用。这种能动性不仅影响着项目化学习活动的设计和实施,还直接关系到学生学习体验和成果的质量。以下是教师可以发挥主观能动性的两个关键方面。

一、善于捕捉设计素材

在项目化学习活动中,教师的首要任务是捕捉和利用设计素材,这些素材是激发学生兴趣

和创造力的关键。设计素材可以来源于教师的阅读、课堂观察、学生互动以及日常生活中的灵感。当教师树立项目化学习的意识之后，在平常的阅读、上课等工作和生活中就会与项目化学习擦出思维的火花，教师会经常问自己：我可以这样设计吗？我怎么把这个问题转化为驱动性问题？

例如，教师在阅读《给孩子的音乐实验室》①这本书时，对书中呈现的"时钟音乐作品"内容产生兴趣，便结合小学生的特色设计了"美好的音乐时钟"活动，这便是捕捉设计素材的实例。教师可以进一步根据这一活动设计一个驱动性问题："如何用身体创作音乐"，这个问题不仅能激发学生的好奇心，还能引导他们探索音乐与身体动作之间的关系。以下是该活动具体实施的过程。

一、项目简介

本案例聚焦艺术实践与艺术创造活动，围绕驱动性问题"如何用身体创作音乐"，让学生通过项目化学习的方式，设计、表现音乐，提升学生的创意实践能力，促进学生艺术核心素养的发展。

二、项目设计思路

教师选择"时钟音乐作品"这一活动作为设计素材，结合小学生的特色设计了"美好的音乐时钟"项目化学习活动，并设计了一个具体的驱动性问题，根据项目化学习的维度，围绕此问题设计了一系列的学习活动。通过这种方式，教师不仅将阅读中的灵感转化为教学内容，还为学生提供了一个多感官参与和创意表达的平台。

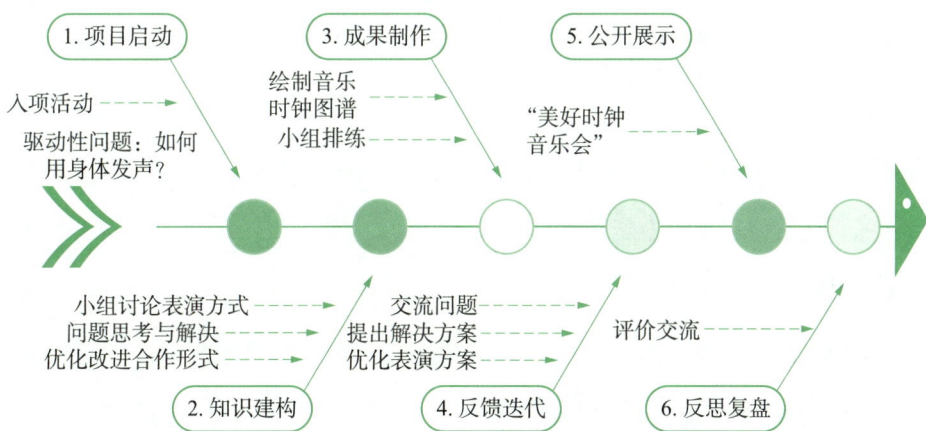

图9-2　"美好的时钟"项目化学习活动实施思路

① ［美］诺尔玛·珍·海恩斯，安·赛尔·怀斯曼，约翰·兰斯塔夫.给孩子的音乐实验室［M］徐韵，任嘉琪，译.上海：华东师范大学出版社，2022：15.

三、项目实施过程

在项目实施过程中,教师通过和学生的互动并及时反思,形成了可持续研究的素材。

1. 入项活动(项目导入)

导入:如何编创一段音乐呢?其实并不难。人人都可以创作音乐,我们也可以把自己的身体部分作为一个乐器。

小组讨论:如何用身体发声?

学生以小组为单位,讨论用身体发声的各种方法,并进行交流汇报。

2. 美好的音乐时钟

(1) 教师展示"美好的音乐时钟"图谱。

(2) 讨论:有几种不同的表演方式?

(学生想到的表演方式:一人分饰一角,以时间段为单位)

> 教学说明:
>
> ① 学习要点。讨论用身体律动发声的方法。
>
> ② 设计意图。基于驱动性问题"如何用身体创造音乐",给予学生充分的讨论时间,在小组讨论中交流创意,为后续编创音乐积累素材。

(3) 小组展示。

学生遇到的问题:小组人数不够、表演声音比较小、音乐的节奏性不够。

(4) 表演中产生的问题讨论。

① 怎么解决小组人数有限的问题?

② 怎么解决表演声音比较小的问题?(例如,摩擦手掌、弹舌……)

③ 怎么让表演更加具有音乐性?

(5) 你还能提出什么问题?

> 教学说明:
>
> ① 学习要点。根据图谱,用不同的方式律动表现,选择最"优"方案。
>
> ② 设计意图。通过讨论团队在音乐实践活动中遇到问题的解决办法,能够提升学生的艺术核心素养与团队协作能力。

(6) 要想让表演有艺术感,需要具备什么要素?

学生的讨论结果：

① 对秒针的速度(一分钟 60 拍)要熟练并且卡在拍点上。

② 可以一个人分饰多个角色，使表演有层次感。

③ 对于打响指比较困难的小组，我们可以编创其他的声音代替。

④ 可以用八分音符、二分音符进行排列组合，丰富音乐的表现力。

3. 编创美好的音乐时钟图谱(结合美术学科)

(1) 教师提供空白的音乐时钟图谱。

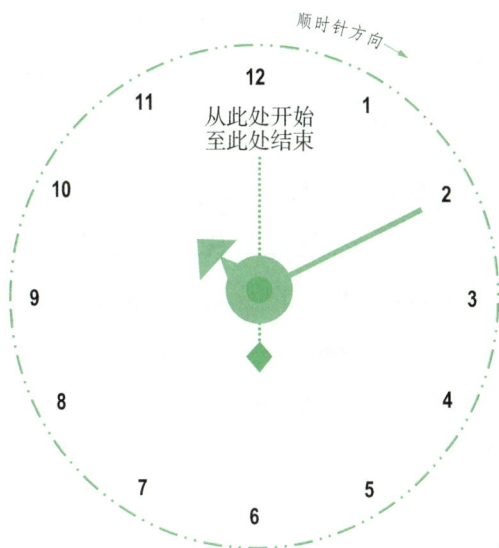

乐曲名称

声音
　为每一种声音确定一个符号，再把它们列在这里，你就知道什么时候该演奏什么了。

作曲者

日期

顺时针方向

从此处开始
至此处结束

(2) 学生以小组为单位进行创作。

(3) 学生讨论，提出问题。

① 在表演时数不准节奏，经常提前或者推后一两拍。

② 小组默契度不够。

③ 音乐美感还不够。

(4) 提出方案。

① 可以由一名学生担任指挥。

② 用不同的颜色表示不同的声部。

③ 可以为某段音乐伴奏(需要调整音乐速度)。

4. 修订成果

学生在两周之内完善作品，他们对于与谁合作、作品的名称与内容有充分的自主权。

根据讨论的问题修改成果。

成果1:学生编创的音乐时钟图谱。

成果2:学生的律动表演视频。

5. 公开展

举办班级"美好时钟音乐会",小组展示、评价。

表9-6 "美好的音乐时钟"评价表

艺术核心素养	内容	评价等级
艺术表现	根据创作的图谱进行表演,节奏正确	☆☆☆
创意实践	作品有完整性、动作有美感,体现团队协作	☆☆☆

　　这个项目化学习活动的设计体现了音乐编创的基础——身体律动节奏的编创以及音符的组成。不仅如此,它还很有趣味性,对于没有乐器学习基础的学生来说,音乐时钟的图谱能够较为直观地表达他们的创作成果,加强学生的创作自信。同时它的开放性和可塑性比较强,相互合作和表演能够激发学生的开放思维。

　　学生在完成项目或任务的过程中,综合应用美术、数学等学科知识来解决实际生活中遇到的困难。艺术课堂中的项目化学习不仅要培养学生的艺术能力和艺术技能,更强调的是与其他知识和学科的交融,使问题解决不再受到学科限制。在实际的课堂教学中,教师需善于捕捉生活中的灵感和素材,将其转化为能够驱动学生主动学习和探索的问题。教师可以从多渠道获取创意,如专业书籍、互动讨论等,并将这些创意转化为具体的教学活动,如小组讨论和创作实践,确保活动既符合音乐学习目标,又能提高学生的参与度和创造力。此外,教师在项目实施过程中应灵活调整教学策略,以适应学生需求,同时鼓励他们在实践中运用知识。

二、巧妙结合学校特色

　　巧妙结合学校特色能够提升教学的相关性和实效性。这样的做法意味着教育活动不仅限于传统的课堂设置,还扩展到了学校特有的环境和社区中,利用这些环境提供的真实场景来丰富学生的学习体验,以提升项目化学习的质量。结合学校特色设计项目化学习活动,不仅是教学创新的重要路径,更是实现教育目标、提升学生综合素养的关键举措。通过将学校独特的资源优势与学科教学深度融合,能够为学生创造更具针对性和吸引力的学习体验。例如:如果学校的特色是劳动教育,教师可设计学生在学校农场开展种植活动以提升学生的劳动技能;还可通过设计"小厨房"体验活动强化劳动成果,通过跨学科综合课程发展学生的核心素养。具体到音乐教师,就可以以学校劳动教育为背景,设计"农场音乐会"的项目化学习活动①。

表9-7　"农场音乐会"项目化学习活动基本信息

项目基本信息			
项目名称	农场音乐会	适用年级	三、四年级
		项目时长	10(课时)
涉及学科及相应教材的章节与内容			
学科	湖北教育出版社版《音乐》二年级上册第六单元"我们爱劳动"《劳动最光荣》 西南大学出版社版《音乐》二年级下册第六单元"金孔雀"《其多列》		
音乐	上海音乐出版社版《音乐》四年级上册第五单元"多彩的歌声"《丰收的节日》 人民音乐出版社版《音乐》二年级下册第七课"跳动的音符"《三只小猪》		
项目关键要素设计			
挑战性问题	本质问题	如何使用音乐表现丰收场景	
	驱动性问题及相关情境	如何策划一场农场丰收音乐会	
项目目标	学科核心内容	欣赏:音乐情绪情感、音乐表现要素、音乐体裁形式、音乐风格流派 表现:声乐表演、器乐表演、综合性艺术表演 创造:声音与音乐探索、即兴表演、音乐编创 联系:音乐与社会生活、音乐与其他艺术形式	
	关键能力	丰富音乐活动经验、提升艺术表现素养、创意实践素养,理解音乐的人文内涵和社会功能	
	价值观念	具有乐观的态度以及对美好事物的热爱之情、热爱劳动、珍惜粮食	
预期项目成果及展示形式		农场音乐会策划书	
项目评价	过程评价点	能够列出策划书大纲,能够在合作中表达自己的观点,乐于和他人合作	
	结果评价点	能够与组员合作完成策划书的设计和撰写,能够在合作中表达自己的观点,乐于与他人合作	
指向驱动性问题解决的问题链(任务链)预设	子问题1	策划一场丰收音乐会要做什么准备	
	子问题2	根据自己的特长你能为音乐会做些什么	
	子问题3	什么样的音乐能表现丰收场景	
	子问题4	你能想出几种表现形式来表现丰收	

① 该案例由上海市松江区九亭第五小学毕雅珺老师提供。

该项目以小学二年级学生为主，以四个版本《音乐》教材中与劳动相关主题的学习内容为基础，让学生在玩中学、在创中学，和组员一起以思维导图的方式设计农场音乐会策划书。该项目以音乐学科为核心，根据学校的劳动教育特色进行策划，利用学校农场作为实际情境，引导学生围绕驱动性问题"如何策划一场农场丰收音乐会"来开展项目化学习。此项目鼓励学生观察和体验农场生活，并将这些体验融入音乐创作与表演中，进而深化他们对音乐的热爱和理解。

综上，教师需要从日常教学的多种渠道中发现有价值的教学资源，并将这些资源转化为驱动性问题，激发学生的好奇心，引导他们进行深入探究和学习。教师还应善于将学校的特色和优势融入项目化学习中，将学校的文化以及可用资源与教学活动相结合，从而创造出与学校特色相符且对学生有吸引力的学习体验。通过捕捉设计素材和结合学校特色，教师可以确保学习活动的相关性、趣味性和教育意义。

进阶改进：修订成果，推广项目经验

一、成果的修订与完善

项目化学习的实施过程是一个动态的能力建构过程。成果的修订与完善确保了学习目标的实现和学习成果的持续改进。在此过程中，教师和学生需要对项目成果进行细致的评价和反馈。具体步骤如下。

第一步，教师组织学生进行自我和同伴评价，收集他们对项目成果的初步看法。

第二步，教师通过问卷调查、小组讨论或个别访谈等方式，广泛收集学生对成果的反馈。

第三步，教师引导学生分析这些反馈，讨论成果的优点和需要改进的地方，鼓励学生思考如何根据反馈进行调整和优化。

在此基础上，教师对学生进行分组指导，针对每组学生的具体成果，提供个性化建议，帮助学生理解如何将反馈融入成果的修订中。

此外，教师预定的成果形式在项目实施的过程中也会根据学生的学习情况进行不断修订和完善。以"农场音乐会"项目化学习活动为例：

初步成果——农场丰收音乐会的策划方案。

存在问题——策划方案撰写完成后，如何修改完善并进行成果展示活动。

解决方法——教师分组指导，并充分利用每个教室门口的电子班牌，开展信息化成果展示活动。

通过及时的修订与完善,可以提升成果的丰富性和适应性,确保它们能够反映学生的学习进展和理解深度。这一流程不仅有助于提高学生的学习动机和参与度,而且使他们学会如何从反馈中学习并进行自我改进,为未来的学习和实践打下坚实的基础。

二、成果的推广与应用

校园艺术节以及以传统节日为主要内容的实践活动在学校活动组织中比较常见,我们也可以用项目化学习支架丰富艺术实践活动路径。以下是学校运用项目化学习思路设计的艺术节活动方案。

活动主题:来,乐游艺术场馆

活动目标:本届艺术节面向全体学生,以"来,乐游艺术场馆"为主题开展系列艺术活动。本次艺术节活动设计基于我校课题"社会—情绪学习理论视角下小学生'三力'培养的研究",结合校本课程"走进美术馆"系列内容,综合小学生艺术审美与创造能力的发展特点,将音乐与美术有机融合,合理广泛运用校外资源,拓宽课堂教学空间,打破艺术教学思维局限,积极探寻培育小学生"三力"的途径、方法和策略。旨在通过活动提升学生的观察力与思考力,进而培养学生的艺术创造思维与能力,以期形成基于实证的有逻辑的完整育人经验,促进学校育人目标的达成。

本质问题:如何让学生认识和感受艺术场馆的独特魅力?

驱动性问题:艺术场馆可以为我们带来什么?

活动内容:

• 一年级:问津——场馆小探员

通过线上及线下的观察、体验、探索,了解美术馆及音乐厅的整体布局与环境,了解艺术馆内欣赏艺术的基本要求,养成良好的艺术欣赏习惯,用画笔描绘出任意一个你在艺术馆中欣赏时印象深刻的场景。

• 二年级:寻趣——图文小旅客

任务一:通过自身观察及教师引导,初步了解美术馆的标识系统,发现场馆内图标各自的特点,学会利用场馆内的标识及提示语进行参观,最终为美术馆设计一套标识系统。

任务二:通过自身观察及教师引导,主动寻找演出介绍册了解演出概况,制作简单的演出节目单(以某位作曲家的某一作品为主)

• 三年级:灵犀——作品小评家

任务一:掌握欣赏静物画、风景画、肖像画的方法,能够用美术语言概括自己对作品

的感受,体味艺术家所要传达的精神理念,并以平面的方式临摹或二度创作自己喜欢的任一展品。

任务二:通过日常观察,在教师的引导下能够发现常见的音乐会节目单内容、排版与布局的一般规范,并选择喜欢的主题设计出内容合理、布局得当且突出主题特点的音乐会节目单。

- 四年级:抒臆——创作小能手

任务一:通过触摸探索和教师讲解,初步了解艺术家使用的创作材料特性,感受艺术作品材料的丰富多样性,体味不同创作材料下艺术作品的魅力,并以立体的方式复刻或二度创作自己所喜欢的任一展品。

任务二:通过收集资料与实践,整理汇总音乐厅的基本规范要求,并择一情境以戏剧形式重现。

- 五年级:集韵——策展小达人

任务　一:了解策展人的职能,知道策展的基本流程,体味各种美术馆及主题展览的艺术魅力,尝试以"六一儿童节"为艺术主题制作一份展览导览手册。

任务二:了解音乐会的基本流程,尝试自己写一份音乐会策划方案,根据自己感兴趣的主题选定作品,统筹安排策划一场小型音乐会。

设计说明:

此项活动需要学生发挥个人领导力与决策力,在活动中可以培养学生科学规划、统筹思考、创意解决、有效推进、审美表达的能力素养——设计力;活动不仅给学生提供展现自我、个性表达以及参与决策的机会,也能培养学生主动参与、和谐融入集体,并积极贡献的能力素养;同时培养学生在人际交往中换位思考、建立理解、产生共鸣的能力素养。

活动展示:

漫游"襄"(苑)内容:(1)举办"襄"艺展;(2)举办襄园音乐会。

在艺术节活动方案中,我们不仅能看到项目化学习在艺术教育中的深入应用,还能发现将学生的艺术实践活动成果推广和应用到更广泛的教育实践中的可能性。学生在艺术实践中创作的成果,如艺术作品、音乐会节目单等,不能仅限于课堂或校园内部展示,而是要探索如何将这些成果发挥出更广泛的教育价值。通过这样的推广和应用,学生的努力和创意不仅能够获得更广泛的认可,而且还可以鼓励其他学生和教师进行类似的探索与创造。

本章小结

章节小结

　　本章聚焦于音乐学科的项目化学习活动设计,强调通过设计驱动性问题、构建学习支架和实施关键策略,促进学生在音乐学习中的全面发展。其中,驱动性问题是项目化学习的核心,教师设计的问题应具备挑战性和开放性,能够激发学生的高阶思维,如分析、评价、创造性思维等。设计时需结合音乐核心概念,如节奏、旋律等,并转化为与学生生活经验相关的问题,以激发他们的探索欲。项目化学习的支架有六个——寻找音乐核心概念、制定学习目标并将其转化为驱动性问题、引导学生产生兴趣、融合多学科知识解决问题、分析与展示项目成果、让评价贯穿整个学习活动,它们可以帮助教师进行结构化的课程设计。

　　当然,教师的主观能动性在项目化学习中的角色也尤为重要。教师在日常教学中要善于捕捉设计素材,结合学校特色设计活动,并在实施过程中灵活调整策略。本章的学习为音乐教师提供了项目化学习活动开展的实用指导和案例,展示了如何在音乐教学中有效实施项目化学习活动,以及如何进行成果修订和评价,从而提升项目化学习的水平。希望教师能够通过本章的学习,设计出更多生动有趣的项目化学习活动,激发学生的艺术潜能,提升他们的综合能力。

技能操练

　　请你结合本章所学,按照下面提供的项目基本信息设计模板,开展项目化学习的探索吧!

项目基本信息设计模板

项目基本信息			
项目名称		适用年级	
设计教师		项目时长	(课时)
涉及学科及相应教材的章节与内容			
学　　科			
项目关键要素设计			
挑战性问题	本质问题		
	驱动性问题及相关情境		

续　表

项目目标	学科核心内容	
	关键能力	
	价值观念	
预期项目成果及展示形式		
项目评价	过程评价点	
	结果评价点	
指向驱动性问题解决的问题链(任务链)预设	子问题 1	
	子问题 2	
	子问题 3	
	子问题 4	

相关资源

♪ 视频内容	课堂实录:项目化学习活动"民族娃娃展风采"
♪ 执教教师	上海市徐汇区光启小学　陈如韵

扫码观看视频

推荐书目

[美]罗斯·库珀、埃琳·墨菲著,赵小莉译:《项目式学习:教师不可不知的 8 个关键问题》,上海教育出版社 2024 年版。

第十章 数字化教学实施技能

❓ 学习导引

　　随着信息技术的不断发展与完善,各类线上教学平台功能也日趋丰富。本章聚焦提升教师的数字化教学实施技能,深入探讨了数字化赋能下的小学音乐课堂形态。通过软件技术的交互应用,教师可以进一步提升整合创新能力、有效突破教学重点和难点,提高教学效率,还能显著提升音乐活动中学生的参与积极性。

学习脉络

```
                    核心问题：如何利用数字化技术      利用数字化技术，丰富学生的学习体验
                    突破教学重难点                借助数字化工具，激发学生的学习动力
                                              通过内外链接，优化教学资源

                    学习线索：数字化教学          探索资源整合路径
数字化教学            实施的路径                  构建个性化学习路径
实施技能                                        拓展教学活动路径

                    关键策略：智能优化，指向艺术核心素养   《踏雪寻梅》案例分析
                                                      《小星星变奏曲》案例分析

                    进阶改进：交互巧用，提升课堂互动质量   运用软件组合，丰富课件内容
                                                      整合资源，充实课件素材
                                                      依托数字技术，构建互动型音乐课堂
```

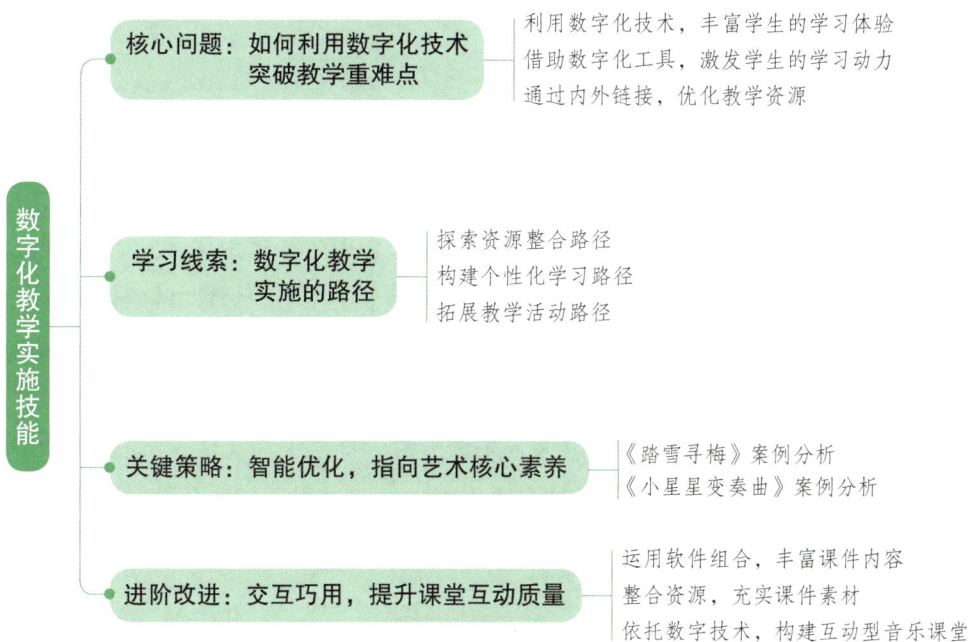

　　本章主要探讨数字化教学在音乐学科中的具体实施技能,重点分析了如何有效运用数字化技术提升教学效果并优化学生的学习体验。首先,本章将深入分析数字化技术在突破

音乐教学中的重难点方面发挥的作用,强调通过数字化手段强化学生的音乐感知力和理解能力,从而激发其学习兴趣与自主学习动力。随后,本章详细介绍了数字化教学的实施路径,包括优化教学资源、提升学生学习效能等方面的实践方法。这涉及运用多样化的数字化工具与平台来丰富教学内容,提高课堂互动性与趣味性,并通过数字化手段实现对学习进度的精准评价与有效反馈。

值得注意的是,本章还重点讨论了信息化赋能的关键策略,即如何借助智能化和数字化手段推动学生艺术核心素养的发展。这不仅包括整合与利用数字化资源以提升教学质量,更重要的是通过数字化平台促进学生的创造性思维与问题解决能力的发展,以实现教育目标的有效达成。

🎼 核心问题:如何利用数字化技术突破教学重难点

在学习本章节之前,请你回答下面这个问题。

♪ 互动角

请结合身边的数字化教学案例思考:数字化教学可以帮你解决哪些教学中的问题?

_____

_____

在小学音乐教学中,教师在讲授教学重难点时往往会产生很多困惑。例如:如何更好地帮助学生深入理解音乐作品的情感和意境;如何调动每个学生的积极性并因材施教,从而在课堂有限的时间中兼顾每位学生的兴趣和发展需求;如何高效整合与利用教学资源,以更好地打造丰富的课堂效果,并能根据学生需求进行个性化调整。数字化技术就是突破教学重难点的有效方式之一。数字化技术能够为音乐课堂教学提供更为灵活、生动的教学资源和呈现方式,使音乐课堂教学更加直观且具有吸引力。这一过程不仅涉及教学资源的数字化整合,还包括教学方法的创新和教学互动性的提升。为了解决以上教学过程中的问题,我们可以从以下三个关键方面着手。

一、利用数字化技术,丰富学生的学习体验

音乐教育不仅要向学生传授音乐知识和技能,更重要的是帮助学生体验音乐中的情感与意境。通过数字化手段的应用,教师能够为学生创造更具多样性和生动直观的音乐学习

环境。例如,借助高质量的音频、视频资源以及互动式软件,学生可以更深刻地理解和感受作品的情感与意境,从而有效提升自己的音乐素养和审美能力。

在教学实践中,教师可以通过音频编辑软件对音频进行剪辑、调音及特效处理,让学生更直观地感受音乐的节奏、情感变化和细节特征。例如:通过调整音频的速度,学生可以更清晰地把握节奏的变化;通过改变音调,则有助于学生更轻松地跟唱,并理解旋律的发展走向。这些数字化的操作不仅丰富了教学内容的形式,还显著提升了学生对音乐细节的感受力和理解能力。

通过这种方式,教师还能够更好地将抽象的音乐概念具象化,使学生在学习过程中既能掌握必要的技能,又能体会到音乐艺术的独特魅力,从而推动教学水平和学生培养质量的全面提升。值得注意的是,在这个过程中教师需要整合高质量的音频资源,并将其与能够体现歌曲意境的视频片段或图片相结合,为学生营造更加生动、直观的学习体验。然而,由于教学资源的限制,教师有时难以直接获取到完全符合教学需求的视频资源。在这种情况下,教师可以利用录屏软件,将音频与相关图片或文字内容整合在一起,生成一个完整的多媒体资源,用于课堂教学。这种录制方式不仅能够捕捉并保存屏幕上的动态展示的内容,还能够支持教师根据具体的教学需求对视频进行剪辑、调整和优化处理。

"嗨格式录屏大师"和"Camtasia"是常见的录屏软件,当然,许多我们常用的软件,或者电脑和手机中也自带的录屏功能。如在"QQ电脑版"中,可选择聊天框,点击"录屏"后,框出所需录制的画面大小后即可开始录制。

图 10 - 1　QQ 电脑版软件"录屏"操作界面

另外,还可以用大家常用的办公软件"WPS Office",选择"会员专享"后,找到功能区中的"屏幕录制"功能选项(如图 10 - 2 所示)。"WPS Office"的"屏幕录制"功能提供"全屏录制"和"区域录制"两种模式,教师可以根据自己的使用需要选择合适的模式,然后调整录制参数,如画面大小、摄像头、麦克风、视频清晰度以及确定是否要添加水印等,以确保录制效果满足教学需求。完成设置后,点击"开始录制"按钮,软件将开始捕捉屏幕上的动态内容。录制完成后,点击"停止录制"按钮,软件将自动保存录制的视频文件。

图 10 - 2　办公软件"WPS Office"区域录制视频操作界面

通过音频编辑与录屏工具的有机结合,教师能够为学生提供更加生动直观的教学资源,并有效突破教学中的重点和难点。借助这些数字化手段,抽象的音乐概念能够以具象化的方式呈现,使得学生能够更加深刻地感受作品的情感内涵与艺术魅力。这种创新性教学方法不仅能显著提升学生的音乐素养,同时还能激发他们对音乐学习的兴趣与热情。

二、借助数字化工具,激发学生的学习动力

数字化技术可以激发学生的学习兴趣,使他们从被动地接受知识转变为主动地探索和学习。通过游戏化学习、互动式应用程序和在线合作项目等多样化的形式,学生能够在实际参与和实践中提升学习兴趣与积极性。但考虑到小学生的年龄特点,教师在选择适合他们的数字化学习工具时,建议综合考虑其生理发展特点、认知水平以及课堂时间等因素,优先选用操作简单、易上手的操作软件。

(一)乐器模拟软件:激发学生主动探索

在音乐教学领域,乐器模拟软件能够为传统音乐课堂注入创新活力。这类软件凭借其直观的界面设计和多样化的功能模块,能够为学生营造沉浸式的音乐学习环境。例如,在三维模拟乐器和丰富的音色选择支持下,学生能够更加生动地体验音乐的节奏韵律、音色变化以及空间层次感。通过这种多感官的互动体验,不仅能提升学生对音乐元素的感知能力,还加深了他们对音乐整体结构的理解与把握。

在众多乐器模拟软件中,"库乐队"APP 和"随身乐队"APP 在教学中较为常见,但它们的操作流程相对复杂,学生在使用该软件时需要教师进行系统化的指导。基于小学生的特点,建议优先选择操作简便的工具,如"X 架子鼓"。这款软件不仅支持多种打击乐器的模拟演奏,还提供了简易的键盘界面,方便学生上手使用。表 10 - 1 详细呈现了乐器模拟软件"X 架子鼓"的功能与特点。

表 10 - 1　乐器模拟软件的功能与特点

软件名称	功能	特点
X 架子鼓	1. 模拟 3D 版的架子鼓和双层键盘,可以让学生更直观地练习曲目 2. 在"鼓机"板块中,有 15 种打击乐器,可以进行节奏的创编和演奏 3. 在"学习模式"中,可以跟随飞行的音符帮助学生学习演奏架子鼓	与其他的乐器模拟软件不同的是,该款软件有简单的钢琴键盘与打击乐器(平面 Beat Pad)的组合,可以帮助学生完成小组合作演出

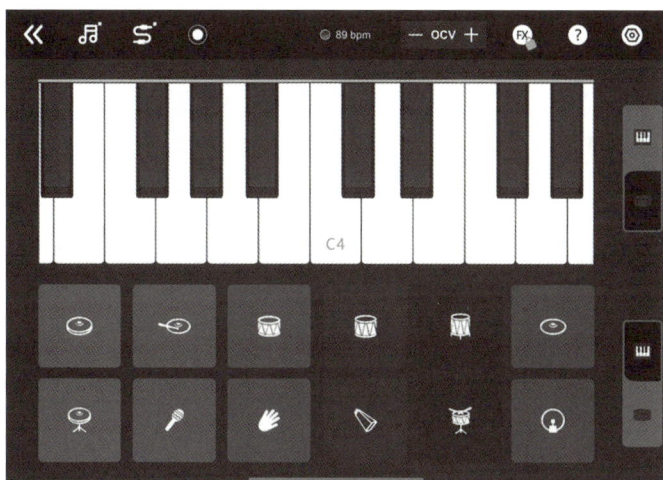

图 10 - 3　"X 架子鼓"软件的操作界面

简单易上手的音乐学习软件是推动数字化课堂建设的重要工具,其兼具互动性和趣味性的特点,能够支持学生在寓教于乐的过程中提升自己的音乐感知能力。这类数字化工具,不仅能够激发学生的学习兴趣,还能帮助他们在轻松愉快的氛围中主动探索音乐的奥秘。此外,软件支持的多人合作模式,也为学生提供了合作交流的平台,培养了他们的沟通能力和团队协作能力。

(二)歌唱软件:提升学生的参与度

在音乐教学中,由于课时安排的限制,学生的音乐实践活动不能得到充分的练习和展示。此时,互动式应用程序则成为了提升课堂参与度的重要工具,尤其是在表演型实践活动中,这类数字化工具能够有效弥补课堂硬件资源和时间上的不足。

为帮助学生更自信地表达自我,并提升表演能力,教师可借助各类唱歌软件来培养学生的演唱与演奏技能。例如,"全民 K 歌"和"唱吧"等唱歌软件不仅功能丰富,而且操作便捷,特别适合作为辅助教学工具使用。表 10 - 2 呈现的是两款常用唱歌软件的功能与特点。

表 10-2 唱歌软件的功能与特点

软件名称	功能	特点
全民 K 歌唱吧	1. 有着随时更新的音乐曲目伴奏,并能在唱歌的时候同步显示歌词 2. "合唱"功能可以支持学生邀请同伴随时随地实时合唱,基本不会出现因网络延迟而卡顿的情况 3. 可以通过降调或升调选择适合自己的音调,便于学生根据自己的音域选择合适的曲调,从而有针对性地进行歌唱练习	学生完成歌唱练习后,还可以将自己的演唱作品录制成视频、音频等,然后在班级分享,有效激发学生的学习兴趣与表现欲

这类音乐唱歌软件不仅可以打破学校硬件设施的局限,还可以为那些因害羞而不敢上台展示的学生提供一个宝贵的平台,让他们有机会展示自己的歌声。学生既可以将录制好的歌唱作品播放在学校的小舞台或小展示台上,还可以与家人、同伴传阅分享。这一过程不仅增强了学生的自信心,还逐步帮助他们克服了胆怯的心理障碍。随着时间的推移,学生从最初的"想唱"到逐渐"会唱",再到"敢唱",乐于参与各种演唱活动,最终实现自我成长和突破。

(三)打谱软件:培养学生的自主学习能力

在数字化教学的背景下,教师可以通过在线平台和工具,让学生能够在课堂之外进行互动、合作和创作,为学生提供了更多自主探索和实践的机会。

在音乐教学中,打谱软件作为一种重要的数字化工具,为师生的在线合作项目提供了强大的技术支持。学生可以通过电脑或平板电脑输入音符、编辑乐谱并参与音乐创作。利用这些工具,学生可以自主完成节奏型、旋律和歌词的编创,并获得系统自动反馈,及时检查和纠正节奏错误。这一过程不仅有助于提高课堂效率,还能激发学生的创造力,强化他们对音乐基础知识的理解与掌握。

尽管市面上有许多优秀的打谱软件(如作曲大师),但大部分工具主要面向有一定音乐基础的学习者。因此,教师在选择适合小学生的软件时,需要综合考虑学校的硬件条件以及学生的实际需求。基于此,10-3表详细归纳并整理两款适用于小学生使用的打谱软件——"简谱大师"和"Sibelius移动版"的功能与特点。

表 10-3 打谱软件的功能与特点

软件名称	功能	特点
简谱大师(简谱打谱软件)	1. 几乎可以输出所有简谱的音乐符号,如三连音、升号、降号、双升、双降号、装饰音、力度记号等 2. 能支持四个声部以内的合唱谱	有钢琴、吉他、打击乐等超过20种乐器的模拟演奏。适合学生感知并分辨乐器的音色特点,在创编课上有利于帮助师生寻找合适的乐器进行伴奏;同时,在打谱完成后支持移调、转调及在同调号下的音乐播放

续　表

软件名称	功能	特点
Sibeilius 移动版（五线谱打谱软件）	1. "共享功能"可以让学生在课上直接把编辑好的曲子发送给教师或同学，缩短了课堂展示的准备环节时间 2. 可以与"Sibeilius 电脑版"实现谱例共享，打开源文件可以直接编辑	不同于其他五线谱打谱软件需要使用电脑、鼠标或者 MIDI 输入音符。"Sibeilius 移动版"可以通过手指向上或向下触摸屏幕输入音符，并且添加音乐符号的方法也相对较为简单，如上下倾斜可添加升号或者降号，使得学生操作起来更为便捷

打谱软件不仅能够帮助学生灵活掌握音乐基础知识，认识各种音乐记号和术语，还可以使学生通过实践操作了解乐器音色、提高读谱能力等。在课堂中使用此类软件时，学生可以用软件进行不同音色和旋律的组合编创，这种方式不仅能激发他们的创作兴趣，还能有效提升其音乐素养。

此外，部分平台还提供了丰富的学习资源和教育功能，支持个人音乐制作、在线协作、教育学习等多种应用场景。教师可以充分挖掘这些数字化工具的功能，并结合实际需求加以灵活应用。这些基于数字化的在线合作平台为小学音乐教学带来了新的思路与方法，值得进一步探索与实践。

♪ 互动角

你在音乐课堂实践过程中还使用过哪些软件？你认为它们可以帮助提升学生哪些方面的音乐素养或音乐能力？

三、通过内外链接，优化教学资源

在数字化时代，教育资源的获取已突破传统课堂与教材的局限，在线资源为音乐教学提供了丰富的内容支撑。教师可借助内部与外部链接，实现教育资源的高效整合与优化配置。所谓"内部链接"，主要是指学校内部建设的教学资源共享系统，包括校内资源管理平台、教学管理系统以及教师协作工具等。这类资源主要用于整合校内教育资源，促进校内教学信息的流通与共享，从而提升教学效率和教学质量。所谓"外部链接"，主要是指互联网上的公开教育资源，如在线教育平台、专业化的音乐数据库和高质量的视频资源等。这些外部资源能够拓宽教师的教学视野，为学生的深化学习提供补充和拓展。

通过内外链接的有效结合，教师能更精准地满足学生的个性化学习需求。例如，在学校艺术节活动中，学生可将表演视频上传至校内平台（内部链接），并与同伴开展在线学习讨论;同时,教师还可通过在线平台进行点评(外部链接),实现"云舞蹈""云合唱""云演奏"等多样化的互动反馈形式。这种方式不仅能提高活动的参与度和效率,还能为教育资源的积累与再利用提供更多的可能性。在个性化指导方面,内外链接的结合也使差异化教学成为可能,从而进一步激发学生的学习热情和探索兴趣。

随着信息技术的不断进步,在线教学平台的功能日益完善,技术手段也为音乐学科的教学优化提供了有力支持。表10-4结合音乐学科的特点,总结归纳了两款软件在音乐课堂教学环节的功能特点。

表10-4　在线教学平台功能归纳图

课堂教学环节	功能区分类	腾讯会议	钉钉
教学中	"单线举手连麦"接龙表演	√	√
	"多线共同连麦"云合唱、云合奏	√	
	实时互动与反馈	√	√
	分组讨论	√	
	"会聚模式"模拟合唱	√	
	"共享屏幕"便于学生展示	√	
课后学习和成果展示	学习成果"小舞台"展示		√
	优秀学习成果公示		√

通过对两款软件功能的对比可以发现:

在教学中,腾讯会议能够很好地满足"仿真课堂"的基本需求。例如,其"多线共同连麦"的功能,为"云合唱"和"云合奏"等集体音乐表演活动提供了技术保障,适合开展集体音乐表演活动;而"共享屏幕"功能则便于教师展示教学内容,帮助学生更好地理解和高效参与课堂互动。

钉钉的优势主要体现在课后学习成果的"小舞台"展示和优秀学习成果的公示功能上,这为学生提供了一个优秀的自我展示与相互学习的空间。同时,钉钉班级管理功能的便捷性也非常有助于教师对学生的学情进行全程追踪、及时反馈,并通过作业批改、讨论区互动等方式帮助学生巩固课堂知识。

综上所述,通过构建内部链接与外部链接相结合的教学模式,一方面实现了校内教育资源的高效共享,另一方面也为教师拓展了资源获取渠道,从而拓宽了教师的教学视野。教师可以根据不同教学阶段的实际需求,灵活选择和组合线上平台的功能,实现教学资源的最优化配置。这种创新的整合方式不仅能丰富教学内容,还能为学生提供一个更加开放、多样化的学习空间,有助于教师突破教学重难点,提升教学效率,以及激发学生的学习兴趣。

🎼 学习线索:数字化教学实施的路径

数字化工具的精准运用能够从多个层面优化教学过程,助力教学目标的实现与教学质量的提升。通过对数字技术的灵活应用,教师不仅能创新教学素材的制作方式,确保教学内容的高质量呈现和吸引力增强;更重要的是,这些工具能为学生创造更具互动性和沉浸式的学习体验,从而显著提高教学效果。

教师在实施数字化教学时可以参考以下实施路径。

一、探索资源整合路径

在数字化教学过程中,教师应当有效整合各类数字化工具与教学资源,以优化教学内容的设计与呈现效果。通过合理运用音频、视频等多媒体素材,充分发挥其直观性强、感染力突出的优势,提升课堂教学的生动性、趣味性与实践性,从而激发学生的学习兴趣,培养其自主学习能力,同时促进教学质量的整体提升。

(一)优化音频编辑,提升教学效果

在音乐教学实践中,音频素材的使用是培养学生听觉辨析能力的重要方式。教师结合教学目标,通过有目的地对音频素材进行编辑处理,能有效增强学生对声音质感、动态层次的精细感知,促进教学目标的精准落实。教师可通过调整音频播放参数,引导学生聚焦音乐情绪变化与要素特征,例如通过速度与力度的对比处理,使学生直观辨识旋律走向规律,进而系统认知音乐核心要素。

教师在对多媒体课件中的音频进行编辑时,通常会遇到以下几点问题:如多媒体课件中音频格式不兼容、音乐速度太快学生跟不上节奏、音域偏高或者偏低导致学生唱不了、欣赏曲目不知如何分段等难题,表 10-5 主要列举了音乐教师在教学中常遇到的与音频素材相关的问题和解决方法。

表 10-5　音乐课堂常遇到的问题与解决方法

活动类型	教学中存在的问题	解决方法
歌唱活动	1. 伴奏资源获取困难(格式不兼容/下载失败) 2. 伴奏音高与学生声部不匹配 3. 伴奏速度与唱节奏脱节 4. 多曲目串烧伴奏合成需求	1. 调整好录音设备 2. 选择新建文件夹 3. 录音选中文件,根据需求进行移调、变速、剪辑、合成等操作

续　表

活动类型	教学中存在的问题	解决方法
编创活动	音频录制中的噪声干扰问题	1. 采样降噪 2. 修改参数调试 3. 使用指向性麦克风(如心形或超心形麦克风)可以有效减少环境噪声,选择安静的环境进行录制,避免在有背景噪声(如空调声、交通声)的地方录音 4. 加入混响
欣赏活动	音乐片段处理问题: 1. 如何分段欣赏音乐主题 2. 如何进行多主题音乐合成	1. 选中音乐片段:通过波形显示,找到每个音乐主题的起始点和结束点,并在这些位置添加标记 2. 剪辑音乐片段:根据标记点,将每个音乐主题剪辑成独立的片段。确保剪辑点位于音乐的自然停顿处,以避免出现突兀的剪辑效果 3. 合成:将多个音乐主题按顺序排列在时间轴上,确保它们之间的过渡自然流畅。可以通过添加过渡音效(如渐强、渐弱)来增强合成效果 4. 淡入淡出:在每个音乐片段的开头和结尾添加淡入和淡出效果,使片段之间的过渡更加自然流畅

　　在音乐教学中,剪辑音频、转调、淡入淡出、转换音频格式、降噪、录音等是教师经常要用到的技术,这时就需要借助音频制作软件来帮助教师实现这些功能。常用的音频软件有:GoldWave、Adobe Audition、Audacity、Sound Forge、Cakewalk Sonar 等,那么,应如何选择适合自己的音频编辑软件呢? 以下介绍了一些常用的音频编辑软件的功能与特点。

表 10 - 6　音频编辑软件的功能与特点

软件名称	功能	特点
GoldWave	1. 可以进行音频编辑、播放、录制、降噪和转换 2. 可兼容多种音频文件格式,如 WAV、MP3、AVI、MOV 等	1. 界面简洁、直观,功能也比较清晰,操作简单易上手。适合对音频编辑软件刚入手的教师 2. 内存占电脑空间较小但是功能却很强大 3. 可以从 CD、VCD 或 DVD 等其他视频文件中不经由声卡提取声音进行音频编辑
Adobe Audition	提供先进的音频混合、编辑、控制和效果处理功能。被广泛应用在录音、混音、音效处理等行业	1. 界面更加专业,功能属性也非常多。有单轨编辑模式,可以细致地剪辑音频。适合对音频编辑软件有一定了解的教师 2. 支持 iOS 和 Windows 系统共同下载使用

♪ 互动角

请你在以上两款软件中选择一款下载并且进行一段音效处理。

乐段名称：＿＿＿＿＿＿＿＿＿＿＿＿＿＿＿＿＿＿＿＿＿＿＿

运用了哪些功能：＿＿＿＿＿＿＿＿＿＿＿＿＿＿＿＿＿＿＿

有什么效果：＿＿＿＿＿＿＿＿＿＿＿＿＿＿＿＿＿＿＿＿＿

（二）优化视频编辑，增强视听效能

在音乐课日常教学中，教师经常会给学生播放一些视频资源。视频使音乐更有画面感和情景感，能够丰富学生的音乐感受形式。常用的视频编辑软件有"爱剪辑""会声会影""Camtasia""Avidemux""Adobe Premiere"等。

在音乐课的教唱环节，有时歌曲中会出现多种音乐符号同时出现的情况，学生难以掌握歌曲的进度，这时教师可以使用视频编辑软件让谱例"动起来"，如可以使用"会声会影"软件的"自定义运动"功能制作动态谱例。"会声会影"是一款功能丰富的视频编辑软件，是入门级别的非线性视频编辑软件，简单易用，不仅可以制作动态谱例，还具有为视频加上背景音乐、制作字幕、转换视频格式等功能，且对电脑配置没有特别要求。通过视觉和听觉相结合的方式，学生能够直观感受到旋律走向，并跟着旋律走向记忆并哼唱旋律。下面简单介绍一下"会声会影"的操作步骤。

首先，打开"会声会影"主界面（如图 10‑4 所示），即可看到三大功能区：素材预览区、素材导入区和素材编辑区，导入需要的视频素材后，进入下一步。

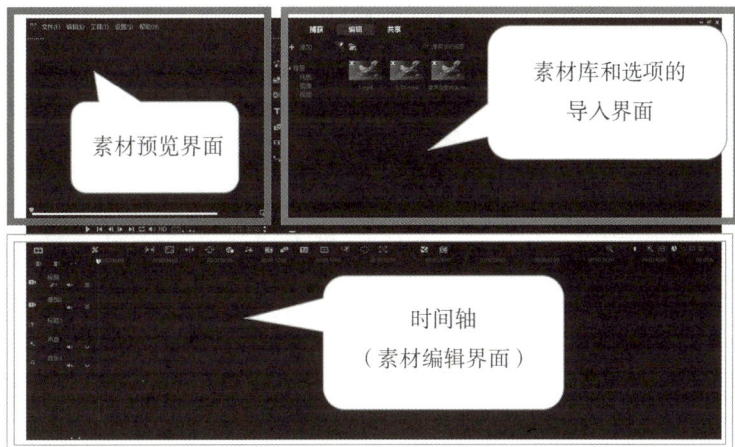

图 10‑4　"会声会影"软件功能介绍

将音频素材拖动到时间轴中的"声音"栏里,将谱例拖动到时间轴中的"视频"栏里,将需要移动的道具图案拖动到"叠加"栏里,选中"叠加"栏里的图案,点击右键,选择"运动"-"自定义动作",开始编辑选中图案的运动轨迹,还可以用鼠标选择图谱进行上下移动。这样,一个完整的动态谱例视频就做好了。

在运用"会声会影"软件制作动态谱例的时候,需要注意两点:第一,如果想对某个素材进行编辑,应该在软件下方的"时间轴"里选中需要编辑的素材,才能进行编辑。第二,在"自定义动作"编辑运动轨迹时,要注意素材移动的方向问题。

同样,"剪映"也是一款支持跨平台使用的专业视频编辑软件,可在电脑、平板和手机等多种设备上运行。由于其操作简便且功能丰富,甚至具备直接导出视频中的音频文件的功能,这为音乐教师寻找合适的背景音乐提供了极大的便利,因此,"剪映"一经推出,便受到了广大音乐教师的欢迎。此外,"剪映"软件的"画中画"功能可以将多个视频放在一个画面里同时播放,教师可以通过后期的声音合成完成创作。例如,教师在制作"云"系列欣赏视频时,可以选择菜单栏中的"画中画",点击"新增画中画",选择想要添加的视频/照片/实况素材,拖动画中画,移动到相应位置,还可以单独对"画中画"进行音量、时长等操作。

"剪映"除了"画中画"功能外,还有很多其他功能,教师也较为常用。例如,"自动添加字幕"功能——点击"文本",选择"识别字幕",然后"开始匹配",这样,视频中的声音就能自动被识别并在时间轴中出现字幕,而且拖动时间轴还可以修改字幕。此功能不仅可以帮助教师大幅缩短备课时间,同时学生在欣赏视频时还能通过字幕更好地理解视频中的内容。

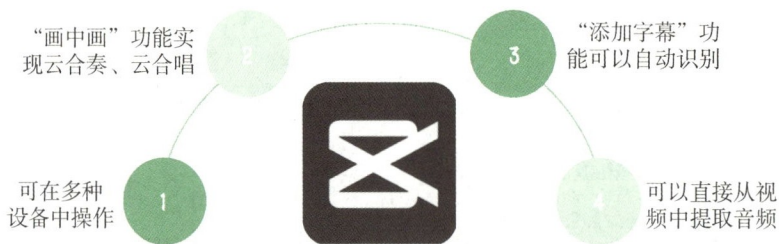

图 10-5　"剪映"软件的功能举例

视频编辑软件的选择与应用是数字化教学实施中的重要一环。除了以上介绍的视频剪辑软件外,教师还可以根据自己的使用需要找到一款功能丰富且适于教学的软件,借助数字化工具来提升课堂教学效果。但需要注意的是,在教学过程中,视频仅是教学的辅助工具,目的是更好地服务课堂教学目标。因此,在应用视频技术时,教师应避免因过度聚焦视频形式而忽视了音乐教学的核心目标,确保教学资源的运用能够紧密围绕学生艺术核心素养的发展。

♪互动角

请你运用"会声会影"或者"剪映"等视频编辑软件,制作一个音乐课堂教学资源。

资源名称:＿＿＿＿＿＿＿＿＿＿＿＿＿＿＿＿＿＿＿＿＿＿

运用软件:＿＿＿＿＿＿＿＿＿＿＿＿＿＿＿＿＿＿＿＿＿＿

运用功能:＿＿＿＿＿＿＿＿＿＿＿＿＿＿＿＿＿＿＿＿＿＿

实施效果:＿＿＿＿＿＿＿＿＿＿＿＿＿＿＿＿＿＿＿＿＿＿

二、构建个性化学习路径

在音乐教学中,教师需要关注每个学生的学习需求和特点,为他们提供个性化的学习路径。通过数字化工具,教师可以为学生创造多样化的学习体验,激发他们的学习兴趣,培养自主学习能力。

例如,在音乐课堂中,往往会涉及种类繁多的乐器,包括钢琴、小提琴、大提琴、古筝、琵琶、阮、扬琴等。然而,在实际教学中,由于条件的限制,教师无法在课堂中让学生直接感受或体验这些乐器。针对这一问题,教师可以运用乐器模拟软件辅助教学,让学生在数字化工具的支持下体验乐器的演奏。

具体来说,教师可以通过使用"随身乐队""库乐队"等APP,来帮助学生获得接近真实体验的乐器演奏感受。这种方法既经济又灵活,能够有效解决学校乐器配置不足的问题,助力音乐教育的数字化转型。以下是对这两个软件基本功能的介绍。

(一)乐器模拟功能

教师在课堂上经常会问学生诸如"音乐家运用了一件音色独特的乐器来表现乐曲的情绪,你想知道是哪件乐器吗"等问题,而学生只能从图片、视频中观摩乐器的外形特点,无法用实物来演奏体验,如此一来,学生就无法感受到乐器演奏的美妙与乐趣。

而在乐器模拟软件,如"随身乐队"和"库乐队"的帮助下,教师可以引导学生学习尝试演奏模拟乐器,不仅能够让学生直观地了解不同乐器的外观和构造,还可以通过触摸屏幕模拟演奏乐曲,聆听音色和体验演奏方式。这样的模拟演奏教学,可以加深学生对乐器的认识,激发学生的学习兴趣,从而有效提高课堂教学效率,让"奏"变为现实。

(二)多声部协作功能

在音乐教学中,多声部歌曲的演唱是学生学习的难点之一,尤其是对于音准和节奏的把握。为了解决这一问题,教师可以利用乐器模拟软件中的"双排模式"和"对弹模式"功能。这些功能支持学生进行多声部协作练习,帮助他们提高演唱音准和节奏感。在乐器模拟软件中,通常有"双排模式"和"对弹模式"两种模式。

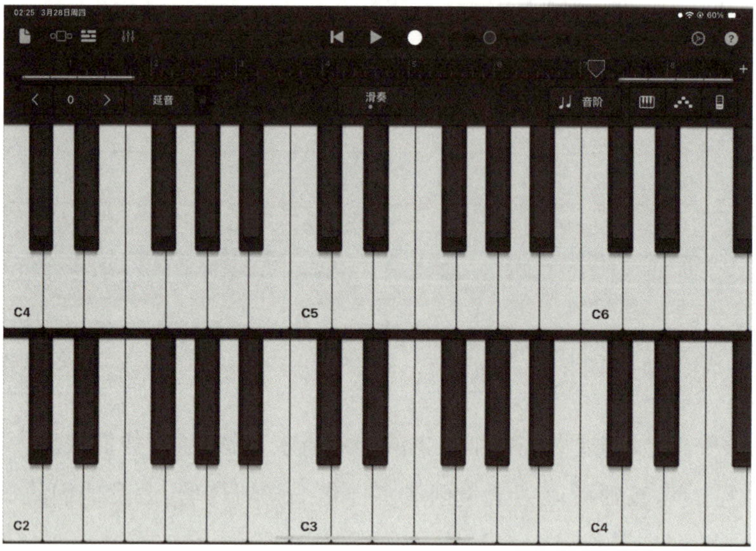

图 10-6 "库乐队"双排模式的操作界面

在演唱一首多声部的歌曲时,教师可以运用乐器模拟软件中的双排模式,帮助学生提高演唱音准。例如,教师可以让学生与同伴合作,一个人演奏一排键盘,还可以进行乐曲的录制。以上海音乐出版社版《音乐》三年级下册第五单元"夕阳"《黄昏》的教学片段为例[1],教师借助双排模式和对弹模式,解决学生在二部轮唱中出现的音准、节奏等学习难点。

教学流程设计图:

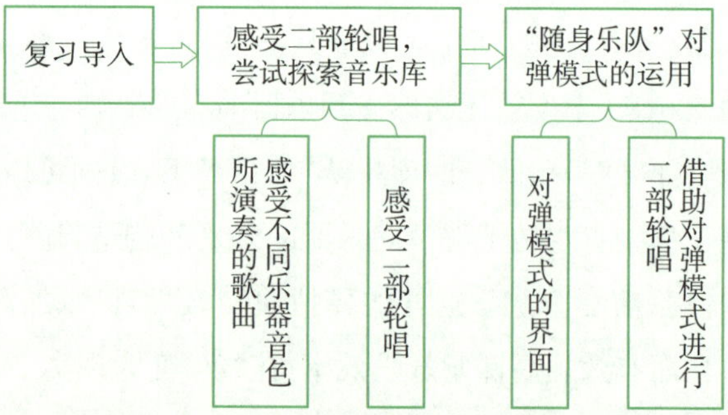

图 10-7 《黄昏》教学流程设计图

---

[1] 该案例由上海市徐汇区求知小学沈歆韵、张珉老师提供。

一、教学片段一:感受二部轮唱,尝试探索音乐库

1. 感受乐器模拟软件中的乐器音色库

师:你们听听老师弹奏的《黄昏》,说说你们仿佛看到了怎样的景色?

2. 学生尝试音色库中乐器音色,感受黄昏美景

师:这样美妙的声音你们知道是怎样弹奏出来的吗? 跟着老师一起点击界面上方钢琴形状的按钮,看到了吗? 界面上有这么多的乐器可以选择!

3. 学生交流

师:我们一起用小提琴的音色边弹边唱……老师为你们点赞,你们真棒呀!

4. 感受二部轮唱

师:老师给大家又带来了另一个版本的《黄昏》,请大家一起听听它的演唱形式是怎样的?

师:我们听到的这一演唱形式叫二部轮唱。

师:让我们再次聆听,你能听出两个声部之间间隔几小节吗?

二、教学片段二:乐器模拟软件中对弹模式的运用

1. 对弹模式的界面

(1) 感受对弹模式。

师:让我们再次请出我们的"好朋友"来帮助我们学习二部轮唱。点击屏幕上方键盘形状的按钮,选择对话模式。同学们先用手指弹一弹,感受一下,你们发现了什么?

(2) 学生线上交流。

2. 借助对弹模式进行二部轮唱

(1) 借助对弹模式感受二部轮唱。

(2) 线上合作演奏

师:谁愿意大胆尝试一下,让我们一起合作,弹奏一曲!

课后练习:请运用乐器模拟软件(如随身乐队)等,和家人一起用对弹模式演奏一曲。

本案例中使用的"随身乐队"是一款智能乐器模拟软件,其全部乐器声音都来自真实乐器,如键盘、吉他、架子鼓、电子鼓等,并且带有多音轨录音功能,以及作品分享平台。这些软件可以满足不同层次的学生需求,解决了目前学校乐器配置不完善的实际现状,让学生借助模拟乐器进行演奏及乐曲编创,在小组合作中完成乐器编创并进行表现。

（三）旋律创作功能

$$\frac{2}{4} \ \underline{\text{x x}} \ \text{x} \ | \ \underline{\text{x x}} \ \text{x} \ | \ \underline{\text{x x}} \ \underline{\text{x x}} \ | \ \text{x} \ - \ \|$$

乐器模拟软件不仅可以帮助学生了解不同乐器的音色，并进行双排模式演奏，还可以培养学生的节奏感。在三年级的编创课中，教师可以让学生用"do、re、mi、fa、sol"为节奏短句编创旋律，并在模拟乐器中选择适合的乐器，将创作后的音乐录制下来，然后将创作完成的音频上传至云盘，以便于在课上分享。

为了进一步激发学生的创作灵感，教师还可以引入人工智能音乐生成工具。这类工具可以通过简单的文本提示或风格选择，自动生成完整的音乐作品，为学生提供更多的创作思路和实践机会。例如，学生可以通过输入"快乐的旋律"或"乡村风格的伴奏"，快速生成一段音乐，然后在此基础上进行改编和创作。

通过这些活动，学生不仅能够提升音乐创作能力，还能在实践中培养创新思维和合作学习能力。这种多样化的教学方式能够有效激发学生的学习兴趣，提升课堂教学效果。

三、拓展教学活动路径

此前我们已经分别介绍了音频剪辑软件、视频剪辑软件以及学生可使用的乐器模拟软件等数字化工具。那么如何借助这些工具拓展课堂活动路径，并提升学生的综合表演能力呢？以下是一些具体建议。

首先，通过数字化工具获取和整合多样化的教学资源，包括音频、视频、乐谱等，构建多元化的学习资源库。这不仅能为学生提供更全面的学习材料，也能帮助他们更好地理解音乐表达的多样性。

其次，在课堂中强化师生与生生之间的互动环节。例如，借助互动式应用程序或在线平台，教师可以设计更具参与性的情景任务，引导学生在真实情境中运用所学技能，从而提高其学习兴趣和课堂参与度。

此外，在教学过程中融入游戏化学习与项目化学习等创新形式，以培养学生的创造力和自主学习能力。通过设计富有挑战性的音乐创作或表演任务，并结合数字化工具进行实时反馈和优化，学生能够在实践中不断提升自身的综合表演水平。

下面以人民音乐出版社版《音乐》四年级下册第四课"童年的音乐"交响童话《彼得与狼》为例[1]。

---

[1] 该案例由上海市松江区九亭第二小学王小龙老师提供。

学生学习打卡任务单:

《彼得与狼》 学习打卡任务单

主旋律"彼得"的演奏乐器是什么	
长笛塑造的"小鸟"形象是怎么样的	
主旋律"鸭子"的演奏乐器是什么	
单簧管是怎么来表现"小猫"的	
为什么要用圆号来表现"大灰狼"的主题旋律	
拓展问题:还有哪些音色适合什么小动物,并且可以运用在《彼得与狼》中	

表 10-6 《彼得与狼》教学设计

教学环节	学生活动	教师活动
一、辨析西洋管弦乐器的音色特点及外形、演奏特征 1. 跟音乐数一数节拍、画一画指挥图示,交流对节拍和速度的感受 提问:不同主题旋律的速度、节奏有什么特点 2. 通过对比聆听,判断不同乐器的音色特点 提问:音乐中出现的单簧管与双簧管在外形和音色上面有什么区别呢? 长笛高音区音色有什么特点 3. 认识乐器圆号、大管以及其音色特点	学生使用乐器模拟软件,如"随身乐队"APP寻找乐器并探寻音色特点。通过视听结合的方式,观察不同乐器外形的特征,思考其对音色的影响,如大管、定音鼓	1. 引导学生发现不同乐器的音色特点,以及演奏音区的差异。 2. 指导学生结合音乐速度和节奏特点,模仿演奏西洋管弦乐器
二、哼唱并体验跳音、延音线、重音、休止符等对表现角色特点起到的作用 1. 听音乐即兴哼唱,观察谱例中的音乐要素与符号 提问:除了附点节奏和保持音,还有什么节奏型用来表现主题角色的特征 2. 跟着钢琴哼唱"彼得"主题旋律 提问:在哼唱"小猫"主题旋律时应该用怎样的气息和音量	伴随钢琴,哼唱"彼得"和"小猫"主题旋律	对于力度记号、呼吸记号等部分所出现的问题,教师运用视频剪辑软件"会声会影"设计制作动态谱例,帮助学生改进
三、感受音乐形象,想象故事情节 1. 提供学习任务单(呈现本活动关键设问) 关键设问:聆听《彼得与狼》,写出每一种乐器所代表的角色: (1) 单簧管是怎么来表现"小猫"的? (2) 长笛塑造的"小鸟"形象是怎么样的? (3) 为什么要用圆号来表现"大灰狼"的主题旋律? (4) "鸭子"和"彼得"运用了什么乐器演奏?	学生使用乐器模拟软件,如"库乐队"或"随身乐队"APP,在聆听鉴赏的基础上,感受音乐中不同乐器所奏出的具有特性的短小旋律和音响,并通过不同音乐形象联想童话故事情节	整合图文音像素材,运用视频剪辑软件"剪映"设计制作视频短片

教学环节	学生活动	教师活动
2. 结合学习单中的几个问题聆听音乐片段,并交流学习成果 3. 根据学习任务单中的拓展问题"还有哪些音色适合什么小动物,并且可以运用在《彼得与狼》中"展开讨论,学生交流讨论成果		
四、体会故事中所蕴含的道理,根据故事情节分角色情景表演 1. 总结故事情节,加深对交响童话这一音乐体裁的认识 提问:《彼得与狼》主要讲述了一个什么故事 2. 根据故事发展脉络,分组分角色进行情景表演 3. 总结:通过这首交响童话,你学到了什么道理呢	学生运用乐器模拟软件,如"库乐队"或"随身乐队"APP为故事编配声效;在综合表演环节,还可以加入拓展问题中所讨论的代表其他小动物的音色,并试着演一演	运用录屏软件,录制歌剧版《彼得与狼》视频资料,并用剪辑软件分别剪辑弦乐、长笛、双簧管等音乐片段供学生表演

以上案例通过将数字化教学工具融入音乐课堂,有效地提升了学生在音乐学科的综合表演能力。

在案例中,教师巧妙运用数字化工具优化音乐教学。例如,利用视频剪辑软件(如"会声会影")制作动态谱例,直观呈现音乐节奏和旋律的变化,帮助学生更深入理解乐理知识。同时,通过乐器模拟软件(如"库乐队"),学生能够虚拟体验不同乐器的音色与演奏方式,极大地丰富了学习体验。

在教学进程中,教师设计了多样的学习任务单,引导学生进行自主探究和小组讨论。例如,在分组情景表演环节中,教师借助录屏和剪辑软件对学生表现提供即时反馈,不仅增强了互动性,更为学生的改进与提升提供了重要参考。

同时,教师根据学生的兴趣和学习进度,设计了个性化的学习任务。例如:对于对乐器演奏感兴趣的学生,教师为其设计了更多的乐器模拟练习任务;而对于热衷音乐创作的学生,则辅以专业指导、资源支持,确保每位学生成长路径的适配性和有效性。

另外,该教师还尝试了跨学科教学方式。例如,结合美术课程让学生绘制故事插图,配合语文课堂完成故事情节编写,在多维视角中深化学生的音乐表现力。同时,融入游戏化元素,利用乐器模拟软件(如"X架子鼓")设计趣味性音乐活动,激发学生学习热情和创造力。通过项目化学习方式,组织学生分组协作创作并表演音乐剧,全面提升其综合素养。

最后,教师通过录屏和视频剪辑软件,为学生搭建了一个展示和反馈的平台。学生不仅能在平台上回看自己的表演,还能接收来自同伴和老师的即时反馈建议,这种可视化、个性化的评价机制显著提高了学生学习的针对性,为学生的持续进步提供了有力支撑。

从实际课堂情况来看,学生对教学活动表现出浓厚的兴趣,并积极参与各个环节,充分展现了他们在音乐知识综合运用方面的能力。

♪ 关键策略:智能优化,指向艺术核心素养

数字化教学通过呈现丰富的资源和工具,使教学内容变得生动有趣,增强了教学的互动性和学生的参与度。这样的教学环境不仅能够吸引学生积极参与学习活动,而且有助于实现教学目标,促进学生艺术核心素养的发展。因此,教师需要灵活运用数字化工具,设计多样化的教学活动,强化音乐知识与情感体验的结合,以激发学生的学习兴趣,培养他们的创造力和合作能力。接下来,让我们通过两个教学案例,来看看教师是怎样通过教学活动来发展学生的艺术核心素养的。

案例一:《踏雪寻梅》教学片段①

表 10 - 7 《踏雪寻梅》教学设计

教学环节	数字化工具	实施方法
一、节奏感知与模拟 1. 聆听与模拟敲击 《踏雪寻梅》 1 =D 2/4 中板 （节奏谱例） 2. 根据歌曲顿音记号的节奏特点变化节奏(节奏实践),下方是《踏雪寻梅》变化节奏谱例 1 =D 2/4 中板 （变化节奏谱例）	1. 多媒体视频 2. "库乐队"乐器模拟软件	1. 播放《踏雪寻梅》音乐视频,展示基本节奏,学生跟随教师拍手模仿 2. 学生使用"库乐队"模拟《踏雪寻梅》节奏 3. 调整软件中的乐曲节奏,创作新节奏型

---

① 该案例由上海市长宁区江苏路第五小学梁霄老师提供。

续　表

教学环节	数字化工具	实施方法
二、节奏与歌曲整体感知 1. 节奏型记忆与创作 2. 歌曲节奏特点与歌词说唱 3. 节奏想象与实践 图 10-8　以节奏型记忆歌曲	音乐创作软件如（"Garage-Band""FL StudioMobile"）	1. 利用"Garage-Band"创建节奏型 2. 创建节奏伴奏配合歌词说唱 3. 分解歌曲的节奏，学生尝试用不同打击乐器模仿，寻找合适音色
三、编创与合作 1. 分组合作编创 第一组　X X XX　　第二组　OX OX 第三组　X XX X　　第四组　X. X X X 2. 小组合作展示	在线音乐协作软件（如"Band-Lab"，是一个功能丰富的在线音乐创作和协作平台，支持多平台使用）	1. 利用"Band-Lab"创作新节奏型，小组使用软件合作创作音乐 2. 展示和分享音乐作品，进行反馈

　　在这个教学设计中：环节一是让学生熟悉《踏雪寻梅》的基本节奏，并引导学生初步感知音乐的节奏；环节二深入探索歌曲的节奏特点和歌词配合，通过实践活动增强学生对音乐结构和节奏感的理解；环节三旨在激发学生的创意，鼓励他们将个人理解和感受融入音乐创作中，通过小组合作提高团队协作能力，并通过班级分享和评选活动加强学生的参与感和成就感。

案例二:《小星星变奏曲》教学片段

表 10−8　《小星星变奏曲》教学设计

教学环节	学生活动	教师活动
一、课前导入 **(一) 导入** 1. 出示一幅深蓝色的背景图。(如下图) 提问:看到图你想到了什么? 2. 为深蓝色的夜空添星星,并给美丽的图画取个好听的名字 3. 出示课题《小星星变奏曲》	学生在本环节充分发挥想象,在背景上添上小星星,并给图画起名字,激发学生学习的积极性	在交互白板中出示深蓝色画面的课件作为课前导入,目的在于吸引学生的感官,用色彩引发想象
二、欣赏《小星星变奏曲》 1. 初听 教师介绍《小星星变奏曲》的作曲者莫扎特,以及其演奏形式——钢琴演奏。 2. 复听:游戏"变变变" (1) 教师介绍游戏规则(在听到音乐的情绪有明显变化时用不同的造型动作来表现) (2) 学生听音乐,变造型 (3) 学生反馈变化次数,答案不一 3. 完整欣赏音乐并看多媒体画面,找找音乐进行了几次变奏 (1) 自找音乐"变几次"答案 (2) 请学生回答每次变化给我们的感受 提问:它到底变在哪里呢? 每次变化给你的感觉一样吗? (3) 教师总结每段的感受,揭示它到底变在了哪里,每一段最大的区别在哪里 4. 跟着音乐的变化即兴表演 教师带领学生在每段变奏音乐中根据乐曲的情绪变化用不同的造型动作来表现,感受音乐的变化	1. 学生完整欣赏音乐,并通过多媒体资源初步感受乐曲的主旋律以及音乐的变化 2. 学生体验旋律变化带来的音乐感受,并能用肢体语言表达	通过观看多媒体所呈现的画面,让原本比较抽象的音乐具体化、形象化,帮助学生感受、体验乐曲中的情绪变化,并为下面的表演做铺垫

续　表

教学环节	学生活动	教师活动
三、拓展欣赏 1. 欣赏两个不同版本的"小星星"(流行版本,三四拍节奏版本) 教师播放音乐,学生根据自己的喜好分组,喜欢流行版本的学生坐在一边,喜欢三四拍节奏版本的学生坐在另一边 2. 分组,为乐曲起名字 要求:请学生为自己喜欢的乐曲取一个名字。师生共同归纳两个名字 分组:喜欢第一首和喜欢第二首的学生分组坐在两边 3. 即兴模仿 (1) 学生跟音乐的情绪表演 (2) 学生评价 4. 汇总表演	学生在本环节体验两段乐曲的不同情绪,强化感知变奏曲的形式	运用音频编辑软件制作两个不同版本(流行版本、三四拍节奏版本)的小星星变奏曲

　　在这个教学设计中:环节一通过多媒体技术,用色彩引发学生想象,将师生带入夜晚"小星星"的世界;环节二通过课件中所呈现的一闪一闪的小星星让学生自主探索"乐曲一共变化了几次";在环节三中,教师运用数字化软件制作流行版本和三四拍节奏版本的变奏音频,强化感知变奏曲形式,并将这两个版本的音频加入综合表演中,学生在循序渐进、环环相扣的奏、跳、唱、综合表演这一系列音乐活动中,不仅学习了音乐知识,还大大提高了学生的学习效果。

　　在案例一中,教师基于精心设计的教学活动,巧妙运用乐器模拟软件,引导学生深入体验音乐创作的乐趣。首先,教师通过播放歌曲《踏雪寻梅》的视频并借助音乐创作软件"Garage-Band"展示其基本节奏,引导学生尝试跟随节奏拍手模仿,从而初步感知音乐韵律的变化。随后,教师鼓励学生使用乐器模拟软件自主探索并还原歌曲节奏,这一过程不仅锻炼了学生的节奏感,还激发了他们的想象力和创造力。在此过程中,教师进一步分解歌曲节奏,并指导学生通过音乐软件创作伴奏型,结合歌词进行说唱表演。学生尝试用不同的打击乐器的声音特质模仿原曲节奏,最终找到最适合的音色表现方式,从而深化了自己对音乐结构和节奏层次的理解。通过以上环节的层层推进,学生不仅掌握了打击乐器的基本音色特征和节奏构成规律,更学会了将个人的情感体验转化为富有创意的音乐表达方法。在最终的分组合作编创环节中,学生根据情感需求自主设计新的节奏型,并在小组内进行展示与分享。这一活动不仅提升了学生的团队协作能力,更重要的是增强了他们的参与感与创作成就感。

案例二注重用数字化构建符合音乐情境的环境，带领学生进入动态、富有活力的音乐课堂。在案例中，教师综合运用多媒体设备及资源，如蓝牙音响、电子白板、微课资源、动态的课件等为学生创造生动的教学情境。学生在多种形式的活动中对音乐的审美感知更加深刻，并且产生了参加艺术表现和创意实践活动的兴趣。

这些案例表明，数字化教学是一种强有力的工具，可以有效地融入音乐课堂教学中，帮助学生发展关键的音乐能力。通过这种方式，学生不仅能享受到学习音乐的乐趣，而且能在参与和合作中发展他们的艺术核心素养。

进阶改进：交互巧用，提升课堂互动质量

在数字化教学背景下，课件不仅是教学内容的载体，更是激发学生兴趣、提升教学效果的重要工具。通过巧妙运用数字化技术和软件工具，教师可以显著提升课件的质量，使其更具吸引力、互动性和教育价值。下面主要介绍提高课堂互动的策略，希望能够帮助教师打造高质量的音乐课堂教学。

一、运用软件组合，丰富课件内容

课件的吸引力和实用性是提升教学质量的关键。为了使课件更加生动、实用，教师可以在制作课件时充分利用数字化资源。例如，编曲对于许多音乐教师来说是一个挑战，但通过使用音乐制作软件，可以轻松地改变乐曲的风格特点，从而提升课件的吸引力和实用性。这里要介绍的是自动伴奏音乐功能最齐全的"Band In A Box"（盒子里的乐队）软件，它是一款可以实现自动编曲功能，且在资源库中有丰富的风格模板可供选择的软件。

在使用"Band In A Box"软件的时候，有两点提示：第一，鼠标的右键有很多快捷设置，可以帮助教师快速地操作。第二，在编曲前应先设定调号，然后再输入相应的和弦，或者先全曲统一调号输入和弦，最后再进行调号转换。这种方法可以确保音乐的连贯性和专业性，使课件中的音乐内容更加精准和富有表现力。

当然，"Band In A Box"也可以与其他软件交互使用，将音乐创作、乐理知识、音频处理和多媒体展示等多种功能有机结合，从而设计出更加丰富、立体的教学内容。

二、整合资源，充实课件素材

教师需要为学生提供丰富的聆听资源。课件素材的丰富性直接影响学生的学习兴趣和审美能力的培养。因此，教师需要积极整合各类资源，为学生提供多元化的音乐体验。这些资源不仅应涵盖经典作品，还应紧跟时代，以满足学生的兴趣需求，提升他们的审美感知能

力。那么,这些资源从哪里来呢? 教师需要以一个学习者的姿态,关注世界音乐的变化,善用优秀的网络素材。

教师在整合资源时,可以将经典音乐作品与影视、动画、流行音乐等相结合,拓宽学生的音乐视野。例如,通过引入具有时代感的流行音乐改编作品,或者结合热门影视作品中的音乐片段,让学生在熟悉的环境中感受音乐的魅力。同时,教师还可以利用网络平台,如音乐数据库、在线博物馆、音乐教育网站等,获取丰富的音乐素材,包括不同风格、不同文化背景的音乐作品,以及相关的背景介绍和演奏视频。例如,《幻想曲 2000》是由多位名家共同执导推出的古典音乐动画电影,也是第一部使用 IMAX 技术制作的动画电影,里面由贝多芬第五号交响曲《命运》、圣-桑的《动物狂欢节》、埃尔加的《威风凛凛进行曲》等乐曲组成,均是小学音乐欣赏课的曲目。另外,紧跟时代的资源选择更能够引起学生的共鸣,也能够充实教材内容,提升学生的审美感知能力。

教师还可以组织学生参与音乐资源的收集与分享活动,鼓励他们从日常生活中发现音乐之美。例如,让学生分享他们喜欢的音乐作品,并在课堂上进行讨论和欣赏,丰富课件素材,为学生打造一个丰富多彩的音乐学习环境。这种多元化的资源整合方式,不仅能充实课件素材,还能有效提升学生的音乐审美能力,激发他们对音乐的热爱和探索欲望。

三、依托数字技术,构建互动型音乐课堂

(一)建设智能化教学环境,夯实技术支撑基础

教育数字化转型背景下,音乐教学应充分发挥平台技术的助教、助学、助评功能,构建"三位一体"的智慧教育新形态。具备条件的学校可通过建设标准化数字音乐教室,配备智能交互平板、专业降噪耳机、智能乐器等设备,搭建可实现人机交互、即时反馈的智能化学习空间。此类硬件设施的升级不仅能够支持学生独立完成音乐创作实践,还可通过多终端协同实现师生、生生多维互动,有效培养学生的音乐思维与创新能力。

(二)整合优质数字资源,创新教学实施路径

以国家中小学智慧教育平台等为代表的数字化平台,为音乐教学提供系统性技术支撑。教师应立足课程标准要求,从教学目标出发,将信息技术与教学方法有机结合,真正赋能音乐课堂。例如,通过国家中小学智慧教育平台的音乐资源库,教师可以获取丰富的乐谱、音频、视频等教学素材,并结合多媒体技术,将抽象的音乐知识转化为直观、形象的内容,帮助学生更好地理解和感受音乐。

(三)实施精准分层教学,优化课堂交互体验

智能化教学环境支持差异化教学模式创新。首先,教师可以利用数字化音乐教室,实现乐谱与演奏示范的同步动态呈现,并结合软件中的实时纠错功能,有针对性地提升学生演奏

技巧。其次，依托学习分析系统生成个性化学习档案，动态推送分层训练任务，实现"一生一策"的精准指导。再次，运用游戏化教学机制设计音乐知识闯关、虚拟乐队协作等教学活动，通过即时积分反馈与成就激励机制，显著提升学生的课堂参与度。

（四）构建多元评价体系，提升课堂教学质量

数字技术的深度应用重构了教学评价范式。教师可借助人工智能评课系统进行教学行为分析，采集学生课堂表现数据，结合平台自动生成的学情诊断报告，构建涵盖过程性评价、表现性评价及发展性评价的立体化评价体系。通过将数据分析结果及时反馈于教学设计改进，形成"教学—评价—改进"的良性循环，切实提升课堂教学质量。

本章小结

章节小结

本章深入探讨了数字化技术在小学音乐教学中的应用实践，重点介绍了如何通过数字化工具提升教学质量、激发学生学习兴趣，并有效发展学生的艺术核心素养。通过具体案例的分析和教学策略的探讨，本章充分展示了数字化教学在突破传统教学重难点、优化教学资源配置，以及提升学生综合能力方面的显著成效。其中，特别强调了利用数字化技术丰富音乐教学的重要性。为此，本章详细介绍了音频编辑软件、视频剪辑软件、录屏工具以及乐器模拟软件等数字化工具的使用方法，旨在帮助教师为学生提供更加生动、直观的学习资源，从而使学生更深入地理解和感悟音乐作品的情感内涵与艺术意境。

通过本章的学习，我们期望教师能够熟练掌握数字化教学的实施技巧，并将所学理论知识灵活应用于实际教学之中，为学生营造一个更加丰富多元且高效的学习环境。同时，鉴于人工智能的快速发展，建议教师从提升自身教科研能力和教学设计能力的角度出发，积极尝试使用人工智能应用工具，在不断提高自身数字化应用能力的过程中，拓展教学思维，进一步完善教学实践。教师应保持对新工具、新方法的持续探索，以不断优化教学实践。

技能操练

请运用本章节所介绍的数字化软件制作一节微课。

微课名称：

运用的软件：

☁ 相关资源

| ♪ 视频内容 | 教学课件:旋律感知《摇船调》 |
| ♪ 执教教师 | 上海市长宁区江苏路第五小学　梁霄 |

⌞扫码观看视频⌝

| ♪ 视频内容 | 教学课件:动态谱例《读唐诗》 |
| ♪ 执教教师 | 上海市崇明区裕安小学　王艺潼 |

⌞扫码观看视频⌝

▢ 推荐书目

吴军其著:《数字化教学资源设计与制作》,北京大学出版社 2024 年版。

第四篇

勤于提炼，复盘迭代——评价反思技能

在实际的教学工作中，教师不仅要熟练掌握课堂教学技巧、勇于创新教学方法、积极探索并实践新的教育理论与教学方式，还应持续进行自我审视与能力提升。本篇的三章内容旨在鼓励教师提升评价技能，深入反思自身教学行为，进而将丰富而真实的实践经验，通过规范的文本撰写方式，系统地整理成个人的教育叙事故事和课题研究成果，以此促进自身的专业发展，使自己逐步成长为研究型教师。

第十一章 教学评价技能

? 学习导引

教学评价作为教学活动的组成部分之一,是教师的重要教学工具。在日常教育教学中,教师开展以学生为评价对象的教学评价活动,能够准确诊断学情、及时改进教学方法、有效引导学生发展。例如,通过评价,教师能够准确把握学生对教学目标的掌握程度,同时深入剖析自己在教学过程中存在的问题,并针对这些不足进行及时改进,从而有效提升教学质量。

在本章中,我们围绕核心问题"如何使评价促进教学",结合《义务教育艺术课程标准(2022年版)》对评价赋予的新的理解,例如,坚持素养导向,坚持"教—学—评"一致性,多角度对教学评价的内容和方式进行介绍。评价的目的是落实新时代教育评价改革的要求,通过实施正确、有效的学业评价,增强学生的满足感和成就感,激发其学习动力,鼓励创新思维,促进学生的全面发展。

学习脉络

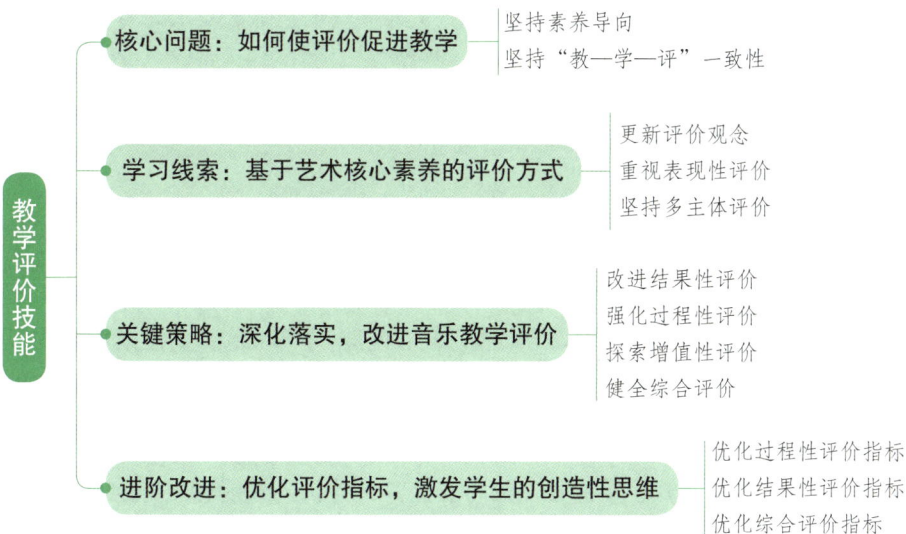

评价的首要目的是促进教学的效果。本章聚焦教学评价技能,特别关注教学评价在促进教学和学生学习中的作用,介绍通过制定科学的评价标准和关注学生的关键能力来发展学生艺术核心素养的方法。我们将探讨坚持素养导向和"教—学—评"一致性的重要性,以及如何通过更新评价观念、重视表现性评价和多主体评价来深化音乐教学评价。

此外,本章还讨论了如何通过优化评价指标来提升学生的创造性思维,主要从过程性指标和结果性指标的评价标准上来探讨。希望通过本章的学习,教师能够掌握有效的评价技能,促进教学质量提升和学生全面发展。通过这些策略的介绍,能够使评价不再仅仅是学习成果的检验,而成为推动教学和学习进步的有力工具。

♪ 核心问题:如何使评价促进教学

《义务教育课程方案(2022年版)》中为"教—学—评"一致性提供了明确的指导和引领,强调课程标准与教学目标、教学内容、教学实施、教学评价的一致性匹配。教师在教学中应以核心素养为导向,教学评价应体现"对核心素养的评价"与"为核心素养的评价"的统一。结合课程标准开展评价,有助于教师设计出能够促进学生核心素养发展的评价任务,使评价过程成为促进学生全面发展的过程。

♪ 互动角

请你阅读《义务教育课程方案(2022年版)》,结合有关教学评价的表述,说说新版课程方案注重哪些形式的评价,与同伴交流并填写以下表格。

页码	对评价的表述	你的疑惑或感想

为了深入探讨"如何使评价促进教学"这一核心问题,本章围绕"坚持素养导向"和"坚持'教—学—评'一致性"两大核心策略展开具体分析。这两个策略不仅是新课程标准教育理念的重要体现,也是实现评价促进教学的关键路径。素养导向的评价强调对学生综合能力的全面评价,而不仅仅是对知识掌握程度的考查。这种评价方式能够更好地反映学生的学习成果,同时也为教师提供了更全面的反馈,能够帮助教师更有针对性地调整教学策略。坚持

"教—学—评"一致性强调教学、学习和评价三者之间的紧密联系和相互支持。只有当评价与教学目标、教学活动紧密相连时,评价才能真正发挥其促进教学的作用。通过确保评价与教学的一致性,教师可以更准确地了解学生的学习情况,及时调整教学方法,从而提高教学效果。

一、坚持素养导向

坚持素养导向的评价需要关注以下几点:(1)制定指向艺术核心素养的评价标准,确保评价内容与课程标准一致;(2)关注学生音乐学习的关键能力,通过具体的教学活动和标准进行评价;(3)重视评价的公正性与客观性,让每位学生都能得到全面、准确的评价,促进学生的全面发展。

(一)制定指向艺术核心素养的评价标准

在核心素养背景下,教学评价不仅是衡量学生学习成果的手段,更是推动教学发展和学生成长的重要动力。因此,教学评价要紧密结合艺术核心素养的要求和学业质量标准来制定。以低年级学习任务"趣味唱游"为例,教师可以根据课程标准中的内容要求、学业要求、教学提示制定如下的评价指标内容。

表 11－1　"趣味唱游"评价指标内容

学习任务	学业要求	评价指标内容举例
趣味唱游	能用正确的姿势、自然的声音,有感情地独唱或齐唱,能在演唱中加入适当的动作进行表演	1. 能够用正确的姿势、自然的声音,有感情地演唱中华人民共和国国歌以及富有中华优秀传统文化的歌曲(侧重审美感知、艺术表现、文化理解) 2. 能够根据歌曲内容进行音乐游戏和歌舞表演(侧重审美感知、艺术表现)
	会演奏简单的锣鼓经片段或其他节奏型,能进行独奏、合奏或为演唱和游戏伴奏	1. 能够模仿简单的节奏并为歌曲伴奏(侧重审美感知、艺术表现) 2. 能够掌握正确的演奏姿势和方法,跟随音乐和演奏谱进行演奏或伴奏(侧重艺术表现)
	能按要求随音乐进行动作模仿、音乐游戏、角色扮演和舞蹈表演等,用身体律动表现音乐的基本要素	1. 积极参与律动,模仿老师或者视频中的示范动作(侧重审美感知、艺术表现) 2. 能够在游戏中进行角色扮演,用动作表达自己对角色的想象(侧重审美感知、艺术表现)
	能跟随琴声模唱简单旋律,认识常用的音乐记号,能用线条、色块、图形等表示所听到的音乐	1. 能够在游戏中听辨旋律、节奏,并用语言表达旋律和节奏的不同(侧重审美感知) 2. 能用自己喜欢的方式(如线条、色块、图形等)表达对音乐的想法(侧重审美感知)

续　表

学习任务	学业要求	评价指标内容举例
趣味唱游	能遵守游戏规则,初步建立合作意识	1. 能够根据老师指令开展音乐学习活动 2. 能够与同伴合作表演(侧重艺术表现)
	在唱游活动中能根据老师或指挥提示,做出正确的反应	1. 能够了解简单的指挥图式或提示具体的意义(侧重审美感知) 2. 能够根据老师的指挥图示或者提示进行相应的表演(侧重艺术表现)

　　在"趣味唱游"学习任务中,教师根据课程标准的要求,将评价指标进一步细化,使其更具操作性。教师将"演唱能力"细化为"能够用正确的姿势、自然的声音,有感情地演唱",将"节奏能力"细化为"能够模仿简单的节奏并为歌曲伴奏,能够掌握正确的演奏姿势和方法"。通过这种方式,教师可以更清晰地了解每个评价指标的具体要求,从而在教学过程中有针对性地进行观察和评价。

♪ 互动角

　　请你也选择一个学习任务模块进行评价指标的梳理。

学习任务	学业要求	评价指标内容举例

　　教师可以根据具体化的指标内容针对单元学习和具体的课时学习进一步转化为可操作的课堂评价方案,在课堂教学中牢牢把握评价方向。在明确指标之后,需要设计具体的评价工具,如评价量表、观察记录表等。这些工具可以帮助教师系统地记录学生的课堂表现,并为学生提供明确的反馈。

(二)关注学生的音乐学习关键能力

　　教师在制定评价标准时,不仅要基于艺术核心素养,更需要关注这些艺术核心素养指向的音乐学习关键能力。这些音乐学习关键能力包括但不限于音乐感知能力、音乐表现能力、音乐编创能力、音乐合作能力等。为了确保评价的科学性和有效性,教师需要采用多样化的评价方法,关注学生的学习过程和态度,而不仅仅是结果。

对于学生音乐感知能力的评价可以通过多种方式实现。例如,教师可以设计标准化测试,如节奏识别、音高辨别和音乐记忆测试,以评价学生的音乐感知水平。在课堂上,教师还可以通过观察,记录学生在音乐欣赏活动中的反应和理解,如学生是否能准确描述音乐的情绪、节奏和旋律。此外,教师可以要求学生在听完一段音乐后,用语言描述他们的感受和理解,以此来评价学生的音乐感知能力。

对于学生音乐表现能力的评价侧重于关注学生在演唱、演奏等实践活动中的表现。教师可以在课堂上观察学生的演唱、演奏,记录他们的声音、姿势、表情和整体表现。利用录音、录像等工具记录学生的表演,便于教师进行详细分析和反馈。此外,组织学生进行互评,让他们从同伴的角度评价表演的优点和不足,这不仅能提高学生的评价能力,还能增强他们的合作意识。

对于学生音乐编创能力的评价侧重于关注学生在音乐创作中的表现。教师可以设计具体的创作任务,如编写简单的旋律、歌词或编排舞蹈动作,并根据学生的创作内容、创新性和表达能力进行评价。在评价过程中,教师应关注学生在创作过程中的表现,包括他们的思考过程、问题解决的能力和创作态度。通过组织学生展示他们的创作成果,并进行集体讨论和反馈,帮助学生了解自己的优点与改进方向。

对于学生音乐合作能力的评价侧重于关注学生在集体音乐活动中的合作表现。教师可以组织学生进行合唱、合奏等集体活动,观察他们在活动中的沟通能力、协调能力和团队精神。教师可以设计评价量表,列出合作能力的具体指标,如"积极参与讨论""尊重他人意见""有效完成任务"等,让学生进行自评和互评。此外,通过班级音乐会等形式,让学生在公开展示中体验合作的重要性,并通过观众的反馈了解自己的表现。

(三)重视评价的公正性与客观性

在关注学生音乐学习关键能力的同时,教师还必须高度重视评价的公正性和客观性,确保每位学生都能得到全面、准确的评价。评价的内容不应局限于学生的表现结果,这是不全面的。相反,教师应更加关注学生的学习过程和学习态度,这两个方面同样重要,甚至在某些时候更能反映学生真实的音乐素养和潜力。

具体来说,在评价学生的学习过程时,教师应观察学生在课堂上的参与度、练习时的投入程度以及面对困难时的解决态度。一个积极参与、勇于尝试、不畏困难的学生,即使最终的表现结果不尽如人意,也值得教师的肯定和鼓励。因为这样的学习态度是在音乐学习乃至任何学科学习中都极为宝贵的品质。同时,在评价学生的学习态度时,教师应注重学生的音乐兴趣、对音乐的热爱程度以及在学习中所表现出的自律和责任感。一个对音乐充满热情、能够自觉遵守学习纪律、认真对待每一次练习的学生,其音乐学习的潜力和前景是不可估量的。

综上,教师在进行评价时,应综合考虑学生的表现结果、学习过程和学习态度,以全面、客观、公正的态度对待每一位学生。通过这样的评价,不仅能更准确地反映学生的音乐学习状况,还能有效激发学生的学习积极性和创造力,为他们的音乐学习之路提供有力的支持和指导。

二、坚持"教—学—评"一致性

坚持"教—学—评"一致性的原则强调教学、学习和评价三者之间的紧密联系和相互支持,是实现有效教学和促进学生全面发展的关键。通过确保这三者之间的一致性,我们可以创建一个更加协调和高效的教学环境,其中评价不仅是对学习结果的检验,更是教学过程中的指导和反馈工具。

接下来,我们将详细讨论如何在音乐教学实践中坚持"教—学—评"一致性,以及如何通过这种一致性来提升教学效果和学生的学习体验。这包括如何将评价标准与教学目标和学习活动紧密结合,确保评价活动能够真正反映学生的学习进度和成就,同时为教师提供宝贵的反馈信息,以便及时调整教学方法和策略。通过这种方式,我们可以确保评价不仅能促进学生的学习,也能推动教师教学实践的改进和专业成长。

(一) 评价指向音乐教学目标

音乐教学评价应紧密围绕教学目标展开,以确保评价内容与教学目标的一致性。明确的评价目标不仅能帮助教师准确把握教学方向,还能为学生提供清晰的学习指引,使学生了解自己的学习状况,及时调整学习方法,激发学习兴趣,从而获得良好的学习效果。以下的这个具体案例[①],详细展示了如何根据教学目标设计评价环节与内容。

【课题】《国旗国旗真美丽》

【教材版本】上海音乐出版社版《艺术·音乐·唱游》一年级上册第一单元"音乐园地"

【教学内容】

(1) 玩玩唱唱:《国旗国旗真美丽》。

(2) 编编创创:"上学啦"。

【教学目标】

(1) 学唱歌曲《国旗国旗真美丽》,联想、想象音乐作品描绘的情境,与伙伴协同完成综合性艺术表演"周一的早晨",感受与同伴合作学习音乐的快乐。(侧重审美感知、艺术表现)

(2) 能有序地在相互协作中用肢体动作来表现音乐,积极参与评价活动。(侧重审美感知、艺术表现)

---

① 该案例由上海市松江区洞泾学校王岩老师提供。

（3）在音乐活动中继续巩固安静地聆听音乐、轻声演唱的习惯，以及伴随音乐开展活动的意识。（侧重审美感知、艺术表现）

【教学重难点】

（1）教学重点：能以简单的动作、自然的歌声以及即兴的编创表演，合作表现升旗仪式时的庄严肃穆，以及对国旗的热爱之情。

（2）教学难点：能与老师、伙伴相互协作，有序完成各项音乐实践活动。

【评价要点与环节】

表 11-2 课堂评价要点

评价环节与内容	评价要点	评价方式	目标指向
《国旗国旗真美丽》	1. 演唱时声音轻柔、不喊叫 2. 能唱准歌词、曲调，加入简单动作跟上音乐律动 3. 不表演时能够安静聆听、观看他人的表演	生生互评（手势表示），师点评	教学目标1
综合表演	1. 愿意与同伴分享、讨论 2. 能积极参与活动，感受音乐学习的快乐	师点评	教学目标3

♪ **互动角**

在上面这个案例中，教师是如何结合教学目标进行评价的？请你思考并与同伴交流。

_____

_____

以上案例的评价内容紧密围绕教学目标展开，确保评价能够有效反馈学生在各个目标上的达成情况。例如，《国旗国旗真美丽》环节的评价要点对应教学目标1，通过评价学生演唱时的声音、歌词准确性以及动作表现，考查学生对歌曲的掌握程度和艺术表现力。"综合表演"环节的评价要点则对应教学目标3，通过评价学生在合作表演中的表现，考察他们是否能积极参与活动并感受音乐学习的快乐。在评价方式上，教师运用师评和互评相结合的方式，不仅能够及时给予学生反馈，还能培养学生的自我评价和相互评价能力。生生互评让学生在互动中学习和反思，教师点评则为学生提供了专业的指导和建议，帮助学生更好地理解自己的表现和改进方向。

设计指向音乐教学目标的评价，教师能够更科学地评价学生的学习情况，为学生提供有针对性的指导,帮助他们更好地发展音乐素养,培养他们的创造力和审美能力。

(二)设计与目标相匹配的评价任务

教师在设计评价任务时,应确保评价与学习目标紧密相连,以确保评价的准确性和有效性。针对上述教学案例中的目标,教师设计了更为详细的评价要点,以下是部分教学片段。

一、唱唱演演——《国旗国旗真美丽》

(一)完整演唱歌曲《国旗国旗真美丽》

第一遍轻声哼唱旋律,第二遍轻声演唱歌词。

要求:轻声演唱不喊叫,歌词准确。

(二)歌曲处理

关键问题:当我们演唱这首歌曲时,应该用什么样的表情来表达对国旗的喜欢,又应该用怎样的声音表达对国旗的爱护。

1."国旗国旗真美丽,金星金星照大地",要求:用饱满的声音演唱表达对国旗的喜欢。

2."我愿变成小红云,飞上蓝天亲亲你",要求:用温柔连贯的声音演唱表现对国旗的爱护。

3. 完整演唱,加入动作。

教学说明:

(1)设计意图。在前一节课初步学唱《国旗国旗真美丽》的基础上,进一步加强情感的处理,提高演唱、表演要求。

(2)评价要点。①演唱时声音轻柔、不喊叫。②能唱准歌词、曲调,加入简单动作,跟上音乐律动。③不表演时能够安静聆听、观看他人的表演。

(三)小组比赛歌表演

将学生分为三大组表演。学生互相点评。

表 11-3 小组评价表

组别	评价点	评价
第一小组	声音轻柔,不喊叫	★★★ 完全能做到 ★★ 大部分能做到 ★ 基本能做到

续　表

组别	评价点	评价
第二小组	声音轻柔,不喊叫	★★★ 完全能做到 ★★ 大部分能做到 ★ 基本能做到
	根据歌词配上动作	★★★ 动作优美且与歌词匹配 ★★ 动作基本能与歌词匹配 ★ 只能做个别乐句的动作
第三小组	声音轻柔,不喊叫	★★★ 完全能做到 ★★ 大部分能做到 ★ 基本能做到
	根据歌词配上动作	★★★ 动作优美且与歌词匹配 ★★ 动作基本能与歌词匹配 ★ 只能做个别乐句的动作
	有表情地表演	★★★ 表情丰富且与歌曲表达内容匹配 ★★ 表情自如地表现歌曲 ★ 表情还不够,有待提升

(四)朗读儿歌

1. 简单介绍国庆节的由来,帮助学生理解国旗的象征意义。

2. 师生配合有感情地朗读儿歌:国旗国旗多美丽,天天升在高空里。向着国旗敬个礼,我们大家都爱你(背景音乐:《国旗国旗真美丽》伴奏)。

要求:教师念前三句,学生轻声、高位念第四句。

3. 生生配合朗读。

4. 将儿歌和歌曲结合。

二、综合表演——"上学啦"

(一)创设情境

1. 师生共同讨论综合表演顺序。

要求:根据实际生活作息,给歌曲《上学歌》、中华人民共和国国歌(《义勇军进行曲》)、《国旗国旗真美丽》排列表演顺序。

2. 确立歌表演顺序,提出表演要求。

要求:

《上学歌》(可选择参与):声音轻柔,不喊叫。

中华人民共和国国歌(《义勇军进行曲》)(全体参与):全体立正,面向国旗,表情肃穆,行注目礼。

《国旗国旗真美丽》(可选择参与):用柔和的声音演唱;根据歌词,配上适当的动作;表演时情感投入,情绪饱满。表演时能够做到积极参与,他人表演时认真观看。

教学说明:

(1)设计意图。创设情境,让学生更容易投入表演。通过小组讨论,联系生活实际,将本单元学习内容进行合理组合并表演。

(2)评价要点。①愿意与同伴分享、讨论。②能积极参与活动,感受音乐学习的快乐。

(二)综合表演

(三)评价

歌表演环节生生互评,其余环节学生自评或教师点评。(★★★ 表示达到标准,★★ 表示基本达到标准,★ 表示个别达到标准)

表 11-4   表演评价表

评价内容	评价点	评价
《上学歌》	轻柔地演唱,不喊叫	★★★
	表现高高兴兴上学的心情	★★★
中华人民共和国国歌《义勇军进行曲》	全体立正,面向国旗,行注目礼	★★★
	轻声跟唱歌曲	★★★
《国旗国旗真美丽》	柔和地演唱,不喊叫	★★★
	根据歌词,加入适当的动作	★★★
	表演时情感投入,精神饱满	★★★
评价过程	积极参与本组活动,他人表演时认真观看	★★★

备注:由于这个单元是一年级第一学期的第一单元,在教授本单元教学内容时,教师可以根据幼小衔接的特殊要求,在教学活动中将唱游教学中的一些常规内容结合在教学中,并在教学中设计各种评价环节来帮助学生逐步养成良好的音乐学习习惯。

在以上案例中,教师依据教学目标,精准地设定了评价要点。例如,针对学生轻声哼唱旋律的目标,教师将评价要点聚焦于声音的轻柔度和旋律的准确性。其次,教师选择了适宜的评价方式,例如:在学生演唱环节采用观察记录的方式,及时捕捉学生的表现细节并给予反馈;而在小组表演时则运用学生互评的方式,增强了学生的参与感和自我反思能力。同时,教师制定了清晰的评价标准,如用"三颗星"表示完全达到标准,"两颗星"表示基本达到标准,"一颗星"表示个别达到标准,这种分级标准为评价提供了明确的量化依据,使评价更加客观和具体。通过这一系列步骤,教师确保了评价任务与教学目标的紧密相连,不仅能够准确评价学生的学习情况,还能为教学调整提供有力依据,有效促进了教学目标的实现。

🎼 学习线索:基于艺术核心素养的评价方式

从课程标准的角度来看,基于艺术核心素养的评价方式是实现艺术教育目标的关键手段,确保评价活动与课程标准的要求保持一致,从而有效支持课程目标的实现。其中,表现性评价作为一种重要的评价方式,能够直观地反映学生在艺术实践中的表现和能力,是衡量学生艺术学习成果的重要途径。基于艺术核心素养的评价方式不仅能够衡量学生的艺术学习成果,更能推动学生艺术核心素养的全面提升。在深入理解了更新评价观念和重视表现性评价的重要性之后,我们可以进一步探索如何将这些理念具体实施到音乐教学实践中。

一、更新评价观念

在新课程标准的引领下,教师需要知道评价的目的和意义是什么,并在此基础上进行评价标准的设计与实施。首先,学业质量标准是教师评价的重要依据,评价的目的是需要了解学生的学业质量,对学生的艺术核心素养的具体表现特征进行刻画和判断;其次,在评价标准上,教师需要研究不同学段的学业质量描述,制定可测、可评的评价内容;第三,教师需要拓宽评价思路和方式,运用多种方式在课内课外、课前课后对学生进行评价与激励,逐步提升学生的艺术核心素养。

综上,评价既要有理论依据,紧密结合课程标准理念,也要落地,贯穿在教师备课、上课、反思的各项教学环节中。

♪ **互动角**

在学习了以上内容后,你对评价有什么新的认识? 这对你开展评价设计有什么帮助?

_____

_____

二、重视表现性评价

表现性评价是根据学生在课堂内外艺术实践活动的具体表现,判断其音乐学习能力和学习态度的评价。表现性评价不只是从教学任务中把评价内容"可视化",还可以是设定教学情境,评价学生在真实情境中发现问题、解决问题的综合能力。

教师首先需要明确表现性评价的目标。表现性评价的核心目标是全面反映学生的艺术核心素养,涵盖审美感知、艺术表现、创意实践和文化理解四个方面。教师在设计评价活动时,应将这四个维度贯穿于每个环节的评价目标中,确保评价的全面性和系统性。例如,在任何音乐表演活动中,都要考虑学生是否能感知并传达音乐的情感和意境,是否能准确地进行演唱、演奏或表演,是否能结合音乐作品的文化背景进行理解和表达,以及是否能融入创新元素,体现个性化。

表现性评价应关注学生在准备和表演过程中的表现,而不仅仅是最终的表演结果。教师可以通过观察、记录和反馈等手段,了解学生的学习态度、合作能力和创新思维等方面的情况。例如,在活动的准备阶段,教师要密切关注学生的排练过程,观察学生的参与度、合作情况以及在排练过程中的进步等,并及时给予阶段性反馈,帮助学生发现自身的问题并加以改进。此外,教师还可以设计过程性评价表,详细记录学生在排练过程中的各种表现,为后续的评价和指导提供依据。

在评价时,教师需要设计科学合理的评价量表,明确每个任务的评价维度,如音准、节奏、情感表达、创意性等。同时,要结合多种评价方式,包括教师评价、学生自评和互评。教师评价要基于客观的评价标准,对学生的表现进行专业、公正的评判;学生自评可以帮助学生反思自己的学习过程和表现,培养自我评价能力;学生互评则能促进学生之间的交流与学习,从不同角度发现彼此的优点和不足。通过综合这些评价结果,能够更全面、客观地反馈学生的表现。以下是一位教师以"班级音乐会"实践活动评价为例进行的设计。

"我的舞台我做主"期末班级音乐会

一、活动主题

"我的舞台我做主"期末班级音乐会

二、活动参与对象

五年级四班全体同学

三、活动时间

期末阶段

四、活动地点

音乐室

五、活动组织形式

由音乐教师牵头组织,由该班几位音乐才能较突出的学生组成策划小组,创编节目,汇总成音乐会节目单,按顺序演出。

六、活动目的

1. 班级音乐会作为一种新的评价方式检测每位学生一个学期的音乐学习成果。

2. 为校园艺术节中的元旦文艺汇演输送优秀节目。

七、活动意义

期末的班级音乐会既是一个展示学生音乐学习成果的舞台,也是一种充满趣味性的评价方法。由于每个学生的兴趣、经历、知识、阅历不同,其对音乐也会有多种多样的理解。通过期末班级音乐会这个平台,学生可以充分展示个性和才华。同时,期末班级音乐会还能培养学生团结协作的精神和热爱艺术的情操,让学生体验成功的快乐,增强自信心。

八、活动要求

1. 要求每个学生都要参与,每个人至少有一个节目。节目内容以教材内容为主、课外教学内容为辅,并结合自己的特长进行准备。

2. 内容自选,形式多样,可独立表演、合作表演,自愿报名,节目单由音乐课代表、音乐会策划小组统筹完成,并由音乐教师进行审核。

3. 学生选出自己的主持人和节目评委,学生还要进行自评、互评。

4. 教师只需及时解决活动中出现的问题,根据每个学生的参与、表现情况来评定学生期末音乐考核等级即可。

九、活动内容

1. 唱——合唱、小组唱、独唱。

2. 奏——歌曲或乐曲主题。

3. 舞——根据音乐编舞。

4. 演——音乐剧、诗朗诵等。

5. 指挥——结合音乐,学生尝试指挥。

6. 抢答——学习过的音乐知识。

7. 阐述——用口头或书面的形式表达聆听音乐的感受。

8. 评价——互评与自评。

十、活动过程

(一) 活动前期(开学初)——"班级音乐会"的准备

1. 教师与学生一起了解"班级音乐会",并解释班级音乐会的含义,讨论、拟定音乐会的主题及内容。

2. 上好每一堂音乐课,在课堂上渗透歌唱、舞蹈、表演、伴奏技巧等知识,为音乐会的开展做准备。

(二) 活动中期(学期中)——布置"班级音乐会"的任务及要求,完成节目单初稿

1. 选出 5 位组织能力和音乐才能较强的学生组成音乐会策划小组,策划音乐会的各项内容。

2. 发动全班同学自由组合,报名参加各类节目。

3. 落实每档节目的负责人和主持人、纪律管理人员、工作人员、摄影师等。

4. 让学生利用课间、午休或放学的时间,按各自策划的节目进行排练。教师定期在物质上和技术上给予帮助或指导。

(三) 活动末期(学期末)——"班级音乐会"的开展

1. 在音乐会前一周,对所有的节目进行彩排(包括主持、道具的使用等)。

2. 教师设计好音乐知识抢答题目和评分表格。

3. 邀请校领导、班主任、科任老师、家长观看音乐会。

4. 评价注意事项:

(1) 教师(或家长)对学生在音乐会上的表现进行点评,及时表扬表现优秀的学生,并鼓励全班学生今后能更加大胆地表现自己,多给自己争取锻炼的机会。

(2) 学生自评。谈谈自己在本次音乐会中的收获。

(3) 学生互评。要求选出音乐会最佳表演奖、最佳人气奖等。

(4) 校长或到场嘉宾为获奖的同学颁奖,集体合影留念,让音乐会在愉快的氛围中结束。

5. 对活动进行记录(录像或拍照),并收集整理、存档。

附:班级音乐会的表格与评价方式

表 11-5 "我的舞台我作主"节目单

序号	节目	表演形式	表演同学
1		独唱	
2		表演唱	

续 表

序号	节目	表演形式	表演同学
3		器乐演奏	
4		合唱	
5		指挥	
6		配乐诗朗诵	
7		音乐剧	
8		音乐知识抢答	

表 11-6 音乐会评价表 1(教师、特邀评委、学生互评)

曲目	表演形式	意见	等级打√
《美丽的金孔雀》	舞蹈	表演得体,动作到位	A. 很好 B. 好 C. 一般

表 11-7 音乐会评价表 2(学生自评)

自我评价	等级		有待改进的地方是
	A	B	

成长留念

个人演出剧照

集体演出剧照

案例中明确将表现性评价的核心目标设定为发展学生的艺术核心素养,涵盖审美感知、艺术表现、创意实践和文化理解四个方面。该教师所设计的多种表演形式(如独唱、合唱、器乐演奏、音乐剧等)以及评价环节(如学生自评、互评、教师评价等),确实贯穿了这四个维度。

例如,学生在表演中传达了音乐情感(侧重审美感知)、准确演唱或演奏(侧重艺术表现)、结合音乐作品的文化背景进行阐述(侧重文化理解),以及在表演中融入了创新元素(侧重创意实践),这些都体现了评价目标的全面性和系统性。

教师不仅关注最终的表演结果,还非常注重过程性评价。从活动前期的准备,到中期的排练,再到正式演出,教师通过观察、记录和反馈等手段,全程关注学生的学习态度、合作能力和创新思维等方面。例如,在排练过程中,教师会观察学生的参与度和合作情况,并给予阶段性反馈,帮助学生改进。这种过程性评价能够帮助教师更好地了解学生的学习过程和进步情况,而不仅仅是对最终结果的评判,使得评价更加全面和客观。

此外,该教师设计的评价量表具有很强的实用性,例如呈现了具体的评价意见栏和明确的评价等级,便于评价者记录具体的评价内容和打分。最后,案例中提到对活动的视频、照片进行收集整理并存档,也为评价量表的记录和后续分析提供了有力支持,便于教师更好地分析学生的学习过程和进步情况,为后续的教学和评价提供参考。

在整个音乐会过程中,学生的音乐表现能力得到了激发,合作能力、组织协调能力以及音乐综合能力得到了充分展现。这样的评价注重考察学生在整个实践活动中参与的态度和努力的程度,也通过阶段的考核促进了学生的学习和合理竞争,从而全面反映学生的音乐实践能力,对学生的学习情况做出了一个相对全面、真实、准确的评价结论。

三、坚持多主体评价

《义务教育艺术课程标准(2022 版)》指出:"充分发挥学校、教师、学生、家长等不同评价主体或角色的作用,形成多方共同激励的机制,增强学生学习艺术的动力和信心。"教师在评价主体上需要变单一的教师评价为教师评价、学生自评、学生互评、他人评价(如家长、校外专家、学校领导等非直接任课教师)相结合的方式,形成多方共同激励的机制,增强学生音乐学习的动力。

在实践中,教师还可以将小组作为团队,将评价融入小组的活动过程中,通过具体的评价活动来落实多主体评价的理念。例如,一位教师在针对提升学生音乐学习习惯方面,就开展了一项以小组为单位的评价活动,具体做法如下。

在音乐课的教学过程中,针对中高年级学生,教师采取了以小组为单位的评价活动。在活动中,教师利用小黑板作为评价工具,每块黑板上放置四个笑脸图标。评价活动自学生进入教室时启动,以小组竞赛的形式展开,主要围绕学生的学习习惯进行评判。评判项目包括进出音乐教室的秩序、学习用具的齐备性、活动过程中的讨论热情和投入程度,以及在交流感想和观看其他小组表演时的分享意愿、点评准确性等。这些评判项目可根据教师的教学需要进行灵活调整。为确保评价的公正性,每项评判均设有自评、小组成员互评以及小组间互评的机制。符合标准的小组将获得一个笑脸图标作为奖励,最终笑脸图标数量最多的小组将被认定为"胜者"。

该活动体现了多主体评价的理念,通过学生自评、小组成员互评和小组间互评的形式,发挥了不同评价主体的作用。这种多样化的评价方式不仅增强了评价的客观性和全面性,还发展了学生的自我评价能力和团队合作精神。

关键策略:深化落实,改进音乐教学评价

落实新课程标准要求是提升教学质量和发展学生艺术核心素养的关键。为了实现这一目标,教师需要深化和改进音乐教学评价体系。这涉及一系列关键策略,包括改进结果性评价、强化过程性评价、探索增值性评价以及健全综合评价。改进结果性评价为学生提供了明确的学习目标和成效反馈;强化过程性评价关注学生的学习过程和个性化发展;探索增值性评价关注学生的进步和成长,健全综合评价则在此基础上进一步强调评价的整体性和多维度,全面考察和促进学生艺术核心素养及能力的发展。这四种评价策略共同构成了一个全面、多元、发展的评价体系,能够更准确地反映学生的音乐学习成果,同时促进他们的持续成长和进步。

一、改进结果性评价

改进结果性评价是指在教育评价中对最终学习成果的评价方法进行优化和更新,以便更准确地反映学生的学习成效和能力发展。通过改进结果性评价,教师可以更公正、客观地衡量学生在音乐知识和技能方面的掌握程度。教师需要坚持以评促学,评价学生在音乐学习过程中的进步和成就,同时提供反馈以指导学生进一步地学习。教师除了要用评价激励学生改进音乐学习的效果,还需要让学生明确评价标准。当学生明确评价标准时,他们能够更清楚地了解自己在学习过程中需要达到的目标。这不仅有助于学生自我监控学习进度,还能让他们更有针对性地进行练习和改进。我们先来看看以下这个案例中的教师是如何指导学生进行评价,从而改进学生学习成果的。

《小乌鸦爱妈妈》是小学生喜爱的一首歌曲,非常具有教育意义。教师通过角色扮演活动,让学生深入理解歌曲情节和角色关系。在评价指导下,学生逐渐发现并完善自

己的表演,培养了自己的想象力和创造力。同时,通过表演,学生深刻地体会到了"爱"的意义。

教师让学生寻找一位合作伙伴,分别扮演"乌鸦"与"乌鸦妈妈"的角色。在悠扬的歌声中,学生根据各自的角色开始表演。教师特别提到了小爱的表演别具一格,她在扮演"乌鸦妈妈"时,当"小乌鸦"喂她吃"虫子"后,她轻轻地抚摸了"小乌鸦"的头。接着,教师询问是否能设计出一个新的情节再次表演。

短暂讨论后,音乐再度响起,为新的表演营造氛围。教师邀请小波和小畅上台,以再现一对乌鸦母子的故事。观众仔细观察,从他们的表演中找出值得学习的地方。

第一位学生评价说:"乌鸦妈妈"拥抱了"小乌鸦",而"小乌鸦"则耐心地一口一口地喂妈妈,并且还帮妈妈捶背,他认为这样的表演非常出色。教师随后询问学生对"小乌鸦"的看法,第二位学生表示:"小乌鸦,你真懂事。"第三位学生则称赞:"小乌鸦真是一个孝顺的好孩了,我要向他学习。"

接着,教师引导学生思考如何通过表演来更好地展现小乌鸦的懂事。她向学生提问,如果看到如此懂事的小乌鸦,乌鸦妈妈会有什么反应呢?第四位学生提出了新增角色的创新想法,教师对此表示赞同,询问谁愿意扮演这些新增的角色,同时思考如何为这些角色设计情节并进行表演。

经过精心的指导与评价,学生的思维得以拓展,他们的表演也逐渐充实起来。随后,学生不再满足于歌曲中原本设定的两个角色,积极提出增加角色的建议,以更好地凸显小乌鸦不贪玩和认真负责的品质。在歌唱与表演的过程中,学生逐渐领悟到了"爱"的深刻内涵。

在实施改进结果性评价的过程中,教师采取了一系列策略来提升学生的表演和学习体验。首先,教师通过角色扮演活动,让学生亲身体验并深入理解歌曲《小乌鸦爱妈妈》的情节和其中的角色关系。这种活动本身不仅增加了学习的趣味性,也为评价提供了一个具体的情境。接着,教师通过观察学生的表演,提供了具有指导性的评价。例如,教师特别提到了个别学生的表演,并询问他是否能设计出一个新的情节再次表演,这样的提问鼓励学生进行自我反思和创新思考。教师的这种评价方式不仅肯定了学生的表现,也为他们指明了努力的方向,促进了学生的自我提升。此外,教师引导学生进行同伴评价,让学生相互观察并从彼此的表演中找出值得学习的部分。这种同伴评价的过程增强了学生的参与感和责任感,同时也锻炼了他们的批判性思维和评价能力。教师还鼓励学生提出增加新角色的建议,以更好地凸显小乌鸦的品质。这种开放性的问题激发了学生的创造力,使他们能够从不同角度思考如何丰富表演内容。教师对这些创新想法的赞同和支持,进一步拓展了学生的思维,使他们的表演逐渐充实起来。最后,教师通过歌唱与表演的结合,引导学生逐渐领悟到"爱"的深刻内涵。这种情感体验的引导,使得评价过程不仅指向了对学生技能的评价,更指向了学生的情感发展和品德发展。

综上所述,教师通过提供具体反馈、鼓励学生开展自我和同伴评价、激发学生创造力和引导学生进行情感体验等方式,开展了全面而深入的改进结果评价。这种评价方式不仅关注了学生的学习成果,也促进了他们的全面发展,体现了教育评价的真正价值。

二、强化过程性评价

改进结果性评价聚焦于评价学生在特定学习阶段结束时的成果,以确定他们是否实现了既定目标,并掌握了必要的知识和技能。相比之下,强化过程性评价则侧重于在学习过程中持续观察和评价学生,捕捉他们的进步和遇到的挑战。过程性评价是指在学习过程中,对学生的持续表现、学习态度、参与情况以及进步情况进行观察和评价。这种评价方式注重学生在学习过程中的动态表现,而不仅仅是最终的学习成果。通过过程性评价,教师可以及时发现学生在学习过程中遇到的问题,提供必要的支持和反馈,从而帮助学生更好地达成学习目标。这使得教师能够及时识别并解决学生在学习中遇到的问题,提供必要的支持,从而促进学生的学习进步。两者结合,为学生提供了一个既有即时反馈又有阶段性评价的全面评价体系。

具体而言,教师应在课堂常规、欣赏、歌唱、律动、综合性艺术表演等活动过程中对学生的表现进行及时的评价。例如,在师生问答环节、学生集体表演或个人表演环节中,教师需要对学生的语言描述、表演质量进行鼓励式的评价,并及时反馈学生的表现。这样做一方面有助于教师了解学生的学习情况,另一方面也有助于树立学生的自信心,激发学生的学习热情。

在过程性评价中,教师应制定明确的分阶段评价标准,确保评价的连贯性和递进性。每个阶段的评价量表都应对应学生在该阶段要达到的具体目标,这有助于学生和教师清晰地了解学习进程和期望,也有助于教师捕捉学生在学习过程中的细微进步,并为学生提供及时的反馈和指导。评价内容应涵盖学习兴趣、学习习惯和学业成果等多个维度,体现过程性评价的全面性。评价量表中应包含自评和师评两种评价方式。自评有助于培养学生的自我评价能力,使学生学会自我反思,这是终身学习的重要能力;师评则呈现的是教师的专业判断,有助于教师更准确地评价学生的学习进展,确保评价的客观性和公正性。

例如,有教师在制定一年级学习准备期(幼小衔接过渡时期,一般为一年级第一学期的第一个月)的评价标准时,既设计了整体的标准,也设计了每个阶段学生需要达到的标准。

表11-8　一年级学习准备期"唱游"学生评价量表

评价项目	评价内容
学习兴趣	对音乐感兴趣,喜欢听音乐
	愿意和同伴一起参加律动、舞蹈、游戏等活动
	在音乐活动中愿意同老师及同伴交流
学习习惯	能够对音乐指令做出相应的反应(如起立、坐下、停止等)
	伴随音乐,能同老师及同伴亲切地打招呼和告别
	学会安静地聆听、欣赏音乐
学业成果	能够用语言表达所听音乐的情绪情感
	对音乐的内容有自主的理解和想象
	能够用简单的肢体动作和表情等方法对音乐做出自由的反应
	初步了解唱歌的正确姿势,能轻声歌唱
	能够模仿拍击节奏,按节奏说话、念儿歌,并参加各种节奏游戏活动

教师根据制定的学习准备期总目标,对每周的评价指标进行改进。

表11-9　学习准备期评价表(第一周)

评价维度	评价内容	评价标准	活力等级(自评)	活力等级(师评)
学习兴趣	初步了解音乐课堂	1. 能认识唱游老师,知道去唱游教室的路线	★★☆	★★★
		2. 能在音乐中找到自己的座位	★★☆	★★☆
		3. 知道唱游教室中的各种乐器的名称和摆放的位置	★★☆	★★★
学习习惯	聆听感受习惯	1. 能够基本做到安静地聆听音乐	★★★	★★★
		2. 能够基本听清、理解老师的问题与要求	★★☆	★★☆
		3. 能够先举手,再分享自己的聆听感受	★★★	★★☆

续　表

评价维度	评价内容	评价标准	活力等级(自评)	活力等级(师评)
学业成果	感受并参与音乐指令歌曲	1. 伴随音乐,学会起立、坐下	☆☆☆	☆☆☆
		2. 能在歌唱游戏中初步学会师生间的问好	☆☆☆	☆☆☆
		3. 能在歌唱游戏中说出唱游老师和同伴的名字	☆☆☆	☆☆☆

表 11 - 10　学习准备期评价表(第二周)

评价维度	评价内容	评价标准	活力等级(自评)	活力等级(师评)
学习兴趣	参与音乐活动的兴趣	1. 积极参与唱游课堂的音乐指令歌曲演唱活动	☆☆☆	☆☆☆
		2. 积极交流自己对特定音乐的感受体验	☆☆☆	☆☆☆
		3. 喜欢"唱游教室"中的钢琴、打击乐器,有探索的欲望	☆☆☆	☆☆☆
学习习惯	聆听感受、模仿体验	1. 在老师的提示下知道听音乐要注意力集中	☆☆☆	☆☆☆
		2. 能用象声词模仿小动物的叫声并进行歌唱	☆☆☆	☆☆☆
		3. 能模仿拍击节奏,按节奏说话	☆☆☆	☆☆☆
学业成果	感受并参与音乐指令歌曲	1. 基本掌握音乐指令歌曲,并做出正确的反应	☆☆☆	☆☆☆
		2. 能够保持较好的演唱坐姿	☆☆☆	☆☆☆
		3. 能在同伴面前自信地歌唱	☆☆☆	☆☆☆

表 11 - 11　学习准备期评价表(第三周)

评价维度	评价内容	评价标准	活力等级(自评)	活力等级(师评)
学习兴趣	探索音乐的兴趣	1. 享受与同伴一起歌唱的乐趣	☆☆☆	☆☆☆
		2. 积极参与律动、游戏等音乐活动	☆☆☆	☆☆☆
		3. 对特定音乐有自己的想象并积极表达	☆☆☆	☆☆☆

评价维度	评价内容	评价标准	活力等级(自评)	活力等级(师评)
学习习惯	交流表达习惯	1. 能够安静地聆听音乐,有良好的聆听音乐的习惯	★★★	★★★
		2. 能够安静地倾听他人表达音乐感受的情况	★★★	★★★
		3. 能够与老师、同伴交流自己对特定音乐的感受	★★☆	★★☆
学业成果	感受音乐的情绪情感	1. 感受乐曲的情绪,聆听音乐时安静、专注	★★★	★★☆
		2. 能够分辨安静、活泼两种情绪的音乐	★★☆	★★☆
		3. 能用简单的肢体动作和表情对音乐做出自由反应	★★★	★★★

表 11-12　学习准备期评价表(第四周)

评价维度	评价内容	评价标准	活力等级(自评)	活力等级(师评)
学习兴趣	参与音乐活动的积极性	1. 对音乐感兴趣,喜欢听音乐	★★☆	★★☆
		2. 伴随音乐,能同老师及同伴亲切地打招呼和告别	★★☆	★★☆
		3. 对音乐的内容有自主的理解和想象	★★☆	★★☆
学习习惯	聆听感受、歌唱习惯	1. 熟悉音乐指令歌曲并做出正确的反应	★★☆	★★☆
		2. 能做到安静、专注地聆听音乐	★★☆	★★☆
		3. 能够模仿老师轻声唱歌	★★☆	★★☆
学业成果	音乐表现能力	1. 用唱歌的正确姿势演唱歌曲	★★☆	★★☆
		2. 能模仿拍击节奏,按节奏说话、念儿歌,并参加各种节奏游戏活动	★★☆	★★☆
		3. 愿意和同伴一起轻声歌唱、律动、舞蹈和游戏	★★★	★★★

这种过程性评价有助于促进学生的积极参与和持续进步。通过每周的评价,学生可以清楚地看到自己的成长轨迹,这有助于激发他们的学习动力和自信心。同时,教师也可以基于过程性评价强调评价的动态性、全面性和发展性,根据评价结果及时调整教学策略,以更好地满足学生的学习需求。

三、探索增值性评价

增值性评价是一种关注学生进步和成长的评价方法。它不只看重学生的最终表现,而是通过比较学生在一段时间内的进步,来评价他们的学习效果。这种评价方式强调每个学生的个性化发展,能够帮助教师识别和奖励那些在原有基础上取得显著进步的学生。

增值性评价的意义在于促进教育公平,因为它允许不同起点的学生都有机会展示自己的进步和成长。它鼓励教师关注每个学生的学习过程,并提供针对性的支持,从而帮助所有学生找到自己的最大潜能。通过增值性评价,教师可以更全面地理解学生的学习发展,进而优化教学策略,提升教学质量。

教师在探索增值性评价时,可以从以下方面入手:(1)创新评价工具,利用数字化平台记录学生表现,生成个性化学习报告,突破传统口头与书面评价的局限,增强评价的连贯性。(2)提供个性化支持,针对学生个体差异,制定个性化的学习计划,帮助有困难的学生逐步提升能力。创新评价工具通过收集和分析学生的学习数据,为个性化支持提供了科学依据,帮助他们逐步提升能力。两者相结合,不仅能够提升教师的教学效果,还能促进教育公平,帮助每个学生在原有基础上实现显著进步。

(一)创新评价工具,在方式上"增值"

传统的评价方式主要以口头评价和书面评价为主,对于班级整体评价和个人发展指标的变化及发展评价具有局限性。在数字化高速发展的时代,合理运用信息化的评价手段能够增强评价的连贯性,还能够形成学生的个性化发展报告。以下是一位教师借助校本智慧评价树设置的评价指标。

(1)"预习充分",这个指标指向前一节课教师布置的课外任务,例如学生查看音乐学习资料的情况,教师在上课时对学生进行评价。

(2)"音乐乐园",是单元综合活动的评价指标。A 表示学生达到了基本要求,主要评价学生的参与度、学习态度和知识掌握情况等方面。获得 A+的学生表示在音乐理解、创意表达、合作演唱等方面具有出色的表现,或者在课堂活动中展现了高度的参与度。

(3)"回答准确",主要评价学生在课堂提问或讨论中提供答案的准确性。它评价学生对音乐理论知识、歌曲内容、乐器知识等的理解程度。教师可以通过提问来检测学生的知识掌握情况,并根据学生回答的正确性给予相应的评价分值。

图 11-1　智慧评价树指标

（4）"创意表达"，主要评价学生在音乐学习中展现的创新和个性化表达。这可能包括即兴演奏、创作新的旋律或歌词、对音乐作品的独特解读等。教师鼓励学生发挥想象力，对作品进行个性化的演绎，并根据创意的新颖性和表现力给予评价。

（5）"律动表演"，主要评价学生在音乐活动中的身体动作和节奏感。这可能涉及舞蹈、节奏游戏、乐器演奏时的身体协调等。教师观察学生是否能够准确地跟随音乐节奏进行动作，以及动作的流畅性和表现力，从而给予评价。

（6）"合作演唱"，主要评价学生在合唱或小组演唱中的合作能力。这包括学生是否能够与同伴协调一致、是否支持团队合作、是否能够有效地进行沟通和协作等。教师根据学生在合作演唱中的表现，评价他们的团队精神和协作能力。

（7）"安静聆听"，主要评价学生在课堂中聆听音乐时的专注度和反应。这可能包括对音乐作品的静听、对同伴表演的聆听等。教师观察学生是否能够安静地聆听，是否能够表现出对音乐的理解和感受，并据此给予评价。

（8）"课堂常规"，主要评价学生在音乐课堂中的行为规范和学习习惯。这包括学生的出勤情况、课堂纪律、对教师指令的响应速度等。教师通过这些观测点来评价学生是否遵守课堂规则、是否展现出积极的学习态度。

以上是教师设计的课堂评价观测点，教师还可以自定义评价指标和分值。在这个数字化评价体系中，教师不仅可以运用多选功能对全班进行整体评价，也可以对学生个人进行评价，赋予学习积分。当学生熟悉评价流程后，可以让学生在自己的平板电脑上根据教师评价操作评价积分，有助于学生知道自己在哪个方面受到了表扬。学生也可以在学生端查看音乐学习的整体情况，根据不同指标获得的积分了解自己的强项和需要提高的地方。教师还可以在教师端对不同班级的情况进行分析和对比，促进班级之间的数据交流，这有助于教师采用不同的方式进行重点教学，提升学生的学习效能，让评价"增值"。

（二）助力学生个性化发展，在效果上"增值"

新课程标准强调育人为本，促进学生的全面发展和个性化支持。教师需要关注学生的进步，而不是以学生此时此刻或者单一的表现来评价学生。特别是对于一些在音乐学习上有困难的学生，教师在评价时不妨为他们"开一扇门"，延时评价，给予学生额外的机会。

增值性评价的核心在于识别并培养学生的独特优势。教师应通过观察评价,发现学生在节奏感、旋律创作或乐器演奏等方面的特长。一旦识别出学生具有某一方面的潜能,教师应向学生提供个性化支持,如额外练习、个别辅导或小组合作,以帮助学生在其擅长的领域取得进步。同时,鼓励学生自我反思,通过自评和同伴评价明确自己的进步和改进空间,培养自主学习的能力。增值性评价还应激发学生对音乐的兴趣,认可他们的进步,以此提高他们的课堂参与度和自信心。最后,教师还应向学生营造一个包容和支持的学习环境,让学生感到安全,敢于表达和尝试,从而更积极地面对挑战,不断进步。简而言之,增值性评价让每个学生的进步都"被看见",从而实现个性化成长。

为了全面把握学生对音乐知识的掌握情况,我们会在每一节课的教学过程中进行持续的观察与评价。特别是在每个教学单元结束时,我们将专门安排课堂内的十分钟时间,对学生进行一次简短的考核。此举旨在确保学生能够及时巩固所学,同时也为教师提供反馈,以便更好地调整和优化后续的教学计划。

【课题】《采一束鲜花》

【教材版本】人民音乐出版社版《音乐》四年级上册第一课"歌唱祖国"

【教学过程】

师:本单元的学习已经结束。让我们来看看同学们的学习情况。

(出示歌曲《采一束鲜花》中的一段歌谱。请一组学生以开火车的方式。唱唱歌谱,每人一乐句。)

生1、生2、生3顺利完成。生4唱了几次。在节奏上总是出现问题。

生4:老师,这一句的节奏比较难,我现在还不能唱好。能让我多练习几次后再唱吗?

师:好的。你先坐下,觉得自己准备好了再站起来演唱。其他的学生接着唱下去。

(五分钟后。)

生4(举手):老师。我准备好了,现在能唱吗?

师:好的,请开始,需要老师用钢琴弹奏一遍旋律吗?

生4:好的,谢谢。

生4跟着钢琴将歌曲第四乐句的歌谱唱了一遍。

教室里响起一阵掌声。

【教学反思】

在进行学生学业评价的过程中,对于能够自行展示知识掌握情况或通过师生交流展示潜力的学生,应给予A等评价。对于在初次评价中未能达到A等标准,但主动要求再次评价的学生,应给予他们额外的机会。当学生确信已充分发挥自身能力时,可再次进行评价。延时评价的策略不仅为学生提供了更多的机会,特别是对那些学习能力一般或较弱的学生,它有助于他们逐步建立自信,并激发对学习的热情和兴趣。这种评价方式体现了对学生的尊重和理解,同时也有助于促进他们的全面发展。

案例中的这位教师在助力学生个性化发展方面,通过延时评价的方法在效果上实现了增值。首先,教师通过持续观察和评价学生在音乐学习中的表现,确保了评价的全面性和客观性。在《采一束鲜花》的教学案例中,教师没有因为学生初次未能掌握节奏就对其进行负面评价,而是给予其额外的时间和机会,让学生在准备好后再进行表现。这种做法体现了对学生个体差异的尊重,鼓励学生挑战自我,培养了他们的自信心。其次,教师的评价方式激发了学生的学习兴趣,使他们感受到学习过程的重要性,而不仅仅是结果。这种以学生为中心的评价方法有助于学生建立积极的学习态度,增强内在的学习动机。同时,教师的评价内容不仅限于技能掌握,还包括学习态度、情感体验等,促进了学生的全面发展。

教师的评价方式为所有学生,特别是学习能力较弱的学生,提供了平等的展示机会,实现了教育公平。每个学生都能在适合自己的节奏下发展能力,无论他们的起点如何。这种评价方式不仅关注学生的当前表现,更重视他们的潜力和进步,从而在效果上实现了"增值"。

四、健全综合评价

结果性评价提供了明确的学习目标和成效反馈;过程性评价和探索增值性评价,关注学生的学习过程和个性化发展,而综合评价就是对学生发展状况的全面评价,它不仅关注学生的学业成绩,还包括学生的兴趣爱好、社会实践等方面,鼓励学生多样性和个性化的发展。这种评价方式有助于教师和学生从多角度、多层面了解学生的学习状况,更全面地理解学生的学习需求。综合评价不仅要发挥"增值"效果,在整体性、客观性方面还需要教师进行进一步的思考。通过这种综合评价体系,教师可以更全面、更准确地把握学生的学习情况,为学生提供更有针对性的指导和支持,从而实现音乐教学的优化和学生发展的最大化。音乐学科是实践性、表现性较强的学科,教师在评价时一般通过学生的外在表现对学生的审美判断、艺术表现进行评价,这是教师能看到的显性结果。对于学生的内在音乐素养,如审美判断力、创造力、合作能力、思维方式等方面,教师同样也需要设置一些评价指标和方式,考虑学生的综合素养能力,通过多方位的评价促进学生的全面发展。

对于学生创造力的评价可以通过设置具体的创作任务,如编写旋律或创作歌词,来激发学生的创新思维。教师可以通过观察学生在即兴演奏或创作活动中是如何运用音乐元素来表达个人想法的,从而评价他们的音乐创造力。这种评价方式鼓励学生积极探索不同的音乐风格和表达方式,从而促进他们创造力的发展。

对于学生合作能力的评价,可以设置"能够积极参与讨论、协调合作""能够遇到困难时坚持不懈地努力,寻求同伴的帮助"等评价指标。同时,评价也应该具有针对性和指导性,能够帮助学生认识到自己的优点和不足,并提供具体的建议和指导,以促进学生进一步的发展。

对于学生思维方式的评价,教师可以通过设计问题解决和项目式学习活动来评价学生的逻辑思维和策略运用能力。例如,让学生研究音乐与文化的关系,可以评价他们的批判性思维和研究能力。教师还可以引导学生进行自我反思,讨论他们在音乐学习过程中的思维方式,例如,如何分析问题、如何制定解决方案,以及如何评价自己的学习成果,这些都是评价学生思维方式的重要方面。

通过综合性的评价指标和方式,教师可以更全面地评价学生的音乐学习。

进阶改进:优化评价指标,激发学生的创造性思维

为了更好地激发学生的创造性思维,优化评价指标是关键。教师需要关注学生在学习过程中的主动参与度,通过观察他们是否积极参与讨论和活动,以及是否愿意分享自己的想法和见解来进行评价。同时,教师应意识到合作交流的重要性,鼓励学生在小组活动中相互协作,通过同伴评价和自我评价来培养他们的批判性思维和创新能力。下面我们从优化过程性评价指标、结果性评价指标和综合评价指标三个方面来分析如何通过优化评价指标,激发学生的创造性思维。

一、优化过程性评价指标

(一)关注学生是否主动参与

在教学活动中,教师需要了解每个学生的学习情况。借助技术手段进行实时数据的采集与分析,教师不仅可以直接观察学生的课堂参与度,还能通过后台统计数据精准把握每一位学生的学习动态。此外,定期开展单元学习问卷调查等互动形式,则可以让教师更深入地了解学生对课程内容的掌握程度、学习体验及改进建议,以实现对学生学习状况的精准掌握和有效反馈。

在优化过程性评价指标时,教师可以采用以下方法:增强课堂互动,设计开放性问题,组织小组讨论,实施即时反馈;提供学习任务选择权,让学生参与计划制定;培养学生自我监控能力,定期自我反思;安排成果展示机会,提升成就感;及时给予反馈,帮助学生了解进步空间;营造支持性学习环境,鼓励尝试新事物,促进学生主动参与和全面发展。

以下案例展现了评价问卷的主要形式。

"行进的脚步"主题单元设计评价问卷

小组名称：

亲爱的同学：

在学习了"行进的脚步"这一单元之后，你是否知道哪些音乐可以表现军人、小朋友、老年人行进的脚步？大象、乌龟和小白兔行进时的脚步又有什么特点呢？相信和你的伙伴们一起开动脑筋后，你们已经完成了老师交给你们的任务单了吧！那就让我们一起来看看你的学习情况吧。

1. 对于听到的不同乐曲（　　）。

A. 我能很快分辨情绪、速度、力度、节拍的特点

B. 在他人的提示下，我能分辨情绪、速度、力度、节拍

C. 我无法分辨情绪、速度、力度、节拍

2. 我能运用不同的节奏型表现不同的人群或动物行进的脚步（　　）。

A. 很熟练　　　　　　　B. 可以运用　　　　　　　C. 不太熟练

3. 我编创的旋律（　　）。（没参与编创的同学可以不填写）

A. 好听，受欢迎　　　　B. 还不错　　　　　　　C. 不容易让人记住

4. 在听音乐表演时（　　）。

A. 我能准确跟着音乐节奏，表现音乐的情绪

B. 我能跟着音乐节奏，但不能表现音乐情绪

C. 我无法跟上音乐

5. 在小组讨论时（　　）。

A. 我乐意倾听同学的发言并思考，还能发表自己的见解

B. 我喜欢听同学说，自己没什么想法

C. 听别人说很无聊，我不喜欢

6. 和同伴一起学习、表演时（　　）。

A. 我不但能完成自己的任务，还能帮助其他同学

B. 在同学的帮助下，我能完成自己的任务

C. 任务太难，我完成不了

7. 课后，当大家共同练习时，我（　　）。

A. 能主动召集同学一起练习

B. 在同学的提醒下，我能参加练习

C. 任务对我来说太难，练也练不好，所以我不愿意浪费时间练习

8. 在本次小组学习中,我( )。(可多选)

A. 完成了乐曲听辨并准确填写任务单

B. 上网收集资料并交流

C. 进行了旋律编创

D. 表演模仿了不同人群或动物行进的脚步

E. 用歌声或乐器把编创的旋律演唱或演奏出来

F. 其他_____

9. 请欣赏我编创的旋律(若无编创可不填写)。

_____

_____

通过学生评价问卷的填写,教师可以更加了解所有学生学习的过程,也能让学生更加清楚自己的优势和不足,并在今后的学习中明确方向。

(二)关注学生的合作交流

无论是音乐课堂教学,还是跨学科主题学习活动、项目化学习活动都非常注重学生之间的合作交流学习。学生互相交流、相互评价不仅能够培养批判性思维和创新能力,还能够使评价结果更加客观、全面。在音乐教学中加强合作交流,教师可以通过设定明确的合作学习目标和任务,培养学生的合作技能,如倾听、尊重和协作,同时激发学生的创新思维和探究意识,让学生在自由化的合作小组中积极讨论和创作。例如,教师可以安排学生分组创作歌曲,每个成员负责不同部分,在过程中相互交流想法,共同解决问题。这样的合作不仅能够提升学生的审美感知和音乐创作能力,而且通过评价学生在小组讨论中的参与度和贡献,教师能更准确地把握学生的合作交流情况,从而提供有针对性的指导和支持。

以下是教师在合作交流方面通常可以用到的评价标准。

表 11 - 15　学生交流合作能力评价

学习活动类型	观察点举例	评价方式建议
欣赏型	1. 倾听他人表达音乐感受的情况 2. 对他人的评述进行补充和简单的评价 3. 与同伴交流对音乐的感受	课堂观察 表现性任务
表现型	1. 能够对同伴的表演进行点评,提出优点或者是改进的地方 2. 能与他人进行合作表演,对合作的成果进行简单的评价	日常观察 表现性任务

续　表

学习活动类型	观察点举例	评价方式建议
创造型	1. 倾听同伴观点的态度 2. 与同伴协作完成创编活动的态度	日常观察 问卷访谈 表现性任务
跨学科主题学习 项目化学习	1. 能够完成小组学习中所承担的任务 2. 能够主动帮助他人完成任务 3. 能够在小组讨论中提出自己的观点 4. 能够在小组讨论中提出改进建议	问卷访谈 课堂观察

　　教师需要明确合作交流的评价标准,让学生明确哪些环节是需要通过合作学习完成的,在合作学习中本人承担的是什么任务、需要什么样的形式协作完成表现性任务。

　　具体来说,教师首先应设定明确的合作目标,让学生理解合作学习的预期成果,比如共同创作一首歌曲或策划一场音乐会。接着,教师应为每个学生分配具体职责,如小组中的领导、记录者、创意贡献者等,确保每个成员都清楚自己的任务。此外,教师应根据任务需求和学生特点选择合适的协作方式,如小组讨论、合作演奏或集体创作。同时,教师还需培养学生的沟通技巧,包括倾听、表达、协商和解决冲突的能力,这些都是成功合作的关键。在合作过程中,教师应关注并评价学生的参与度、团队精神和创新能力,而不仅仅是最终成果。教师应及时提供反馈和指导,帮助学生优化合作方式,提升合作成效。通过这样的评价体系,学生在合作学习中的表现和成长可以得到更准确的衡量和更有针对性的指导,从而促进他们在音乐学习上的进步。

(三)关注学生的探究意识

　　在音乐学习中,探究意识的培养对于提升学生的综合艺术能力至关重要。评价应关注学生在探究过程中的主动性、创造性和解决问题的能力。具体来说,教师可以设计评价标准,包括学生对音乐主题的理解和研究深度、他们在音乐创作中的原创性和创新性,以及他们在面对挑战时的应对策略和学习成果。例如,在"音乐主题探究"任务中,教师可以评价学生是如何收集和分析与主题相关的音乐资料的,他们在创作伴奏音乐或歌词时的创造性,以及他们记录和反思探究过程的能力。通过这样的评价,教师不仅能够了解学生在音乐学习中的探究意识,还能鼓励学生在艺术实践中不断发现和解决问题,从而推动他们的学习向更深层次发展。这种评价方式有助于学生形成自主学习的习惯,提升他们的批判性思维和自我反思能力。

　　在设计探究学习的评价指标时,教师应关注学生在课堂上的主动提问、积极思考和自主解决问题的能力,这些都是衡量学生探究意识强弱的重要指标。为了更全面地评价学生的探究能力,教师可以设计学生自评表,包含理解教师提出的问题、设计研究方案、收集和整理音乐素材、归纳分析结果以及与同伴交流等关键方面。这样的自评表不仅有助于学生自我反思,也为教师提供了宝贵的反馈信息。

教师还应鼓励学生记录自己的探究过程,包括思路、遇到的困难和解决方法,这有助于学生更好地理解自己的学习路径,并为教师评价学生的探究过程提供依据。通过这些具体的评价指标和工具,教师可以激发学生的探究热情,促进他们在音乐学习中不断提升发现问题和解决问题的能力,从而提高他们的音乐素养和综合能力。

(四)关注学生的创新观点

创新意识是促进学生音乐学习发展的不竭动力,一个具有创新观点的学生,不仅能够从独特的角度理解音乐作品,还能够联系生活,创作出富有新意的音乐作品。在课堂上我们经常会发现,班级里总有几位学生的回答或者表演非常有创意,令大家"耳目一新",那么如何让创新意识的培养尽量普及到全体学生呢?教师可以采取以下措施:(1)设计多样化的学习任务,如音乐剧创作和即兴演奏,以激发学生的创新思维;(2)鼓励学生独立思考,不拘泥于传统答案,敢于提出个人见解;(3)重视对学生创作过程的评价,而不仅是最终作品的创新性;(4)设置创作灵感分享环节,让学生讲述自己的灵感来源,从而评价和鼓励学生的创新观点;(5)培养学生的批判性思维,通过讨论和反思,提高他们分析和评价不同音乐观点的能力;(6)对学生的创新尝试给予积极反馈和支持,无论结果如何,都能增强他们的自信心和创新动力。通过这些方法,教师能将学生的创新意识转化为具体的创新观点,从而促进音乐学习中的个人和集体创新。

二、优化结果性评价指标

(一)关注学生的表述

无论是自评、互评还是他评,都是通过教师与学生的互相交流进行的。在交流时,教师自身应成为良好的示范,展示如何有效地使用音乐术语进行评价。在此基础上,教师还需耐心引导学生学习如何运用音乐专业词汇来进行评价,从而提高他们的音乐理解和表达能力。通过这样的指导,学生不仅能更准确地表达自己的想法和观点,还能在音乐学习中实现更深层次的发展。这种评价方式有助于学生在表述时更加自信,同时也能够提升他们的批判性思维能力。

(二)关注学生的逻辑

在音乐学习中,学生的逻辑思维能力是深入理解和表达音乐情感的基础。为了培养学生的这一能力,教师需要设计能够引导学生进行深入分析和逻辑思考的评价任务。例如,在欣赏型实践活动中,教师可以引导学生分析音乐作品的结构、风格和情感表达,鼓励他们提出自己的见解,并根据学生的分析深度和逻辑性进行评价。在表现型实践活动中,教师可以要求学生基于自己的理解对音乐作品进行改编或再创作,并依据学生的创新思维和解决问题的能力来进行评价。在创造型实践活动中,教师应鼓励学生进行原创音乐创作,并根据他们的创作逻辑、思路清晰度和创新性来进行评价。

通过这些有针对性的评价任务,教师不仅能够帮助学生建立具有音乐特点的评价语言,更重要的是帮助他们形成了具有音乐思维的评价思路。在评价过程中,教师应关注学生的分析能力和推理能力,同时注重培养他们的创新思维和实际解决问题的能力。这种以逻辑思维培养为导向的评价设计,有助于优化结果评价,使学生在音乐理解上达到更深层次的内涵探究。

(三)培养学生的审美评价能力

学业评价通常涵盖艺术感知、审美判断和创作表现三个方面,这些方面都与学生对艺术的审美理解密切相关。教师的任务是通过艺术实践活动,促进学生对美的感知与理解,并让学生能够通过表演和创作来展现音乐的美。为了优化结果评价并发展学生对艺术美的感悟,教师可以通过精心设计的评价任务来实现。

在欣赏型实践活动中,教师应引导学生分享他们对音乐作品的审美感受,并探讨音乐中的哪些元素展现了美感。例如,教师可以设计"音乐元素分析"任务,让学生分析旋律、节奏、和声等元素如何共同构成音乐的美感,从而促进学生深入理解音乐的美学特质,并帮助他们形成独到的见解。

在表现型实践活动中,教师的评价应聚焦于学生是否能够准确传达音乐作品的情感和意境,以及他们的表演是否具有艺术美感。例如,教师可以设计"表演反思"任务,让学生在表演后反思自己如何通过肢体语言、表情和声音的控制来传达作品的情感,这不仅能帮助学生理解在表演中如何有效传达美感,还能提升他们的艺术表现力。

在创造型实践活动中,教师在评价学生创作时,应注重作品的独特性和创新性,以及作品是否能够引起他人的共鸣和欣赏。例如,教师可以设计"创意分享与评价"任务,让学生展示自己的作品,并接受同伴的评价和建议,以此鼓励学生探索新颖的音乐表达方式,同时培养他们的创新精神和艺术修养。

在活动中,对于美感表现不足的学生,教师应提供适当的指导和帮助,以促进他们审美能力的提升。通过这些有针对性的评价任务,教师能更有效地培养学生的审美评价能力,进而优化音乐学习的结果评价。这种方法有助于学生在音乐学习中实现更深层次的发展和理解,真正将艺术美的感悟融入学习的每一个环节。

三、优化综合评价指标

除了以上提到的几个方面,音乐教学评价的设计还需要考虑综合评价指标的优化。综合评价指标是对学生音乐学习成果的全面、综合、客观的评价,包括学生的音乐表演能力、音乐创作能力、音乐理论知识掌握情况等多个方面。优化综合评价指标,可以更好地评价学生的音乐学习成果,为学生的学习提供更加准确的反馈和指导。教师可以通过设计校本化评价方案、完善教学评价指标、运用多元评价的方法来提升综合评价质量。

音乐学习档案袋是学生成长记录册的一部分,它不仅是学生音乐学习过程的记录工具,也是综合评价的重要依据。通过收集学生在音乐学习中的各类作品和表现记录,音乐学习档案袋能够为综合评价提供丰富的实证材料,帮助教师更全面地了解学生的学习情况。音乐学习档案袋根据性质来划分,可以分为课堂型、成果型、评价型三种;从功能来划分,可以分为展示型、理想型、课堂型、文件型和评价型五种。以下案例呈现的是一个小学五年级的评价型音乐学习档案袋。

【评价目标】对学生在音乐表演、音乐创作和音乐欣赏等方面的学习成果进行综合评价,真实反映学生在音乐学科上的进步与需要提升的地方。

【评价关注点】教师根据课程标准,制定具体、详细的评价指标,并将其分为音乐表演、音乐创作和音乐欣赏三个维度。在音乐表演能力上关注学生创作音准、节奏、表现力、舞台表现等;在音乐创作能力上关注学生创作旋律的创新性、和声的运用、创作作品的完整性等;在音乐欣赏能力上关注学生对音乐作品的理解、感受和评价能力。

【作品的收集】按照制定的评价指标。用录音笔、父母笔录、画画等形式记录下学生对自己所收集的作品的感受与体会、对作品的满意程度以及改进的设想(反思材料)。放入音乐学习档案袋中。

【评价反馈】

教师根据学生的作品以及反思材料,为学生的作品提出改进的建议并进行具体的指导,促进学生学会表达与交流自己的情感与思想。学期末,教师根据学生的作品、反思材料及进步情况等对艺术与情感这一分目标进行总结性评价。

在音乐学习的过程中,不同学生所表现出的进步与发展各具特色。部分学生展现出卓越的表演能力或丰富的想象力。因此,在构建此类档案袋时,我们应充分考虑学生的个体差异,有针对性地进行评价,以便使各类学生均能在其擅长的领域取得进步,使其从学习中获得满足感,进而提升自信心。通过此种方式,我们期望为每位学生提供一个公平、公正且有利于其全面发展的评价环境。

在优化综合评价指标方面,案例中的音乐学习档案袋提供了一种全面记录学生音乐学习成长的方法。这种方法通过收集学生的作品和反思材料,能够关注到学生在学习活动中的具体表现和进步。

　　这种综合评价的方式的优势在于它的个性化和多维度。它允许每个学生在其擅长的领域展示自己的能力,无论是表演、创作还是其他艺术形式。同时,通过自我评价和同伴评价,学生学会了反思自己的学习过程,这有助于培养他们的批判性思维和自我提升的能力。教师还可以根据档案袋中的内容为学生提供具体的指导和建议,这样的互动不仅促进了师生之间的沟通,也使得评价更加具有针对性和实用性,从而激励学生在艺术学习中不断进步和创新。

🎼 本章小结

📑 章节小结

　　教学评价是教育教学中非常重要的一个环节。相信通过本章的学习,你对教学评价已经有了更进一步的认识。在新课程标准下,教学评价被赋予了更高的要求。教师在音乐教学中,需要梳理"教—学—评"一致性,让评价有准备、有落实、有反思。有效的评价有助于教师了解学生在学习上的困难,鉴别教学上可能存在的不足,为改进教学设计提供依据,进而改进学生的学习方式,激发学生学习的动机,支持学生的创新,促进学生的发展。音乐教学评价的设计应该全面、科学、合理,既要关注学生对音乐知识和技能的掌握情况,也要关注学生的探究意识、创新观点、表达能力、逻辑思维能力和艺术美感的发展。

🔧 技能操练

　　请你选择一个单元或者你感兴趣的音乐作品,根据教学目标来设计一份课堂活动自评表,并简要说说设计思路。

单元/课时名称:＿＿＿＿＿＿＿＿＿＿＿＿＿＿＿＿＿＿＿＿＿＿＿＿

学生课堂评价表:

设计思路：

_____

_____

推荐书目

1. ［美］Ellen Weber 著，陶志琼译：《怎样评价学生才有效——促进学习的多元化评价策略》，中国轻工业出版社 2016 年版。

2. 崔允漷、王少非、杨澄宇、周文叶、雷浩著：《新课程关键词》，教育科学出版社 2023年版。

第十二章　教学反思技能

❓ 学习导引

在上一章中,我们深入探讨了音乐学科教学评价的方法和途径。接下来,我们将关注点转向评价结果的运用,即教师需要掌握的教学反思技能。教学反思是教师思考并改进教学的重要手段。通常,在教案本的最后会设有"反思"板块,而教学常规检查中也会对教师的"二次备课"进行评价,以此检验教师的经验反思能力。为了促进自己的专业成长,教师需要将自己对课堂教学的思考和感悟以文本的形式积累下来。这一过程有助于教师从经验型逐渐转变为研究型。

本章围绕核心问题"如何记录教学反思"展开,旨在帮助教师了解什么是教学反思、教学反思的类型、掌握开展教学反思的具体方法和关键路径,以引导教师更有条理地撰写教学反思。此外,一篇优质的教学反思不仅要求教师具备创新的思维和严谨的逻辑,更重要的是,反思要能够落实到教学实践之中,实现对音乐教学的"再创造"。只有这样,教学反思才能真正达到改进教学的目的。因此,本章还特别介绍了提升教学反思效果、促进教学改进的相关策略。

🔲 学习脉络

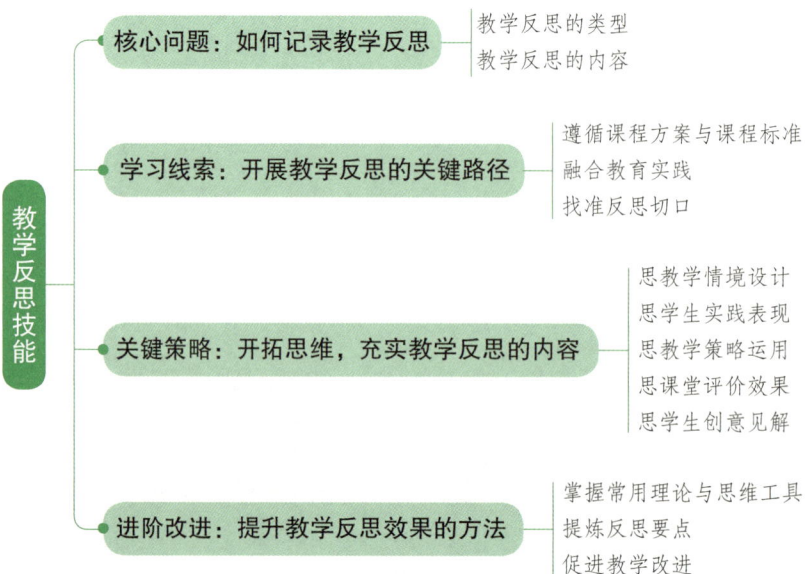

本章主要介绍了教学反思的基本内涵、内容，以及教学反思的撰写方法。在"关键策略"板块，主要讨论了教师在进行教学反思时，可以具体参考的五个关键方面，这些方法是教师形成系统化教学反思的重要依据。在"进阶改进"板块，主要介绍了如何更好地进行教学反思，以提升教学反思效果，从而助力教师的课堂教学。本章旨在引导教师更好地深入理解和掌握经验反思技能，以推动教学实践的持续改进和提升。

核心问题：如何记录教学反思

一、教学反思的类型

教学反思是音乐教师立足自己的音乐教学实践经验，通过深刻的内省来调控自己的音乐教学行为、整合自己的知识和信念的活动。它是"思考"的一种形式，但又不同于思考。教学反思强调对问题的深度思考；此外，它是循环推进、逐步深入的。一般情况下，教学反思分为以下几种类型。

（一）小结型反思

小结型反思是教师在完成一系列阶段性的音乐教学活动后，通过总结实践经验、体会，分析教学中存在的问题及其原因，并探索解决问题的方法，从而提升自身教学质量和效果。这种反思方式注重从经验提炼到问题解决的系统化思考，帮助教师不断优化教学方法。

（二）案例型反思

案例型反思是教师通过回顾某一节令自己印象深刻的音乐课，来进行深入分析的反思方式。这节课可能是教师认为教学效果比较突出的成功案例，也可能是存在不足或值得改进的教学实践，还可能是学生在课堂中展现出独特表现而引发思考的特殊经历。通过对这些具体案例的研究与剖析，教师能够从中挖掘出具有代表性的教学问题，并提炼出普遍适用的经验和方法，最终形成对后续教学具有指导意义的反思成果。

（三）探索型反思

探索型反思是一种教师通过理论学习、教研活动、听课等形式获取新的教学理论或者教学方法，并主动尝试将其融入音乐课堂实践活动的反思方式。在这一过程中，教师不仅关注新理论、新方法本身的科学性和可行性，更注重其与自身教学实际的契合度。通过对这些新理论、新方法在实际教学中应用的教学体会和实践经验的深入分析，教师能够不断优化自己的实施路径，最终将理论成果转化为更契合个人特色的教学实践。这种方式能够帮助教师实现理论与实践的有效衔接，促进教师教学质量的持续改进和专业素养的提升。

二、教学反思的内容

在教学实践中,教师需要进行系统的教学反思,通过全面审视教学目标、内容、过程与方法、教学效果等多方面,不断提升教学质量。教学反思的内容指的是教师需要反思的具体方面,如教学目标、教学内容、教学过程与方法、教学效果以及教师素养等。在进行教学反思时,教师可以从以下几个方面展开。

(一)教学目标反思

教学目标的反思主要指对教学目标的有效性的反思,包括目标制定的科学性和合理性,以及对教学目标达成的有效性。通常可以从以下几个方面展开。

1. 教学目标的整体把握问题

在反思教学目标的科学性与合理性时,教师应从整体性和学科性两个维度进行系统考察。首先,教师需从整体性上确保教学目标准确地理解并涵盖了课程标准中的艺术核心素养目标要求,并将其作为教学目标设定的基本依据。同时,教师应反思教学目标是否充分体现了音乐学科的独特育人价值,不仅注重了对学生艺术核心素养的培养,还应符合音乐学科自身的发展逻辑。例如,反思音乐教学是否仅仅停留在知识技能的传授上,还是真正通过音乐活动培养了学生的审美情感和创造力。

在具体实施过程中,教师需要立足单元整体,对教学目标进行系统设计。反思是否在单课时教学目标反思的基础上,立足单元整体重新进行了系统设计,确保单元内各课时目标层次分明、相互衔接。思考单元内的教学目标是否连贯一致,形成了一个有机的整体,各课时目标是否为单元目标的达成提供了有效的支撑。此外,教师还需要确保教学目标的表述具体、明确,具有可操作性和可评价性,避免过于笼统或模糊。教学目标应清晰地指出学生在音乐学习中应达到的具体行为表现,便于教师在教学过程中实施和评价。

2. 学情与教学内容的针对性问题

在反思教学目标的针对性和适切性时,教师需要思考目标是否充分考虑了具体音乐学科的教学内容和全体学生的实际情况,是否真正体现了针对性、适切性和层次性。同时,还要反思目标是否突出了伴随学习过程并与学习内容相应的音乐学习能力培养、音乐思维方法和情感教育等方面的要求。此外,教师应立足单元整体,反思本课学习内容对单元学习的促进作用是否得到了充分体现。

例如,教师在进行教学反思时可以关注以下几点:(1)所设计的教学目标是否充分考虑了学生的已有知识水平和认知特点,并结合具体的音乐学科内容进行了适切性分析。(2)所设计的教学目标是否既符合学生的发展需求,又具有一定的挑战性。(3)教学目标的层次性和递进性设计是否合理,是否体现了由浅入深、循序渐进的学习过程,并注重在学习过程中培养学生的音乐思维方法和情感体验。(4)在单元整体视角下,本课内容在促进单元目标达成中的具体作用是什么,教学目标是否既服务于单元整体,又能在单元框架中体现出独立的逻辑性和连贯性。

通过这样的反思,教师可以从学生的实际情况出发,结合音乐学科的特点,科学设计教学目标,并通过层次分明、针对性强的目标设置,引导学生在学习过程中逐步提升音乐素养,实现知识技能与情感体验的有机统一。

3. 具体课型要求的明确性问题

在反思教学目标的具体课型要求时,教师需要反思教学目标是否根据音乐学科的不同课型特点(如新授课、复习课等),体现出具体的侧重点和针对性。要注意克服教学目标过于笼统、空泛的问题,做到将艺术核心素养目标有机整合到具体教学内容中。

例如,在不同课型中,反思教学目标是否合理时可以关注:在唱歌课中,是否突出了学生对歌曲情感表达和演唱技巧的把握;在欣赏课中,是否注重培养学生的音乐理解能力和审美感受力;在编创课中,是否重点激发了学生的想象力、创造力和表现力。

以上问题可以通过具体的案例来进一步说明。以下是一位教师教授上海音乐出版社版《唱游》二年级下册第四单元"童年的歌"《快乐的节日》后所做的教学反思。

起初写这篇教案时,我只是一味地把教学参考书上的教学目标照抄下来,作为自己上课的教学目标,没有结合本课的课型特点和学生的实际情况进行深入思考。最初的教学目标是"了解歌曲的背景和创作意图""掌握歌曲的基本旋律和节奏""能够完整地演唱歌曲"。这些目标虽然涵盖了歌曲的基本内容,但对于二年级的学生来说,显得过于笼统和抽象,缺乏针对性和可操作性。

在同事的指导下,我开始反思:学生是否真的能够完成这些我事先设计的教学目标呢?针对学生的实际情况和本课的课型特点,我重新审视并修正了教案。反思后的教学目标更加具体和有针对性。例如,新的教学目标是"在音乐中感受节拍的韵律感",通过简单的律动和节奏练习,让学生能够跟随音乐的节拍做出相应的动作,感受音乐的韵律;"感受曲与词的美妙结合所传递的快乐感",通过聆听和演唱,引导学生体会歌曲中旋律与歌词的结合,感受歌曲所传达的快乐情绪。这些目标不仅更加具体,还关注到了学生的情感体验,符合课程标准的要求。

通过这次反思和改进,我深刻认识到教学目标的制定不能只依赖教学参考书,而应结合学生的实际情况和学科特点,使目标更加科学、合理、具体。这样的教学目标才能更好地指导教学实践,提升教学效果。同时,我也意识到不同课型的教学目标应有不同的侧重点,这样才能确保教学目标设计的科学性和针对性。

这个案例强调了教师在教学过程中不断自我反思和调整的重要性,以及这种反思如何促进教学质量的提升和学生学习的深化。

(二) 教学内容反思

在反思教学内容时,教师需要重点关注教学内容的分析、处理和补充的有效性。小学音乐教材是学生音乐学习的主要资源,因此,充分、有效地利用教材是教学的基本要求。但是,在音乐教学中,仅仅依赖教材是不够的,教师还应根据教学内容的主题和学生的实际情况,有针对性地补充相关资料。在补充资料时,教师需要思考这些资料能否吸引学生的注意力;能否帮助学生更好地理解教学内容;是否具有感染力,从而激发学生的情感共鸣。最为重要的是,这些补充的资料是否与音乐学科的"育人"要求保持一致,是否真正有助于提高学生的音乐素养和综合素质。通过这样的反思,教师可以确保教学内容不仅丰富多样,而且具有教育价值,从而更好地服务于教学目标的达成和学生的全面发展。

♪ 互动角

请你从教学内容的角度对曾经执教过的一课进行反思,并提出修改意见。

课题:＿＿＿＿＿＿＿＿＿＿＿＿＿＿＿＿＿＿＿＿＿＿＿＿＿＿

需要修改的教学内容:＿＿＿＿＿＿＿＿＿＿＿＿＿＿＿＿＿＿＿

修改后的教学内容:＿＿＿＿＿＿＿＿＿＿＿＿＿＿＿＿＿＿＿＿

修改的原因:＿＿＿＿＿＿＿＿＿＿＿＿＿＿＿＿＿＿＿＿＿＿＿

1. 与主题的一致性

音乐课堂的学习内容均是以单元主题来编排的,而主题通常具有一定的人文和社会意义,所以要求教师所选取的教学内容能支持主题。例如:在反思对"音乐童话"这一单元教学内容时,需要思考所选取的教学内容,是否向学生传授了人类和动物友好相处的育人理念;在反思"行进歌声"这一单元的教学内容时,需要思考所选取的教学内容是否不仅让学生了解了进行曲的曲式特点,还让其体会到新时代少先队员的良好精神面貌;在反思"民乐悠扬"这一单元的教学内容时,需要思考所选取的教学内容是否将民族音乐的传承和发展有效渗透其中,以提升学生的民族自豪感。

2. 对学生的可接受性

学生的知识基础和认知基础是同年龄相关的,所以从群体来说,教学内容要符合不同阶段、不同层次学生的学习基础。教师需要结合本书教学目标设计的相关内容,反思教学活动有没有根据不同学段学生的年龄特点进行设计,学生是否积极参与教学活动,也可以课后对学生进行个别访谈,将学生的反馈融合在自己的教学反思里。

3. 容量的合适性

教学内容的容量是否合适,直接影响到教学活动的实施效果。教学内容需要在一节课或者一个单元的教学活动中完成,因此其数量和深度必须与教学时间及学生的接受能力相匹配。过多的内容可能导致教学过程仓促,学生难以充分理解和吸收;过少的内容会使得教师不能充分利用课堂时间。因此,教师在设计教学内容时,需要仔细考虑教学内容的容量,确保其既丰富又适度,能够有效支持教学目标的实现。

以下是教师在教授人民教育出版社版《音乐》三年级下册第三单元"音乐中的故事"《我是人民的小骑兵》时的教学反思片段。

> 上完课后,我认识到本课的不足之处主要体现在以下几个方面:
>
> 由于课程安排的密度比较大,学生在短短的 35 分钟里,要完成听、赏、拓展等教学环节,所以在个别环节的处理上,我有些仓促。比如,在向学生介绍蒙古族文化时,我主要以图片展示的方式,从服饰、特产等九个方面进行了介绍,几乎每一个方面都是一句话带过的。如果我能够在课前让学生自己收集资料,在多媒体展示时,能让学生自己来说一说,发挥学生的主观能动性,这样效果可能更好。
>
> 在"熟悉主旋律"环节的教学中,我意识到不同班级学生五线谱识谱能力存在显著差异,这直接影响了教学效果。我认识到教学设计必须充分考虑学生的个体差异,不能依赖统一的方案。于是,我尝试根据班级具体情况调整教学目标和方法。对于学生识谱能力较强的班级,增加分层教学策略,让学生在熟悉旋律的基础上尝试唱谱或哼唱,提升学生的音乐感知和表现力;对于学生识谱能力较弱的班级,我有意放慢教学速度,重点引导学生通过多次聆听熟悉主旋律,只要求他们能够听出主旋律即可,避免因难度过大而打击学生的学习积极性。

在《我是人民的小骑兵》的教学反思中,教师主要对以下几个关键问题进行了深入分析。

（1）针对教学内容安排的合理性,教师认识到课时容量过密的问题。具体表现在:在蒙古族文化介绍环节由于时间限制,未能充分调动学生积极参与,仅流于表面讲解;在听赏、拓展等环节的设计上也显得仓促,学生缺乏足够的活动空间和体验机会。教师在进行教学反思时意识到,若能通过课前预习等方式引导学生主动参与,将更有利于实现教学目标。

(2)在反思学生的个别差异性问题时,教师意识到教学策略需要根据学生的实际情况进行调整。具体表现在:对于学生识谱能力较强的班级,教师可采用分层教学的方法,鼓励学生自主唱谱或哼唱旋律,这一策略不仅提升了教师的教学效率,还进一步激发了学生的学习兴趣和表现力;然而,对于学生识谱能力较弱的班级,教师则适当放慢了教学进度,确保每个学生都能听出主旋律,避免因难度过大而打击学生的学习积极性。通过这种因材施教的做法,教师充分关注到了学生的学习需求,体现了教学的灵活性和针对性。教师在反思中认识到,只有根据学生的实际能力调整教学策略,才能更好地满足不同学生的学习需求,从而提高教学质量。

通过这次反思,教师深刻认识到课堂容量与教学效果密切相关,在未来的教学也会更加注重科学合理地安排教学内容和环节,以保证教学质量、丰富学生的学习体验。

(三)教学过程与方法反思

教学过程设计的科学、合理,是决定教学有效性的重要因素。教师在对教学过程与方法进行反思时,可以从以下几个方面展开。

(1)师生关系方面。教学的重心是倾向于教师的传授还是学生的主动学习。需深入反思学生在课堂中的主动参与程度以及师生互动的有效性和频率,确保教学过程以学生为中心,能够促进学生积极主动地学习。

(2)启发方式方面。在教学过程中,是采用直接提问的方式引导学生思考,还是通过设置情境问题来激发学生的探究兴趣。应特别注意在日常教学中培养学生的批判性思维和音乐学习的思维能力,鼓励学生主动探索,提升他们的音乐素养。

(3)技术使用方面。需要反思现代教学手段和技术在教学中的应用效果,是高效促进了教学过程的优化,还是使用不当导致效率低下?需要评价技术工具与教学内容的融合程度,以及其对提升教学质量和学生学习体验的实际作用。

(4)步骤环节方面。需要思考教学设计的各个环节是否紧密相连,层层深入,并有效地体现了教学重难点的逐步突破;这一过程的呈现是清晰明了的,还是含糊不清的。应确保教学步骤逻辑清晰,有助于学生逐步理解和掌握核心知识点。

(5)教学主线方面。整个教学过程是否存在一条贯穿始终的、旨在培养学生全面发展的教学线索。应强调教学的育人功能,确保教学活动不仅要传授知识,更要促进学生品德、能力的提升。

(6)教学策略方面。所采用的教学策略是否恰当适宜;是否能有效激发学生的学习兴趣,特别是对音乐学习的热情;教学策略是否多元化,以适应不同学生的学习需求。教师应不断探索和优化教学策略,以激发学生的内在学习动力,提高教学效果。

让我们来看以下两个实践案例。

案例一:对于音乐课上教学形式的反思

在教学环节的设计中,我努力在一次次的试教中反思、改进。例如:在欣赏老师用手风琴弹唱的《金色的童年是一首歌》时,原来我的设计是让学生坐在座位上听,这样一来,虽然引起了学生的注意力,但是浪费了一个与学生拉近距离的好机会。于是,在后来的教学中,我听取了其他老师的一些意见,对此进行了改良,采用让学生围坐在老师周围来聆听的方法,使得课堂气氛更加轻松、和谐,同时也让学生很好地感受到了歌曲中所要表达的快乐情绪。由此可看,教师的任何一个教学设计的细节都能体现教师是否秉持了"以学生为中心"的教学理念,只有把学生放在课堂的中心位置,摈弃教师一味说教的方式,这样的教学环境才能让学生真正喜爱上音乐,真正感受到音乐学习的快乐。

案例二:用器乐辅助歌唱教学反思

在这堂音乐课后,我主要从以下三个方面进行了反思。

1. 教学策略的有效性

学生从三年级开始学习五线谱,经过 2—3 个月的学习后,大多数学生已经能认出 do—la;同时,学生也已经学习了一年多的口琴,能吹奏简单的音域在 do—do' 的乐曲。如果歌曲旋律起伏较小,且多是音阶式的排列,学生可以在课内初步吹奏出某些简单片段。在教学策略上,我结合学生对口琴的熟悉程度,以口琴为切入点让学生熟悉歌曲旋律。在学生初步哼唱旋律后,让其直接感受用口琴吹出来的旋律音色,这确实激发了学生的学习兴趣。然而,反思这一策略,我意识到虽然它在一定程度上提高了学生的兴趣,但对于大多数学生来说,在短短几分钟内吹出一首完整的歌曲仍是非常困难的。因此,我在教学前给歌曲分乐句,让学生吹奏每个乐句中较为简单的音。这一策略虽然有效,但是否还有其他更高效的方法来激发学生的学习兴趣,值得进一步思考。

2. 技术指导的清晰性

在教学过程中,我发现学生一开始吹奏时会不注意气息的运用,鼓足了劲儿去吹吸,导致口琴的音变得很刺耳。为了解决这一问题,我通过示范,提醒学生轻轻地演奏,并吹奏出两种不同的音让学生分辨。有些学生在吸气时,胸部和肩部用力,不仅声音僵硬,而且气息不够长。于是,我让学生在脱离口琴的情况下,单独练习吸气,体会用腹部吸气的感觉。反思这一技术指导,虽然我采取了示范和单独练习的方式,但是否还有更清晰、更有效的方法来帮助学生掌握正确的气息运用,是我需要进一步思考的问题。

3. 教学方法的合理性

在这堂课上,我采用了将每一个乐句都分成两个部分,由我和学生合作衔接演奏的方法。这个方法虽然保持了旋律的完整性,但却破坏了乐句的完整性,导致学生对乐句的理解只停留在表面,在吹奏时没有通过实践来感受。反思这一教学方法,我意识到它并不利于学生深入理解和实践。因此,我计划在下次教学中尝试让学生吹奏第一和第四乐句,这两个乐句相对简单,以音阶排列为主,我可以以音阶为载体,通过改变上下行音节的节奏,吹奏出乐曲的这两个乐句,让学生体验成功的快乐。这一改进措施是否更合理、更有效,还有待在实践中进一步验证。

通过这次反思,我认识到教学策略、技术指导和教学方法的选择对教学效果有着重要影响。在今后的教学中,我将更加注重从学生的实际情况出发,不断优化教学策略,提高技术指导的清晰性,选择更合理的教学方法,以更好地达成教学目标,提升学生的音乐素养。

案例一中的教师通过反思教学形式,意识到传统的"学生坐在座位上听"的方式虽然能集中学生的注意力,但缺乏互动性和情感交流。通过让学生围坐在教师周围聆听,不仅创造了轻松和谐的课堂氛围,还拉近了师生之间的距离,让学生更好地感受歌曲中的快乐情绪。这一改进体现了教师对"以学生为中心"教学理念的深刻反思和实践。教师通过反思发现了问题,并主动调整教学方法。这种反思过程不仅提升了教师的教学效果,也增强了学生的学习体验。

案例二中的教师利用口琴辅助歌唱教学,通过分乐句教学和气息运用的示范,提高了学生对口琴的兴趣和识谱能力。在教学反思中,教师意识到在教学中应更多地让学生通过实践来感受音乐,而不是仅仅停留在表面。这种反思有助于教师在未来的教学中改进教学方法,让学生在实践中体验成功的快乐,从而提高其音乐学习的兴趣和效果。

以上两个案例都反映出教师在教学反思时意识到了"以学生为中心"的教学理念的重要性,以及教学方法和策略的灵活性对于学生学习体验及学习效果的深远影响。教师通过具体的教学实践,逐步认识到传统教学方式的局限性,并积极探索和尝试新的教学方法,以更好地满足学生的学习需求,激发学生的学习兴趣和主动性。

(四)教学效果反思

对于教学效果的反思,应该全面对照教学目标进行,但其前提是建立在对教学目标反思并有效的基础上。

对整个课堂教学的有效性,大体可以从"效率""效益""效能"等方面来进行分析。所谓"效率",主要是指单位时间内完成的工作量,音乐课堂中用于教学的真正时间要多,要注意"挤掉"一些和音乐教学无关的"泡沫"。所谓"效益",主要是指针对教学目标的达成度,一堂高效益的音乐课,一定是达标度高的课,当然,其前提是教学目标的设计要科学、合理;所谓"效能",主要是指对学生音乐及相关素质发展所起的长期作用,对学生终身音乐学习奠定的基础作用等。

以下是两位音乐教师对自己所授课的教学效果的反思。

案例一:上海音乐出版社版《唱游》二年级上册第三单元"欢歌声声"《猜冬猜》教学反思

在今天这节课的教学过程中,我在多个环节发现了一些可以进一步优化的地方。

首先,在方言运用方面,我设计了以方言为主的教学内容,旨在让学生通过富有节奏感和情感的童谣感受地域文化的独特魅力。但在具体实施中,我对普通话与方言之间的平衡把握不够准确,有时过于注重一方而忽视了另一方。特别是在上海方言(沪语)的教学指导上,力度稍显不足,未能使学生的语言表现更为地道生动,导致整体呈现效果略显平淡。

其次,在声音统一性方面我还需要深入反思。本学期我刚接任这个班级的音乐教学工作,在帮助学生调整发声状态方面仍需进一步加强。目前部分学生在歌唱和朗诵时声音不够集中,这既与学生的个体差异有关,也反映出我在教学指导中的针对性不足。如何通过科学的方法帮助学生掌握正确的发声技巧、实现音色的和谐统一,是我长期以来教学的探索方向。

最后,在教学适应性方面也存在待改进的空间。由于我之前主要承担中高年级的教学工作,突然转换到二年级,自己对语言表达和教学策略的选择还未能完全到位。尤其是在与低年级学生的互动过程中,教学语言的儿童化程度还有提升空间,这需要我在今后的教学实践中进一步调整与优化。

在音乐教学中,技能技巧的提升需要通过反复练习与科学指导才能实现。在本节课的教学实践过程中,我发现仍有一些需要改进和优化的地方。

(1)学生齐唱时的音量问题较为突出。经过反思,这可能源于我以往过于注重声音统一性的教学导向,要求学生追求高位置发声位置,而忽视了对音量的合理调控。这种单一的教学方法导致部分学生在演唱时缺乏必要的表现力和穿透力。

(2)在识谱有效性方面也存在一定的不足。例如,学生在演唱歌谱时,由于我未能及时提供有效的点谱示范或引导,使得部分学生出现了跑调或跟不上节拍的情况。针对这一问题,我认识到可以通过以下方式改进:一是由教师亲自进行示范点谱,二是可以邀请已具备识谱能力的学生带动其他同学共同参与,这样既能帮助学生清晰掌握演唱进程,又能逐步提高学生整体的识谱能力。

(3) 在教学语言的表达上还有待进一步精进。例如,在各教学环节之间的衔接过渡中,如何设计恰当的语言引导,使其更加自然流畅、承上启下,需要我在今后的教学过程中给予重点关注并进行改进。

通过以上反思,我认识到自己在教学细节的把握和方法运用上仍存在提升的空间。这些问题不仅反映了我对教学效果的关注,也促使我进一步钻研教学策略,优化课堂设计,不断提升教学的专业性和实效性。

案例二:上海音乐出版社版《艺术·唱游·音乐》二年级上册第四单元"雪花飞"《欢乐的小雪花》教学反思

在歌曲新授过程中,我希望可以将学习过程转化为一种学生审美的心理活动过程。具体而言,在范唱《欢乐的小雪花》时,我通过悦耳动听的歌声与优雅的舞蹈动作相结合的方式,引导学生深入感受歌曲的内在情感、独特风格及深远意境,以期实现情感共鸣与审美体验的有机统一。

然而,在实际教学中也存在一些需要改进的地方。

首先,在三拍子旋律的感受与表达方面,虽然我尝试通过肢体韵律引导学生表现强弱规律,但课堂上学生的动作表现略显零乱,未能充分体现出节奏的层次感与稳定性。

其次,在歌曲演唱技巧的掌握上也暴露出了问题。由于《欢乐的小雪花》这首歌曲具有连贯与跳跃交替进行的特点,演唱过程中需要较强的气息支持。然而部分学生在高音区的表现中气息运用得不够稳定,导致声音出现"后倒"现象,影响了整体声部的统一性。

改进的方向主要集中在以下几个方面。

(1) 要在教学中进一步强调顿音的轻巧感和句尾的收拢感,帮助学生提升演唱的控制力。

(2) 针对歌曲三拍子的特点,在强拍处理上可以进行适当调整,例如通过在第二拍增加一定的推动感来丰富节奏的表现层次,尤其是在歌曲附点四分音符的运用部分。

(3) 要在学唱过程中给予学生更多"找感觉"的机会,通过多聆听、多体验、多模仿的方式增强他们的音乐感知力与表现力。

通过此次教学实践,我认识到在审美引导与技能训练之间需要找到更精准的平衡点,未来将着力从以上方面进行改进和优化,以期达到更好的教学效果。

以上两个教学反思案例,展现了教师对音乐教学实践的深入思考与自我评价。

在案例一中,教师认识到在教授上海方言童谣时需要平衡方言与普通话的教学比重,尤其关注学生音色的统一性以及教学语言的儿童化表达等问题。针对课堂上学生齐唱音量控制不佳的现象,教师进行了细致的反思,并意识到需对识谱教学的有效性进行进一步的优化。

案例二则体现了教师将歌曲学习转化为一种审美的心理活动过程,使学生能够深入感受作品的情感内涵与艺术风格。然而,在具体实施过程中,教师也发现了学生在三拍子节奏的感受与气息控制等方面的不足之处,并计划在未来的教学中加强对学生相关方面的指导。

这两个案例充分体现了教师在教学实践中对效率、效果和效能的全面考量。通过持续的自我反思与改进,教师能够更有效地提升学生的音乐技能水平与审美体验,为其终身音乐学习奠定坚实基础。

(五) 教师素养反思

教师素养反思是提升音乐教育质量的关键环节,它涉及教师对自身音乐学科知识、专业技能、语言表达和课堂管理能力的全面审视。这一过程对于确保教师能够不断适应教育发展需要、提高教学效果具有重要意义。通过对课程标准的深入理解、对音乐学习理论的掌握,以及对钢琴、声乐等专业技能的精进,教师能够更有效地指导学生,激发他们的音乐潜能。

♪ 互动角

作为一名音乐教师,你觉得自己要具备什么素养?

扎实的学科知识

音乐教师素养……

图 12-1　教师素养的若干方面

一名优秀的小学音乐教师,需要掌握以下几个方面的基本功,并通过持续的反思与练习不断提升。(1)音乐学科相关知识:深入理解课程标准,掌握音乐学习理论等。(2)音乐专业技能:掌握钢琴、声乐、弹唱、舞蹈等专业技能。(3)语言表达能力:提升师生沟通技巧,运用恰当的评价语言。(4)课堂管理能力:增强课堂调控能力,优化活动组织能力。

🎵 **互动角**

请你就自己比较"薄弱"的方面进行反思，并撰写提升计划。

我在＿＿＿＿＿素养方面比较欠缺，我希望提升＿＿＿＿＿＿＿＿＿＿＿方面的能力。

我的提升计划：

＿＿＿

＿＿＿

教师素养反思是一个持续的、自我提升的过程，它要求教师不断学习、实践和反思，及时发现问题、总结经验、完善教学设计，以确保自己的教学方法和策略与时代发展同步，以满足学生的需求。通过这一过程，教师能够更好地理解自己的优势和需要改进的地方，促进自身的专业发展。

🎼 学习线索：开展教学反思的关键路径

在开展教学反思之前，请你完成以下思考。

🎵 **互动角**

你觉得教学反思有什么意义？你会从什么角度来进行反思？

＿＿＿

＿＿＿

在音乐教学中，提升教学反思的质量和效果需遵循三个关键步骤：深入理解课程方案与课程标准、紧密融合教育实践以及找准反思切口。

（1）教师需要深入研读课程方案与课程标准，确保所设计和开展的教学活动能够紧密围绕培养学生的艺术核心素养，促进学生的全面发展。在此过程中，教师应反思教学是否真正贯彻了"坚持以美育人"和"重视艺术体验"的课程理念，以及是否为学生提供了充足且丰富的美的体验和实践机会。（2）教学反思必须与课堂教学实践紧密相连。教师应通过反复的教学实践和深入的自我反思，不断提升自身的教学能力和理论素养。在课堂上，教师应密切关注学生的反应和接受效果，确保教学设计能够贴合学生的实际需求。同时，教师还应对教学细节进行深入反思,如课堂情境的设置、学生的活动表现等,以不断优化教学设计,提升教学质量。(3)找准反思切口是进行教学反思的重要环节。教师应充分重视理论在分析和制定解决方案中的指导作用,从教学中的亮点、不足及改进策略三个方面进行深入思考,以不断提升自己的教学水平。

一、遵循课程方案与课程标准

在音乐学科中,遵循课程方案与课程标准进行教学反思是提升教学质量、实现教学目标的关键。简单来说,教师需要思考自己的教学实践是否贯彻了课程方案和课程标准中的相关要求。

教师首先需要学习、理解课程方案与课程标准的核心思想及基本要求。例如,《义务教育课程方案(2022年版)》提出要培养有理想、有本领、有担当的德智体美劳全面发展的社会主义建设者和接班人,那么在教学实践中,教师应如何结合艺术核心素养来培育学生的品质,这是需要教师进行反思的关键点。

教师还需要按照课程标准对课程目标、课程内容和学业质量的具体要求,反思自己的教学实践有没有贯彻"坚持以美育人""重视艺术体验""突出课程综合"的课程理念,可以反问自己:这节课/这个活动给予学生美的体验了吗? 学生在实践活动中有没有真正去体验、感受音乐? 我运用了哪些方法发挥了艺术课程和其他课程的协同功能?

♪ **互动角**

在研读《义务教育艺术课程标准(2022年版)》中的课程目标、课程内容和学业质量的要求之后,你还可以反问自己什么问题?

1. _____
2. _____
3. _____
......

二、融合教育实践

教学反思必须紧密结合课堂教学实践,以严谨、理性的态度审视教学过程,通过反复实践、深入反思、再次实践的方式,不断提升教学能力和理论素养,避免空洞的理论探讨,确保教学反思对今后教学实践的指导作用。

在教学与反思的过程中,必须密切关注学生的反应,充分凸显学生的主体地位,细致观察学生在课堂上的反应和接受效果,以此作为教师深入反思教学设计得失的重要依据。在此过程中,教师应注重细节,避免泛泛而谈的反思方式,因为这往往会导致反思内容比较空洞。每篇教学反思都应以教育教学规律和课程标准为指导,同时更要深入教学活动的细节,如课堂情境的设置、学生活动的表现、作业难易的安排以及教学语言的运用等,这些都是值得反思的角度。通过这些细节,教师可以更全面地了解教学效果,从而不断优化教学设计,提升教学质量。

三、找准反思切口

在教学实践中,教师需要通过系统性的思考和深入探究,主动寻找一个或多个合适的反思切口,不断优化教学设计和实施过程。这些反思切口既包括教学目标的达成情况、学生的认知发展水平等显性要素,也涉及教师的教学策略运用、课堂氛围营造等多个隐性维度。

在反思过程中,教师应充分重视理论对问题分析的价值。虽然教师需要结合具体问题进行分析,但绝不能单纯依赖经验来主观臆断。同时,教师也应重视理论在制定解决方案中的重要作用,将已有的研究成果作为制定解决方案的重要依据和参考。简单来说,可以从教学中的亮点、不足和改进策略三个方面进行思考。以下案例呈现的是一位教师在教授上海音乐出版社版《唱游》二年级下册第四单元"童年的歌"《萤火虫》后所做的教学反思[①]。

一、教学亮点

歌曲《萤火虫》将萤火虫轻盈飞舞的形象刻画得栩栩如生,表达出了孩子天真的语言和对萤火虫的亲切情感。在歌曲教学过程中,我重视培养学生的感悟能力,让他们主动投入审美活动,并贯彻"以听觉领先,动觉切入"的新歌教学理念。在教学中,我努力创设情景,诱发学生创造的兴趣,不失时机地激发学生的想象与联想,培养学生"即兴创造"的意识。本节课中,我主要采用了听唱法进行教学,让学生在整个教学过程中多次有意识、无意识地听赏。将学生带入一个夜晚的美好景象,再配合多媒体向学生展示了一个美丽的夜空,使学生仿佛置身于夜精灵王国。在每个教学环节中,我都用生动的语言、形象的教具和多媒体画面让学生沉浸在夜晚的意境中,为学生更好地感受乐曲形象做好铺垫。

二、教学不足

低年级的学生比较好动,注意力集中时间不长,如果教师没有从他们的角度考虑设计教学课程,很可能就会出现教学气氛沉闷或者课堂内容较为"发散"的情况,这些都可

---

① 该案例由上海市长宁区建青实验学校袁铭老师提供。

能会影响教学质量。同时,我还需要更加关注不同层次学生的学习情况,引导学生积极、主动地投入到音乐活动中去,给予他们及时的反馈。

三、改进策略

(1)猜谜引导静听,培养专注力与感知力。因为开始的时候学生正处于注意力相对集中,是养成学生专心聆听的好时机,教师可以利用猜谜的形式引导学生进行第一次静听,并且对学生提出问题。

(2)范唱与自主尝试,激发自主学习兴趣。在第一遍的听赏之后,学生对乐曲有了初步了解,因此第二遍教师范唱,我让学生适当地动一动,找到音乐的节拍规律,并有节奏地朗读歌词。在多遍有意识或无意识的听赏后,我让学生自己试着唱一唱,让他们感受到自主学习的乐趣,让他们发现原来没有老师教自己也能行,自己很棒!其实,我已经有意无意地将教学渗透到前面的学习环节中,学生会唱也就水到渠成了。

(3)乐器辅助综合表演,提升趣味性与教学反馈。在节奏的教学中,我借助了小乐器,这引起了学生的极大兴趣,课堂也变得生动起来。最后的综合表演是施展学生才华的时刻,也是学生对自己学习成果的反馈。

在本节课中,我还需要更加注重将学科育人理念融入教学过程。让学生用优美的舞蹈表达对轻盈飞舞的萤火虫的亲切情感;在歌唱学习与欣赏活动中,让学生体会到小小的萤火虫生命虽然非常短暂,但它们在有限的生命里还无私奉献着自己的一点点光,让学生感悟爱的奉献是无私的,进一步引导学生学习萤火虫乐于奉献、团结、有爱心的精神。同时,让学生知道由于人类的捕捉,自然环境遭到破坏,现在我们越来越少见到萤火虫的身影,并呼吁大家能从身边事做起,保护环境,为萤火虫建造绿色家园,从而发挥本节课的育人价值。

教师也可以根据自己的提炼总结选取不同的反思切口。以下是一位教师在教授上海音乐出版社版《音乐》四年级下册第五单元"行进的脚步"《土耳其进行曲》后,从学生的学习体验角度进行的教学反思[①]。

一、实现了学生对音乐情感的真正理解

我改变了最初的用多种小乐器辅助的教学设计和观念,希望学生真正聆听音乐、听懂音乐,希望真正读懂自己的学生。本堂课的设计运用了达尔克罗兹体态律动教学法,

① 邰方,孙菲.小学音乐课堂教学设计[M].上海:华东师范大学出版社,2018:349—350.

始终遵循着"音乐的本质在于对情感的反映"的理念。因此,这节欣赏课要让学生真正听懂音乐,首先要通过音乐与身体相结合的节奏运动唤起人的音乐本能,培养学生的音乐感受力和敏捷的反应能力,进而获得体验和表现音乐的能力。

二、最大程度发挥学生的学习主动性

对于《土耳其进行曲》中主题 A 的欣赏,我运用画图谱的方式帮助学生更好地理解。同时,哼唱"1u"并用手指模拟画图谱,体会乐曲旋律的走势,这将最大程度发挥学生学习的积极性。用这种声音与图画相结合的方式进行艺术作品的欣赏,对于四年级学生来讲比较新鲜和有趣,他们会抱着极大的兴趣去聆听学习,并找到这幅图中的符号与所听音乐到底是一种怎样的关系。当他们认可这样的方式后,会最大程度地去接受和模仿,对图形的认知则会通过在大脑中反馈出音乐旋律的方式来呈现,效果显而易见。

对于主题 C,我先让学生用线条在黑板上表示所听到的音乐旋律,分析旋律高低起伏的特点。接着我带动学生用契合音乐的体态律动表现旋律走势。在这一部分我主要是启发学生学会听音乐,而不是把正确答案强加给他们,最大程度地发挥他们的主观能动性,让学生自己结合该部分音乐主题,静心聆听,想象情境,体会各段落不同的力度、速度和情感,在理解音乐情绪与内容的基础上再去欣赏和记忆音乐。

值得一提的是,在这一过程中,在运用达尔克罗兹体态律动教学法的同时,教师应认识到体态律动并非舞蹈。舞蹈中的音乐是为动作服务的,而体态律动刚好相反,是通过律动让学生更清晰、更准确地理解音乐。我发现在教学过程中引入该教学法,教学效果非常好,学生对音乐有了新的认识。学生在学习过程中充满了兴趣与热情,都积极主动通过自己的身体参与记忆音乐主题,通过不同的动作表现他们所听到的音乐,成功地将这首回旋曲的所有主题顺序快速清晰地排列下来。

三、小结

体态律动教学法除了可以运用于平时的音乐课堂教学外,对于合唱等活动也非常有帮助。身体的参与可以帮助学生理解和演绎出想要的声音,这也是我做进一步研究的新的生长点。我会一直在音乐教学这条路上继续探索、反思,不断学习、研究、尝试和改进下去,不断地提升自己的教学水平。

案例中的这位教师展现了对音乐教学的深刻洞察和对学生情感体验的重视。教师通过调整教学设计,强调了音乐情感理解的重要性,并运用达尔克罗兹体态律动教学法,成功地激发了学生的音乐本能和情感反应能力。另外,该教师还特别注重发挥学生的主动性,通过画图谱和体态律动等互动的方式,让学生积极参与到音乐学习中。这种创新的教学方法不仅提高了学生对音乐的感知和表达能力,也体现了音乐教育的核心目标。

🎼 关键策略:开拓思维,充实教学反思的内容

本章第一部分提供了一个较为宏观的反思框架,能够帮助教师从整体上审视教学过程。本部分内容更侧重于介绍具体的反思方法,帮助教师在实际操作中更深入地分析教学问题,提炼有价值的反思要点,并制定具体的改进措施。

这种反思不仅限于对教学方法和内容的评价,更包括对教学情境的创设、学生实践表现的关注、教学策略的运用、课堂评价效果的分析,以及对学生创意见解的重视。通过这样的全方位反思,教师能够不断提升自己的教学技能,更有效地促进学生的个性化成长和音乐素养的发展。

一、思教学情境设计

教师在完成每节课的教学后,应对教学情景设计进行回顾总结,思考自己所设计的情境是否与学生实际生活联系紧密,是否与上课内容相符,在引入过程中还存在哪些不和谐之处;同时,应根据这节课的教学体会和从学生中收集到的反馈信息,考虑下节课的情景设计,并及时修正教案。

二、思学生实践表现

备课的最终目的是实现较好的音乐教学效果。因此,教师上完一节课后应认真从每一位学生上课时的表情和反应、对问题的回答、音乐表现以及教师的课堂观察等环节反思本节课的实际效果如何。以下案例是一位教师聚焦一年级学生音乐学习习惯的养成对《洋娃娃和小熊跳舞》一课进行的反思。

> 对于低年级的学生来说,音乐知识技能的掌握与否,不仅由其单一的智力因素决定,非智力因素也在发挥重要的影响作用,也就是说学生的学业成果很大程度上取决于学生的学习态度与学习习惯。
>
> 歌曲《洋娃娃和小熊跳舞》选自人民教育出版社版《艺术·唱游·音乐》一年级上册第三单元"小九的旋律密码",是一首二四拍、大调式、由四个乐句构成的一段体波兰儿童歌曲。歌曲结构完整、旋律明快流畅、节奏活泼跳跃,并且运用了旋律重复变化的手

法,生动地表现了洋娃娃和小熊跳舞时憨厚、可爱的神情。

　　本校一年级学生活泼好动、乐于表演,但是注意力集中时间较短,对于枯燥重复性的内容缺乏兴趣,在教学中,我尝试运用多种音乐活动增强学生参与的广度与深度,营造愉悦、欢快的学习氛围,使他们在亲身体验中开展有效的学习,在玩中体验,在玩中创造。

表 12 - 1　《洋娃娃和小熊跳舞》教学思路

音乐学习习惯	教学环节	采取的教学方法
聆听习惯	·听辨重点节奏 ·听辨表现小熊的音乐 ·完整聆听歌曲 ·聆听同伴的演唱	·引导学生安静地聆听节奏,轻声模仿 ·带着问题听音乐:这首歌的情绪是怎样的? 洋娃娃和小熊是怎么跳舞的 ·对同伴的表现进行评价,更好地改进演唱
表现习惯	·律动进教室 ·看唱名提示,演唱"音乐桥" ·跟节奏朗读歌词 ·用轻松、跳跃的声音演唱歌曲 ·律动表现歌曲	·复习歌曲《金孔雀轻轻跳》,通过演唱＋律动的方式,营造轻松的课堂氛围 ·用柯达伊手势辅助演唱,有利于唱准音高 ·根据提示边拍手边朗读歌词 ·用"抛气球"的动作比较乐句结尾的异同,体会洋娃娃和小熊欢乐的心情,把这种心情带入演唱 ·在教师的引导下用身体节奏、舞蹈表现歌曲
合作习惯	·合作读歌词 ·分角色表演 ·小组合作表演	·师生合作,朗读歌词 ·男生扮演小熊,女生扮演洋娃娃,合作表演圆圈舞 ·将全班分成演唱组、舞蹈组、节奏组,创设生日会的情境,合作表演
评价习惯	·贯穿教学的各个环节	·教师对学生的回答及时评价 ·学生互相评价 ·教师进行总结评价

　　在聆听习惯的培养中,我引导学生在聆听音乐时保持安静,并提出关键问题,让学生有目的地去聆听音乐。

　　在表现习惯的培养中,我运用了大量的课堂常规儿歌,例如问好歌、练声曲、唱歌姿势歌,引导学生根据不同的音乐做出不同的反应。在新授歌曲时,我向学生明确每个表现环节需要达到什么样的要求,用符合音乐的情绪与声音特点表现音乐。

　　学生集体参与合作是共同表现美、创造美的过程,同时也是提高学生审美感受能力、审美表现能力、审美创造能力的过程。在合作习惯的培养中,我设计了师生合作、生生合作、小组合作等不同的合作方式,促进学生互相学习、互相关心、共同进步。

在评价习惯的培养中,我积极引导学生用"发现"美的眼睛去感受作品的优点,用"发展"的眼光提出改进意见,提高学习成效。

反思:从教学设计来说,我觉得这节课在"洋娃娃过生日"的欢乐情境下,层层递进,重难点突出,逻辑清晰,几乎每一个环节都起到了铺垫的作用。从课堂效果来看,学生基本能够用自然、富有弹性的声音演唱歌曲《洋娃娃和小熊跳舞》,并能跟着音乐有表情地进行律动、编创简单的歌词,基本完成了教学目标。我认为建立有效的课堂常规和培养学生良好的音乐习惯是我这堂课成功的基础。

1. 把握音乐学科特点,让"常规"贯穿学习过程

针对一年级学生活泼好动、天真可爱的特点,我在教学中综合运用有效的引导(音乐欣赏、律动体验等)和无形的渗透(师生问好、唱歌指令歌曲),用音乐的语言去感染学生,激发学生的音乐情感,提升他们的学习兴趣。这节课在组织教学环节中,我时刻关注学生的已有经验和认知情况,通过律动和歌词编创活动营造一种愉快的氛围,为乐器演奏、歌曲学习奠定感情基调。

2. 让学生"有规矩"地"玩"起来、"创"起来

一年级学生更希望音乐课堂能与身体律动、集体游戏等方式结合,但是往往在表演过程中急于表现自己,忽略了音乐本体。

我在每个环节中都设置了"音乐指令歌曲",比如唱歌姿势歌、变化队形歌、停止活动歌,让学生明确每个环节所要达到的要求;在音乐表现和编创环节,我通过有效示范、明确要求,引导学生体验歌曲情绪,表现歌曲。

3. "巧用"评价,改进学生的学习习惯

评价是一个促进学习者发展的过程,也是一个对学习过程的价值进行建构的过程。评价强调在学习的过程中完成某个目标,也强调学习者在评价过程中主动参与。我在教学中综合运用学生自评、同伴互评、教师点评等方式来积极发挥评价的作用,激励学生,并不断提升学生的音乐表现能力。

建立良好的音乐课堂常规是培养学生良好学习习惯的前提,培养学生良好的听、唱、动的习惯是提升学生音乐能力的关键。音乐课是感受"美"的课堂,音乐教师是传递"美"的使者。只有热爱学生、关注学生、了解学生,明确"教"与"学"的关系,让学生主动学、勇敢表现自己,养成良好的学习习惯,学生的"艺术之花"才会绽放得更加精彩。

在教学设计上,该教师考虑到一年级学生活泼好动、注意力集中时间短、对枯燥内容缺乏兴趣的特点,设计了丰富多样的音乐活动,如听辨节奏、律动、分角色表演等,确保教学环节贴合学生实际,以增强学生参与的积极性,让学生在玩中体验和创造。

在课堂效果方面,该教师从学生的实践成果来判断教学目标的达成情况。学生能用自然、富有弹性的声音演唱歌曲,能跟着音乐有表情地律动和编创简单歌词,教师以此认定基本完成教学目标,说明教师能以学生在音乐实践中的表现作为重要的反思依据。

教师在反思成功的原因时,强调建立有效的课堂常规和培养学生良好的音乐习惯的重要性。如把握音乐学科特点,让常规贯穿学习过程,让学生"有规矩"地"玩"和"创",以及"巧用"评价促进学生发展,这些都是基于学生在课堂实践中的反应和表现所做出的思考。基于学生的实践表现进行反思,能够帮助教师不断优化课堂教学方法,以提升学生的音乐实践能力和学习效果。

三、思教学策略运用

在完成一节音乐课的教学后,对于教学过程及其中教师采用的教学策略进行深度的反思与总结,是提升教学效果的重要环节。教师需重点关注以下几点:(1)梳理课堂教学内容是否恰当引导学生。(2)评价学生的学习是否充分达成既定的教学目标。(3)探究教学过程中蕴含的规律并尝试创新性的教学组织形式。(4)深入思考在教学方法上的突破与改进空间。

教师在具体实施反思时,应及时记录教学体会,尤其需要注意对课堂中的成功经验和亮点进行记录与提炼,并对这些内容进行系统的分类与筛选,确保经验的有效积累。此外,在再次教授相同内容前,应充分总结以往经验与教训,针对存在的问题制定更加完善的教学设计,从而持续优化教学方法和提升教学效能。

另外,在音乐课堂教学中,教师往往会因为一些偶发事件而产生瞬间灵感,这些智慧的火花常常是不由自主、突然而至的,若不及时利用课后反思去捕捉,便会消失。如:哪个教学程序安排能激发学生的兴趣,哪个问题的提出能促进学生自主学习,使学生的创新意识、创造才能得以萌发,即出现了课堂教与学的高潮。这时,教师最好能详细记录下学生的学习活动、学生的精彩问答,并结合教育教学理论加以阐述。

以下是教师在教授西南大学出版社版《音乐》三年级上册第一单元"森林之歌"《小树快长高》一课时,从学科德育角度对教学策略进行的反思。

整体而言,本课在组织教学、导入新课、表演歌曲、提炼总结五个环节的过程中,我基本做到了:以学生为中心,凸显童趣;以音乐知识为载体,难度适当,深入浅出;以审美体验为核心,综合运用听、唱、动、情、模仿、奏、创的方式;让学生在课堂中充分感受音乐,并在学习过程中能用各种方式积极地表达自己的感受。在新课程标准理念的引领下,教师需要在教学中更加注重学科的融合与对学生综合素质的培养。在本课的设计上,我力求从学科德育方面上突出以下几点。

1. 以"行"立德——建立具有音乐学科特点的课堂常规

小学是文明行为习惯养成和良好品质培养的关键时期。在本节课中,我以促进儿童身心全面适应为目标,聚焦儿童习惯的养成、兴趣的激发和能力的培养,并尝试在情境化的音乐环境创设中渗透行为规范,主要包括"音乐课堂常规习惯"和"情境化的音乐环境创设"。例如,设计以"师生问好与告别"和"音乐指令"为内容的歌曲(起立、坐下、唱歌的姿态等),这些教师精心设计的音乐指令歌曲能够在适宜的音乐环境中帮助学生逐步养成良好的音乐学习的习惯。另外,我在律动问好、起立、调整姿态、安静、告别等环节设有基本固定的音乐旋律,在音乐课特有的情境下为学生营造一个完整、自然的音乐学习氛围,助力学生习惯的养成。

2. 以"美"树德——多方位创设学习环境,激发学生兴趣

本课结合校园文化,将校园吉祥物的卡通形象贯穿于教学与评价的各个环节,把音乐情境转化为学生直接可以理解和感受的环境,尊重学生学习音乐的特点和规律,用简单化、生活化的教学活动配合 PPT 背景和动画,吸引学生的注意,激发学生的学习兴趣。在教学过程中运用简单的律动、模唱部分旋律、拍基本节奏等方式感受音乐课堂的丰富性,注重学生的参与感与模仿能力,同时也让学生体会音乐活动的丰富多彩,初步找到自己喜欢的表达方式,为今后的系统化学习积累经验。

本课的亮点在于将小树生长的雨水能量、阳光能量、爱心能量与歌曲特点相结合,指导学生用跳跃、连贯的不同演唱方式感受歌曲结构的美感,以及大自然的美好。

3. 以"评"促德——结合课堂评价,提升学科德育效果

(1)注重鼓励的过程性评价。教师在树立课堂常规、歌唱、律动等活动过程中对学生的表现进行及时的评价。比如师生问答环节、学生集体表演或个人表演环节,教师需要对学生的语言描述、表演质量进行鼓励式的评价,教师对学生的表现及时进行语言激励,并用表演小道具、小乐器进行奖励。一方面有助于教师了解学生的学习情况,对学生的学习进行及时的反馈,另一方面也有助于树立学生的自信心,激发学生的学习热情。

(2)在实施教学评价时调动学生的学习积极性,使其达到改进学习的目的。在小

组整体评价中,教师结合"小树生长"的情景,用不同颜色的小树代表不同的小组,用增添小树叶的方式和鼓励性的语言,引导学生认真聆听教师要求,同时注重呵护和激励学生音乐学习的自信心,符合三年级学生的心理和学习特点,同时也能够提升学生的音乐表演质量。

4. 以"细"润德——观念整合,抓学习契机

教师根据"小树生长"的教学内容,在教学过程中注重学科融合与德育渗透,用鼓励性的语言激发学生的表演欲望。学科德育的实施关键在于教师自身需要提升育德水平,教师将学校的农场劳动活动与音乐学习情境相结合,并且在课堂教学中时刻关注学生的学习习惯和积极表达的欲望。

学科德育的重点在于教师需要树立正确的德育观念,关注课堂的育人价值,在教学过程的各个环节关注学生,实现生活化的教学。

在教学环节设计时,教师紧紧围绕《小树快长高》这一歌曲,秉持"以学生为中心"的教学理念,将教学细致划分为组织教学、导入新课等五个环节,充分考虑学生的心理特点,确保教学内容易于学生接受。在学科德育融入方面,教师采取了一系列递进且互补的策略。先是以"行"立德,通过创设音乐情境,利用音乐指令歌曲巧妙地渗透行为规范,为学生良好习惯的养成筑牢基础;接着以"美"树德,融合校园文化,借助学生喜爱的卡通形象和丰富多样的教学活动,激发学生兴趣,引导学生感受歌曲结构与自然之美,提升审美素养;随后以"评"促德,在过程性评价中积极鼓励学生,小组评价时结合教学情境,有效增强学生自信,提高音乐表演质量;最后以"细"润德,把学科融合与德育渗透深度结合,时刻关注学生的学习习惯与表达欲望。

四、思课堂评价效果

在每节课后,教师应着重审视课程评价内容的设计与实施,重点反思以下几个方面:(1)评价内容是否聚焦具有教育价值的音乐教学活动。(2)所采用的评价方式是否多样化且能够有效激发学生的学习热情,从而培养其自信心和积极的学习态度。(3)评价的主题是否覆盖全面,能否根据不同学生的个性特点进行针对性评价。通过持续而深入的反思,教师不仅可以优化课程评价机制,还能为每一位学生提供更具针对性的教学指导。这种反思不仅有助于提升教学效果,更能推动教学方法的不断完善与创新。

以下是一位教师在校本课程"玩转尤克里里"中对教学评价进行的反思。

在反思"玩转尤克里里"校本课程的教学评价时,我意识到评价内容需要更加聚焦具有教育价值的音乐教学活动。目前,评价主要集中在学生的演奏技巧上,而忽视了对学生音乐感知创造力和合作能力的综合评价。为了使评价更全面,我计划在未来的课程中增加对学生音乐表现背后的情感表达和创意构思的评价,确保评价内容能够全面反映学生的音乐素养。

同时,我认识到评价方式的单一性限制了学生的学习热情和自信心的培养。目前的评价主要是教师的即时评价,学生之间进行互动评价和自我评价机会较少。为了激发学生的学习热情,我计划引入多样化的评价方式,如学生互评、自我评价以及小组评价。通过这些方式,学生不仅能够从教师那里获得反馈,还能从同伴和自己的角度审视学习过程,从而增强学习的主动性和自信心。

此外,评价的主体需要更加全面,能够根据不同学生的个性特点进行针对性评价。目前的评价标准较为统一,没有充分考虑到学生的个体差异。为了满足不同学生的需求,我将设计更具弹性的评价标准,允许学生根据自己的兴趣和特长选择评价项目。例如,对于技术型学生,可以重点评价其演奏技巧;对于创意型学生,可以重点评价其音乐创作能力。

通过这次对教学评价的反思,我认识到评价不仅是对学生学习成果的检验,更是促进学生全面发展的重要手段。在未来的教学中,我将优化评价内容、丰富评价方式,并设计更具针对性的评价标准,以更好地支持每一位学生的学习和成长。

在上面这个案例中,教师敏锐地察觉到当前评价体系的不足,并提出了切实可行的改进策略。这些改进措施将为学生提供更全面、更有效的学习支持,帮助他们在音乐学习过程中不断追求卓越,实现自我价值。

五、思学生创意见解

在音乐课堂教学中,学生是学习活动的主体,他们常常会在课堂上迸发出创新思维的火花。这些创意不仅体现在其对音乐作品的独特理解上,也表现在其新颖独特的表达方式中,往往超出教师的预期。

教师应当重视并在教学反思中及时整理这些富有价值的内容,它们是完善课堂教学的重要补充。教师通过记录与分析这些具有价值的教学片段,能够不断拓展教学视野,优化教学设计,并将其变成重要的课程资源。与此同时,教师应在课堂中对学生的创新性表达给予充分认可和积极引导。这种即时的肯定不仅是对学生创意的尊重,还能有效激发学生的学习兴趣，促进其自信心的建立。

在实践过程中，"以记促思，以思促教"的理念至关重要。教师应当养成并坚持课后反思的习惯，在日常教学中不断总结经验、及时修正。通过持续积累与改进，教师不仅能实现专业成长，更能成长为一名具有反思能力的研究型教师。

进阶改进：提升教学反思效果的方法

在音乐教学中，教师的反思与改进对教学效果的提升至关重要。在这一部分中，我们首先会给大家介绍几种教学中常用的理论及工具来辅助教师开展教学反思，它们能够帮助教师从不同角度审视教学实践，提供更全面的分析视角。其次，重点强调了提炼反思要点的重要性，通过将反思内容系统化和条理化，教师能够更清晰地识别教学中的关键问题和改进方向。最后，聚焦"教学反思如何转化为实际行动"这一问题，通过具体的步骤和方法的介绍，指导教师将反思结果落实到教学实践中，以实现教学质量的持续提升。

一、掌握常用理论与思维工具

借助相关教育理论及思维工具，教师可以将教学实践与理论深度结合，深入剖析教学实践，不断总结经验教训，积累教学智慧，提升教学能力，从而促进自己从经验型教师转变为研究型教师，实现专业素养的持续提升。教师可以通过阅读相关理论书籍和专业期刊，参加学术会议和培训课程，了解并掌握理论前沿知识与方法，如领域教学知识理论（Pedagogical Cantent Knowledge，简称 PCK）、SWOT 分析法、5W1H 分析法、SMART 目标设定法等，并与其他教育工作者交流经验。此外，利用在线教育资源、教育技术平台及相关工具，如思维导图工具 Xmind、ChatMind，以及人工智能工具 DeepSeek 等，教师可以快速生成可视化反思框架，从多角度审视教学实践。通过这些途径，教师可以丰富自己的教学反思工具箱，从而更全面、更深入地进行教学反思，找到更有效的改进策略，提升反思质量。

以下是教师基于 PCK 理论进行的教学反思。

> PCK 是教师个人教学经验、教师学科内容知识和教育学的特殊整合，包含学科知识（what）、教学知识（how）和关于学生（who）的知识三个方面。
>
> 就一节小学音乐教唱课而言，what 就是这节课的教学目标——想要教给学生的核心音乐经验；how 就是教师采用的教学方法——创设情境、听辨节奏、律动、乐器演奏、模唱等；who 就是教师的教学对象——三年级（5）班的全体学生。这节课的成功与否，

就在于我是否能利用 PCK 理论,根据教学对象的学习特点,采用适宜的方法进行教学。下面是我基于 PCK 理论进行的反思。

表 12 - 2　《音乐是好朋友》①教学反思维度

音乐核心体验（what）	一年级学生的音乐学习特点与规律（who）	采取的教学方法（how）
体验歌曲的节拍（三拍子）	学生能够判断并能用身体或者乐器表现声音的响和轻,但对"强"和"弱"的表述不太熟悉,需要教师进行引导	1. 在"律动"进教室的环节用《G 大调小步舞曲》做铺垫,初步感受三拍子（律动体验） 2. 通过听辨教师演奏《音乐是好朋友》,选择对应的强弱规律（听辨判断） 3. 听辨碰铃和串铃的声音,选择合适的乐器表现"强—弱—弱"的节拍规律（操作实践）
体验歌曲的快乐、优美的情绪	学生能够听音乐判断开心、悲伤的情绪,对"优美"这个形容词需要教师的引导	1. 创设小朋友卢卡送音乐礼物的情境并贯穿始终,让学生感受快乐的情绪（情感铺垫） 2. 教师范唱曲目,用优美的声音和肢体动作"感染"学生（感知欣赏）
用自然连贯的声音演唱歌曲	学生对七度音程的旋律把握有一定困难;对附点节奏有些陌生	1. 采用手势辅助歌唱教学（手势语言） 2. 师生接唱,男女比赛,强化难点（反复练习）
综合表演歌曲	学生喜爱用多种方式体验音乐,但需要教师明确地引导语言	1. 前面环节的乐器伴奏为表演活动奠定基础（演奏基础） 2. 教师的示范舞蹈为律动表演奠定基础（动作模仿）

　　从系统性角度来看,PCK 将学科知识、教学知识以及学生知识整合,形成全面的反思框架。以《音乐是好朋友》教学反思为例,教师依据 PCK 理论的三要素,从体验歌曲节拍、情绪,到演唱歌曲、综合表演,清晰梳理教学目标、学生特点及对应教学方法,让反思逻辑严谨,各环节紧密相连,避免了反思的片面性。在针对性上,PCK 理论帮助教师依据学生特点精准施策。针对三年级学生对强弱表述不熟悉、对"优美"概念较陌生等情况,教师设计了相应的教学活动,如用《G 大调小步舞曲》铺垫感受三拍子,创设情境引导学生体会快乐情绪,让教学方法与学生实际高度契合。

二、提炼反思要点

　　在教学反思中,提炼要点至关重要。它能帮助教师从繁杂的教学现象中梳理出核心问

---

① 本课选自江苏凤凰少年儿童出版社版《音乐》三年级上册第一单元"我的朋友 Do Re Mi"。

题,使反思更具逻辑性和条理性。通过提炼,教师可以聚焦关键,避免被琐碎的细节干扰,从而深入分析教学中的根本问题。这不仅有助于明确改进方向,还能激发创新思维,探索更有效的教学策略。此外,提炼后的观点便于分享和交流,促进教师间的相互学习和专业成长。

教师可以从以下几个方面构思反思要点。首先,确定几个核心的反思维度,例如教学设计、学生学习、教学方法、课堂效果等。然后,结合具体的教学实践,回顾每个维度下的表现,分析其中的成功和不足之处。例如,在"关注学生的学"这一维度下,教师反思了自己是否根据学生的实际情况灵活调整教学语言,是否对学生的学习特点进行了充分的预设。接着,针对每个维度下的问题,深入分析其根源,例如教学语言的不足可能是因为对学生的了解不够深入。最后,根据问题根源,提出具体的改进措施,这些措施应该是可操作的,如增加学生的创造环节、调整教学语言的表达方式等。通过这样的步骤,教师可以从繁杂的教学现象中提炼出核心问题,明确改进方向,从而提升教学反思的质量和效果。

以下是一位对自己所执教的《音乐是好朋友》一课的教学反思。

---

1. 从关注教师的"教"到关注学生的"学"

针对三年级学生的特点,我在教学中综合运用有效的引导(音乐欣赏、律动体验等)和无形的渗透(师生问好、唱歌指令歌曲),用音乐的语言去感染学生,激发学生对音乐所表达情感的体悟。在这堂课的组织教学环节中,我通过律动和歌词编创活动,营造一种愉快的氛围,为乐器演奏、歌曲学习奠定感情基调;在教学环节中,我设计了一个名叫卢卡的小朋友形象,创设了一个交朋友的情境,激发学生的学习兴趣。

但是同样一节三年级的教唱课,面对不同的学生,教师不能"照搬"教学语言,而是要根据不同学生的学习特点,灵活地组织教学语言。这节课我在自己的班级试教过几次,学生基本能够分辨活泼和优美的音乐情绪。可是比赛课我面对的是不太了解的学生,在提问"这首歌的情绪是怎样的"这个问题时,我没有对"情绪"这个抽象的词语进行及时的解释,有的学生直接用听到的"歌词"来回答问题。这让我感受到在没有深入了解学生的情况下,我需要对处在不同发展阶段的学生做相对全面的预设。

2. 让学生"真正"地"玩"起来、"创"起来

学生更希望音乐课堂能与身体律动、集体游戏等方式结合。我尝试运用多感官——听、唱、动,旨在提升学生的综合音乐能力。在本节课中,我先让学生体验三拍子的强弱关系,进而用身体律动和乐器伴奏强化节奏感。在学生对音乐旋律初步了解之

后,再让学生学习旋律和歌词。最后把唱、动相结合,综合表演歌曲。但如果能够增加学生"主动学习"的机会,课堂效果可能会有所不同。下表是我对"模仿"和"创造"环节的统计。

表 12-3　《音乐是好朋友》主要教学环节

模仿	创造
•《G 大调小步舞曲》律动模仿 • 乐器示范,学生模仿动作 •《音乐是好朋友》附点音符手势模仿 •《音乐是好朋友》律动模仿 (共计 4 次集体模仿活动)	• 在最后的 5 分钟里,引导学生"编创"歌词,把自己心目中的"好朋友"带入歌曲演唱

导入环节的《G 大调小步舞曲》已经为三拍子的学习奠定基础,因此在用乐器表现"强、弱、弱"的方式方法上,可以出示其中的一个乐器让学生自己来"研究"怎么表现强弱;在律动表演的环节中,如果我能利用集体教学时间让学生自己根据歌词来编动作,或许他们学习的印象会更加深刻。总之,只有让学生自主感受体验节拍强弱、自己根据歌词来设计动作,才能提高学生的兴趣,激发他们的潜能和创造性。

3. 增强教学语言与肢体语言的感染力

美国心理学家艾伯特·梅拉宾提出:信息资料的总效果＝7％的词语＋38％的声音＋55％的人体动作和面部表情。因此,教师的体态策略和表情策略在音乐课堂教学中也尤为重要。

我在教学过程中综合运用肢体动作、表情、不同的语音语调引导学生进入音乐情境。尤其是在附点节奏的学习中,我用手势、语言引导学生做"邀请"好朋友的动作辅助学习达到了一定的效果;在歌曲处理环节中,我用表情、声音和肢体语言让学生对歌曲的高潮(第三句,激动的情绪)和结尾(第四句,甜蜜的情绪)有明显的感知,大多数学生能够根据我的表演来判断歌曲的情绪变化。但由于我的教学经验不足,再加上比较紧张,我的教学语言缺乏一定感染力和有效性。如果在一开始我就放慢语速,用抑扬顿挫的语言、自然的面部表情、优美的肢体动作把"轻松感"传递给学生,也许课堂氛围可以更加活跃,学生的想象力与表现力也会有一定程度的提高。

音乐课是感受"美"的课堂,音乐教师是传递"美"的使者。在播撒"美"的种子时需要我们用心、用充满智慧的语言,热爱学生、关注学生、了解学生,激发学生表现美和创造美的灵感。我的音乐教师之路还很漫长,这次比赛对我来说是一次宝贵的经验。在今后的教学中,我会从学生的角度出发,根据学生音乐学习的特点与规律设定教学目标,用学生能够接受且有趣的方式方法设计教学活动,不断提高自己的教学水平,让学生真正地"玩""创"音乐。

案例中的教师在进行教学反思时,能够聚焦关键问题,如教学语言的灵活性、增加学生主动学习的机会,以及教学语言与肢体语言的感染力等,避免被琐碎细节淹没,从而深入分析了教学中的根本问题。这种提炼不仅有助于明确改进方向,还为探索更有效的教学策略提供了清晰的思路。同时,教师通过对比模仿与创造环节,指出了教学中需要优化的部分,进一步增强了反思的针对性和实用性。总体而言,教师在提炼反思要点的过程中,能够抓住核心问题,使反思更具深度和价值,为后续的教学改进提供了有力支持。

三、促进教学改进

评价和反思的最终目的是促进教学,教师需要在反思中明确自己需要改进的是什么。首先,通过"需要改进的地方"对教学过程进行深度反思,全面梳理教学方法、学生参与情况以及知识传授效果等,精准定位问题所在,从而明确后续改进的方向。接着,根据所发现的问题,设定"改进的目标",让改进工作具有清晰的指向性,为教师后续的教学实践提供明确的努力方向。最后,教师需要详细规划解决问题的具体行动步骤,确保改进方案切实可行。教师还可以通过"改进的计划时间表"合理规划时间,将改进措施有序地融入不同阶段的教学中,保障改进工作有条不紊地开展。教师在实施改进措施后,应全面评价教学效果,判断是否达成预期目标,以便根据评价结果及时调整策略,持续优化教学过程。具体可以参考表12-4所示进行思考。

表12-4 个人反思与改进计划表

需要改进的地方	
改进的目标	
改进的措施	

续　表

改进的计划时间表	
改进后的评价表	

本章小结

章节小结

　　本章聚焦音乐教师的教学反思技能,强调反思是教师从经验型教师向研究型教师转变的关键,对提升教学质量与促进教师专业成长具有重要意义。教学反思分为小结型、案例型和探索型三种,分别侧重于经验提炼、具体案例剖析和新理论方法的实践应用。反思内容涵盖教学目标、教学内容、教学过程与方法、教学效果及教师素养等方面,要求教师全面审视教学活动,确保教学活动的科学性和有效性。教学反思的关键路径包括遵循课程方案与课程标准、融合教育实践和找准反思切口。教师需深入研读课程方案,确保教学贯彻"以美育人"等理念,同时紧密结合课堂实践,关注学生反应,优化教学设计。反思时还需从教学亮点、不足及改进策略三个方面入手,结合理论成果制定解决方案。在反思策略方面,教师应从教学情境设计、学生实践表现、教学策略运用、课堂评价效果和学生创意见解等角度展开。教师需将反思结果转化为实际行动,通过设定改进目标、规划措施和时间表,并在实践中评价效果,持续优化教学。相信通过系统性反思,教师能够不断提升教学能力、专业素养,为学生的全面发展提供有力支持。

技能操练

　　请你仔细回顾你的学习或教学经历,填写以下信息,撰写反思要点。

　　反思主题:请聚焦教学实践填写一个具体的反思主题,例如"音乐课堂中的互动教学"或"线上学习的体验"。

　　学习/教学内容:请简要描述涉及的教学或学习内容。

反思要点举例	原先的想法和做法	现在的想法和做法	启发(变化的原因)
教学目标			
学生活动			
教学内容			
教学环节的处理			
下一步的改进重点			

推荐书目

1. 席恒著:《核心素养导向的音乐教学实践探索》,上海音乐学院出版社 2020 年版。

2. 钟启泉、崔允漷主编:《核心素养研究》,华东师范大学出版社 2018 年版。

第十三章　教学科研技能

?　学习导引

　　在前两章中,我们重点学习了评价与反思能力,这是成为一名优秀教师所需具备的一项专业素养。本章将在此基础上重点介绍如何提升教师的教学科研能力,帮助大家更好地将理论学习与实践经验相结合,开启教学科研的新阶段。

　　作为一名教师,当你站上讲台的那一刻,其实就意味着你正式走入了教育实践研究的领域。值得注意的是,在我们身边不乏很多擅长课堂设计与课堂教学的音乐教师,但他们在论文写作、课题研究等方面却常常感到困惑。产生这种现象的原因一是艺术学科教师在理性思维训练方面相对欠缺,二是他们缺乏对教学研究方法的系统掌握,这些都将导致教师对教学科研产生一定的畏难情绪,也在一定程度上影响了他们的研究积极性。然而,教学科研不仅能够更好地帮助教师优化课堂教学,更是教师专业发展的重要途径。

　　基于此,本章从如何选题开始,帮助教师从课堂经验中寻找研究方向,增强研究动力,让教师知道从哪里写、如何写以及如何写得更好。希望本章能够帮助教师在教学实践中留下"文字的印记",这将成为教师专业发展道路上的铺路石和闪光点。

学习脉络

```
                                              从任务驱动中加强研究动力
                       核心问题：如何将教学经验              从他者经验中寻找研究方向
                             形成研究成果              从研究兴趣中聚焦研究问题
                                              科学规划研究方案并厘清研究内容
                                              运用多种表达方式形成研究成果

  教                   学习线索：完整规范的成果的表达形式          案例的写作结构
  学                                                  论文的写作结构
  科
  研
  技                   关键策略：关注热点，找准研究切口            体现研究的创新性
  能                                                  体现研究的推广性

                                              研究题目的拟定
                       进阶改进：勇于实践，进行课题研究            课题申请书的撰写
                                              课题研究的开展
                                              结题报告的撰写
```

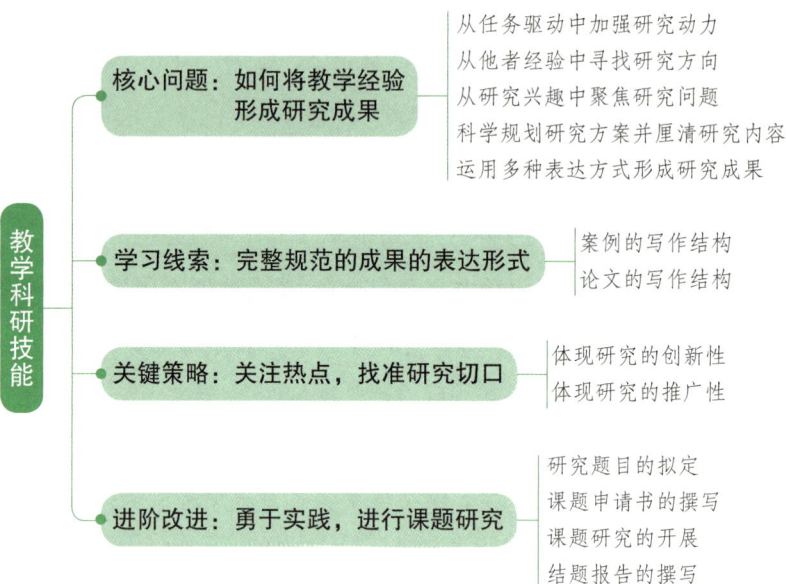

　　本章聚焦教师的教学科研技能的提升，围绕选题、撰写课题申请书、开展课题研究到撰写结题报告等关键环节，旨在为教师提供教学科研的全方位指导，帮助教师系统地掌握课题研究的全过程。首先，在选题方面，本章强调教学科研的研究方向应当来源于教学实践经验中的归纳总结，同时既要符合实际教学需求，又要具有一定的研究价值。其次，介绍了教学科研成果——案例或论文在撰写时需要遵循的一定的结构范式和逻辑框架。在进行教育研究时，具有创新性和推广性的研究切口有助于教师形成较高质量的研究成果，本章也对此内容进行了详细阐述。最后，本章对如何进行课题研究进行了介绍。通过本章的学习，希望教师能够更加自信和有效地开展教学科研工作，提升自身的专业素养和教学实践能力。

🎼 核心问题：如何将教学经验形成研究成果

　　请你思考并回答以下问题。

♪ **互动角**

你觉得将教学经验形成论文所需的最关键的能力是什么？

_____

_____

　　针对上面这个问题的回答，也许有的教师会说，语言组织能力、逻辑思维能力是把教学经验转化成论文的关键能力；也有的教师对此却不知如何回答。实际上，将教学经验转化为论文是一个复杂而富有挑战性的过程，需要教师具备扎实的理论功底、清晰的研究思路以及科学的方法论支撑。除了自身的研究兴趣和动力之外，这一转化过程可遵循以下关键步骤：(1)通过广泛阅读相关文献资料并积极参与课题研究，积累实践与科研经验，为后续的教学科研奠定基础。(2)在研读他人研究成果的过程中明确自身研究方向，结合个人专长确定研究兴趣点。(3)基于个人学术背景和教学实践经验，选定具体的研究对象，使研究更具针对性和可操作性。(4)运用教育学、心理学等相关理论，科学规划研究方案并厘清研究内容，从而提升研究的严谨性和规范性。(5)在此基础上积极参与教科研征文活动或申请课题项目，通过实践检验与持续改进，逐步将研究成果转化为高质量的研究成果。

一、从任务驱动中加强研究动力

　　教师在职业生涯中，除了日常的课堂教学工作外，还会面临诸多学术研究相关的任务，如案例评比、论文鉴定和课题申请等。这些任务不仅是骨干评选和职称评比的硬性要求，更是推动教师专业成长和持续发展的重要动力。教师应当将这些研究任务视为提升自身能力和知识的契机，主动拥抱挑战，从而在完成任务的过程中不断增强研究动力，以教学带研究，形成良性循环。

　　具体而言，教师可以主动把这些学术任务转化为促进个人专业成长的宝贵机会。例如，积极参与案例、论文征集活动，不仅可以帮助教师紧跟当前教育领域的研究热点，还能够为课堂教学提供新的视角和方法。教师可以围绕项目化、跨学科、数字化、学科德育等热点开展研究，通过主动参与这些活动，为课堂教学增添新的元素，同时在实践中不断增强自己的研究内驱力，实现教学与研究的相互促进，从而在教育领域实现持续的专业成长和发展。

二、从他者经验中寻找研究方向

　　我们在大学的学习阶段都已积累了许多与研究相关的宝贵经验。例如，在撰写毕业论文时，通过文献综述撰写和学习课题写作规范等课程，首次接触教育研究，这段经历能够为未来教师的职业生涯奠定基础。又如，在参与导师的研究项目中积累实践经验，为未来独立开展研究工作做好铺垫。这些经历都属于从他者经验中积累研究能力的起点。

当步入工作岗位后，教师可以从以下活动中积累研究经验。教研组课题和校级课题是教师接触最多的科研形式之一。例如，音乐教研组围绕"音乐课堂教学的有效性""如何进行教学评价"等主题展开研究。教师可以从这些课题中总结经验，进一步深化研究方向。另外，校本课程开发是教师展示专业特长的重要平台。例如，一些学校开发了以"音乐与校园文化""地方音乐特色课程"为主题的校本课程。教师可以结合地方文化，研究如何将地方音乐文化融入校本课程，从而形成研究成果（详见本书第七章）。

当教师在研究过程中感到方向不明确时，可以从已有经验中梳理出新的研究思路。首先，通过阅读文献和关注跨学科热点，寻找音乐学科中尚未深入研究的"空白点"。例如，关于小学音乐学科德育研究，目前基于单元统整视角的系统研究还不多，这就可以作为教师的一个研究方向。其次，教师可以基于他人研究的成果，结合自身教学经验，进一步深化和拓展研究内容。例如，在已有研究指出的可以在音乐教育中融入德育目标的基础上，教师可以探索具体的教学策略或优化德育融入效果。此外，教师还可以从日常教学实践中发现问题，将其转化为研究方向。通过这些路径，教师可以从已有经验中梳理出新的研究方向，结合自身兴趣和专业特长，不断探索和深化教育研究。

三、从研究兴趣中聚焦研究问题

将个人的研究兴趣转化为具体的研究对象是进行教育科研的重要起点。教师首先需要梳理自己的兴趣点，明确自己在音乐、舞蹈或其他相关领域的特长和兴趣所在。例如，如果教师擅长民乐并对民族音乐有浓厚兴趣，那么民族音乐的文化传承、其在音乐教育中的价值等，都可以成为研究内容。

♪ 互动角

你有没有感兴趣的研究领域？例如跨学科主题学习、项目化学习、深度学习等。请你结合自己的音乐教学实践，写下你认为值得你研究的方向。

_____

_____

确定好兴趣点后，教师应结合教学实践、社会热点或政策导向，分析并筛选出具有研究价值的方向。比如,当前教育领域对数字化转型关注度高,教师若对数字化赋能教育感兴趣,可以先了解其他学科的数字化转型实践,并通过对音乐学科数字化应用现状的分析,将研究方向聚焦在音乐学科的数智化教学方式上。

在确定研究领域后,教师需要广泛阅读文献,了解该领域的研究现状和发展趋势,寻找尚未被充分探讨或需要进一步研究的问题。例如,对于民族音乐在音乐教育中的价值可能已有较多研究,但如何将民族音乐与现代教学方法结合,或通过民族音乐教学提升学生文化认同感,可能是有待深入探讨的问题。此时,教师可以进一步聚焦具体问题,明确研究将聚焦于教师的教学方法、学生的学习体验,还是课程设计等层面。通过将兴趣转化为可操作的研究内容,教师的研究将更具针对性和可行性。

四、科学规划研究方案并厘清研究内容

研究兴趣是确定研究领域的起点,它帮助我们将注意力集中在教师最感兴趣的话题上。然而,仅有兴趣是不够的,要使研究内容具有明确的研究思路,使研究内容具体化并有一定的深度,我们需要理论的支持。理论可以为教师提供分析和解释研究现象的视角,帮助教师构建研究框架、明确研究假设,并指导教师如何收集和分析数据。

(1)教师需要进行广泛的文献阅读,了解当前领域内的主要理论和研究趋势。这包括识别关键的理论框架,理解它们是如何解释相关现象的,并考虑其对于研究问题的适用性。例如,如果我们对音乐教育中的创新型教学方法感兴趣,教育心理学中的相关理论可以提供关于如何激发学生创造力的方法。通过这些理论,教师可以较为准确地定义研究问题,选择适合的研究方法,并预测可能的研究结果。

(2)教师需要根据研究兴趣选择最相关的理论来指导研究设计和实施。比如,如果教师对音乐课堂评价感兴趣,那么可以借助新课程标准对教学评价的新要求,以及认知心理学的相关理论,来研究如何通过有效的教学方法和手段提升评价的有效性。这些理论可以帮助教师明确评价的标准和方法,以及如何设计有效的教学活动和干预措施。

(3)教师需要保持对理论的批判性思考。理论是研究的重要支撑,但不能简单套用。在研究过程中,要根据实际情况和进展灵活调整理论的应用,确保理论与实践的紧密结合。同时,根据实践的需要和研究的进展,不断调整和完善研究的内容和方向,以确保研究的科学性和有效性。通过这样的规划,研究方案将更加科学、系统,研究内容也将更具深度和针对性。

五、运用多种表达方式形成研究成果

音乐教师在形成研究成果时,可以采用灵活多样的表达方式。

教师可以创作或改编音乐作品,并通过实际演奏或演唱来直观展示研究成果,这种方式可以直接体现音乐教育的实践效果。

另外,制作教学案例视频也是一个很好的选择。案例视频可以记录音乐课堂中的教学活动和学生反应,直观展示教学方法的有效性和学生的学习过程。这些案例视频可以包括教学设计、课堂互动、学生表演等多个环节,为其他教师提供直观的教学参考。

教师还可以开发多媒体课件和教具,将研究成果转化为教学资源,这也是音乐教师可以采用的表达方式。例如,设计互动式音乐学习软件或制作辅助音乐理论教学的教具,这些资源可以直接用于教学实践,提高教学效果。

当然,传统的研究报告和学术论文仍然是重要的成果表达方式。音乐教师应结合自己的研究成果,撰写逻辑清晰、论证充分的研究报告或论文,为音乐教学理论和教育实践提供理论支持与实践指导(本书后文将详细阐述)。

在取得一定的成果之后,组织工作坊和研讨会,与同行分享研究成果和教学经验,通过面对面的交流和讨论,可以进一步深化教师自己对研究成果的理解,同时也能收集反馈,不断完善研究内容。通过运用这些多样化的表达方式,教师不仅可以更有效地展示自己的研究成果,还可以促进研究成果的传播和应用。

🎼 学习线索:完整规范的成果表达的形式

在掌握了如何通过多种方式表达研究成果之后,教师可以更深入地探索如何将这些成果系统化、理论化,以便在更广泛的范围内进行交流和推广。案例和论文作为两种主要的研究成果表现形式,各自具有独特的结构和要求,能够帮助教师更清晰、更规范地展示自己的研究思路和发现。案例的字数要求一般为3 000—5 000字,切入点小,鲜活生动,实践性强;论文的字数要求一般为5 000—8 000字,要求理论与实践结合紧密,具有一定的成果推广价值。以下是案例和论文的写作框架建议。

一、案例的写作结构

教学案例是一种教育实践的记录和分析,它详细描述了在特定教学情境中发生的事件,包括背景、目标、教学活动、学生反应、教学成效以及教师的反思等。从结构上来看,主要包括案例标题、案例背景、案例呈现和案例反思几个方面。

表 13-1 案例的基本架构

案例标题	案例背景	案例呈现	案例反思
体现本案例主题	1. 研究问题的来源 2. 教学内容的功能定位（前后关联，若是团队活动此处可省略） 3. 基于学生情况，设计本课的教学活动（包括目标、重难点、评价工具、操作思路图、培养学生的艺术核心素养）	1. 遴选相关教学（活动）环节展开片段描述 2. 夹叙夹议，注意重点和关键细节的放大	围绕主题，基于"证据（数据、典型情景）"展开反思： 1. 实际的效果和归因分析 2. 针对教学实施的问题提出改进对策 3. 借鉴他人理论对教学及其改进加以诠释解读，形成新认识并使之条理化、结构化（经验提炼）、可迁移
附	教学（活动）方案及相关资源等		

（一）标题

案例的标题不仅要概括研究的核心内容，还要体现研究的创新点和价值。一个具有吸引力的标题能够激发读者的兴趣，引导他们进一步阅读全文。那么，案例的标题如何才能吸引人？我们需要让标题具有吸引力、简洁明了，且能够准确反映案例的核心内容。

♪ 互动角

请你阅读以下几个案例的标题，你觉得哪一个既能够概括核心内容又能够吸引读者？

1. 舞蹈、律动在音乐课堂中的作用

2. 如何运用信息化提升音乐课堂效率

3. 创音乐"时钟"，用身体"发声"——基于艺术核心素养的跨学科项目化学习

以上三个标题各自具有特点：第一篇标题突出了舞蹈与律动的研究内容，但未能明确说明研究方法和对象。第二篇标题采用提问方式，引发读者思考，然而题目范围较宽，没有聚焦于具体的信息化方式。第三篇标题采用主副标题结合的形式，主标题生动有趣，能够激发读者的阅读兴趣；副标题明确指出了案例的研究方法（项目化学习）及研究焦点（艺术核心素养），与研究特点高度契合。

在拟定标题时，教师应考虑以下几个关键点。

（1）凸显主题：标题应直接关联案例的核心研究问题或主题，使读者一目了然。

（2）吸引注意：适当运用生动形象的词汇或表达方式，增强题目的趣味性与吸引力。

（3）简洁清晰：标题应控制在 20 字以内，用词精准，逻辑清晰，避免冗长复杂的表述和晦涩难懂的术语。一般情况下，标题尽量突出关键词，如研究方法、核心问题或特色创新点。

（4）体现创新：如果案例的研究问题或方法具有创新价值，可以在标题中适当予以体现。这不仅有助于吸引读者注意，也能更好地凸显标题亮点。

总之，案例标题的拟定需要兼顾准确性与吸引力，确保既能准确传达研究内容，又能激发读者的阅读兴趣。在实际操作中，教师可结合案例的具体特点反复推敲、优化标题，使最终拟定的标题既清晰明了又富有特色。

（二）案例背景

案例背景通常就是告诉读者你为什么选择这个研究主题，这个研究主题有什么意义，并且简明扼要地对案例的研究进行阐述。案例背景是向读者阐述研究动机和案例重要性的关键环节。案例背景通常包括以下内容：研究问题的来源、本课在教材及单元教学中的功能与地位、基于学情对本课的教学(活动)设计这几个方面。

研究问题的来源通常与教育实践中遇到的问题息息相关。

教学内容的功能定位指的是该课程在整个教学计划中的作用和重要性。例如，如果本课旨在通过身体律动的活动加强学生对音乐节奏的感知，那么它不仅符合教学大纲的要求，还能为学生后续学习更复杂的音乐概念打下基础。

基于学情的教学设计是根据学生的学习背景、能力和需求来定制教学活动。首先需要分析学生的情况，包括他们的学习背景、能力水平和兴趣点，以及他们在音乐学习中的具体需求和潜在困难。在此基础上，教师应明确教学目标，如提升学生的创意实践能力，并确保这些目标是具体的、可衡量的、可实现的。接下来，教师需要确定教学的重难点，如怎样引导学生将身体律动与音乐节奏相结合，并讨论如何通过教学策略来克服这些难点。当然选择合适的评价工具也是设计的一部分，这些工具，如学生自评、同伴评价和教师评价，可以帮助教师了解学生的学习进度和效果。让我们通过一个案例来看看案例背景的具体写法。

表13-2　《创音乐"时钟"，用身体"发声"——基于艺术核心素养的跨学科项目化学习》案例背景

案例背景	撰写逻辑
如今，项目化学习、跨学科主题学习研究已成为新型的学习方式，艺术学科的教与学的学习方式变革也逐渐成为研究热点。舞蹈和律动对于小学音乐教学来说能够激发学生的学习兴趣，让学生通过听觉、视觉、动觉等联觉反应感受音乐的结构和特点	明确指出了研究问题的来源，即项目化学习和跨学科主题学习研究作为新型学习方式的需求，以及艺术学科教学方式的变革。特别是，它强调了舞蹈和律动在激发学生学习兴趣方面的作用，以及如何通过这些活动帮助学生感受音乐的结构和特点。这一点与教育实践中遇到的挑战紧密相关，为案例研究提供了明确的起点
在艺术核心素养导向下，学生综合能力的培养需要教师基于学生心理和学习发展的特点，设计更	强调了在艺术核心素养导向下，学生综合能力的培养需要教师设计更具挑战性的活动。这表明

续　表

案例背景	撰写逻辑
具有挑战性、能够激发学生创新思维的综合活动。项目化学习就是一种很好的学习方式,它是基于"能力中心型"的教学方法,即让学生通过长时间的学习来调查和解决现实复杂的问题、困难或挑战,从而获得知识和技能	本课旨在通过项目化学习来提升学生的"创意实践"能力,这与教学大纲的要求和学生后续学习更复杂音乐概念的需求相符合。因此,可以推断本课在教材及单元教学中占据着重要的地位
本案例围绕核心问题"如何用身体创造音乐",让学生通过项目化学习,设计用身体律动表现音乐的不同方法,旨在提升学生的"创意实践"(艺术核心素养之一)能力,促进学生综合能力的提高	描述了教学设计的理念,即基于学生心理和学习发展的特点,设计能够激发学生创新思维的综合活动。它提出了通过艺术学科项目化学习来提高学生的艺术技能和创造力,这包括了明确教学目标(提升"创意实践"能力)、确定教学方法(项目化学习),以及预期的教学效果(促进艺术综合素养的发展)。这显示了教学设计是基于学情的,旨在确保课程内容适应学生的实际情况,有效促进学生艺术核心素养的培育

案例背景体现了研究主题的原因和重要性。写案例背景时,要精练地概括研究主题的起因及其重要性。直接陈述教育实践中遇到的问题,并强调这些问题解决后对提升教学效果和学生学习成果的积极影响。同时,阐释该研究主题在教学体系中扮演的角色,以及它对促进学生艺术核心素养发展的贡献。此外,简要介绍基于学生学情的教学设计思路,包括教学目标的设定、教学活动的安排和评价方法的选择。这样的背景描述能够为读者呈现研究的动机,突出案例研究的价值,并为后续的研究分析打下坚实的基础。

(三)案例呈现

案例呈现需要展现给读者你的具体的做法,遴选相关教学(活动)环节展开描述,并且需要夹叙夹议,注意重点和关键细节的放大,使读者能够清晰地理解教学方法的设计意图、实施过程和取得的效果。以下是一位教师的《小学学习准备期音乐教学探索》案例片段。

表 13-3　《小学学习准备期音乐教学探索》案例呈现

内　　容	撰写逻辑
根据教学基本要求,一年级入学的起始阶段在"音乐感受与欣赏方面"要重视培养学生的听觉与联觉反应能力,帮助学生积累音乐情感体验和感性经验;在"音乐表现与创造"方面着重让学生养成正确良好的音乐表现习惯,加强实践体验,初步培养与老师、同伴分享交流的意识。 　　为了达成以上整体目标,教师不仅需要给予学生丰富的听觉感受与情感体验,即"建立具有音乐学科特点的课堂常规""培养学生良好的音乐聆听习惯",还需要在实践体验方面"鼓励学生参与音乐表现活动""感受与同伴合作的乐趣"。	阐述案例设计的目标与设计要点,其中思路表述非常重要,这是供读者可以迁移的思维

内　　容	撰写逻辑
教师结合这四个方面,尝试将一些优美动听的儿童歌曲改编成音乐指令歌曲,结合学习准备期教材第一单元内容,让学生通过模仿、练习和互动游戏的方式学习音乐。这种教学模式重视音乐课堂常规的建设、情境化音乐环境的创设以及多元评价,营造出一种自由的课堂氛围,从而激发学生的音乐潜能。	
一、建立具有音乐学科特点的课堂常规 　　教师需要创设音乐课特有的环境,即"音乐课常规建设"和"情境化的音乐环境创设",主要包括师生问好与告别、音乐指令歌曲(起立、坐下、唱歌的姿态等),以及在适宜的音乐环境中逐步养成音乐学习习惯。 　　1. 师生问好与告别 　　在这两首歌曲的编配中,教师基本采用了师生对唱的方法,以再见歌曲为例,教师选取了 *Goodbye Song* 的旋律,并进行了歌词改编。教师选取了第一段的旋律,改编后的歌词: 　　教师:再见,再见,再见,小朋友,音乐它真美妙。 　　学生:再见,再见,再见,×老师,我们下次再见。 　　乐曲的第一句与第三句是完全重复的,旋律优美且朗朗上口。经过教师的教学实践,学生在听唱两遍之后基本能够跟着钢琴进行演唱。师生对唱的方式也让学生感到非常有趣,而且乐于参与其中,与教师一起完成作品。 　　2. 音乐指令歌曲 　　教师将一首旋律耳熟能详的英文儿歌 *Old MacDonald Had a Farm* 改编成唱歌姿势指令歌曲。在教学实践中,教师也是采取师生对唱的方式。不过目前在学习准备期只是进行了单声部的教学,之后根据学生的情况还可以按照乐谱进行二声部学习。 **二、培养学生良好的音乐聆听习惯** 　　为了丰富学生的聆听体验,教师需要在课堂环节中渗透聆听的要求,即安静地聆听,带着想象与思考专注地聆听。这需要教师创设优美的聆听环境,带领学生在音乐中自然而然地形成聆听的习惯,关注学生的联觉反应。教师从选取了歌曲 *My Bonnie*,要求学生闭上眼睛,趴在桌上"休息",安静地聆听音乐,想象音乐情境,感受音乐情绪,为今后欣赏音乐的习惯打下初步的基础。 **三、鼓励学生参与音乐表现活动** 　　学习准备期学生的音乐表现活动以模仿创造、身体律动为主。教师不仅要正确地进行演唱、律动示范,而且要把引导的语言童趣化、形象化。学生在不停地摆动身体和歌唱中,不仅身心感到愉悦,而且在不知不觉中学习了很多音乐知识。 　　教师选择了以"拟声词"为主的律动歌曲,如 *Sailing Song*。这是一首旋律起伏比较大的音乐。因为乐句有起有落,教师运用了道具——丝巾,随着音乐旋律的变化"上升"与"降落",学生通过"抛出"与"接住"的动作感受音乐的高低起伏。在二次感受活动中,教师引导学生进行手势比画练声("du"),通过身体动作辅助感知节奏、音高;还可以让学生根据生活经验自编简单的拟声词进行创编活动,收获"成功"的喜悦,提升音乐学习的兴趣。 **四、感受与同伴合作的乐趣** 　　前面的师生问好和音乐指令歌曲中均采用的是师生对唱的方式,旨在在教师和学生之间建立平等、和谐的互动桥梁。在教学实践过程中,学生之间的合作	每个部分提炼标题,教学过程用具有代表性的教学片段呈现,夹叙夹议。简要说明了实施效果

续 表

内　　容	撰写逻辑
也尤为重要,这不仅仅是音乐教学的方式方法,也是对学生健全人格和优秀品质的培养。歌曲 *Dancing with the Teddy* 不仅可以以两人一组手拉手跳舞的方式,也可以整个班级围成两三个大圆圈,跟随节奏跳集体舞,体验集体合作的快乐。音乐课堂用类似这样的集体律动热身,可以为教材内容的合作学习奠定基础。	
学习准备期的总课时为 8 课时,每周 2 课时。一般情况下,教师将第一单元4 课时调整到 8 课时,安排在小学一年级新生入学初的前 4 周。所增加的 4 课时在课程标准与教材原设定的"弹性"课时中解决。教师可将课堂常规和互动歌曲循序渐进地渗透在教学的各个环节,目的是激发学生学习音乐的兴趣,让学生在音乐环境的熏陶下,逐步养成良好的学习习惯。	对案例呈现进行简要总结

　　以上案例选取了与音乐教学紧密相关的环节进行详细描述,如师生问好与告别、音乐指令歌曲、培养学生的聆听习惯以及鼓励学生参与音乐表现活动等。这些片段具体展示了教学活动的设计和课堂教学的实际情况,使读者能够清晰地了解教学过程。案例在叙述中融入了对教学活动的分析和评价,这种夹叙夹议的方式有助于读者理解每个教学环节的目的和效果。案例在放大关键细节时,建议可以更明确地指出这些细节如何具体促进了学生艺术核心素养的提升,以及它们在教学中的可迁移价值,从而为读者提供更深刻的见解和启示。

(四) 案例反思

　　案例反思可以引导教师去深入分析和评价教学实践中的成效与不足。通过对教学活动进行系统的思考和评价,教师可以从中提取有价值的经验和教训,进而指导未来的教学改进和决策。案例的反思需要围绕主题,基于"证据(数据、典型情景)"展开反思,包括:实际的效果和归因分析、针对教学实施的问题提出改进对策以及可迁移、可学习的经验。这需要教师提炼反思提纲,要有层次性,迁移收获,形成新的认识。具体包括评价教学成效、识别并分析教学中出现的问题、提炼可迁移的经验,并基于这些反思来制定未来的教学改进计划。教师还需要撰写一个有层次的反思提纲,以确保反思内容既全面又有深度,从而有效地指导后续的教学活动和决策。通过这样的反思,教师可以从经验中学习,不断优化教学方法,提高教学质量,促进学生更好地发展。

　　以下是《创音乐"时钟",用身体"发声"——基于艺术核心素养的跨学科项目化学习》案例的反思。

　　基于艺术核心素养的跨学科项目化学习实施能够有效地促进学生的艺术核心素养提升和跨学科能力的形成,具体成效包括以下内容。

一、实施成效

1. 激发学生学习兴趣,在实践活动中提升律动编创能力

艺术核心素养的培养可以激发学生的创造力和想象力,跨学科项目化学习可以帮助学生将不同学科的知识进行整合和创新,从而提高学生的创新能力。本项目化学习设计体现了音乐编创的基础——身体律动节奏的编创以及音符的组成。不仅如此,它还很有趣味性,对于没有乐器学习基础的学生来说,"音乐时钟"的图谱能够较为直观地表达他们的创作成果,从而加强学生的创作自信。同时,这种方式具有很强的开放性和可塑性,让学生相互合作和表演,能够更好地激发其开放性思维。

2. 学生参与合作演绎,在团队协作中提升学生音乐表现能力

学生在项目实施过程中需要进行团队合作,在合作的过程中能够更好地理解和尊重他人的观点和价值观,从而提高自己的团队合作能力。随着项目的开展,学生在学习实践过程中充分体验,他们不仅要在自己的小组内交流,也要在全班、全校或者更大的平台展示自己的学习成果,这样不仅为彼此提供了相互学习和挑战的机会,还会培养学生的批判性思维和对话能力。这也是项目化学习有别于传统教学模式的地方,整个过程需要基于学生的想法和需求,有仪式感、代入感和互动感。

在项目活动"美好的音乐时钟"中,每个小组按照探究过程中选择的发声方法和小组内编创的节奏,进行展示,收集同伴的意见和观点。本活动基于学生的合作基础,通过进阶式的问题讨论,启发学生逐步提升合作能力。在评价中我也将团队协作作为评价指标之一,强化学生的合作意识。

3. 聚焦核心能力培养,运用学科融合知识培养学生问题解决的能力

此项目聚焦学生的"创意实践"能力,运用多学科知识,紧密联系现实生活进行综合编创,围绕驱动性问题"如何用身体创造音乐",体现了音乐就在我们的身边,在我们的生活中,在我们的身体上。在学生合作的过程中,不仅要对节奏有所感知,也要对图谱有所认识,找到正确的演奏方式。学生通过在实践过程中发现的问题,例如"在表演时数不准节奏,经常提前或者推后一两拍""小组默契度不够""音乐美感无法提升"等,在讨论交流过程中修改方案,提升表演质量,在思考的过程中提升问题解决的能力。

二、经验启示

项目化学习的关键在于了解学生学习与生活的真实追求和学习品质,随后发现问题产生的真实情境,并在真实情境中综合运用各学科知识,发挥项目化学习的特点和优势。根据案例实施情况,本人总结出了一些舞蹈、律动跨学科实施的经验策略。

1. 丰富律动表现形式,在音乐学科概念上树立跨学科观念

项目活动"美好的音乐时钟"以提升学生的创意实践素养为中心,用美术学科的造型艺术来完善音乐作品的创作实践,体现创造性和综合性。跨学科项目化学习的方式在一定程度上提升了学生的综合素养。

新课程标准提出要以学生的综合素养为本,推进"以美育人"的目标设计、实施和更新。我们在艺术创意实践过程中,要尝试打破单一学科界限,思考用主题式、综合式的方式进行探究学习。学生在探究问题完成项目的过程中,调用所有的心理资源,达成深度理解知识、发展能力、培育态度和价值观的目标,增加了学生接触、探索的机会。

我们可以以一个驱动性问题开启探究之旅,如"如何用动作表达情感""孔雀舞是怎么来的""如何分辨不同民族的舞蹈"等,并尝试与历史、语文、信息技术等学科相结合,在提升学生艺术核心素养的同时提升学生的学科综合能力。

2. 项目活动的实施是动态建构的过程,需要在关注学生学习规律的基础上不断优化

好的项目化学习活动会促进学生大脑发育,让学生学习更专注、更具有主动投入性,同时会让学生对关键概念的理解更为透彻,更容易在新情境中进行概念迁移。

在本案例中,教师提供让学生探究创作音乐节奏的多种方法,通过"音乐时钟"图谱的设计让乐谱化繁为简,充分调动了学生的学习积极性和动手意识。在小组不断地合作中,生成了更多的表现手段,如用节奏为喜欢的音乐伴奏、用倒计时的方式进行表演等。在这一案例中,通过动脑(发现问题,解决概念)—动手(小组合作,展示表演)—动情(交流经验,育人升华)三个步骤由浅入深,优化步骤,引导学生完成项目化学习。当然,不同的学生在核心知识建构上存在差异,教师需要时刻关注学生,将学生的表现与核心概念的达成程度进行连接,更好地指导学生的学习过程。

3. 丰富评价形式,面向全体学生,分层展示成果

怎么判断一个好的学习成果?可见、可评价的学习成果是项目化学习的重要特征,这意味着我们不仅要重视学生对核心概念的理解过程,也要帮助学生打造能够带来自信和成就感的作品。因此,教师在设计学生作品呈现形式的时候需要做好提前规划,如根据学生接受程度和个别差异可以把作品形式分层,这样在评价的时候可以有不同的标准,更加符合不同层次学生的理解与掌握。

在案例中,教师分别设计了每课时的评价模板和过程性评价、总结性评价标准。在后续的课程反思中,教师也提出了增加课堂展板、课程艺术墙等可视化的评价方式,以

激发学生的探究热情。也就是说,成果不一定是最后一节课的展示,也可以根据项目活动的特点进行阶段性成果展示,推动学生进行阶梯式学习,让学生在课程中不仅能够实现自我价值,也能够在评价中改进学习成果。这样分层分阶段展示的评价方式不仅考虑了学生的差异,提升了学生的学习能力,也让学生体验到了参与学习的快乐。

三、未来思考

本案例的驱动性问题主要由教师提出,以音乐学科为主,帮助学生形成对学科知识的新见解并积极地融入学科实践,下阶段的研究可以探索在跨学科项目或艺术活动项目中引导学生关注有社会关怀导向的真实问题,带领学生走出课堂,走进艺术公共场馆,激发学生问题解决的能力。除此之外,艺术领域的项目化学习活动还需要不同专业的艺术教师(美术、音乐、书法等)形成研究团队,或者与其他学科有专长的教师形成学习共同体,共同孵化项目设计与成果,有效提高项目活动的质量。

在实施成效部分,以上案例从多个维度呈现了项目化学习的积极成果,逻辑清晰。不仅点明激发学生的学习兴趣、提升学生的律动编创能力,还阐述了在团队协作中提升学生的音乐表现能力,以及聚焦对学生艺术核心素养的培养,运用学科融合知识解决问题的能力,每个成效都结合具体教学情况进行阐述,有理有据。

在经验反思部分,总结出的经验策略具有很强的实操性和指导性:强调丰富律动表现形式,树立跨学科观念,从新课程标准出发,提出打破学科界限的探究学习方式;认识到项目实施是动态建构的过程,要关注学生艺术学习规律并不断优化,详细阐述了案例中的具体步骤与教师需要关注的要点;重视评价形式的丰富,面向全体学生分层展示成果,提出提前规划作品形式、增加可视化评价方式等,充分考虑学生之间的差异。

在未来思考部分,能够基于当前案例的不足,提出切实可行的方向,如引导学生关注社会关怀导向的真实问题、组建多专业教师团队等,展现出反思的深度与前瞻性,为后续教学改进和项目优化提供了清晰思路,有助于持续提升教学质量与学生综合素养。

二、论文的写作结构

在谈论论文的写作时,我们先来说说案例和论文的区别。案例是教师基于教学实践过程的实践案例,它不仅涉及对具体教学活动的描述和分析,还可以包括对教学策略、学生学习过程、教师专业发展等方面的深入探讨。教师通过案例撰写总结归纳一些实践经验,是一种归纳的思维方式。论文的写作具有相对的规范性,是一种论证思维,它不仅仅是对案例的反思,还是一种演绎的思维方式。论文的结构一般包括以下几个部分。

(一)标题

1. 标题的特点

案例标题通常更注重描述性和吸引力,往往通过生动有趣的语言来激发读者的好奇心;在形式上采用问题式、主副标题结合等形式,以突出研究的创新点和特色。例如,"创音乐'时钟',用身体'发声'——基于艺术核心素养的跨学科项目化学习"这个标题就很好地体现了案例的创新性和实践性。相比之下,论文标题则更具有学术性和严谨性,需要准确反映论文的核心内容和研究方法,同时保持简洁和清晰。

教师可以根据自己的研究内容和写作风格,选择不同的标题样式来撰写论文标题。问题式标题通过提出一个问题来吸引读者,同时明确指出研究的焦点;思路式标题主要概括论文的研究思路和主要内容,引导读者理解研究的框架;观点式标题直接陈述论文的观点或结论,展现了研究的创新性和价值;方法式标题则强调研究方法和数据来源,突出了论文的实证性和可靠性。通过这些不同的标题样式,教师可以更有效地传达论文的核心要点和研究特色,从而吸引目标读者群体的注意,并促进学术交流和知识传播。

以"音乐数字化课堂中师生互动方式"这个研究方向为例,教师可以参考以下标题样式。

(1)问题式。数字化课堂如何影响小学音乐教师的课堂互动方式?

(2)思路式。数字化转型背景下小学音乐课堂师生互动方式:类型、困境与改进

(3)观点式。技术赋能:数字化课堂中小学音乐课堂互动方式的变革与突破

(4)方法式。数字化转型背景下小学音乐课堂师生互动方式的变革——基于××市××区××小学的调查分析

教师可以根据论文的研究内容和自己的行文习惯进行撰写,只要能突出论文的核心要点和研究特色即可。

(二)问题的提出

在撰写论文的问题提出部分时,教师需要清晰地阐述研究的动机和核心问题,即解释为什么要开展此项研究。这不仅涉及对研究背景的介绍,还包括对教学实践中存在问题的识别,以及对研究焦点的明确。以下是具体的理论阐述和指导方法。

1. 背景分析:阐明研究发生的背景

研究背景的分析应基于教育理论和当前教育政策的要求,如《义务教育艺术课程标准(2022年版)》或艺术核心素养框架,教师应描述教育环境的变化。例如,从《义务教育艺术课程标准(2022年版)》和艺术核心素养的要求出发,学生需要提升艺术综合能力,能够解决现实中的问题。教师可以从这个角度进行思考。

2. 问题阐述:教学或者管理有何痛点

通过识别教学或管理中的痛点,教师可以明确研究的具体问题。教师应具体指出在传统教学方法中难以解决的问题,例如:在合作学习中往往是以某个有艺术特长的学生带领组内学生进行表演,那怎么提升其他学生的编创能力? 学生进入高年级后参加艺术实践活动的积极性有些下降,那么教师怎么提升学生参与音乐社团的积极性? 可以采取什么措施?如果要解决这些现实中的问题,教师提出什么样的方法可以有效解决这些问题,并给予其他教师一些参考。

3. 聚焦角度:明确问题,研究将围绕哪个角度进行

研究聚焦应基于教育研究方法论,明确研究的角度和范围,这有助于提高研究的针对性和有效性。教师可以在这个环节明确现有的学生情况和教学条件,以"改进教学方式"为角度来开展研究。例如,可以通过项目化学习活动提升学生艺术表现能力、运用情景化教学提升学生的审美感知能力等。

(三) 文献综述

明确了自己的问题后,论文还需要对前人的研究进行简要的文献综述。在这个板块教师需要阐述"关于这个问题,别人做过什么研究——确定研究内容""我又是在什么研究基础上进行的这个研究——确定研究基础""别人是怎么做的,我可以怎么做——确定研究方法"。切忌将别人的研究进行摘录,教师需要对文献的观点进行归纳整理,提出自己研究的突破点。

(四) 研究过程

论文的案例呈现的具体内容可以参照本章介绍的案例呈现内容,回答对于研究"我做了什么? 事情是如何发生的"等问题。教师需要围绕主题呈现具体的教学片段和教学活动,需要展示课堂实践的变化,即教师在运用了论文提出的研究方法之后,课堂实践中发生了什么变化,有什么启示。

此外,需要对论文中的案例呈现进行深入分析,探讨教学实践的变化以及这些变化背后的原因和意义。同时,需要着重说明以下几点:在课堂实践中如何应用论文中提出的研究方法,包括方法的实施步骤、操作细节以及与教学设计的整合方式;展示研究方法实施后课堂实践的具体变化,如学生参与度的提升、教学互动的改善或学习成果的显著提高等;基于观察到的变化,提供对教学实践的深入讨论和启示,包括方法的有效性、局限性以及对未来教学和研究的潜在影响;强调案例呈现如何支持现有的理论框架,以及如何为相关理论提供新的见解或证据。这样的表述不仅能够展示研究的实证基础,还能够帮助读者深入理解研究方法和理论,从而增强研究的说服力和学术价值。

（五）研究成效与反思

研究成效与反思代表了对已取得成果的评价和对整个研究过程的深入思考。成效是对研究目标实现程度的总结，涉及对方法或策略的适用性、学生学习积极性和思维发展状况的评价。反思则是对研究过程中的经验和教训进行分析，以便提炼可迁移、可学习的经验，并为未来的教学和研究提供改进的方向。这里需要回答"我做成了什么，以及如何才能做得更好"等问题，教师对研究问题的解决要进行总体上的概括，简明地点出结论，回应研究目标（可以从目标达成度及原因、方法或者策略应用的恰当与否、学生学习的积极性和思维发展状况如何等方面进行总结概括），并对原有的分析进行一定的反思和引申，得出结论，最后引出未来的思考方向，做进一步的讨论。

♪ 关键策略：关注热点，找准研究切口

一篇高质量的案例或论文对教育实践的推进与教育理论的发展至关重要。而要达成这一目标，关键在于聚焦教育领域的前沿问题和现实需求，明确研究定位或切入点，并重点关注研究的创新性和推广性。

在创新性方面，研究成果需要体现理论突破与实践价值的结合。具有创新性的研究能够促使教育工作者以全新的视角审视教学问题，在理论与实践维度上寻求突破，探索解决问题的新路径、新方法，并在此基础上优化教学策略，提升教学效果和育人质量。这种创新不仅体现在对已有研究的继承与发展上，更在于通过独特的研究视角或方法实现学术价值的提升。

在推广性方面，研究成果需要具备实际应用价值和普适性特征。研究的推广性决定了成果能否在更大范围内产生影响，为不同地区、不同类型学校以及不同群体的学生提供实践指导与经验借鉴。强调研究成果的推广性，不仅有助于扩大其适用范围，更能推动教育质量的整体提升，为教育理论的完善与实践探索提供更多可能性。

因此，在案例或论文的研究设计中，既要注重研究的创新价值，又要兼顾成果转化的实际应用效果，这样才能更好地服务教育实践，推动教育理论的发展。

一、体现研究的创新性

创新性是优秀的教育案例和论文的重要特征之一。要体现创新性，教师需要从研究视角、实践策略、研究结果等多个方面进行探索和尝试，还可以在研究过程方法、研究理论方面继续钻研，探索新的研究领域。

（一）创新的研究视角

教育研究的创新性视角往往需要建立在对已有研究成果的深入分析基础上。教师在开

展研究前,应当通过大量阅读和梳理相关文献,了解哪些教学方法与策略已较为成熟,哪些领域尚存在可进一步研究的必要性和可能性。教师可以通过对这些具体问题的深入反思和观察,识别出新的研究问题,并提出创新的研究视角;还可以根据研究对象的特点,选择一个具有独特性和针对性的研究视角,重新审视问题并提出切实可行的解决方案。例如,可以从数字化角度,探索音乐课堂转型的新样态,也可以从跨学科角度,将音乐学科与其他学科(如科学、语文等)相结合,探索新的教学方法和策略。

(二)创新的实践策略

在案例研究和论文写作中,教师不仅需要提出新的问题,还需要探索新的解决方案。这些解决方案可以是新的教学方法、新的学习工具、新的评价策略等。在小学音乐学科的跨学科研究中,教师可以探索多种创新的实践策略。例如,教师可以设计跨学科大单元教学,将音乐与其他学科(如舞蹈、美术)相结合,整合教学目标。通过律动和美术构图等独特的艺术语言展开教学,教师可以锻炼学生的艺术表现能力,并提升他们的审美感知能力,发挥艺术学科协同育人的作用。在学习工具方面还可以对人工智能工具进行探索,以提升研究的前沿性。

(三)创新的研究结果

创新的研究结果通常体现在对传统教学方法的改进和优化上。教师可以通过实证研究,探索这些方法和策略在不同情境下的适用性。例如,有教师对数字化在律动教学中的应用进行了研究,指出大数据技术的发展使音乐教学模式发生了巨大的变化,即利用大数据技术,丰富了教学资源,拓宽了教学手段,使音乐课堂的效率和质量均得到了提升。

二、体现研究的推广性

教育研究成果的推广性是指其能够在更广泛的教学实践范围内得到应用,并对其他教师或学校的教育教学提供明确的借鉴和参考价值,产生一定的积极影响。这是衡量一篇教育案例或论文质量的重要标准之一,也是判断研究成果是否具有实际应用价值和推广潜力的关键依据。

教师在进行教学研究时,应注重提升研究的适用性和可操作性,确保研究成果能够为他人提供参考与借鉴。具体而言,可以从以下几个方面深入思考。

(一)具有实践指导意义

教育研究的意义一般包括理论意义和实践意义两个方面,而可推广性主要体现在实践意义层面。教师在撰写研究成果时,应注重提炼出具体的、可操作的实践建议,确保其他教师能够根据这些研究成果轻松地将其适配并应用到自身的教学实践中去。

（二）具有可迁移性

教育研究成果的可复制性是指其能够被其他教师或学校在不同教学情境中借鉴、应用和推广。为此，教师在开展教学实践时，需要注重对研究过程进行清晰描述与完整记录。具体而言，应在研究设计中明确阐述研究的基本思路、实施步骤及关键环节，并详细说明所采用的教学策略及其实际效果。为了确保研究成果具有可复制性，教师应做到以下几点：（1）清晰呈现研究设计与实施过程，包括教学目标的设定、教学方法的选择以及具体活动的组织形式；（2）提供充分的实证依据，如学生学习数据、课堂观察记录或其他相关证据，以支持研究成果的有效性。通过这种方式，教师不仅能够为他人提供可供复制的教学方案，还能推动教育实践的进一步优化与发展。

（三）具有适用性

教育研究成果应当具备较高的适用性，能够在不同类型学校、不同区域以及不同学情条件下有效应用。为达到这一要求，教师需在研究过程中全面分析各种影响因素，科学设计变量关系并对研究方案进行动态调适，确保研究成果能够在多元教育情境中普遍适用。此外，研究成果应着重体现对不同学情的关注，能根据学生的认知特点和发展需求，灵活调整教学策略，并形成可操作的个性化指导方案。

由此可见，研究成果的推广性主要体现在四个方面：一是具备明确的实践指导价值；二是具有较强的可迁移性和可操作性；三是适用范围较为广阔；四是能够为相关领域的研究提供一定的理论借鉴。

要实现研究成果的有效推广与深度应用，教师需注意以下两点：首先，在表达方式上应确保表述清晰严谨；其次，要保证研究内容具有可操作性和可借鉴性。只有这样，才能使读者在吸收研究成果的基础上进行再创造，并在实际教学中取得预期效果，真正体现教育科研论文的应用价值。

🎼 进阶改进：勇于实践，进行课题研究

教师的成长不仅体现在日常教学实践中，还需要通过深入的教育研究来实现。在此前的讨论中，我们已经分析了教育研究的关键策略与方法。而在这一过程中，开展课题研究是核心路径之一，它不仅是教师将教学经验系统化沉淀与提升的重要途径，更是为教育理论创新和实践改进提供科学依据的有效方式。

一项完整的课题研究需经历从选题到结题的完整链条：首先，在选题阶段需要结合教育教学实际，确定具有研究价值的方向；其次，在撰写课题申请书时，需要明确研究思路与方法，并设计合理的实施方案；随后，在具体的研究过程中，要克服各种困难，确保研究有序推

进；最后，完成高质量的结题报告，展示研究成果并推广其应用价值。

下面，我们将从研究题目的拟定、课题申请书的撰写、课题研究的开展和结题报告的撰写四个方面，重点探讨如何开展课题研究工作。

一、研究题目的拟定

课题的研究选题可以从前面所提及的实践案例与研究论文中获得启发。但需要注意的是，课题研究并非简单的教学活动经验总结或教学反思提升，而是需要教师在这一过程中，运用更为复杂和系统的研究方法，将零散的教学经验转化为系统化的理论成果。

从表达形式上看，课题研究的选题方向以及研究标题的拟定更需要体现出其研究方向的聚焦性与理论深度，而不是停留于某个具体教学活动或片段的经验描述。这就要求教师在研究过程中具备更强的分析与综合能力，能够精准把握教育现象的本质特征，并通过科学的方法对问题进行深入探究，最终形成具有一定推广价值和指导意义的研究成果，这对教师的专业能力提出了更高的要求。

以下案例呈现的是一位教师在思考课题选题时的思路。

一、寻找课题落脚点

这学期一开始我就收到了关于"学科德育"案例征集活动的通知。由于我现在是学校的德育主任兼大队辅导员，所以我对德育更加敏感，其中，学科德育这个关键词深深吸引了我，我认为这很有研究价值。这就成了我课题的第一个落脚点。

二、聚焦研究热点，寻找关键词

聚焦学科德育，我对自己提出了如下问题：

（1）学科和德育之间有怎样的联系？（聚焦学科德育理论）

（2）为什么要进行学科德育？（聚焦学科德育研究意义）

（3）音乐学科德育的研究现状如何？（聚焦研究内容）

通过收集与学科德育相关的文献，我进一步细化出第一个关键词：音乐学科德育。

三、根据实践经验，确定研究内容

接着，我围绕小学音乐学科德育进行思考。

通过阅读《义务教育艺术课程标准（2022 年版）》和《中小学德育工作指南》中对学生学习阶段的划分，基于我自己的研究兴趣和之前的研究基础，我进一步缩小了研究范围，聚焦第二个关键词：小学低年级。

那么到底是开展理论研究，还是实证研究呢？考虑到可操作性，我选择了实证研究。

通过以上思考和梳理,我将课题初步分解为:"研究对象(小学低年级)—研究内容(音乐学科德育)—研究方法(实证研究)。"这时,应该说我的课题题目已经相对完整了。那么怎样提升课题的研究价值呢?

四、寻找背景关键词,为课题提升价值

为了进一步提升研究的现实意义,我结合当前的教育背景进行了分析。

政策依据:新课程标准中强调"立德树人"的核心理念;

研究导向:如何将学科教学与德育有机结合是当前的重要课题。

因此,我的第三个关键词就是:新课程标准。

经过以上思考与梳理,我最终确定了"新课程标准下小学低年级音乐学科德育的实践研究"这一课题名称,使选题更加聚焦且具有现实指导意义。

课题的选题标题虽仅20余字,却是教师综合多种因素后精心凝练的结果。一个好的课题选题需要同时体现研究背景、研究方法、研究对象和研究内容等关键要素,并确保表述清晰准确。在以上案例中,教师首先从个人职责和兴趣出发,将"学科德育"作为研究的起点,体现了研究选题的个人相关性和现实紧迫性。随后,教师通过自我提问,聚焦学科德育的理论、意义和现状,这有助于明确研究的具体方向和内容。在细化研究关键词的过程中,教师通过查阅相关文献,将研究范围限定为"小学音乐学科德育",这一步骤不仅使研究主题更加明确,也体现了教师对教育政策和理论的深入理解。接着,教师结合《义务教育艺术课程标题(2022年版)》和《中小学德育工作指南》,进一步聚焦研究对象和内容,选择了"小学低年级"作为研究对象,并决定采用实证研究的方式,这显示了教师对研究可行性和操作性的考虑。最终,教师通过结合当前教育背景和政策导向,将"新课程标准"作为第三个关键词,确定了"新课程标准下小学低年级音乐学科德育的实践研究"这一课题名称。这一标题不仅聚焦且具有现实指导意义,也体现了教师对教育改革方向的敏感性和对研究价值的追求。

整体而言,该案例体现了教师在课题研究中能够从个人兴趣出发,逐步聚焦研究主题,最终确定一个具有明确研究对象、内容和方法的课题。同时,该教师在选题过程中对教育政策和理论的深入分析,以及对研究现实意义的不断追求,都是值得肯定和学习的。这一过程不仅有助于教师个人的专业成长,也为教育实践提供了宝贵的研究成果。

二、课题申请书的撰写

撰写课题申请书是启动科研项目的关键环节,它要求申请者全面而清晰地展示研究计划的各个方面。规范的课题申请书一般包含以下内容。

（1）课题名称：要求采用简明扼要的学术性表述，准确概括研究主题的核心要素，原则上不超过 25 个汉字，必要时可采用副标题补充说明。

（2）研究背景与意义：这一部分要求申请者描述研究领域的现状、存在的问题以及开展此项研究的必要性和潜在价值。

（3）研究目标：需要明确指出研究希望解决的具体问题或达成的目的，这些目标应该是具体的、可衡量的、可实现的、可相关的且可评价的。

（4）研究内容：应详细列出研究将涵盖的主要内容和研究问题，包括研究假设、理论框架和关键变量。

（5）研究计划与进度安排：要求提供一个详细的时间表和各阶段的主要活动，明确研究的开始时间和结束时间以及关键的里程碑。

（6）预期成果：描述研究完成后预期达到的成果，如学术论文、教学材料或其他形式的知识产出，并阐述这些成果的预期影响和评价方法。

（7）研究团队与人员分工：需要列出所有参与研究的人员及其专业背景，并明确每个团队成员的角色和职责。

（8）经费预算与使用计划：要求提供详细的经费预算，包括所有预期支出，并说明每项经费的具体使用计划和理由。

（9）参考文献：列出所有在课题设计中引用的文献，确保引用格式符合学术规范。

（10）其他附件：提供支持课题申请的其他材料，如研究工具、数据收集方法等。

在撰写课题申请书时，每项内容都应详尽、准确地反映研究的各个方面，以便评审专家能够充分理解课题的可行性和价值。

三、课题研究的开展

课题立项后，研究工作将进入具体实施阶段。这一阶段通常包括开题论证、中期检查、阶段性成果总结等关键环节。如果你是课题主持人，首先根据课题申请书制定详细的工作计划，明确每个阶段的目标、任务和预期成果；其次，明确研究任务分工及时间节点，确保每位成员都清楚自己的职责和截止日期；最后，定期对课题组成员的阶段性研究成果进行指导与反馈，以提高研究质量和团队协作效果。通过这些措施，可以高效地进行课题研究，提高研究成功率和成果质量。如果你是课题组成员，除了要按时高质量完成自己所承担的研究任务外，还应该积极参与项目协作，在合作中及时沟通交流。

虽然在课题立项时，我们会做好详细的计划，但在具体实施过程中，会遇到各种各样的问题，课题组需要定期召开会议进行工作汇报和方案调整。如果出现研究人员或研究内容的变更，必须按照规定填写课题变更申请表，确保研究工作的顺利推进。

四、结题报告的撰写

结题报告是科研项目研究全过程的重要总结性文件,是评判课题完成质量及实际应用价值的关键依据。撰写结题报告时必须严格遵循相关学术规范,确保内容的完整性、逻辑的严密性和论证的充分性。从内容结构来看,结题报告一般参照学术论文的规范格式进行组织和编排。

通常情况下,常规科研课题的研究周期为 1—2 年。关于字数要求,针对不同等级的课题项目有明确规定:一般性课题研究报告字数要求不少于 8 000 字,而重点立项课题则需达到 2 万—3 万字的标准。这体现了不同类型课题研究的差异和质量要求。

结题报告的基本结构包括以下几个主要部分:(1)以研究综述为主的开题背景介绍;(2)完整的主体部分,涵盖研究内容、方法、过程及结果分析;(3)以应用效果与前景展望为主要内容的研究结论。每一部分都具有特定的功能定位和撰写规范要求,须严格按照相关学术研究规范进行编写。

研究报告

提示:研究报告是课题立项单位向外界公开课题研究成果的文件,是课题鉴定的成果主件。研究报告格式如下所示。

一、简介部分

1. 标题

2. 摘要

二、主体部分

1. 研究问题:研究背景—研究意义—核心概念

2. 文献综述

3. 研究程序:研究对象—研究内容—研究方法—研究过程

4. 研究结论

5. 分析和讨论

6. 建议(一是针对自身研究的缺陷,提出需要改进的事项;二是根据研究结论获得的启示。)

三、主要成果

四、参考文献

五、附录(插图、表格、问卷等)

教师需要在此基础上不断丰富二级、三级标题，每个标题之间要有清晰的逻辑。以下是课题"基于艺术核心素养的小学生项目化学习研究"的结题报告的大纲。

一、研究问题

 （一）研究背景

 （二）研究意义

 （三）研究目标

 （四）核心概念

二、文献述评

 （一）关于项目化学习的理论研究

 （二）关于项目化学习的实践研究

 （三）关于培养学生艺术核心素养的研究

三、研究程序

 （一）研究对象

 （二）研究内容

 （三）研究方法

 （四）研究过程

四、研究结论与效果

 （一）艺术领域项目化学习教学方法的结构与特点

 （二）艺术领域项目化学习模式的实施条件和影响因素

 （三）基于艺术核心素养的小学生项目化学习实践策略

五、项目反思与展望

附录一：项目主要成果

 （一）基于艺术核心素养的项目化学习活动案例

  案例一：音乐学科活动"美妙的声音"

  案例二：美术学科活动"夸张的立体面具"

  案例三：艺术拓展活动"特征鲜明的人物标准照片"

 （二）基于艺术核心素养的小学拓展校本课程

  小学低年级艺术拓展课程"玩转尤克里里"

附录二：问卷

参考文献

案例中的结题报告大纲结构科学合理,完整涵盖了科研项目的核心环节,从研究问题的提出到文献综述,再到研究程序、研究结论与效果、项目的反思与展望,充分体现了课题报告的系统性与完整性。

作为科研项目成果展示的重要文件,结题报告的撰写需注意以下几个关键点:(1)内容需紧扣研究主题,所有内容都应紧密围绕项目的研究主题展开。(2)研究成果应以多种表现形式呈现,包括但不限于结项报告、调研问卷和学术论文等,以多维度立体展现研究深度。(3)研究成果应具有可视化和可操作性,便于理解和实际应用。

在论述研究成果时,需要注重以下三个要素:科学性是基础条件,要求成果符合客观规律并体现研究的内在逻辑;可靠性是必要条件,研究成果应具有可验证性和重复性;创新性是重要体现,要求研究成果具备独特价值,且需有数据或事实加以支撑。

本章小结

章节小结

本章内容围绕提升教师的教学科研技能展开,系统地介绍了从选题、撰写课题申请书、开展课题研究到撰写结题报告的全过程。首先,强调了教学科研的研究方向应源自教学经验的提炼,指出了教学科研文本需要遵循一定的结构范式。其次,讨论了如何将积累的教学经验转化为高质量的科研成果,以及如何通过参与征文、课题申请等任务来增强研究动力。此外,本章还提供了如何撰写完整规范的案例与论文架构的指导,包括标题的拟定、案例背景的介绍/问题的提出、文献综述、教学活动的描述/研究过程、案例反思/成效与反思等关键部分。

本章的学习旨在帮助教师更加自信和有效地开展教学科研工作,从而提升教师的专业素养和教学实践能力。通过本章的学习,教师应能够掌握如何将日常教学中的经验和观察转化为具有学术价值的论文,并了解如何系统地进行课题研究,从而实现个人职业生涯的持续发展。

技能操练

请你参考以下研究思路图,根据自己的研究兴趣,起草一个科研思路图吧!

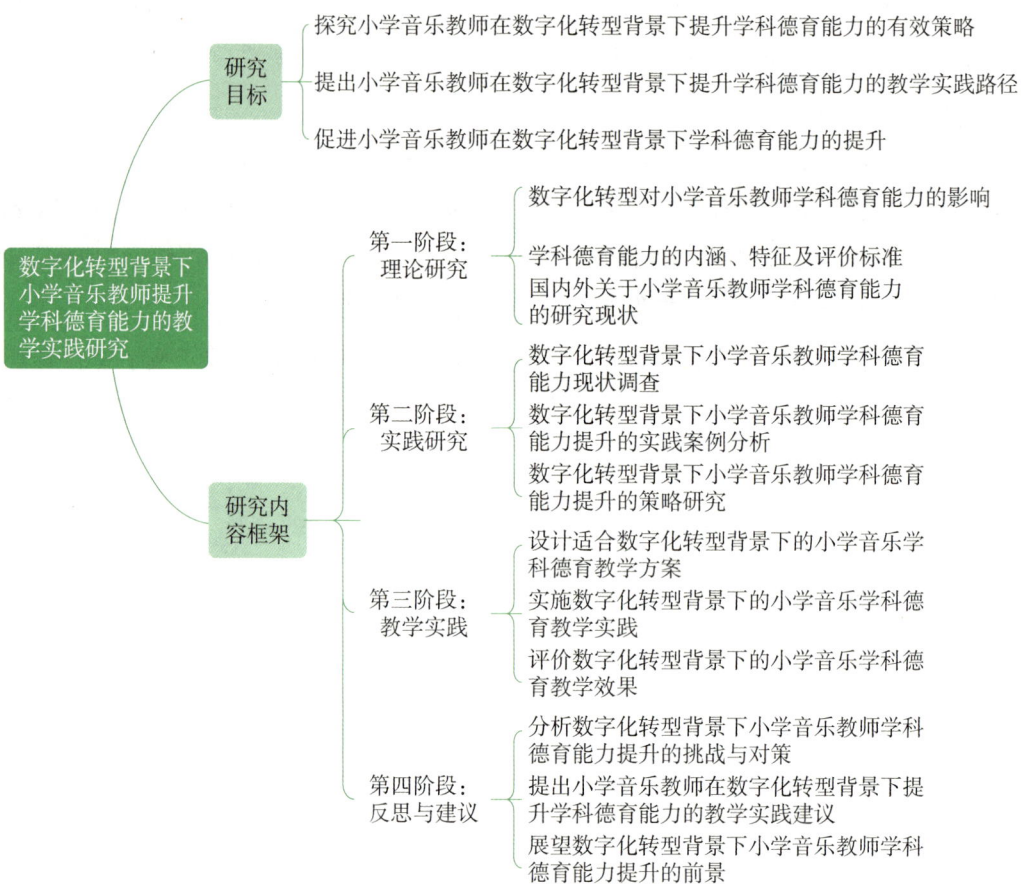

研究目标

- 探究小学音乐教师在数字化转型背景下提升学科德育能力的有效策略
- 提出小学音乐教师在数字化转型背景下提升学科德育能力的教学实践路径
- 促进小学音乐教师在数字化转型背景下学科德育能力的提升

数字化转型背景下小学音乐教师提升学科德育能力的教学实践研究

研究内容框架

第一阶段：理论研究
- 数字化转型对小学音乐教师学科德育能力的影响
- 学科德育能力的内涵、特征及评价标准
- 国内外关于小学音乐教师学科德育能力的研究现状

第二阶段：实践研究
- 数字化转型背景下小学音乐教师学科德育能力现状调查
- 数字化转型背景下小学音乐教师学科德育能力提升的实践案例分析
- 数字化转型背景下小学音乐教师学科德育能力提升的策略研究

第三阶段：教学实践
- 设计适合数字化转型背景下的小学音乐学科德育教学方案
- 实施数字化转型背景下的小学音乐学科德育教学实践
- 评价数字化转型背景下的小学音乐学科德育教学效果

第四阶段：反思与建议
- 分析数字化转型背景下小学音乐教师学科德育能力提升的挑战与对策
- 提出小学音乐教师在数字化转型背景下提升学科德育能力的教学实践建议
- 展望数字化转型背景下小学音乐教师学科德育能力提升的前景

推荐书目

1. 苏忱著：《与一线老师谈科研》，上海教育出版社 2018 年版。
2. 李冲锋著：《教师如何做课题》，华东师范大学出版社 2013 年版。

学习探索包

本书基于小学音乐教师教学实践,梳理了 13 个小学音乐教师必备的教学技能。然而,如何让这些技能不断发展和提升,还需要教师进一步理解、实践和反思。希望以下工具能够让你更好地理解这些技能,并且帮助你在专业发展的道路上不断突破自己,从而努力成长为一名全面、优秀的音乐教师。

一、了解自己

请你结合自己的实际情况,将你所具备和需要提高的教学技能进行分类排序,并填写在下面的"教学能量图"中(将自己较为熟悉的技能写在最底层,依此类推)。

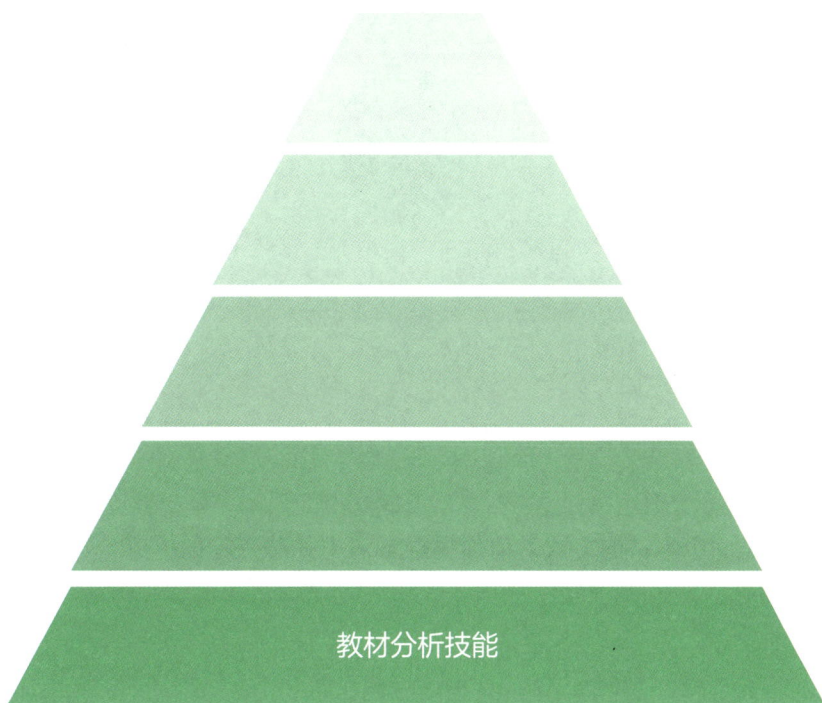

教学能量图

请你根据教学能量图,拟定一份自我专业发展计划书。

二、我的思考

学习本书后,你最感兴趣的关键词是什么? 请你梳理一些关键词填写在下图中,并谈谈你的理解。

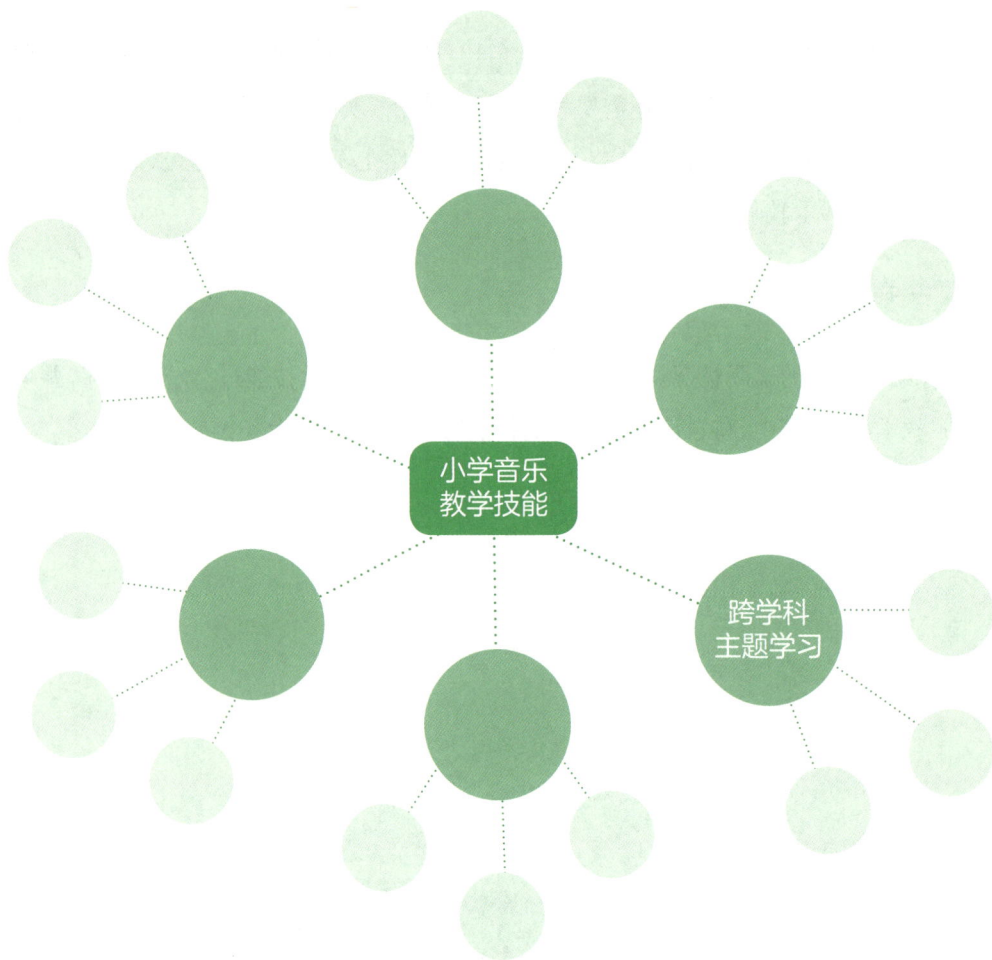

小学音乐
教学技能

跨学科
主题学习

三、同伴互学

小组学习也是一个不错的方式。请你根据本书中你感兴趣的内容,按照以下提示构思一次组内研讨活动。

活动主题＿＿＿＿＿＿＿＿＿＿

活动目的	同伴
1.	1. 他们已经掌握了什么技能？各自有什么优势和不足？
2.	2. 他们对本次活动主题有多少了解？
3.	3. 我想让他们知道什么？
4.	4. 哪些部分是他们感兴趣的？
……	……

活动流程：